戦国大名と方言ツーリズム　下

目次

第7章　東北・北海道

第9章　東海三県

愛知県

第6章
関東

関東地方

戦国期の宣教師ロドリゲスが著した『日本大文典』は中央語である京都語を中心に収録しているが、それと対比しながら関東方言についても特徴を記している。例えば未来を表す「べい」（参り申すべい、上ぐべい等）、打ち消しは「ぬ」の代わりに「ない」（読まない等）、形容詞でウ音便の「良う」「甘う」の形の代わりに「良く」「甘く」の形、動詞で「習うて」の形の代わりに「習って」の形、移動の助詞は「へ」の代わりに「さ」（都さ上る等）といったところだ。現代の標準語や東京語の特徴である、打消しの助動詞「ない」も室町期から現れていることが分かる。

関東は日本の東の端にあり、西側が箱根や碓氷の山岳で隔てられていることから交通の便も決して良くなかった。しかし関東平野という日本で最大のまとまりを持った平野を持ち、軍馬を多く産出、そして武士階級が多く存在していたので、鎌倉以降、畿内と並ぶ首都機能を持った地方として扱われたのだ。関東平野が広大なことは交通の発達をうながし、方言でも全域で推量や意思形の助動詞「～（だ）べー」が広まることになったと思われる。また現代で東京の威信が高まると、さほど抵抗なく東京語が普及することとも関係していよう。

さて後でも述べるが、関東は京都で応仁の乱が起こるよりも前に戦国状況だった。そして京都の幕府にとって関東政局への対応は重要であり、その路線対立がついには応仁の乱を招いたという説が有力になっている。方言の記録から、室町期の関東は京都と対比されるほどの有力な地方だったことが分かる。

なお現在の交通路では、全て東京につながるように設定されているが、当時は京都からつながる道だったことを想起せねばならない。また関東の中心も武家政権が開かれた鎌倉（神奈川県）だったことを念頭に置こ

栃木
群馬
東関東方言
西関東方言
・無型アクセント
茨城
埼玉
・東京式アクセント
山梨
東京
千葉
神奈川
静岡

う。鎌倉幕府滅亡後も当地は関東の中心地で、建武の新政期に足利直義(尊氏の弟)、室町幕府開府時に足利義詮(後の2代将軍)が鎌倉で関東の統治に当たり、後に室町幕府によって「鎌倉府」が設けられた。

鎌倉の中心地については頼朝以来、**鶴岡八幡宮**が象徴的な地位を占め、鎌倉幕府の政庁も何度か移転したが、八幡宮の近隣にあった。鶴岡八幡宮へのアクセスは、JR鎌倉駅東口か江ノ電鎌倉駅よりともに徒歩10分である。若宮大路の突き当りなので分かりやすい。

鎌倉期に執権北条氏などによって建てられた臨済宗の寺院は、室町幕府によって「**鎌倉五山**」として編成され、関東の宗教・教育の中心を占めた。上位から順に建長寺、円覚寺、寿福寺、浄智寺、浄妙寺である。私は円覚寺へレンタサイクルで行ったが、五山寺院は市街から若干離れた場所にあってバスで回るには時間がかかるので、レンタサイクルはおすすめである。五山寺院は中国からの先進知識を吸収するセンターであり、ここを中心として京都などとの知的交流が行われたことも忘れてはならない。

なお、室町期の鎌倉府の所在地は、市街北東部の浄明寺付近にあった。鎌倉期より足利家の屋敷だった場所で、近くにある浄妙寺も足利家の創建である。市の中心部から横浜市の金沢に抜ける金沢街道沿いにあり、アクセスはＪＲ鎌倉駅よりバスに乗り、泉水橋で下車して徒歩1分である。ここは享徳の乱（１４５５年）まで関東の政治的中心地だったが、現在は「足利公方府跡」という石碑が建っているのみである。

他地方から関東への交通と言えば現代は東海道新幹線、当時も東海道は主要路の一つだった。この道を通って何人かの文人が関東を訪れ、当該期の記録を残している。応仁の乱後の１４８５年に禅僧で漢詩人の万里集九が江戸城の太田道灌に招かれ、漢詩文集の東国旅行記『梅花無尽蔵』を著した。また戦国中期の１５４５年に連歌師の谷宗牧が東海道から関東を訪れて、小田原の北条氏康と歓談するなど、リアルタイムの戦国武将達の記録を『**東国紀行**』で残している。紀行は江戸の浅草観音を参拝して隅田川を渡る所で途切れているが、本人は奥州（福島県）の白河まで行き、帰途の下野（栃木県）で死去した。余談だが、アニメ『一休さん』でも、一休が東海道を東に修行の旅に出て、鎌倉で武士の娘さよ（ガールフレンドであるさよちゃんのそっくりさん）を助けるという話がある。鎌倉の名所では江の島と東慶寺が画面に登場し、新田義貞の鎌倉攻めのポイントとなった稲村ケ崎で、一休が母と同じ南朝方だった義貞に複雑な感情を抱くというナレーションがあった。

『一休さん』でも出てきたが、東海道で関東に向かうと神奈川と静岡の県境にある箱根の山が難所である。現代の箱根駅伝の折り返しルートを思い浮かべれば一目瞭然だ。さらにそこに至るまで、大井川や天竜川など川を越えるのが特に雨天時に困難だった（江戸期の伊勢参りの旅行記などを思い出されたい）。こうしたわけで、現在で言えば中央道、当時の中山道が関東への道として多く使われた。長野県から群馬県に入り、埼玉県を経由して鎌倉に向かうルートである。このルートは軍事的には、１５７０年武田信玄が小田原北条氏を攻めた際に使われた。

　またここでは便宜的に関東に含めている新潟県については、当然北陸道が使われたが、ここにも親不知という難所があることから日本海の航路が多く使われた。海路については、東海道の地方についても、伊勢方面から太平洋を航行するルートで海運が盛んだった。途中で遠州灘などの難所があるので、日本海航路ほどではなかったが、太平洋の海上交易があったことは確かである。

　また現代における関東全体の方言は茨城と栃木の「東関東方言」とそれ以外の「西関東方言」（東京も含む）で東西二分される（千葉県方言は一応「西関東」に属すが東関東の影響も強い）。かつて利根川は東京と埼玉の東の県境付近を流れて東京湾に達しており、関東全体を東西に二分して流れていたことが背景にあるようだ（現在の流域は江戸初期からの「利根川東遷」という治水事業によるもので、千葉と茨城の県境付近につけ替えられた）。この地形的要因による東西対立は関東の室町・戦国史にも投影できる。付言すれば東関東の栃木、茨城からは東北への街道が通じていることも特徴的である。これは奈良・平安期から朝廷軍が奥州制圧のための進軍路として用い、その後の源頼朝による平泉攻め、さらに秀吉軍の奥州進駐のルートとしても使われた。現代でも東北新幹線や常磐線がこのルートを受け継いでいる。

　さてこのような地理的なつながりを念頭に置きながら、以下では室町・戦国の関東政治史を箇条書き風に述べながら、その背景を少し詳しく説明しよう。

　足利尊氏の次男・**足利基氏**が「**鎌倉公方**（**関東公方**）」となったのが、室町幕府の関東出先機関「鎌倉府」の始まりである。これを補佐したのが**関東管領**の**上杉氏**で、両者をトップとした鎌倉府は、室町幕府の関東出先機関ながら、「ミニ幕府」というべき自立的な統治機構になっていく。鎌倉府の管轄は、現在の1都6県の

鎌倉公方・古河公方系図

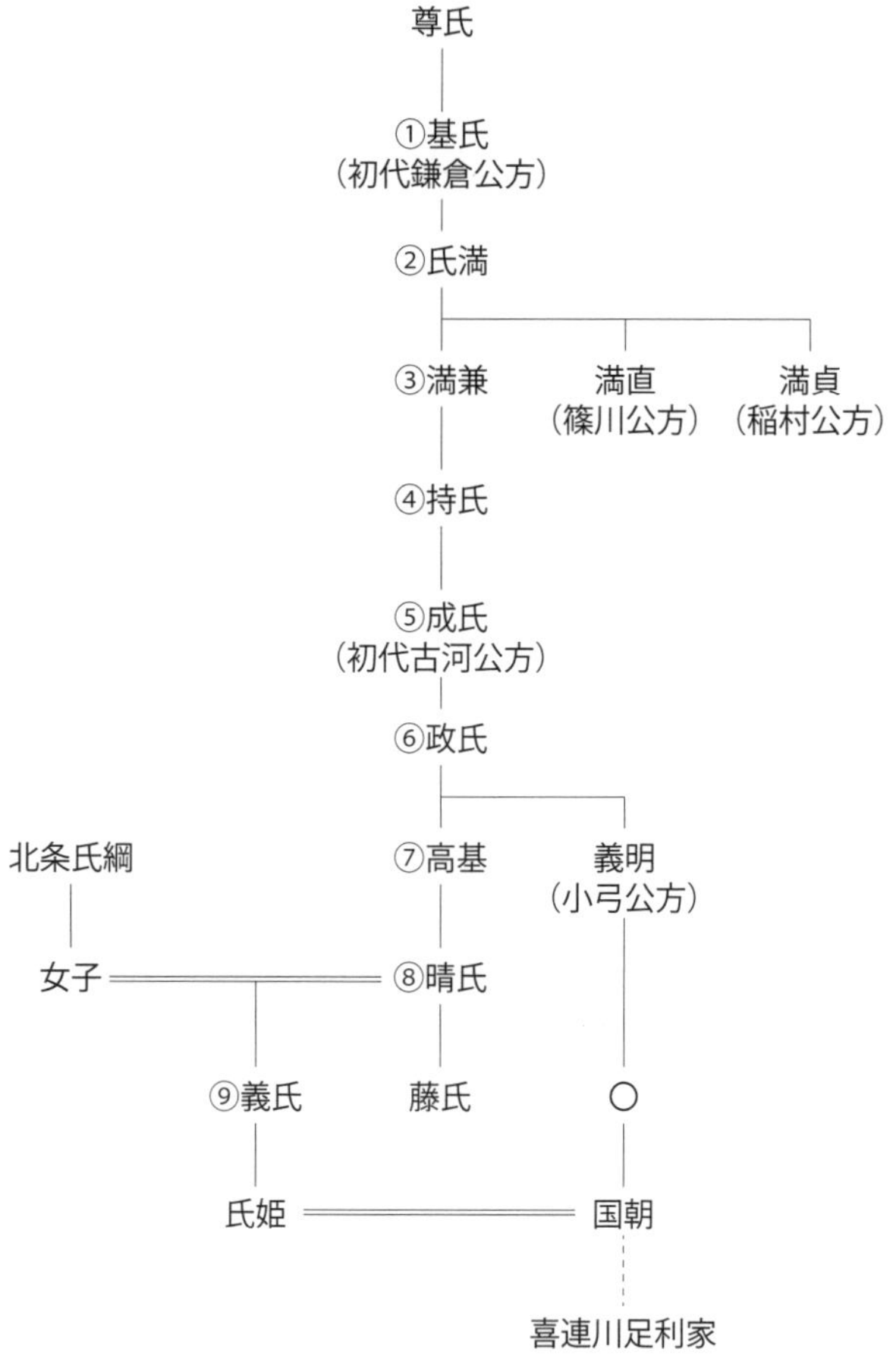
尊氏
①基氏
（初代鎌倉公方）
②氏満
③満兼
満直
（篠川公方）
満貞
（稲村公方）
④持氏
⑤成氏
（初代古河公方）
⑥政氏
北条氏綱
⑦高基
義明
（小弓公方）
女子
⑧晴氏
⑨義氏
藤氏
○
氏姫
国朝
喜連川足利家

範囲に当たる8国はもとより、伊豆と甲斐を合わせた10か国である。鎌倉は現在なら東京の品川駅からJR横須賀線で45〜50分で行くところだが、室町当時は北関東から全て鎌倉に直通する「鎌倉街道」が設けられ、やや西の内陸を通っていた。関東各国の守護達は鎌倉で在勤したが、ざっと見て西関東はほぼ上杉氏の管轄国で、東関東では鎌倉以前からの旧族領主の守護が多い。この分布が後に影響を与える。

室町期関東の政局は、自立志向の強い公方と京都の幕府との融和を志向する管領との間で対立、という傾向で彩られる。また旧族領主の中には幕府と直接主従関係を結ぶ「京都扶持衆」となる者も多く、これらの動向も無視できない要素であった。

1415年に公方・**足利持氏**に管領を解任された不満から、上杉禅秀が旧族領主を糾合して乱を起こしたが、幕府は逡巡の末に持氏に加担して禅秀を討つ。しかし乱後、持氏は残党刈りで禅秀派だった京都扶持衆を圧迫し、不満を助長。さらに持氏は6代将軍の座を狙うもかなわず、将軍・義教と対立が激化して1439年永享の乱が勃発。将軍方が勝利して持氏を自刃させ、その遺児を擁した結城《ゆうき》氏など北関東勢力の反抗も鎮圧される（結城合戦）。

その後は公方を置かずに管領の上杉氏主導で関東の政務に当たらせたが、混乱が収まらず、将軍義教の暗殺後に持氏の遺児・**足利成氏**《しげうじ》を公方として認めた。しかし1455年に管領・上杉憲実を誅殺した成氏を幕府が追討して「**享徳の乱**」が勃発。この際に幕府方の今川軍により鎌倉が炎上し、成氏は下総の古河《こが》（茨城県）に移って「**古河公方**」となった。

古河公方の抵抗が続く中で、幕府は将軍義政の弟・政知《まさとも》を公方として送ったが、危険を避けるために伊豆堀越《ほりごし》を拠点とした（**堀越公方**）。この乱で古河公方に付いたのは東関東の諸勢力で、幕府方の上杉氏などは西関東を勢力圏とした。両勢力が拮抗したこともあって、乱は20年もの消耗戦となり、京都の応仁の乱に先駆けて関東は戦国状況となったのである。なお近年刊行された峰岸純夫『享徳の乱』の冒頭で「関西は応仁の乱でも、関東は平和だった」というビートたけしの発言が事実誤認だから抗議しようと先輩研究者から持ち掛けられたのを、著者が差し控えたという話が載っている（笑）。

応仁の乱後の1483年に、幕府も古河公方を承認し（都鄙和睦《とひわぼく》）、公方側と上杉氏側とで関東を東西二分する形で勢力圏が確定された。堀越公方は関東の主としての地位を失い、伊豆一国を補償として与えられた。たまたまだが、この勢力圏の境界で栃木と群馬の県境から埼玉県内の部分については、方言区画とほぼ一致しており興味深い。

なお鎌倉は関東の中心としての地位を失い、小田原北条氏によって鶴岡八幡宮は再建されたが、それ以外の寺社は再建されずに街は衰微した。

幕府と和睦した後、古河公方は東関東の地域権力となり、上杉氏が**扇谷**《おうぎがやつ》**・山内**《やまのうち》の両家で南北分裂すると（長享の乱、１４８８年）、これに介入することで関東第一の権威者として勢威を振るった。この古河公方の領地はどこだったか。茨城県南西部から千葉県北西部、栃木県南部、そして群馬県と埼玉県の東部にまたがる地域、ということになる。古河に本拠を移したのは、まとまった公方の直轄地（御領所）があり、関東のほぼ中心で交通ネットワークの要にあることで東関東の諸領主に影響を及ぼすのに好都合だったことが大きい。

現在の交通路では、古河は東北本線の宇都宮線で栃木県と通じる。東北新幹線の路線で市内にも通過するが、最寄りの駅は快速電車で１２分の距離にある小山（栃木県）ということになる。ただ本数の多さという利便性から市民の多くが埼玉の大宮駅に行くという。また東武日光線の新古河駅は、渡良瀬川対岸の埼玉県加須市にある。また国道１２５号線が当市と茨城県の土浦から千葉県の香取、さらに埼玉県の熊谷とも結んでいる。古河の地理的特性である、四方八方への交通が通じているのは現在もある。

古河公方の統治の内実を見ると、公方傘下の諸領主が公方から領地をもらう対価で従属して軍事活動を行えば古河公方の勢力圏は東関東全域にあったわけだが、その勢威が衰えて諸領主が自立化すると勢力圏は縮

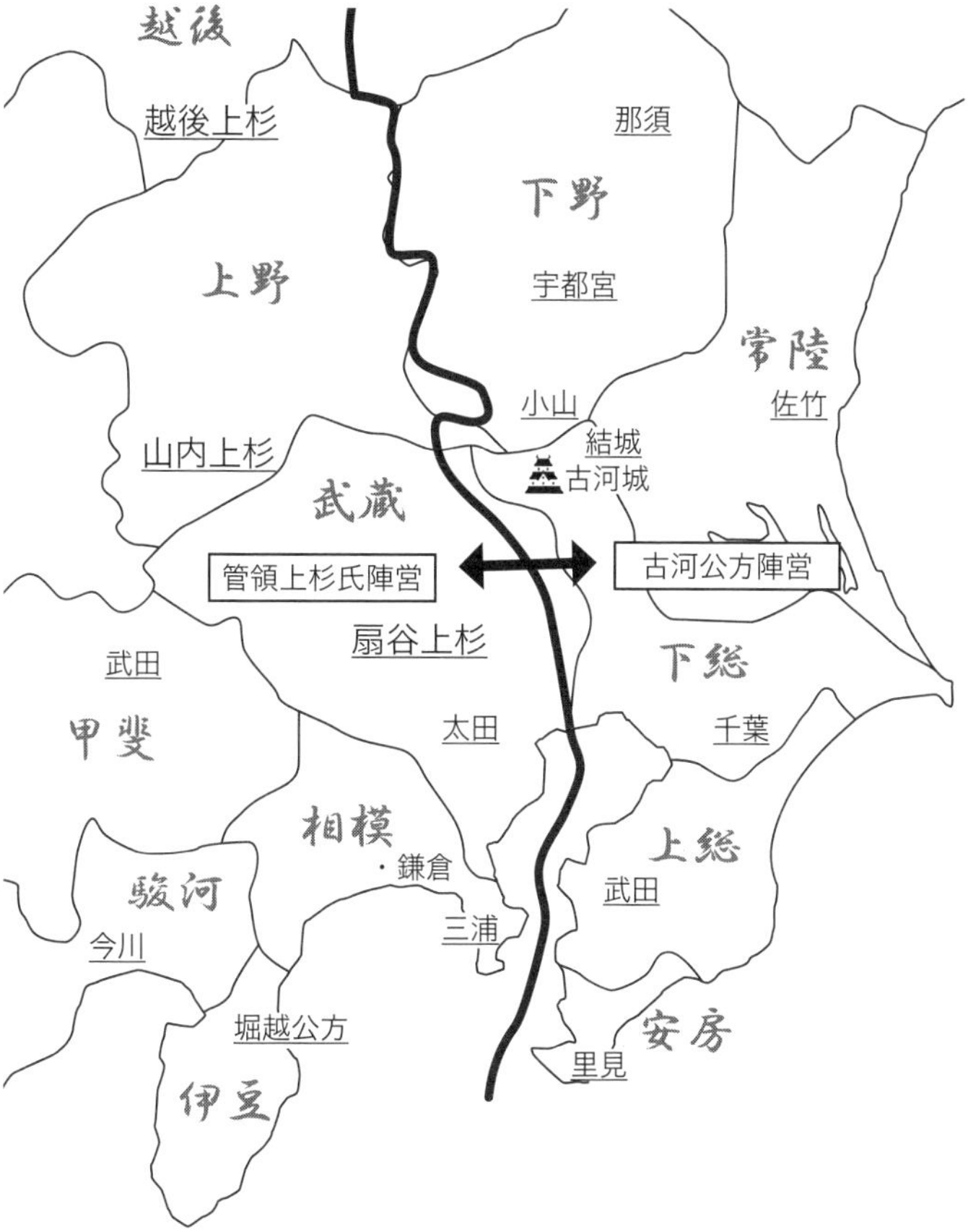

小するということになる。

なお、公方の本拠である古河へのアクセスは、東京の上野駅からＪＲ宇都宮線で1時間。古河公方の御所跡へは古河駅からタクシーで１０分、現在は古河公方公園（古河総合公園）として整備されている。また公園から北西方面に軍事拠点として「古河城」が築かれた。江戸期にも譜代大名の城として改修されて使われたが、明治後に渡良瀬川の改修で取り壊され、石碑しか残っていない。地形も大幅に変わり、戦国当時の様子を想像するのは難しい。ここから少し東にある古河歴史博物館で古河公方関係の展示がある。

ところで、古河公方や管領上杉氏もどのような言葉を話していたのだろうか。放送設備もなく言葉の伝播が限られるので、土着の関東の言葉を話したのか。はたまた地方在住でも中央と関係が深いし、武家作法は「小笠原流」など京都式を採用していたから、言葉も「武士の京都語」だったのだろうか？この当たり、地方在住の「武家貴族」の言語状況は資料がないので全く不明だが、他の材料から調査して類推する余地はあると思う。

さて、１５２０年頃に両上杉との外交路線をめぐる対立から、公方の弟・義明が房総諸氏に擁立され下総小弓《おゆみ》（千葉市）で「**小弓公方**」となった。小弓公方はほぼ千葉県域を勢力圏としたので、古河公方家も南北分裂した。１５３７年に古河公方・晴氏から支援要請された北条氏綱は「第一次国府台《こうのだい》の合戦」（千葉県市原市）を戦い、小弓公方を倒した。この功績で氏綱の娘が古河公方に嫁ぎ、北条氏が「関東管領」に任じられたという。すでに管領を世襲していた山内上杉家と**小田原北条氏**とで、二人の関東管領が並立したことになる。

やがて１５４５年北条氏の勢力拡大を危惧した古河公方は両上杉と組んで８万の連合軍で「河越夜戦」（埼玉県川越市）を戦ったが敗れ、かえって北条氏の介入が強まる。北条氏は現在の宇都宮線のルートで古河に進軍したと思われ、古河公方に圧力をかけた。北条氏康は自身の甥でもある義氏（生母が北条氏綱の娘）を公方に擁立して傀儡化し、古河公方の直轄領も北条氏の勢力圏に入る。しかし公方の奉公衆で反北条となる者も多かった。

一方、管領である山内上杉も北条の圧迫で越後に亡命し、反北条の関東諸氏からの救援要請にこたえて、**上杉謙信**が関東に進出する。謙信は鎌倉で「関東管領」となり、北条氏との二人の「関東管領」によって関東の覇権が争われることになる。謙信の関東進出路は、現在のアクセスでは上越新幹線のルートで東京まで行った後に横須賀線に乗り換えて鎌倉に至るというルートになる。その後謙信は足利藤氏（古河公方・義氏の庶兄で、北条氏に追放された）を公方に擁立したが、徐々に北条氏の前に劣勢となり、藤氏も北条氏に捕らえ

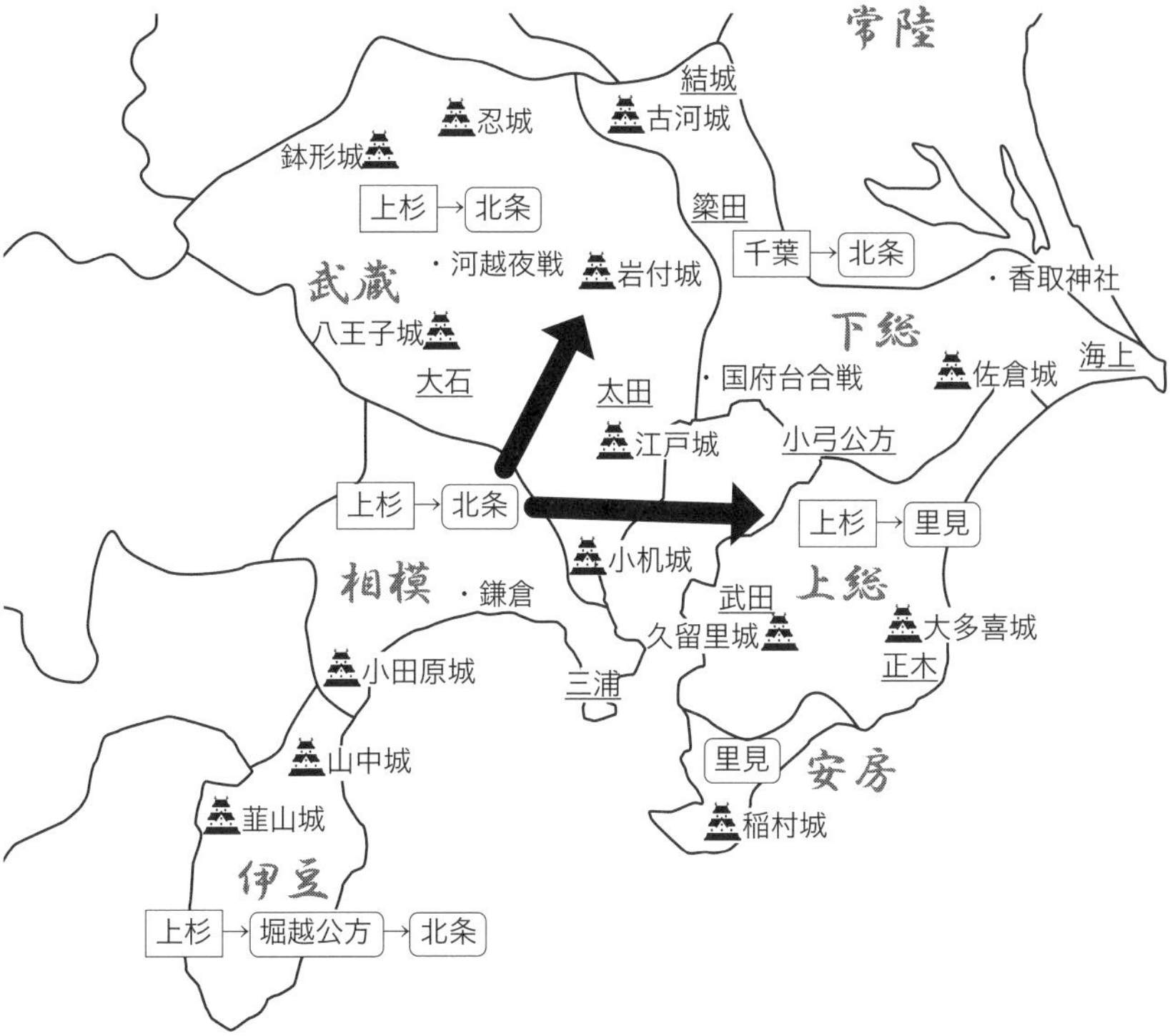
常陸
結城
古河城
忍城
鉢形城
上杉→北条
築田
千葉→北条
・河越夜戦
岩付城
・香取神社
武蔵
八王子城
下総
海上
大石
・国府台合戦
佐倉城
太田
江戸城
小弓公方
上杉→北条
上杉→里見
小机城
相模
・鎌倉
武田
上総
久留里城
大多喜城
正木
小田原城
三浦
山中城
里見
安房
韮山城
稲村城
伊豆
上杉→堀越公方→北条

られて謀殺された。

　しかし1569年に北条氏康は今川氏を攻めた武田信玄と断交して、謙信と和睦。公方は北条氏の推す義氏に一本化したが、管領は謙信に譲った。この和睦は双方の食い違いから機能せずに2年ほどで終わり(越相一和)、北条氏は武田と再同盟して再び謙信と対立する。その後の関東政局は、ほぼ北条氏優位で続く。

　古河公方は北条氏の下で庇護されたが、秀吉の小田原攻めで廃絶された。そして秀吉の命で、古河公方最後の生き残りの氏姫は里見氏が庇護した小弓公方の末裔と縁組し、江戸期に栃木県東部のさくら市へ封じられて「喜連川藩足利家」に続くことになる。

埼玉県（武蔵国北中部）

東京からさいたま市の大宮駅までＪＲ上野東京ラインなら３０分、京浜東北線でも４０分ほどで行けるほど近いので、埼玉県は東京の郊外という性格が強い（浦和も東京から25～４０分）。その埼玉県に方言があるのか？私の知り合いで埼玉出身の女の子も「埼玉には方言が無いから、（ちょこちょこ色々方言がある）東海地方がうらやましい」と言っていた。確かに埼玉の方言は印象がない。

その疑問から出発したＮＨＫ教育『ふるさと日本のことば』の埼玉の回では、浦和から北上する形で方言を調査していたが、北部の熊谷に行くと、次のように言う高齢者がいた。

「まあ、あると言えばあるんだけどね、そうだんべーとか、そうなんさー、何やってるん？とか」

これらの特徴は、調べると北隣の群馬県方言と共通するものである。埼玉県というところは、群馬県から中山道が伸び、現在でも東北・北陸新幹線の路線のように南北交通が発達しているので、それぞれ南と北の近隣の影響を受けることになる。

前述の女の子は東京に接する街の出身だったが、さいたま市など南部諸都市はもろに東京の影響を受けることになる。「標準語との語彙（単語）一致率調査」では東京に次いで二番目に標準語に近いということになっていた。横浜など神奈川県よりも標準語に近いというのは驚きだが、もともと埼玉も東京も同じ武蔵国だし、県境に大きな自然の障壁（山や大きな川など）もない。だからこの結果も当然というべきだろう。

しかし広い地域で「べーべー言葉」だったことは先行研究から見て間違いない。江戸期に成立した『雑兵物語』で雑兵（足軽）の言葉が当時の東国方言すなわち「べーべー言葉」で書かれているらしいが、著者が川越藩士なのでこれらは埼玉県域の方言を指すと思われる。

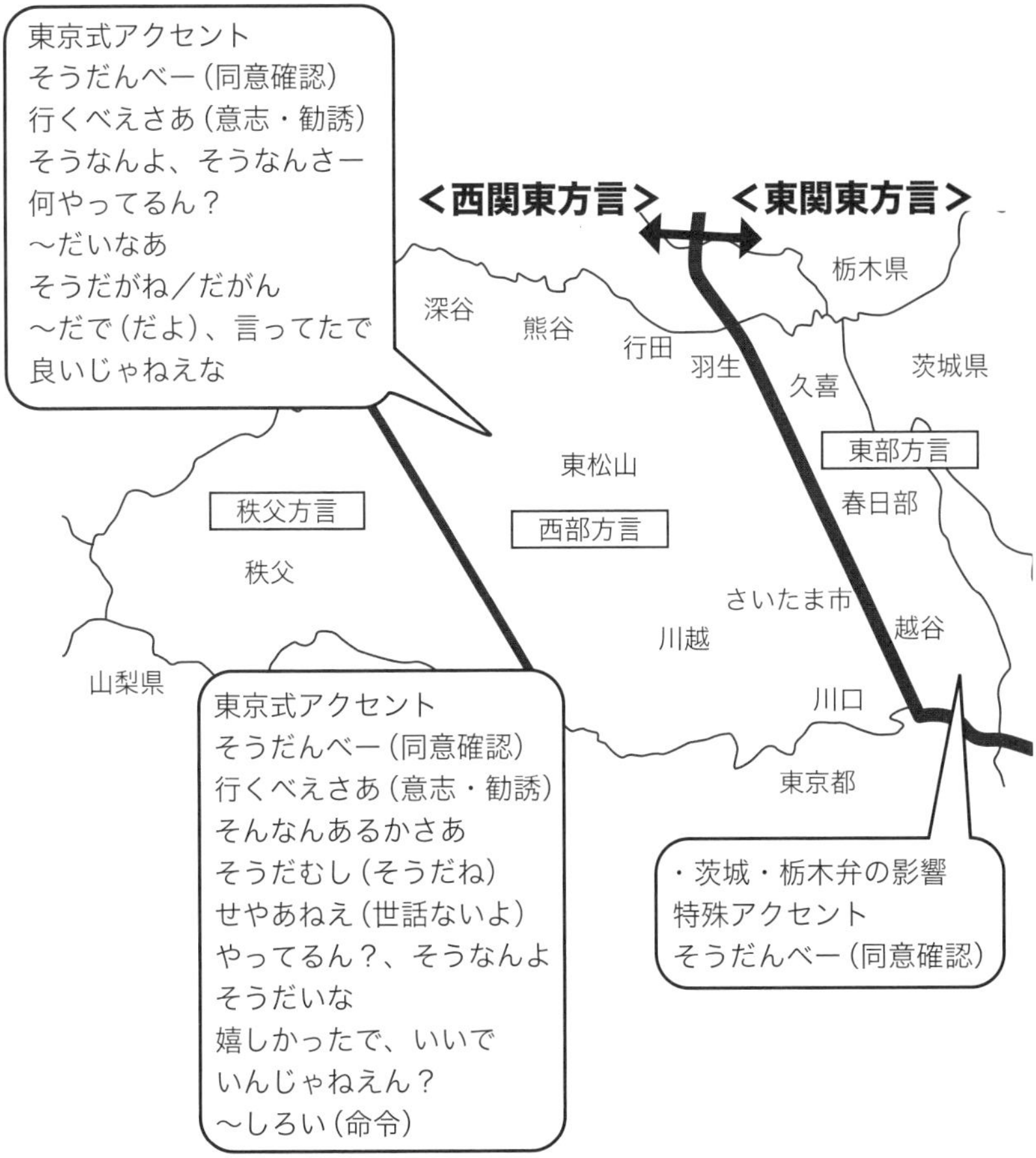

東京式アクセント
そうだんべー（同意確認）
行くべえさあ（意志・勧誘）
そうなんよ、そうなんさー
何やってるん？
～だいなあ
そうだがね／だがん
～だで（だよ）、言ってたで
良いじゃねえな
<西関東方言>
<東関東方言>
栃木県
深谷
熊谷
行田
羽生
久喜
茨城県
東部方言
東松山
春日部
秩父方言
西部方言
秩父
さいたま市
越谷
川越
山梨県
川口
東京都
東京式アクセント
そうだんべー（同意確認）
行くべえさあ（意志・勧誘）
そんなんあるかさあ
そうだむし（そうだね）
せやあねえ（世話ないよ）
やってるん？、そうなんよ
そうだいな
嬉しかったで、いいで
いんじゃねえん？
～しろい（命令）
・茨城・栃木弁の影響
特殊アクセント
そうだんべー（同意確認）

埼玉県の交通路は、現在では東京から北向きに放射状に延びている印象が強いが、戦国期までは上野国（群馬県）から中山道を南下して武蔵（埼玉県と東京都）に入ることが多かった。現在で言えば、長野・北陸新幹線のルートがほぼ重なっている。また高速の上信越自動車道から群馬県で関越道に入るルートもこれに沿っている。ただし戦国期は、埼玉県域から江戸ではなく、それよりはやや西の内陸ルートである「鎌倉街道」を行き、鎌倉に至るルートがメインだった

さて南北の交通が便利ということは、裏返せば県内東西の行き来はしにくいということである。東部は東武鉄道沿線であるが、昔から日光街道を通じて茨城や栃木に通じる。現

在でも国道4号線や高速の東北縦貫自動車道がこのルートである。大宮から分岐する形だが、東北新幹線もこの地域を通過する。そして西部は山間で独自の民俗を持つ秩父地方である。西武秩父線のように東京から北西へ向かうルートに目が向くが、秩父鉄道や国道140号線のように、県北部の熊谷から南西方向に向かうルートもある。伝統的にはこちらのルートが中山道から分岐した道として、多く使われたようだ。秩父の方言も県北部とある程度共通性があるが、このような旧来からの交通路の影響が大きいのだろう。伝統的な埼玉県の方言区画でも中部を含めたこの三地域で分けられている。

　ここでは方言で見たように、南北の影響を受ける埼玉県域という観点で戦国史を説明しよう。

戦国期関東の説明を埼玉県から始めたのは、室町から戦国への移行期にこの地域が焦点となったからである。室町期の伝統勢力の強い北部と、新興勢力の伸長著しい南部との確執の場がこの地域であった。中山道という南北に通じたルートがあることが大きかった。

　室町期の武蔵守護は、関東管領を務めた上杉家である。しかし戦国初期から南北二系統に分かれて抗争した。北が上野《こうずけ》（群馬県）を本拠とする山内《やまのうち》上杉家、南が**扇谷《おうぎがやつ》上杉家**で、両家を合わせて「両上杉」という。管領は本家として山内家が世襲し、本来の武蔵守護もこちらだが、徐々に武蔵中南部では扇谷家の勢力が増してきた。この要因としては、扇谷の家宰・**太田道灌**の力が大きい。江戸城の築城者として有名だが、川越城も彼が築いた。これらは上杉家が古河公方に対抗するためのものだった。古河公方と管領上杉氏の戦「享徳の乱」は長期戦となり、上杉方は埼玉県北部の五十子《いかっこ》（本庄市）に陣を構えた。こうして両勢力の前線は埼玉県の東部辺りとなったが、本県が東西両勢力との接点でもあった証拠である。現在の交通路でも大宮駅から群馬県へ向かうルートと、栃木県へ向かうルートが分岐していることが想起できる。

対古河公方戦で道灌は有力武将として活躍、さらに山内家の家宰が起こした「長尾景春の乱」を道灌が平定したことで声望は一気に高まった。ちなみに長尾景春の本拠は鉢形城（北部の寄居町、深谷市の南西）で、反乱の舞台は埼玉県域だった。道灌の活躍によって、山内家の守護管国である武蔵の中南部は扇谷家の勢力圏となったのである。しかし道灌の声望が高まり、下克上を危惧した主君の扇谷定正は道灌を相模（神奈川県）の自邸に招いて風呂で誅殺した（１４８６年）。今わの際に道灌は「当方滅亡」と叫んだという。

こうして定正は自らの手で更なる勢力拡大を目指すため、仇敵のはずの古河公方と同盟して山内家と抗争を開始した（長享の乱）。しかし２０年にわたる消耗戦の末、山内家に従属的な講和を結ぶことになった。そうした間に南の相模から北条氏の勢力が伸びてくる。

北条氏二代目の氏綱から当時扇谷家の本拠だった江戸城を落とされたのをはじめ、川越など武蔵南部が北条氏の下に入った。現在では東京から川越へは、電車なら赤羽駅で埼京線に乗り換えて、都合1時間ほどである。自動車なら首都高速の池袋線から関越自動車道で1時間４０分ほどかかるが、北条氏の進軍路もこちらに沿っていたかもしれない。

三代目の**北条氏康**の時に、両上杉と古河公方による旧族大連合8万との**河越夜戦**が行われる（１５４６年）。これは、北条氏が西部方面で今川・武田に攻められた隙に、両上杉と古河公方が組んで北条方の川越城（当時は「河越城」）を囲んだものである。川越城は江戸期に大幅に改修され、当時と地形も変わっているが、場所は戦国当時のままである。アクセスは、東武東上線の川越駅（本川越駅）からバスに乗り「札の辻」で下車して徒歩１０分か、本川越駅から小江戸巡回バスで行く方法もある。両上杉は関越自動車道、古河公方は東北縦貫道や国道4号線のルートで南下して当地に進軍したと思われる。東西から交通路が流入する埼玉県域の特性が現れている。当時の状況は北条氏にとって圧倒的に不利だったが、北条氏康は今川・武田と和睦を結んで兵力をこちらに集中させる一方、降伏を申し入れて敵の油断を誘い、夜襲で敵を打ち破ったと軍記物に記されている。史実は不詳だが、これに勝利した結果、北条氏による関東支配の流れが一気に強まったことは事実である(この戦いで扇谷家は滅亡)。直接的には、埼玉や群馬でドミノ倒しのように国衆の北条氏への従属が進んだ。

しかしこの辺りから山内上杉を継いで「関東管領」となった長尾景虎=上杉謙信との対決が、埼玉県域はじめ関東各地で繰り広げられる。北条の同盟者・武田信玄とも絡んで「関東三国志」と呼ばれる戦いが十年以上も続くことになる。謙信と北条はいずれも中山道、今の北陸新幹線や関越道のルートで進軍したと思われ、南北の交通路に沿って諸勢力がせめぎ合った埼玉県域の地理的条件が現れている。

なお、上杉、北条の両勢力いずれの下でも武蔵各地には土着の支配勢力「国衆」がいて、彼らの帰趨が一方の勝利を左右したのである。傾向を言うと、北部と西部に山内上杉の配下だった国衆が多く、中南部は扇谷上杉方の国衆が勢力を占めていた。江戸や川越は扇谷家の本拠だったが、武蔵松山城(埼玉県中部の吉見町、東松山市と鴻巣市の中間)は扇谷家宿老だった難波田氏の居城である。河越夜戦後は難波田氏も後継ぎがなく断絶し、その縁戚だった上田氏が松山城主となった後に北条に付いた。その後の松山城は、北条と越後上杉の係争地として何度も戦場となった。松山城へのアクセスは、東武東上線の東松山駅から徒歩25分。余談だが、埼玉県内の南北の違いについて、南部は現代でも東京とのつながりが深く「首都圏」の一角を占めるのに対し、北部はやや東京とは距離があり独自の圏域となっていることにもつながっていると思われるがいかがだろうか。

さて北部の山内家配下の国衆で主な者を挙げると、深谷城(深谷市)の深谷上杉氏、花園城(寄居町)の藤田氏がいる。彼らは北の上野(群馬県)に本拠を置く主家の山内家の「盾」としての役割を担ったが、南から北条が進撃し、さらに北から越後上杉氏も進出すると状況に応じて帰属を変えざるを得なかった。

こうした北武蔵の国衆で最も有名なのは、**忍城**《おし》（行田市）の**成田氏**である。行田は熊谷市の東隣にあり、東京からJR高崎線で1時間10分の所にある。成田氏も山内上杉の配下だったので、上杉謙信の関東攻めの際には当然のごとくこれに服属した。しかし当主である成田長泰が、謙信に乗馬の例を取ったことで打擲《ちょうちゃく》されて逆ギレで北条に寝返ったと言われる（他に所領争いで不利な裁定をされた恨みだったともいう）。史実は不明だが、かなりの期間、成田氏が北条方に付いたことは事実である。この成田氏は、後に秀吉の小田原攻めの際に居城を石田三成により水攻めされながら撃退したことでも知られる。三成ら豊臣軍は館林（群馬県）から忍城に向かったが、おそらく落城させた後に中山道を南下して小田原に向かうつもりだったと思われる。行田付近は現在では関越自動車道のルートからやや東にそれた場所にある。この忍城水攻めの撃退は古くから知られていたが、和田竜『のぼうの城』で一気に有名になった。当時の成田氏の当主は氏長（謙信に打擲された長泰の子）で北条氏とともに小田原で籠城していたが、**『のぼうの城』**の主役はその一門武将の成田長親である（映画では野村萬斎が演じた）。小説のようにうつけ気味の人物像だったかは分からないが、水攻めを撃退するのに主要な役割を果たした。なお小説で長親が想いを寄せていた成田氏長の娘の甲斐姫（映画版では榮倉奈々）は、戦後秀吉の側室となった。忍城へのアクセスは、行田駅から市内循環バス「西循環コース右回り」に乗り「忍城址郷土博物館前」バス停で下車か、秩父鉄道の行田市駅から徒歩15分である。戦国当時は水路が取り巻き、それらが城を護る堀の役割を果たしていた。現在でも水城公園という形で名残が見られる。現在の城跡には行田市郷土博物館が建てられており、水攻めについての展示もある。また御三階櫓が江戸期の様式で外観復興されている。近くに「埼玉古墳群」もある。

以上は「西部方言」の領域についてであり、県東部の「東部方言」の領域は古河公方の勢力圏で、久喜（JR

宇都宮線や東武日光線の沿線）に古河公方の一人が隠居城を置いたこともある。在地でも岩付城（さいたま市東部の岩槻区）の渋江氏、崎西城（南埼玉郡騎西町）に崎西小田氏（常陸南部に同族あり）、羽生城（羽生市）の広田氏・木戸氏など古河公方の奉公衆となった国衆が多く、東武日光線や国道4号線、高速の東北縦貫自動車道など関東北東部に通じる現在の交通の経路からもこの地域の特性が現れている。本章冒頭でも述べたが、当時の利根川の流路など地形的要因が古河公方と管領上杉氏陣営の境界線を形成し、それが埼玉県方言を東西に分ける線とほぼ一致しているのは興味深い。

古河公方配下の国衆もその後の情勢変化で没落、変転することになる。渋江氏は、扇谷上杉の重臣から北条氏に鞍替えした太田氏に滅ぼされ、岩付城は太田氏のものとなる。しかし1561年の上杉謙信の関東攻めの際に、城主の**太田資正**（三楽斎、太田道灌の孫）は反北条に転じた。その後資正は1564年に安房里見氏と組み、下総（千葉県）で第二次国府台合戦を北条と戦ったが敗れた。それを受けて岩付城にあった資正の息子は北条に付き、資正は追放された。その後資正は常陸（茨城県）の佐竹氏の下で客将となって、秀吉が小田原攻めの際には参陣を呼びかけられるなど波乱の生涯を送った。なお岩付城は江戸期に改修されて「岩槻城」となり、現在は岩槻城址公園となっている（園内に東武鉄道のロマンスカーが展示されている）。アクセスは、大宮から東武アーバンパークライン・春日部行（東武野田線）で10分の岩槻駅から徒歩で23分。

ちなみに現在のさいたま市付近で城下町が形成されていたのは岩槻だけで、浦和は中山道沿いの宿場町、大宮は武蔵国一の宮の「氷川神社」の所在地として知られていた。その大宮に岩付城主だった太田資正が出城として**寿能城**を築いた。岩付から見て西方の見沼という湖沼の対岸に築城され、氷川神社が背後にあり、大宮台地のほぼ中央に位置する。かつては水に囲まれた城だったが、現在は宅地化のために遺構はほぼ失われ、物見櫓跡が寿能公園となっている。アクセスは、大宮駅から東武アーバンパークライン・春日部行（東武野田線)で3分の大宮公園駅から徒歩10分である。1564年に岩付城の太田氏が北条方となると、寿能城もそれに倣った。また少し後の1574年に、広田氏の羽生城も北条に付いた忍城成田氏のものとなった。崎西小田氏は成田氏と養子縁組をし、その後は成田氏と歩調を合わせて北条方となった。

県西部の秩父付近は山内上杉の勢力圏で**鉢形城**(寄居町)があったが、1564年に北条氏邦(氏康の四男)が入城して北関東支配の拠点とした。鉢形城は秩父の北東部にあり、武蔵北部から上野をうかがう位置にあった。現代では城跡に木柵が築かれ、内部に展示施設として「鉢形城歴史館」がある。鉢形城へは、東京からJR上野東京ライン・新前橋行で熊谷まで行き、そこから秩父鉄道に乗り換えて寄居駅まで2時間弱、城址へは寄居駅から徒歩20分(鉢形城から南西に渓谷下りで有名な長瀞峡がある)。東京から秩父への交通路は、西武秩父線から秩父鉄道に連結し、そこから群馬県に向かうというルートであり、鉢形城の掌握は北条氏の上野進出の側面を支援する意図が現れていよう。「秩父方言」は群馬県方言と共通点が多いが、北条氏の進出ルートともオーバーラップする。秩父付近の国衆は平氏系の秩父氏の一党がいたが、基本的に鉢形城主に従い、北条氏邦にも従って各地を転戦した。

河越夜戦以降の埼玉県域を含む武蔵は、上杉謙信に攻められ変転したものの、大部分の国衆は北条氏配下のまま小田原攻めを迎えた。そして戦後は武蔵も含めて関東の大部分に徳川家康が封じられ、国衆も徳川配下に組み入れられた。

東京都（武蔵国南部、横浜と川崎も含む）

東京スカイツリーの高さは634m。東京都が武蔵《むさし》国に属したことにちなむ。埼玉と同じ国に属したので、もともとこの地域の方言は「べーべー言葉」だった。実は江戸初期に至っても、江戸の庶民や下級武士の言葉はべーべー言葉で、促音（はねる音）が多いなど在来の関東弁の特徴を多く持っていた。その根拠は当時の雑俳などで「六方ことば」と言われる言い回しがそのような特徴を持っていることからうかがえる。

現在でも多摩地方の方言でその名残はある。有名人で言えば、東村山出身の志村けんのことばである（「ひがしむらやま～庭さきゃあ（庭先は）たま～こ（多摩湖）」という『東村山音頭』をヒットさせた）。

しかし東京23区の前身である江戸は、徳川家康の入府で近畿地方から多くの商人などが流入し、また上級武士の公用語が「京都語」だった関係で、江戸語は在来の関東方言に多くの西日本方言の特徴が混じって形成された。典型的なのは、推量の「～だろう」である。関東の「～だんべー」＋当時の京都語の「～じゃろう、であろう」が混交してできたと考えられる。標準語となっている敬語にも「ありません（「あり申さぬ」が元）」「ありがとう（「有り難く」が京都語の形容詞ウ音便化で発生）」など、西日本方言の影響として多くの例が挙げられる。伝統的な方言区画で、関東の大半、東京都内でも多摩以西が「べーべー言葉」の地域なのに対し、東京都区部（23区内）は西日本方言の特徴をブレンドした方言の特殊地域だった。家康も含めて、江戸・東京の形成には「京下りの人々」が多く関わっていたことが重要である。なお、家康については三河（愛知県中東部）の出身で、三河方言が江戸語の元ということも考えられるが、これについては愛知県の項で考察したい。

なお23区のことばは南西部と北東部に分かれるが、

南西部―山の手、　北東部―下町

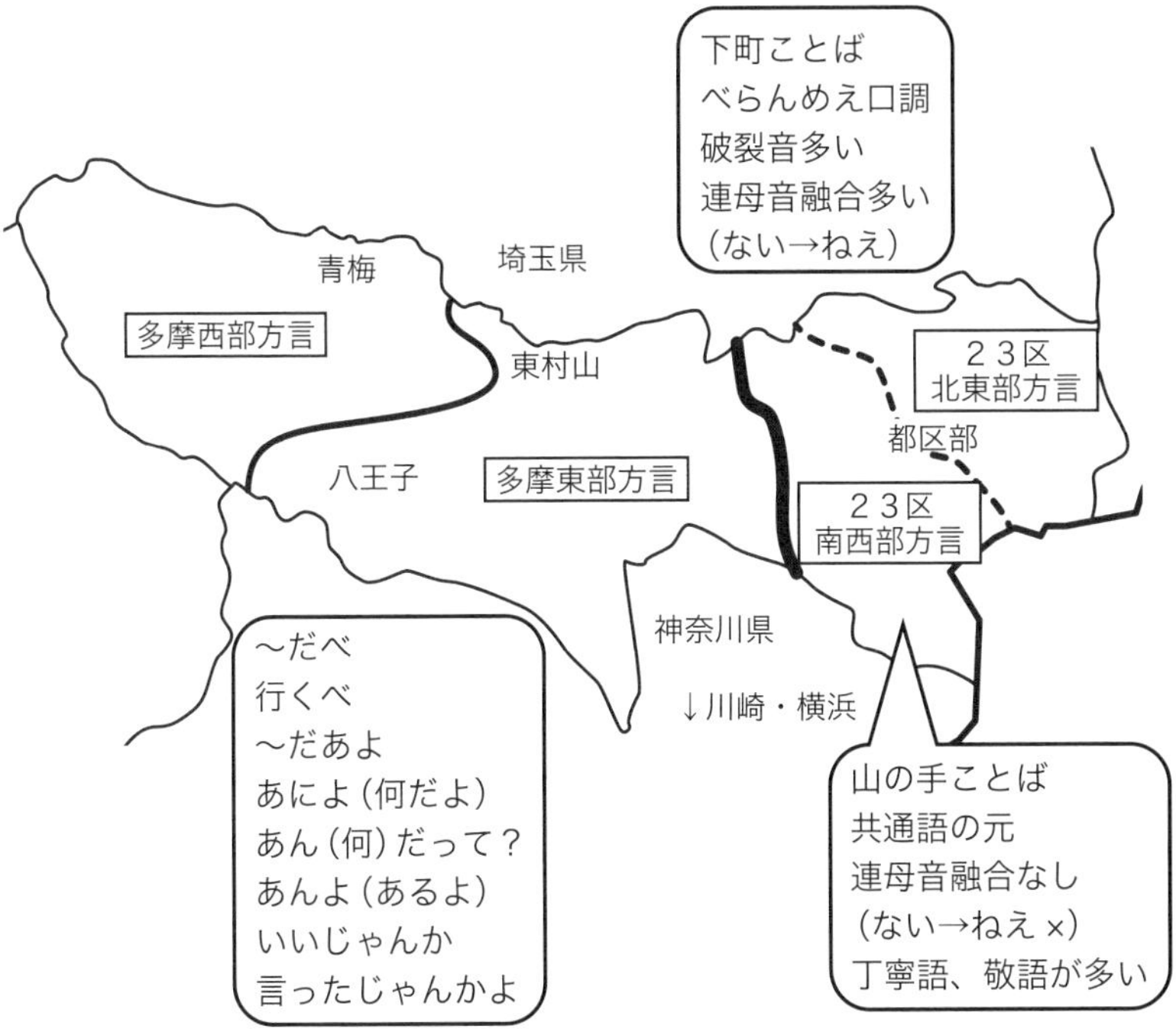
下町ことば
べらんめえ口調
破裂音多い
連母音融合多い
(ない→ねえ)
青梅
埼玉県
多摩西部方言
東村山
23区
北東部方言
都区部
八王子
多摩東部方言
23区
南西部方言
神奈川県
↓川崎・横浜
〜だべ
行くべ
〜だあよ
あによ(何だよ)
あん(何)だって?
あんよ(あるよ)
いいじゃんか
言ったじゃんかよ
山の手ことば
共通語の元
連母音融合なし
(ない→ねえ ×)
丁寧語、敬語が多い

ということで、ことばの区分もこれに従っている。この区分は江戸城だった皇居をほぼ境目としており、江戸期に武家屋敷地だった山の手には明治以後は官僚たちの邸宅が築かれた。名前から分かる通り、皇居の西は少し小高い地形となっている。ホテルニューオータニのある紀尾井坂、山手線の飯田橋駅近くの神楽坂という地名で、それが現れている。一方で東の下町はもちろん庶民町で、墨田川や荒川の下流として低湿地帯にあった。

江戸城を築いたのは、都庁にも銅像があった**太田道灌**である。彼は扇谷上杉の家宰で、江戸城はもともと古河公方に備えるために築かれた上杉方の拠点だった。山の手の地名の説明で見たように、ここの西側は少し台地状の地形となって、防衛上も有利だった。この太田氏はもとは丹波(京都府)出身で、上杉氏と共に室町期に入ってから関東に拠点を移した。道灌も広い意味で「京下りの人」の末裔と言える。武将としての活躍は埼玉の項で述べたが、和歌にも優れた文化人であり、上洛して将軍・足利義政に謁見した際に江戸の景色を詠み込んだのが次の歌である。

「我が庵《いほ》は松原続き海近く富士の高嶺《たかね》をのきばにぞ見る」

高層ビルのジャングルとなっている今の東京からは想像もできないが、室町期には東京駅の近くでも遠目に富士山が見えるような風雅な海辺の景色が広がっていた証拠と考えると味わい深い。東京駅のすぐ東に八重洲があるが、地名から海辺であった名残りと分かる。よく言われるが、東京の沿岸は江戸幕府の開幕以来、相当な程度埋め立てられたことを想起する必要がある。

なお、江戸城は徳川幕府によって大幅に改造されたが、道灌の手による数少ないものとして「道灌掘」が吹上御所の辺りにある。

江戸城は扇谷上杉の本拠となっていたが、太田道灌の息子は1520年に北条氏綱に内応して江戸城を明け渡し、追われた扇谷上杉は河越に本拠を移した。江戸を含む東京都域の戦国史は、基本的に埼玉と同様の傾向を持っている。ただし、武蔵南部は小田原北条の侵攻をいち早く受け、より長く北条氏支配が続いた。このため江戸周辺は北条氏の本領と同様の支配を受け、北条氏の当主もしばしば江戸に在陣した。

現在は都区部の東部である葛飾区は荒川の東だが、戦国当時は下総《しもうさ》国（千葉県北部など）に属した（葛飾区域が江戸に含まれるのは江戸時代以降）。ここにあった葛西城には、北条氏の擁立する古河公方が居城を置いたこともある。現在の交通路では総武線や京成電鉄で、ともに千葉県方面に通じている。

東京都域の国衆については、西部の八王子付近に大石氏、青梅市に三田氏などがいて、ともに山内上杉の配下である。武蔵の中南部が扇谷家の支配下だったのに対し、西部山間部が山内家の勢力圏だった主要な例である。偶然ながら、東京都内の扇谷家勢力圏と山内勢力圏の境界線が東の「都区部方言」と西の「多摩方言」

に分ける境界線に近い。また大石、三田のそれぞれの勢力圏が、現在の多摩方言を二つに分ける区画とオーバーラップしていて興味深い。

武蔵の国府は東京都区部から西方の府中市にあり、室町期の武蔵守護所もその付近と推定される。大石氏はもともと武蔵守護代として地位にあったが、山内上杉が大石氏をここに配したのは、上野（群馬県）からの鎌倉街道がこの付近を通っていたからである。しかし享徳の乱後に山内上杉が上野を本拠とすると、扇谷上杉の勢力が武蔵南東部に及んできた。こうした中でも大石氏と三田氏は山内方として戦っていたが、江戸とほぼ同じ頃に北条氏に帰属した。なお大石氏の本拠は八王子市内の滝山城にあった。アクセスは、ＪＲ八王子駅北口からバスで２０分の「滝山城址下」で下車して徒歩5分である。

北条氏４代の氏政の弟の**北条氏照**（対秀吉強硬派で、後に秀吉の命で氏政とともに切腹）は滝山城に代えて**八王子城**を本拠地とし、北関東戦線で活躍した。八王子城は氏照によって築城され、信長の安土城を参考にしたともいう北条氏最大の支城だった。標高４４５ｍの山城で、国の史跡や日本１００名城に選ばれ、発掘調査や整備も進み、御主殿跡付近の石垣などが復元されている。駐車場のそばに「八王子城ガイダンス施設」が建てられ、当時の様子を展示している。アクセスは、東京からＪＲ中央線で1時間の高尾駅から西東京バス「八王子城跡」行きで終点まで行くことになる。八王子は現在の交通路でもＪＲ八高線が、ここから埼玉県の飯能市を経由して群馬県に通じており、氏照の役割が北関東方面とつながるこの地を抑えることだったことがよく分かる。ただし方言的に見れば、八王子などの多摩地方の方言はあまり群馬県や埼玉県と似ていない。むしろＪＲ相模線のルートだからか、神奈川県の方言と共通点が多い。ここの地理的条件は東京から西へ山梨に向かって伸びる甲州街道の宿場があるということで、現在の交通路でも高速の中央自動車道が伸びている。北条氏としては甲斐の武田ににらみを利かせる意味もあったかもしれない。

現在は神奈川県の横浜と川崎も武蔵国に属し、この地域には古くから川崎大師、さらに東海道筋の宿場で川崎と神奈川（横浜市神奈川区）があった。また鎌倉期に横浜市南部の金沢区に、北条実時によって「金沢文庫」が設けられた。戦国当時は、当地を管轄する北条氏の支城として**小机城**（横浜市港北区）が築城された。ＪＲ横浜線の沿線で、国道466号線のルート上、新横浜駅や日産スタジアムより少し西に離れたところにある。小机城の辺りは東海道新幹線の沿線でもあり、横浜市内ではやや西の内陸地域にある。なおＪＲ横浜線は八王子から相模原、町田を経由してここに伸びているが、東神奈川駅で京浜東北線と連結して東京とも通じている。東京都域の海沿いだけではなく、内陸方面にも通じているということである。小机城は国衆・豊島氏の持ち城だったが、太田道灌がこれを滅ぼしてから扇谷家の支配となり、後に早い段階で北条氏に下って小田原落城まで続く。重要拠点である江戸城を南から支える拠点であり、北条重臣の笠原氏が城代であったが、城主は北条一族が歴任した。有名なところでは、北条氏綱の弟である**北条幻庵**が城主だった。3代氏康を補佐して文武兼備の名将として活躍、4代氏政の時代まで長命を保った。小机城は標高42ｍの平山城で、鶴見川の水運を守る位置に築かれた。現在では史跡指定はされていないが、「続日本100名城」に選ばれ、城郭の主要な二つの郭や空堀は残されている。小机城址市民の森として整備され、城址の竹林で散策が楽しめる。アクセスは、ＪＲ横浜線の小机駅から徒歩15分。

秀吉は北条氏を滅ぼした後にその旧領に徳川家康を封じ、江戸を本拠とするよう指示した。かつては私が読んだ歴史漫画のように家康以前の江戸は全くの野原のようなイメージだったが、それは家康の功績を強調するためで、実像は修正する必要がある。要衝である江戸城の下で城下町があり、水運の要としてある程度は町が形成されていた。しかし江戸開幕以降はすでに述べた全国各地からの流入で人口が大幅に増加し、以前の様子が想像できないほどの決定的変化を被ったのである。そして徳川３００年の天下の中心としてここで形成された文化が各地に広まり、文化の中心としても京都の地位に取って代わった。東京語＝標準語とされるように、この影響は現在まで続いている。

なお、江戸城天守閣は家康から3代将軍家光まで3度建てられた。家康期（慶長期）の天守閣は白漆喰の壁の上に鉛と錫の合金による白い瓦（現在でも金沢城が同様の屋根）という全体が白い外観だった。白い天守閣は姫路城など全国の多くの城に踏襲され、日本の城のスタンダードとなった。第2章で述べたように、秀吉大坂城から始まる「黒い天守」を凌駕したのである。ただしこの家康期天守は経年劣化のため築１０年ほどで解体され、秀忠期（元和年代）と家光期（寛永年代）の二度わたって建て直された。家光期の天守も１６５０年代の明暦の大火で焼失し、現在まで天守不在となっているが、屏風絵などで偲ぶことができる。なお、現在皇居となっている旧江戸城は東京駅から徒歩１０分である。

東京都に属する伊豆諸島の中で八丈島は、東京からＡＮＡの飛行機で行くのが最短で55分かかるが（1日3往復）、船なら片道12時間である（1日1往復）。また伊豆諸島ということで、かつては伊豆国に属した。他の伊豆諸島とのアクセスは今では東方航空のヘリコプターで行われているが、かつてはもちろん船で行き来が行われた。

しかし八丈島は、東京から２８７ｋｍ離れ、伊豆諸島の中でかなり南に位置する三宅島よりもさらに１１２ｋｍ南方に離れているので、方言の独自性が強い。八丈島方言は現代では継承困難な「危機言語」に指定されているが、専門書によれば『万葉集』に記録されている「古代東国方言」の特徴を残すという、東日本方言の中でも格別のものである。他の関東各地の方言は平安以降に京都語の影響を受けて大きく変容したので、

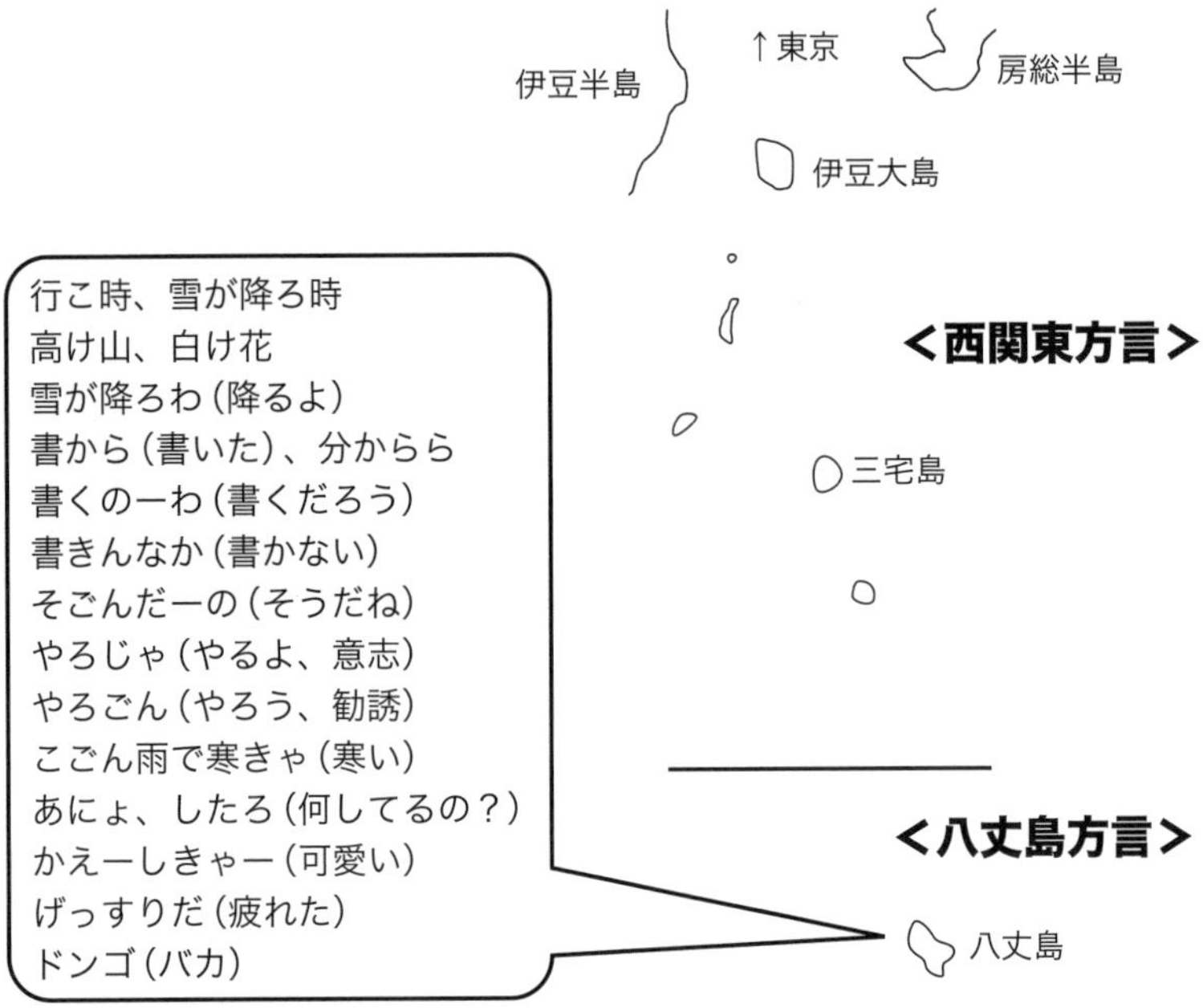
↑東京
伊豆半島
房総半島
伊豆大島
<西関東方言>
三宅島
<八丈島方言>
八丈島
行こ時、雪が降ろ時
高け山、白け花
雪が降ろわ（降るよ）
書から（書いた）、分からら
書くのーわ（書くだろう）
書きんなか（書かない）
そごんだーの（そうだね）
やろじゃ（やるよ、意志）
やろごん（やろう、勧誘）
こごん雨で寒きゃ（寒い）
あにょ、したろ（何してるの？）
かえーしきゃー（可愛い）
げっすりだ（疲れた）
ドンゴ（バカ）

奈良時代の東国方言が伊豆諸島で最南端の八丈島にのみ残ったということである。動詞・形容詞の連体形は万葉集の「東歌」にあるのと同じく「行こ時」「高け山」と言ったり、過去形は「書から」（書いた）、「高からら」（高かった）、さらに推量形「書くのーわ（書くだろうよ）」は古代東国方言の推量「なむ・なも」の名残と言われている。

室町期の伊豆諸島は山内上杉の守護管国に属し、相模の三浦水軍の支配も及んだが、後に全体が小田原北条氏の支配下に入った。政治的には伊豆や相模の勢力が、水軍の拠点として八丈島に影響を及ぼしたということである。

ここで有名なのは、関ヶ原で敗れた**宇喜多秀家**の流刑地ということである。現代でも船で１１時間かかるが、当時は数日かかったようで、本土からの物資の仕送りは困難が多かった。秀家も経済的に厳しい生活だったが、妻の実家である前田家の仕送りを受けながら、１６５５年（徳川4代将軍家綱の時代）に８４歳まで生き続け、現在まで島に子孫が残っているらしい。秀家の八丈島での墓は島の中部にあり、八丈島空港から車で5分、徒歩なら20分の所である。付近には菩提寺の宗福寺がある（八丈町役場の近く）。なお、八丈島方言の単語に宇喜多氏主従の残したものがあるという。

神奈川県

伊豆国（静岡県東部）・相模国《さがみ》（神奈川県の大部分）

東京からJR快速で30分以内の横浜の言葉として「じゃん」は有名である。今や「〜じゃん」は標準語として認められているが、もともと横浜言葉だったのを1970年代頃から東京都民も取り入れたということらしい。さらに背景を見れば、神奈川から西の東海地方に広く使われている言い方で、三河（愛知県中東部）まで分布している。神奈川県域は関東だが、交通路の関係で昔から東海地方とつながっているということは言える。

方言的に見れば、神奈川県の相模は関東方言で推量（〜だろうの意味）の「べーべー言葉」が特徴、伊豆は他の静岡県と同じく東海方言の土地で推量は「〜ずら、ら」と違っており、地形も箱根の山で隔てられている。詳しく見ると、伊豆は「静岡県東部方言」に属し、駿河国東部（沼津や富士市など）と共通する方言の特徴を持つ。ただし勧誘や意志の表現で「〜べー」を使うのは相模と伊豆で共通する。同意確認の「〜じゃん」を古くから使っていたのも同じである。横浜は武蔵国だが、南に接する相模の方言の影響をかなり受けている。

伊豆の北東にある熱海から神奈川へは、JR東海道本線が通じている。近代以前にも東海道が通じていたが、箱根の山が難所だった。こうしたことで相模と伊豆の方言も「じゃん」や「べー」など一部に共通点があっても、

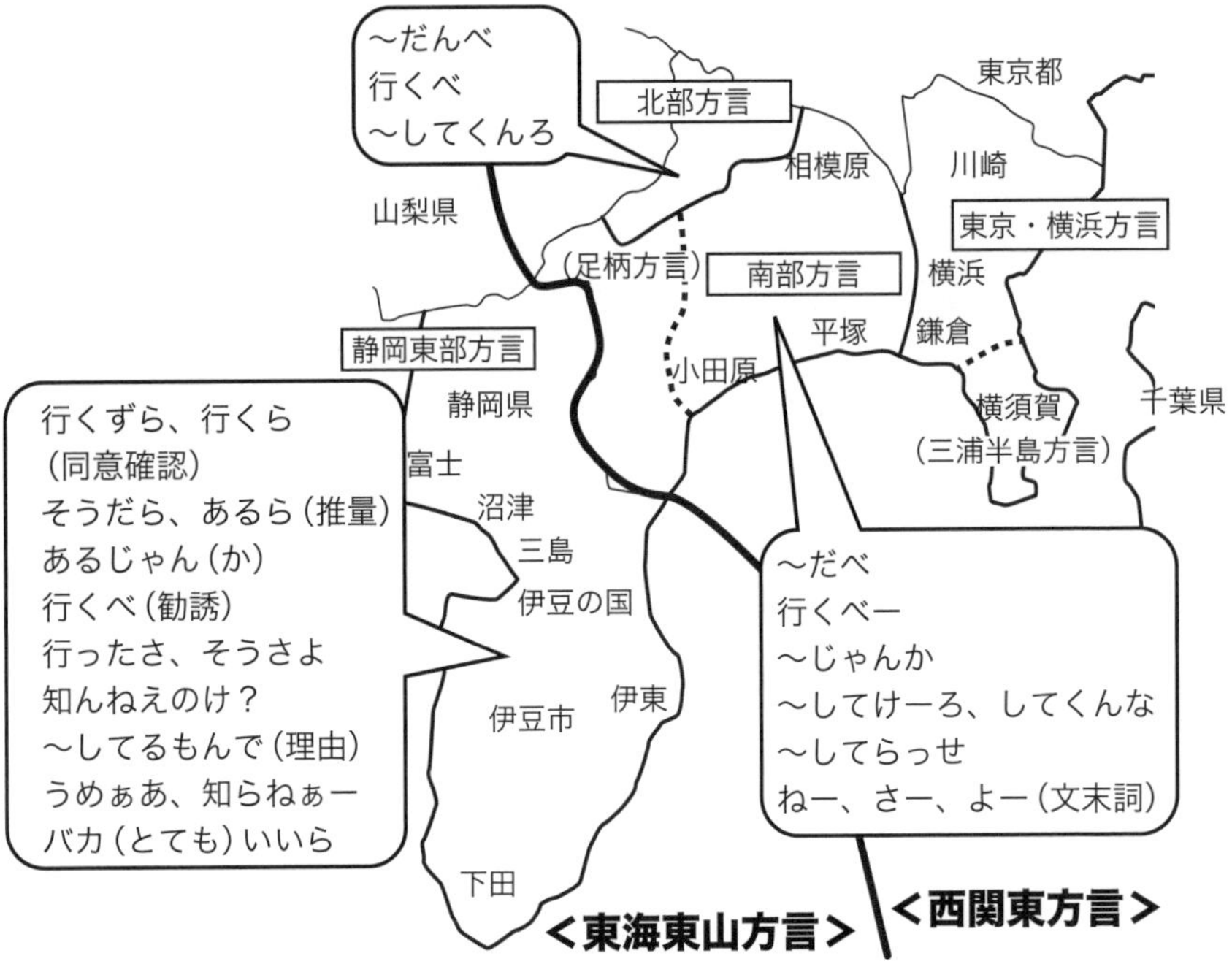

～だんべ
行くべ
～してくんろ
北部方言
東京都
相模原
川崎
山梨県
東京・横浜方言
（足柄方言）
南部方言
横浜
平塚
鎌倉
静岡東部方言
小田原
横須賀
千葉県
（三浦半島方言）
静岡県
行くずら、行くら
（同意確認）
そうだら、あるら（推量）
あるじゃん（か）
行くべ（勧誘）
行ったさ、そうさよ
知んねえのけ？
～してるもんで（理由）
うめぁあ、知らねぁー
バカ（とても）いいら
富士
沼津
三島
伊豆の国
伊東
伊豆市
下田
～だべ
行くべー
～じゃんか
～してけーろ、してくんな
～してらっせ
ねー、さー、よー（文末詞）
＜東海東山方言＞
＜西関東方言＞

一体とはならなかったのだろう。ちなみに北条配下の忍者と知られる「風魔衆」は、箱根町付近の足柄地域が本拠と伝わる。

東京から伊豆方面へのアクセスは、特急「踊り子」などで伊東へは1時間40分、南端近くの下田は2時間半かかる。また東海道本線は、熱海～三島という路線で伊豆の北端を通過する。伊豆半島全体が山がちなことから、鉄道の路線は東海岸の南北を縦断する伊豆急行（熱海—下田間）と、三島から修善寺間の伊豆箱根鉄道駿豆線のみである。地形的な理由から伊豆から外部への交通は、船がかなり用いられたことが知られている。

司馬遼太郎『街道をゆく42三浦半島記』は神奈川県が舞台だが、まず伊豆から話が始まっている。源頼朝、そして本項の主役**北条早雲**も伊豆から相模に進出した。彼らの行動で伊豆からの船が多く関わったことは興味深い。明治初期の一時期に伊豆と相模を合わせて「足柄県」が作られたように、隣り合うこの両地域の関係は深いことは間違いない。こういうことから本項も伊豆と相模をまとめて戦国史を説明する。

北条早雲は私が見た複数の歴史漫画では、いずれも最初の戦国大名として登場していた。年代的に応仁の乱の少し後から登場するためだ。また１５１９年に８８歳で死去したというのが通説で、応仁の乱時点ですでに４０歳代だったことになっていた。しかし現在の研究ではそれよりも２０歳ほど年齢が下回ることが事実のようで、早雲の人物像についても見直しが進んでいる。現在連載中のゆうきまさみの漫画『**新九郎奔る！**』は応仁の乱が始まる頃に早雲は少年だったという設定で描いている。

早雲は素浪人から戦国大名という下克上の典型のように言われていたが、現在では室町将軍の側近・伊勢氏の一族・備中伊勢氏の一員だったことが明らかになっており、自身も九代将軍・義尚の申次衆だった(備中(岡山県)に所領はあったが、京都で活動)。また姉が駿河守護の今川義忠の正室で、嫡子・竜王丸(後の氏親)を産んでいた。応仁の乱後に義忠が遠江で戦死、竜王丸も幼い中で、早雲が駿河に下って甥に今川氏当主の地位を確保した。この功績で駿河東部の興国寺城(沼津市)の城主となって、中央官僚から戦国大名への鮮やかな転身のきっかけを得る。その後も早雲は今川氏の客将の立場にあり、今川軍を率いて甲斐武田氏や三河の松平氏を攻めたりもしていたが、徐々に自立した大名の道を歩み始める。

さて伊豆は山内上杉の守護管国だった。山内上杉は北関東の上野(群馬県)が本拠で、扇谷上杉の領国を挟んで伊豆は飛び地という位置にあり、在地は狩野氏など国衆が実際の支配を行っていた。応仁の乱後には、「都鄙和睦」で関東公方の地位を失った**堀越公方**への補償としてその領国となった。なお、堀越公方の御所は現在の伊豆の国市にある「伝堀越御所跡」とされるが、遺構らしきものはなく、案内板で往時をしのぶのみである。アクセスは、伊豆箱根鉄道の韮山駅から徒歩１３分。

１４９２年に公方・政知の死後に庶子・茶々丸のクーデターで内紛が勃発、これにつけこむ形で早雲は茶々丸を倒して伊豆を奪取した。この際に堀越公方の御所も焼失したようである。これが京都での「明応の政変」と同年であることから、茶々丸に殺された堀越公方の嫡子・潤童子が将軍となった義澄と同母弟であり、その仇討が幕府から早雲に依頼されたという説が唱えられた。早雲の外交能力を物語る一例とされるが、現在の研究では依頼の事実はなく、早雲が大義名分として利用したというのが有力なようだ。早雲の伊豆進攻路は、三島から修善寺に向かう現在の伊豆箱根鉄道駿豆線のルートであろう。ちなみに静岡県の沼津から伊豆の韮山までのアクセスは、東海道線・熱海行と伊豆箱根鉄道の修善寺行を乗り継ぎ３０分である。

伊豆制圧は短期に進められたが、たまたま直後に起こった明応地震の復興事業を素早く行ったことで地元勢力の支持を獲得し、また伊豆本土の制圧から時を置かずに大島など伊豆諸島にも派兵して強力な伊豆水軍を傘下に置いたのは優れた手腕と言っていい。伊豆からの船のアクセスは、現在では東海岸から大島など伊豆諸島へのルートと、西海岸に向う駿河湾のフェリーが運航している。関東へは陸上交通しかないが、近代以前は船による関東へのアクセスも多かった。北条氏の関東進出に際して、伊豆水軍は大きな戦力となったのである。伊豆平定の際に早雲は伊豆の韮山城（伊豆の国市）に本拠を移し、北条氏滅亡まで伊豆は北条領だった。韮山城址は現在でも城の池を取り囲む形で曲輪や土塁の跡などが残されており、散策路が整備されている。アクセスは、東京から三島駅まで新幹線こだまで５０分、そこから伊豆箱根鉄道に乗り換えて韮山駅で下車し東へ徒歩２０分。近くに源頼朝の配流地である蛭が小島や江戸期の韮山代官所跡（江川屋敷）がある。

早雲はさらに伊豆の一宮で関東諸国に暦法を提供していた**三島大社**の再建を行い、伊豆の公権力として権威を示そうとしている。ちなみに三島大社の暦は後に織田信長が京都でも採用しようとして朝廷と対立し、本能寺の変の一因となったという説もある。三島大社は三島駅からバスで１０分の場所である。

北条氏に話を戻すと、ここまでは「静岡県東部方言」の地域の制圧だったが、ここからは関東方言の地域に入り、「神奈川県南部方言」の相模が標的となる。相模は**扇谷上杉**の守護管国だったが、扇谷家が武蔵に進出して山内上杉と抗争し（長享の乱）、武蔵の江戸や川越を本拠地とすると手が回らなくなった。その間隙で西部の**小田原城**にあった大森氏が山内上杉に内応すると、早雲が扇谷家を支援する名目で奪取した。これが北条氏の相模進出のきっかけとなる（小田原に本拠を移したのは2代氏綱から）。この進出路は現在の交通では東海道本線で、三島―小田原間は40分ほどの距離である。しかし小田原は西側に箱根山があり、西から進出する道には海の近くに山が迫るなどで城攻めは困難だったことから、早雲が「鹿狩りの道を借りたい」と言って大森氏の油断を誘い、夜襲で落城させたという逸話が伝えられた。小田原城はその後北条氏の本拠となり、箱根山を背後としながら、周囲の城下町を「惣構え」という壮大な防塁で囲んで鉄壁の防御を誇ることになる。なお、東京から小田原は新幹線こだまで35分、小田原城は小田原駅から徒歩10分である。当時とは地形が変わっているが、小田原城天守閣から相模湾を見ると北条氏の気分を味わえるというものだ。

早雲は晩年に相模東部を支配する鎌倉以来の名族・**三浦氏**と戦い、まず平塚市にあった住吉要害を落とし、ついで鎌倉を制圧。最後は三浦半島の新井城で三浦氏を滅ぼして相模を制圧した。三浦氏攻めのルートは、鎌倉までの沿岸部は東海道本線の路線と思われるが、三浦半島へのアクセスは少し複雑である。現在なら東京から半島東岸の横須賀市を結ぶ横須賀線、横浜から半島北端の逗子を結ぶ京急逗子線、横須賀から三浦市を結ぶ京急久里浜線と少し複雑になっている。「三浦半島方言」は神奈川県の主要部と異なる区画になっているが、それは陸上からのアクセスが困難だった状況を表しているのだろう。三浦氏の本拠地・新井城は現在の三浦市にあり（現在の三崎港の近く）、半島南端に位置して3年にわたり籠城戦が展開された。陸上からは攻めあぐねたようで、伊豆方面からの水軍による海上封鎖も行われた。北条氏は三浦氏を制圧する過程でも相模の水軍を傘下に収め、これらは後に房総里見氏や駿河での武田氏との戦いで大きな戦力となった。なお新井城へのアクセスは、東京から横浜を経由して京急本線快特で1時間半の三崎口駅に行き、そこから京急バス「油壺」行きバスで15分、終点で下車して徒歩5分である。城址の大半は京急油壺マリンパークとして開発されているが、ハイキングコース沿いには土塁や堀切などの遺構を見ることができる。海に面した風光明媚な場所である。

さて早雲の生き方をどう評価するか。元は室町将軍の側近だったことで素浪人からの下克上という戦国ドリームを否定されて幻滅する人もいるだろうが、守護大名や守護代と比べて家臣が著しく少ない中でまったくの他郷で二カ国の大名となったのはやはり驚異と言っていい。領国支配でも、公平な年貢の賦課や領民向けの裁判制度の整備を行い、また領国各地を区分して支城主に統治させたが、領域内の知行貫高（金銭で算定した年貢高）と軍役を比例させる「貫高制」という極めて整ったシステムを構築した。埼玉や東京の項でも出てきた北条武将は、支城主の例である。領国を受け継いだ徳川氏の下で資料が多く残ったこともあって、北条氏の領国支配は「戦国大名の領国支配研究のモデル」とされている（黒田基樹などの研究を参照）。

なお、早雲は最後まで「伊勢氏」を名乗り、「北条氏」に改姓したのは2代・**氏綱**の1523年からという。背景としては、伊勢氏の関東進出が「他国の兇徒による侵略」という両上杉など敵対勢力の評価を招いたので、伊豆出身で鎌倉幕府執権の北条氏の姓を名乗ることで「伊豆国主」「相模国主」としての正当性をアピールする意図があったらしい。これに際して北条氏は早雲の前身が将軍側近の伊勢氏だったことをあまり主張しなかったようで、これが早雲の出自が「素性の知れない浪人」だったという説を生む遠因となった。

その後の北条氏の消長については他県の項も参照してほしいが、流れを述べると、2代氏綱は武蔵に進出、小弓公方を討って房総へも勢力を拡大、箱根権現や鎌倉の**鶴岡八幡宮**といった有力社寺の再建を行って、その費用賦課で関東諸勢力に影響力を拡大した。また武蔵に進出する過程で、相模北西部（「神奈川県北部方言」の地域）の津久井城（相模原市）にあった国衆・内藤氏を服属させたが、これで甲斐の武田氏と国境を接することになった。相模の沿岸部から相模川に沿って甲斐への街道が通じており、現在でもこれと並行するルートで茅ヶ崎付近から相模線が伸びて、八王子で中央線と連絡して山梨県に通じている。山梨と神奈川の境には丹沢山地があるが、この付近は山梨の影響を受けやすい地理的条件にあり、戦国初期には北条と対立関係にあった武田氏の侵入がこの付近で相次いだ。

３代**氏康**は河越夜戦の勝利で関東の広範囲に版図を拡大したものの、上杉謙信、武田信玄との「関東三国志」で苦戦を強いられる。謙信には１５６１年、信玄には１５７０年と2度も小田原城を包囲された。特に信玄の時は、領国を怒涛の勢いで突破され、包囲を解かれた後に追撃したものの相模と武蔵の境の三増峠（神奈川県愛川町）で返り討ちに遭うなど実力差を思い知らされたので、武田と再同盟することとなった。この武田軍の撤退ルートは前述の相模川に沿った道で、三増峠は神奈川の北端近くにあって丹沢山地が背後にあり、もう少しで山梨に近づくという位置にある。現在、合戦の場所には「三増合戦碑」という石碑が建っている。アクセスは、圏央道相模原ＩＣから津久井広域道路を経て、県道６５号（厚木愛川津久井線）で１５分である。

なお、氏康の時代に鎌倉付近を管轄する玉縄城主として活躍したのが**北条綱成**《つなしげ》である。定説では今川重臣の福島《くしま》氏出身で、北条氏綱の娘婿となり、河越夜戦でも奮戦、旗印から「地黄八幡の闘将」と呼ばれた。居城である玉縄城は上杉謙信を感心させた堅城で、８０年間落城したことがなかったという。城跡へのアクセスは、鎌倉駅から北へＪＲ横須賀線で１０分弱の大船駅から徒歩１５分である。

北条氏の当主に話を戻すと、４代**氏政**は武田滅亡と織田信長の横死に乗じて北関東や房総へも拡大し、最大版図を実現した。しかし１５９０年に上野での真田氏との係争を豊臣秀吉につけこまれて小田原攻めを招いた。この時、伊豆の韮山城と**山中城**（三島市）が北条方の前線基地となった。秀吉軍は現在の東海道本線のルートを東上する形で進軍したが、箱根山を背後にひかえる山中城は北条重臣の松田氏らが守り激戦の末に陥落、これで小田原城への通路が開けた。伊豆半島の入り口に当たる韮山城は**北条氏規**（氏政の弟で、対秀吉融和派として秀吉に謁見）が城主で、他の城が落ちても孤軍奮闘した。しかし本拠・小田原城は20万の豊臣軍に包囲されることになり、5カ月にわたる籠城戦の末ついに降伏、5代**氏直**をもって滅亡となった。氏政は切腹、氏直は高野山に追放となったが、後に氏規の系統が江戸期に大名となった。

三島市の山中城は現在も当時の堀の構造がよく保存整備されており、北条氏独特の城郭の構造を詳しく知ることのできる城跡である。「日本100名城」にも指定されて、最近は観光客が増えているようである。アクセスは、三島駅から「元箱根方面行き」バスに乗り30分の「山中城跡」で下車し徒歩8分。晴れていれば近くで富士山の雄大な姿が見られる。

小田原包囲戦で秀吉が陣を置いた**石垣山（一夜）城**は、関東で最初に造られた総石垣の城で、20万の軍を収容しながら長期戦に備えた壮大なものだった。工事を樹木で隠しながら密かに建造させ、完成時にそれを一斉に取り払って一夜で建設したかのように誇示して北条方の動揺を誘ったという。現在でも石垣や曲輪などがよく残っており、近年「続日本100名城」に指定された。城跡から小田原市街の眺望が素晴らしい。アクセスは、小田原からJRで3分の早川駅から石垣山農道を経て徒歩約50分である。

最後に北条氏の家中でどんな言葉が使われていたか、材料が無くて分からない。始祖・早雲が「京下りの人」だし、宿老達も同様だから、京都の上級武士の言葉を使っていたのだろうか。あるいは100年の間に土着化して相模在地の「ベーベー言葉」を使ったのだろうか。いずれにせよ、ここでは神奈川県域が西からの影響を受けやすい土地だということに注目して戦国史を説明してみた。

千葉県

千葉県の方言と言っても「無い（つまり標準語＝東京語と同じ）」と思う人が圧倒的だろう。確かに東京の通勤圏である千葉市より北西方面は首都圏の一角だし、「千葉都民」という人たちも多いので、東京との違いは見えない（東京から千葉市までＪＲ総武線快速で４０分）。

しかしもともと関東方言の地域であり、推量で「〜、だべ、だっぺ」と言うのがほぼ全域の特徴である。方言区画は大きく北部と南部に分かれ、北部の下総は「畑→はだけ」「袋→ふぐろ」など語中のカ行の濁音化、「見サ行く」など格助詞の「に」を「サ」と言うなど茨城方言や東北方言のような特徴を持つ。さらに南部の房総（安房と上総）は「畑→はたえ」「袋→ふうろ」など語中のカ行子音ｋ音の脱落や、柔らかい命令形「〜（し）たいよ（〜しなさいよ）」、単語で紀伊半島から海上を運ばれたものがあるなど、独特な特徴がある。

千葉県の交通路は、東京を起点とすると、北部の下総に総武本線や成田線など東に延びる路線があり、中南部の房総半島は東京湾沿いの内房線と太平洋側の外房線という長大な海岸線をルートとしている。房総半島は、陸上交通で見ると、袋小路的な位置にあるが、外洋に面していることから古来より開放的で外来文化が渡来しやすいこともあった。また、隣接する都県とは利根川や東京湾、太平洋によって隔てられ、外敵の進入を防げたので、挙兵当初の源頼朝が起死回生の地として房総半島を訪れた。千葉県の方言、そして室町戦国期の展開も、このような交通路から説明できる。

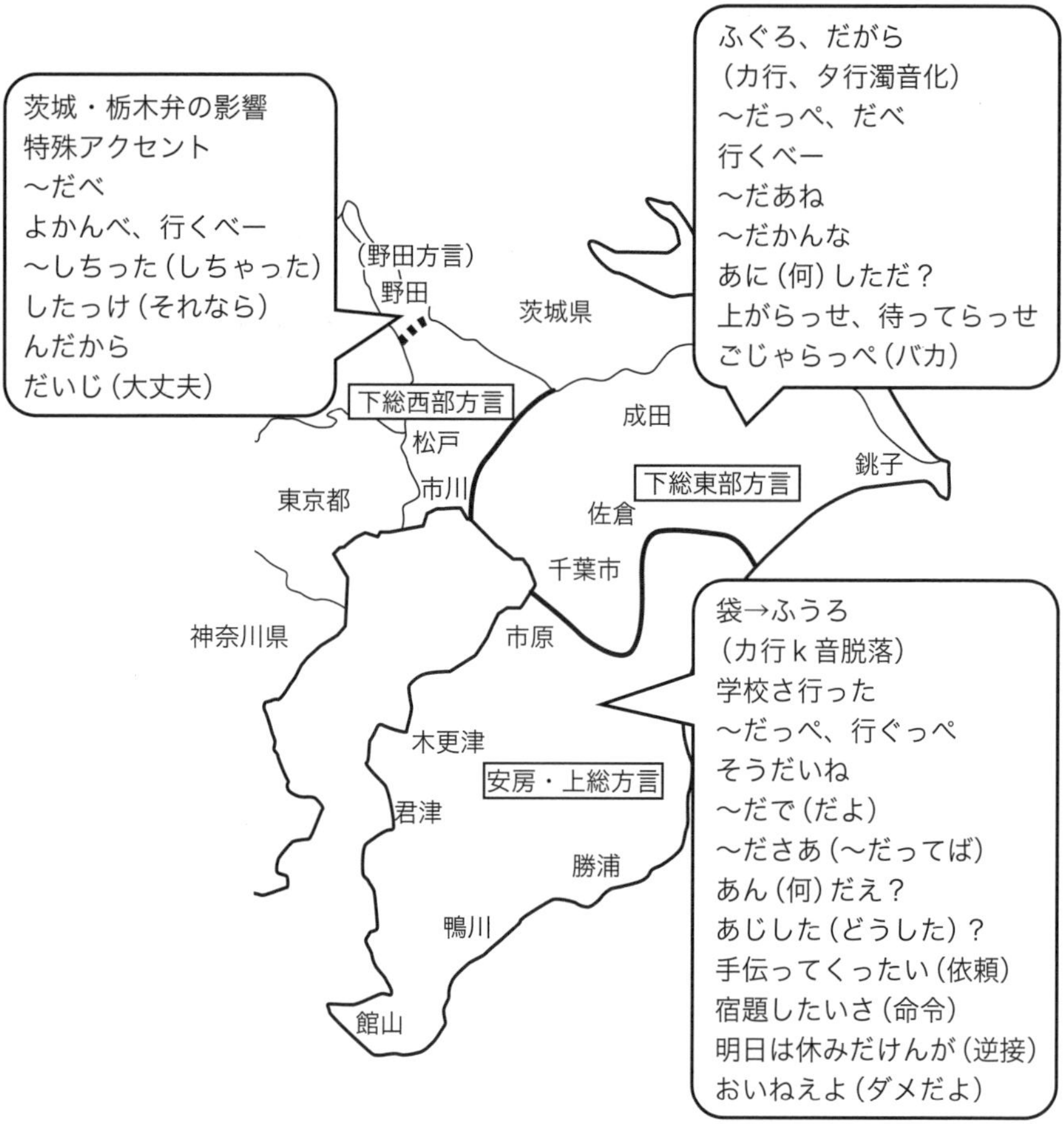
茨城・栃木弁の影響
特殊アクセント
〜だべ
よかんべ、行くべー
〜しちった(しちゃった)
したっけ(それなら)
んだから
だいじ(大丈夫)
ふぐろ、だがら
(カ行、タ行濁音化)
〜だっぺ、だべ
行くべー
〜だあね
〜だかんな
あに(何)しただ?
上がらっせ、待ってらっせ
ごじゃらっぺ(バカ)
(野田方言)
野田
茨城県
下総西部方言
成田
松戸
銚子
下総東部方言
東京都
市川
佐倉
千葉市
袋→ふうろ
(カ行k音脱落)
学校さ行った
〜だっぺ、行ぐっぺ
そうだいね
〜だで(だよ)
〜ださあ(〜だってば)
あん(何)だえ?
あじした(どうした)?
手伝ってくったい(依頼)
宿題したいさ(命令)
明日は休みだけんが(逆接)
おいねえよ(ダメだよ)
神奈川県
市原
木更津
安房・上総方言
君津
勝浦
鴨川
館山

千葉県の地域性を見る場合、北部は東京や茨城など陸上ルート、南部は海上ルートというネットワークに注目すると分かりやすい。戦国史でもこのような観点から見ていく。

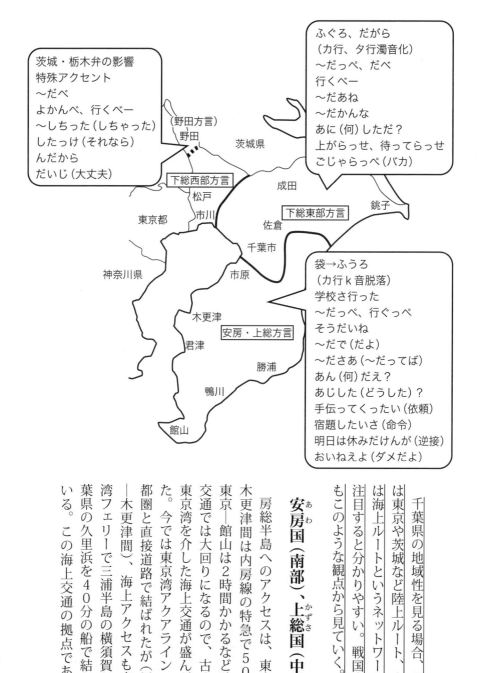

安房《あわ》国(南部)、上総《かずさ》国(中部)

房総半島へのアクセスは、東京―木更津間は内房線の特急で50分、東京―館山は2時間かかるなど陸上交通では大回りになるので、古くは東京湾を介した海上交通が盛んだった。今では東京湾アクアラインで首都圏と直接道路で結ばれたが(川崎―木更津間)、海上アクセスも東京湾フェリーで三浦半島の横須賀と千葉県の久里浜を40分の船で結んでいる。この海上交通の拠点であり、半島という袋小路的な地形から、外来勢力が船で進攻する要因となった。

千葉県の戦国大名と言えば、**里見氏**である。『**南総里見八犬伝**』の主役だが、舞台は室町から戦国に移り変わる時期の房総半島である。序盤で八犬士のリーダー犬塚信乃が許我(古河)公方・足利成氏に拝謁に行って後に仲間となる犬飼現八と戦ったり、クライマックスでは里見を滅ぼそうとする上杉定正ら大連合軍を八犬士の活躍で撃退したりと、フィクションの中に実在の要素を散りばめている。

実際の里見氏は上杉家の江戸湾制海権を奪うために、享徳の乱の際に古河公方から安房に派遣されたという説が有力だ。当時の里見氏の本拠は安房の稲村城(館山市)で、標高64mの平山城、現在でも城の構造がよく残っている。海より少し内陸に入った場所で、当時の防衛拠点の特徴がよく分かる。市民たちの保存運動を受けて、「里見氏城跡群」として2012年年に国の指定史跡となった。アクセスは、館山駅から東方向へ6分のJR内房線・九重駅に下車し、徒歩10分である。八犬士たちが集結したのがこの城で、城内に「八犬伝博物館」もある。

同じく戦国期に房総の有力勢力となる**上総武田氏**も、甲斐武田の一族である武田信長がほぼ同じ時期に古河公方から派遣されたのが始まりで、東京湾岸の真里谷《まりやつ》(木更津市)と房総内陸の長南《ちょうなん》(長南町)の2つの拠点を基に勢力を拡大した。真里谷城は現在の木更津市真里谷にあった山城で、城址は房総丘陵の山中で比較的高い海抜160mの所にあり、現在、木更津市立少年自然の家(キャンプ場)として利用されている。アクセスは、木更津駅から内房線で五井まで行き、そこで小湊鉄道に乗り換えて高滝駅で下車(所要1時間10分)、駅から徒歩1時間である。

室町期の安房守護は結城氏、上総守護は千葉氏や宇都宮氏が一時期務めたほかは、ほぼ管領の上杉家が務めたようだ(乱を起こした上杉禅秀もその一人)。上杉氏は安房にも白浜城など拠点を持ち、江戸湾の制海権を握っていた。

戦国期に入ってから、上総は武田氏、安房は里見氏が掌握し、当初は古河公方側の有力勢力だった。本章の冒頭でも述べたが、1520年頃に当時の古河公方の弟である足利義明が「小弓公方」となったのは、武田・里見の両氏が房総の旗頭として擁立したものだった。当時相模を制圧したばかりの小田原北条氏も小弓公方に属すことになり、古河公方方の千葉氏などと戦う武田氏の支援のためしばしば房総に水軍を派遣した。現在のフェリーでも三浦半島から40分という近さが北条氏の進攻を容易にしたが、里見氏などにとっては大きな懸念材料だった。

しかし1530年頃から北条氏は古河公方方に転じ、1537年に北条氏対小弓公方・武田・里見氏の対戦となったのが「**第一次国府台合戦**」である。ここで北条氏は大勝し、公方・義明が戦死するなど小弓公方勢力は壊滅した。里見氏は参戦したが、あまり被害を受けず、かえって戦後内紛で分裂した武田氏の領地を北条氏と分け合うことで上総にも勢力を拡大した(戦死した小弓公方の遺児も庇護して縁戚となる)。里見氏の本家は安房から内房線のルートで勢力を拡大し、一族で重臣の正木氏は勝浦など外房線のルートで武田一族の真里谷氏を攻めて勢力を拡大した。また海沿いから内陸へのアクセスは外房から大多喜に向けてのいすみ鉄道、内房の木更津から久留里へのJR久留里線があるが、里見氏は内陸でも武田氏の勢力を破って着実に領土を拡大していった。房総半島は南部にある500m級の丘陵が最も標高が高く、北に向かってなだらかに台地が続いている。このような地形から里見氏も行軍では大きな困難がなく勢力を伸ばせたと考えられる。こうした中で里見氏は本拠も安房稲村城から、武田氏の城の一つだった上総**久留里城**に移すことになる。久留里は内陸にあり、北条氏による海上からの進攻に対する防衛を考慮したのだろう。久留里城は江戸期も改修されて使われたので、戦国期の面影はあまりないが、標高145mの山城で構造的に里見氏の当時をしのぶことができる。現在城山公園として整備されており、展望台として江戸期の様式で模擬天守が建てられている。新井白石が青年期を過ごしたので、二の丸に彼の像がある。アクセスは、東京から千葉市まで総武線、そこから木更津まで内房線、その後はＪＲ久留里線に乗り換えて久留里駅で下車（ここまで所要2時間２０分）、駅から徒歩３５分である。なお、小勢力に転落した武田氏は後に北条氏に帰属した。

その後の里見氏は反北条勢力の一角を占め、１５６１年に本拠地・久留里城を北条の大軍で包囲されたところ、上杉謙信の小田原攻めで救われた。そして上杉方として北条と合戦を繰り返したが、１５６４年に里見氏・岩付太田氏対北条氏の対戦で行われたのが「**第二次国府台合戦**」である。これは謙信の関東攻めに呼応して北条氏を挟み撃ちすることを狙ったものだった。里見氏は今の路線では久留里線から外房線のルートを長躯して下総と武蔵の国境近くにある国府台（市川市）まで進攻したが、頼みの謙信は常陸（茨城県）土浦城で小田氏と対戦して動けず、合戦は里見氏の完敗となる。これで里見氏は、勢力を回復した北条氏と従属的な講和を結んで上総の領地を一部割譲したが、その後も佐竹氏や甲斐武田氏と結ぶなど反北条の姿勢を取り続け、北条氏滅亡まで勢力を保った。里見氏の勢力圏は「安房・上総方言」の領域だが、里見氏の行動を見ると外洋からの影響にさらされながら独自性をはぐくんだ房総半島のありようがよく理解できる。

秀吉の小田原攻めでは里見氏も房総の北条方の城を攻めるなどしたが、戦後は安房一国のみ安堵された。この際には北条氏の家臣だった上総武田氏は、主家同様に秀吉によって取り潰されている。

家康は秀吉の命で関東に移封した際に上総まで領地として与えられ、当地には**本多忠勝**が封じられて**大多喜城**を居城とした。大多喜城は里見氏時代には正木氏の居城で「小田喜城」という名だったが、忠勝は里見氏の北上を防止するために3層の天守を持つ近世城郭へと大改築を行い、ふもとに城下町の建設を行った。大多喜城は現在、「千葉県立中央博物館・大多喜城分館」となっており、城内の模擬天守で忠勝に関する展示がある。アクセスは、木更津から内房線といすみ鉄道を乗り継いで2時間10分の大多喜駅で下車し徒歩15分か、木更津から内房線と外房線を乗り継いで1時間10分の茂原駅から小湊バス大多喜行きに乗り換え、「久保」で下車し徒歩20分。ちなみに、徳川家康は正木氏の娘のお万（養珠院）を側室とし、彼女を母として紀伊藩祖の頼宣と水戸藩粗の頼房が生まれている。

下総《しもうさ》国（北部、茨城県南西部を含む）

下総でも南西部（千葉市と東京の間の地域）の「下総西部方言」の領域は東京都の通勤圏で「首都圏」と言っていい。昔からこの地域は房総の勢力が相模・武蔵方面の勢力とぶつかる所だった。安房・上総の項で述べた二次にわたる「**国府台合戦**」（1537年と1564年）の舞台は現在の市川市、合戦時に北条氏が布陣したのは松戸市だが、そのような地政学から説明できる。市川市は東京都心から20キロ圏内に位置し、東京のベッドタウンとなっている。アクセスは総武本線、京成本線で東京とつながっている。総武本線は東に向かって銚子方面へつながり、京成本線の千葉線は千葉市で内房線とつながる。国府台合戦の際には、北条氏は江戸方面から、里見氏は房総から現在での内房線のルートと京成千葉線のルートで進軍した。市川市の西部は江戸川に接し、北部は海抜20mの下総台地の一角で、陣を置くには適した場所だった。現在も京成本線に国府台駅があり、古戦場跡が里見公園となっている。アクセスは、東京から市川駅まで総武線快速、そこからバスで国府台駅まで所要35分、古戦場へは駅から徒歩10分である。

さて政令都市の千葉市に城があると言っても信じない人は多いだろう。天守閣を模した建物の「千葉市郷土博物館」がそれだ。明らかに現代の建築だが、この形でなくともこの地に「千葉城」はあった。市名と県名と由来を同じくする**千葉氏**が城主である。東京からなら千葉市は総武線の快速で40分ほどの距離で、首都圏としてはかなり東端に位置している。そしてここから房総半島への内房線が伸びており、首都圏と房総の結節点としての位置にあることが分かる。戦国期に里見氏に圧迫される一方で、小田原北条氏に干渉されながらも自立性を保つために奮闘した千葉氏の在り方が見える。なお「千葉城」のアクセスは、JR千葉駅から京成バス「大学病院」または「南矢作」に乗り、「郷土博物館・千葉県文化会館」で下車して徒歩3分か、千葉都市モノレール県庁前駅で下車して徒歩13分。

千葉氏は源頼朝の挙兵に参加し、鎌倉期は幕閣の重鎮として栄え、奥州相馬氏や美濃の東《とう》氏など分家が出た。室町期も下総守護だったが、享徳の乱では公方方と管領上杉方で一族が分裂し、最終的に公方についた分家の馬加《まくわり》家が勝利した。この一族は氏名の由来である千葉市幕張付近を拠点としていたが、乱の際に内陸の佐倉に本拠を移し、「**佐倉千葉氏**」として転生する。佐倉の中心部は千葉市から総武本線で20分ほど、東京からなら総武線の成田空港方面の電車で1時間ほどの距離だが、千葉氏の居城である本佐倉城は佐倉市の隣の印旛郡酒々井町の将門山にあり、佐倉駅からJR成田線と京成電鉄を乗り継いで50分の大佐倉駅が最寄、城址は駅から徒歩15分である。城の南方が半島状の丘陵となっており、三方を湿地帯で囲まれた要害であった。城の土塁や空堀などの遺構がほぼ完全な姿で残っており、「続日本100名城」にも指定されている。江戸期に佐倉城が築かれると廃城となった。ちなみに佐倉城の敷地内に「国立歴史民俗博物館」が建てられ、充実した展示で知られている。アクセスは、京成佐倉駅から徒歩で20分か、JR佐倉駅から徒歩で25分。

佐倉は下総台地の一角に位置しているが、古くから印旛沼の水運を利用した水上交通の要衝であり、江戸期以降も成田山新勝寺への参詣路が通っていた。現代でも下総北東部にかけては総武本線や京成電鉄でつながり、さらに見逃せないのは関東自動車道で茨城県の鹿嶋、国道５１号線で水戸までつながっていることである。このように千葉県北東部から茨城県南部は「チバラキ」と呼ばれ、つながりが深い。現代でも下総東部の方言に茨城方言の影響が強いのは、このような交通のつながりから説明できよう。『ブラタモリ』でも取り上げられたが、茨城県南部の霞ケ浦、千葉と茨城の県境である利根川、そして千葉県北部の印旛沼は河川ネットワークでつながれ、これを利用して江戸期には両総用水が築かれた。この当時は**香取神社**（佐原市）が、常陸・下総両国の漁業従事者や関所を掌握して多くの収入を得ていた。戦国期の千葉氏は、「常総の内海」と呼ばれるこれらの河川ネットワークを支配することで生き残りを図ったのである（香取神社と領地をめぐって紛争を起こすこともあった）。

その千葉氏の常総の内海支配を実際に担ったのが、一族の**海上氏**である。海上氏は銚子市内の中島城や飯沼城を本拠としながら、東下総の河川ネットワークを支配した。香取市の森山城なども海上氏の城である。海上氏は本家の千葉氏から養子を受け入れたり、本家が断絶した際には海上氏から嗣子を送るなど本家と一体となって行動した。本拠である中島城は、標高４０ｍ前後の台地突端部に位置し、東西５００ｍ、南北４００ｍメートルで、県内中世の城としては規模の大きなものの一つである。現在城址には琴平神社（金比羅神社）があり、土塁や空堀などの遺構を確認できる。場所は銚子駅から西へ内陸方面に入り、現在の利根川の近くに立地している。アクセスは銚子駅からＪＲ成田線・千葉行で8分の椎柴駅から徒歩３０分（東京からなら成田まで総武線快速・成田空港行、そこからＪＲ成田線の銚子行に乗り換え所要2時間５０分）。

千葉氏は古河公方方として下総を支配し、上総北部にも重臣の原氏とともに所領を持っていた。しかし上総の所領は徐々に武田氏に侵食され、特に原氏の支配する小弓城（千葉市中央区生実《おゆみ》町）も１５２０年代に武田氏に奪われて「**小弓公方**」の本拠とされた。千葉氏も一旦は小弓公方方についたが、後に古河公方方に復帰する。

小弓公方が北条氏に滅ぼされた後は、里見氏の進出に対抗するため北条氏との同盟を選択したが、これが北条氏に干渉されるきっかけとなる。千葉氏は自立性を追求してきたが、北条氏政の息子を養子に迎えて跡を継がせることで北条氏による乗っ取りが完成した。結局秀吉の小田原攻めで、名門千葉氏は北条氏と運命を共にして取り潰された。同じ時に海上氏も滅亡したという。

下総北西部は千葉県北西部から茨城県南西部にまたがる地域で、**古河公方**が本領としていた。下総の千葉県側には古河公方の宿老・簗田《やなだ》氏が**関宿城**《せきやどじょう》（野田市）を拠点に支配を展開した。この辺りは東武鉄道の沿線で、埼玉県や群馬県東部、栃木県とも通じる。野田市付近の方言が、どちらかと言うと栃木県や群馬県の方言の影響が見られるのは、交通のつながりで説明できる。さらに流山インターチェンジを経由して高速の常磐自動車道で茨城県とも通じる。このように野田市付近が関東の北西や北東とも交通でつながっているという位置づけが、古河公方、後に北条氏にとって大きな意味を持った。ちなみに現代のアクセスでは野田から古河は、東武鉄道を何度か乗り換え、さらに東北本線に乗り換えて1時間以上かかる。また関宿城は、利根川と江戸川に囲まれた関東平野の真中に築かれた。当時の城は、河川改修やスーパー堤防の建設で、現在は川の下にある。現在の「千葉県立関宿城博物館」は、場所を変えて建てられた。建物は江戸様式の模擬天守で「河川と河川産業学」をテーマとしており、川向こうから城を臨む景色が美しい。城址へのアクセスは、東京から大宮までＪＲ上野東京ライン、そこから東武野田線に乗り換え川間駅まで（所要1時間１０分）、そして駅からバスで３５分である。

北条氏が古河公方を傀儡化すると、簗田氏は上杉謙信に付いて反北条方として活動した。謙信は１５６

年に北条方の千葉氏と原氏を攻めて下総臼井城（佐倉市）を包囲したが、城を落とせず逆に数千人の死者を出して撤退した。臼井城での敗北で謙信が関東から退潮傾向となると、上杉方だった北関東の諸氏は北条によしみを通じるようになり、上杉方にとどまった簗田氏は孤塁を守る状況となった。この後、北条氏は数次にわたって関宿城を攻撃した末、１５７４年に簗田氏を服属させた。北条氏はここを得たことで北関東進出に大きく前進する。

なお古河公方は本章の初めで述べたので割愛し、古河より北にあった結城氏については茨城県の項で説明する。

群馬県（上野国《こうずけ》）

東京から群馬県を経由する形で上越新幹線が開通し、現在は高崎まで５０分と東京は近くなった。この群馬県民は、同じ北関東の茨城や栃木と違って「訛っている」と言われることはない。大きく見て東京と同じ「西関東方言」という区画に入り、東京式アクセント、そして現代では共通語化が進む中で、県民も方言を話しているという意識が薄い。県の人口の７割ほどが集中している県域東南部（方言区画で言う「中部方言」の区域）は関東平野となっており、埼玉県を通して東京との地形的な壁がないためか、東京の影響は受けやすいということはあるだろう。

しかし群馬県の「上州弁」は「正統派の関東方言」で、ベーベー言葉の代表である。かつては中山道を通って、群馬県域から南へ東京方面に向かう人の動きがあった。上州弁の「ベーベー言葉」は、むしろ群馬から東京へ

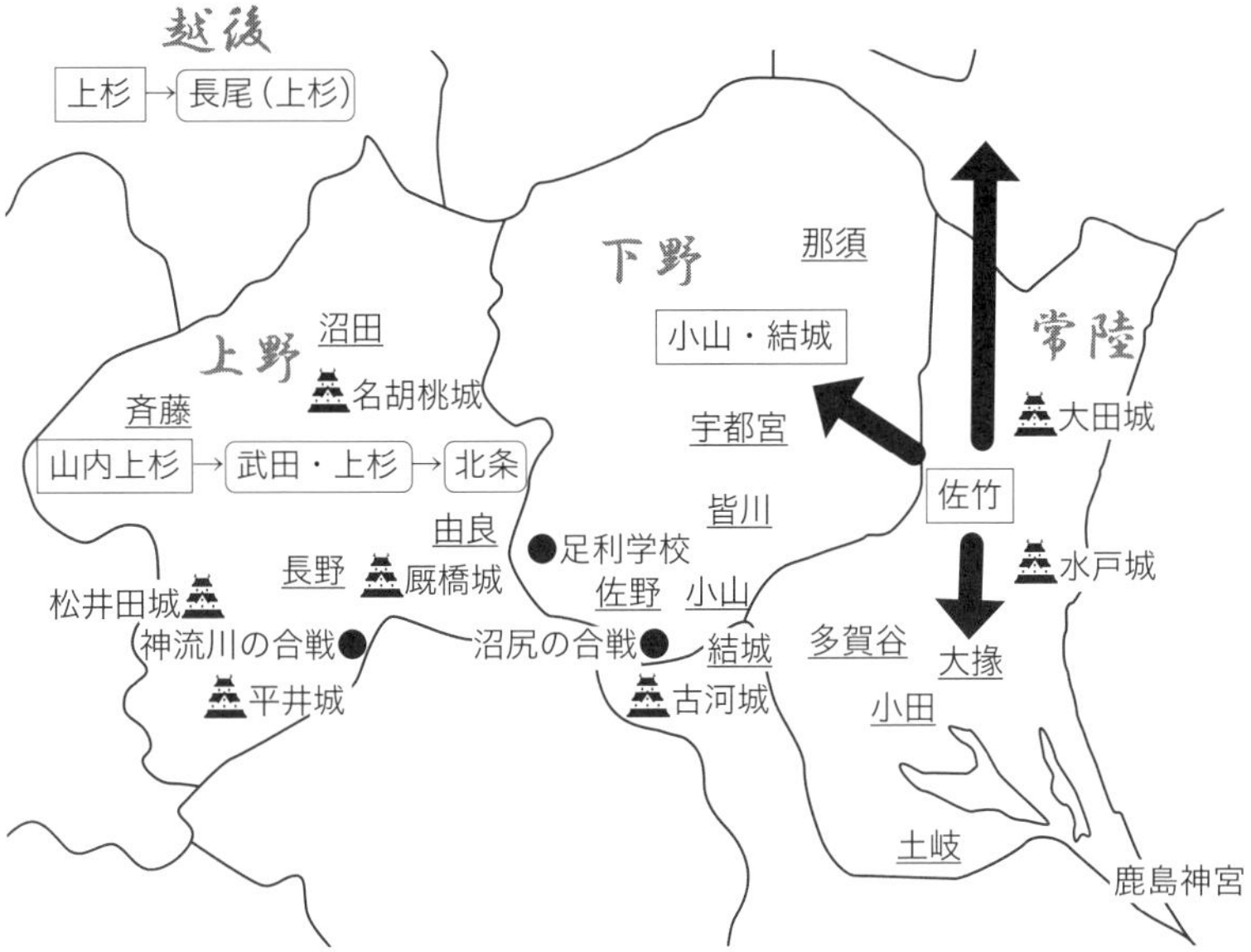
越後
上杉→長尾（上杉）
下野
那須
小山・結城
常陸
上野
沼田
名胡桃城
斉藤
山内上杉→武田・上杉→北条
宇都宮
大田城
佐竹
皆川
由良
足利学校
長野
厩橋城
佐野
小山
水戸城
松井田城
神流川の合戦
沼尻の合戦
結城
多賀谷
大掾
平井城
古河城
小田
土岐
鹿島神宮

の流れを表わすと考えることもできる。他の特徴として、埼玉北部と共通する「何やってるん？」など文末の準体助詞「の」の撥音化、文末詞「～なんさー（～なんだよ）」や同意確認の「～がね、がん（～じゃないか）」など若者にも受け継がれている独自の特徴がある。「～なんさー」は新潟県にも一部存在するなどつながりが感じられるし、単語や言い回しで県西部と東信州（長野県東部）は同じものを使うことがあるなど、交通面でのつながりが反映されている。信州との間には浅間山や志賀高原など２０００ｍ級の山があるが、佐久方面からの中山道が通じており、これが信越本線、長野・北陸新幹線、そして高速の上信越自動車道のルートにほぼ踏襲されている。信州との間に地形的な壁はあって、方言の共通点は必ずしも多くないが、中山道という主要道が両地域の交流に資するものがあったのは否定できないし、数少ない方言の共通点にもそれが反映しているだろう。

　他の隣接諸県との関係については、東の栃木との間には１０００ｍの足尾山地があって、群馬県から見て東南部方面から交通路が通じている（前橋～桐生から両毛線、館

上杉氏系図

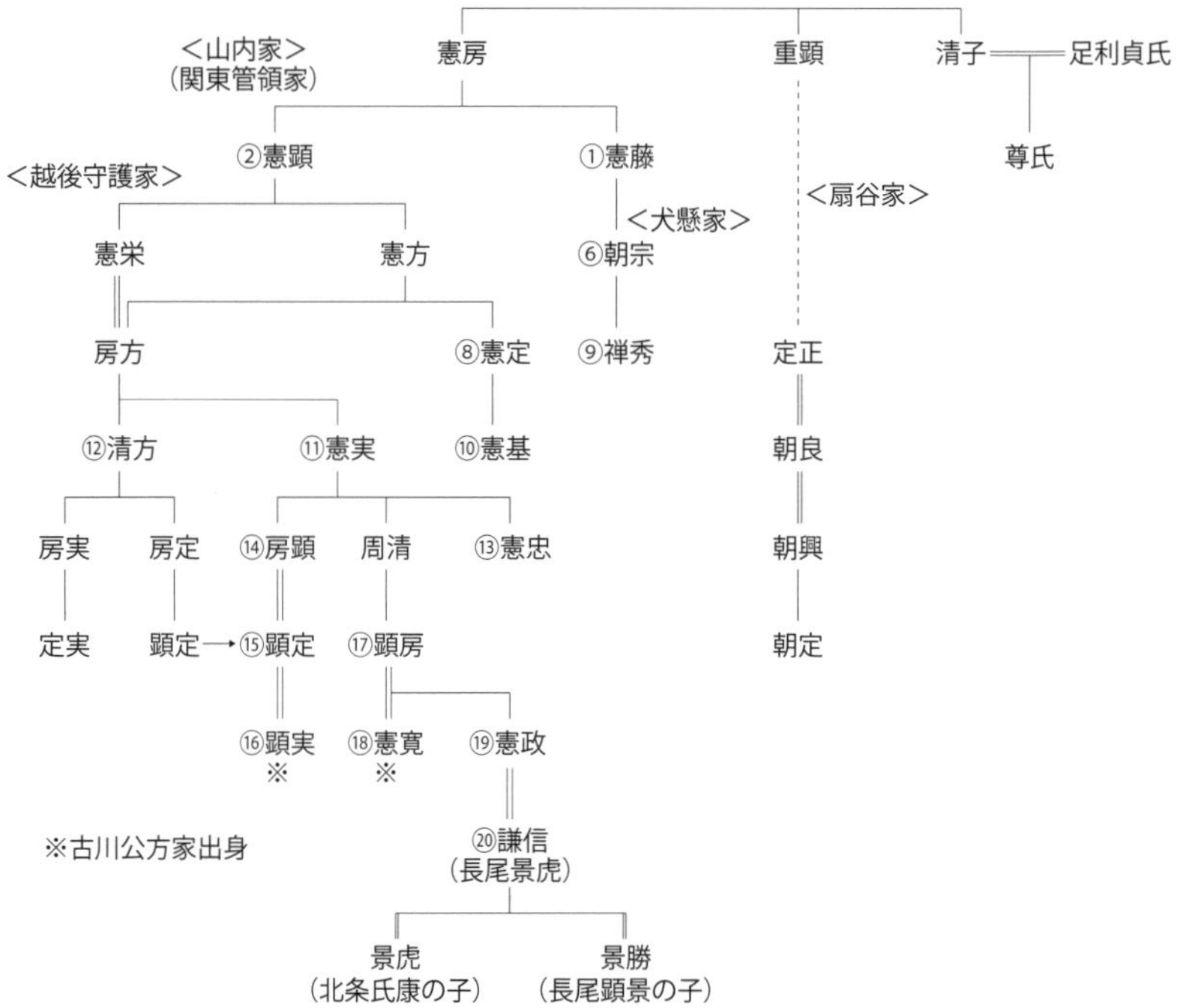

林から佐野線）。方言は文法である程度共通点があるが、アクセントが大きく違うなど聞こえ上の差が大きい。新潟県とは現在は上越新幹線と関越自動車道でつながっており、古くからも街道はあったが、ここにも２０００ｍ前後の越後山脈が立ちはだかっており、方言の共通点はほとんどない。埼玉県との交通路は、すでに述べた長野方面と新潟方面の交通路が群馬県で連結されて、埼玉県に向かうという形になる。

なお、群馬県内の方言区画については、すでに述べた中部方言域が平野部で、北西部方言域は山岳地帯という地形上の相違から分けられる。北部は赤城山があり、西部は榛名山や浅間山がひかえている。北西部は、交通面で新潟や長野から通じるという特徴がある。また東南部方言は平野部の一角だが、栃木との交通上のつながりから独自の区画となっている。高崎駅から各地へのア

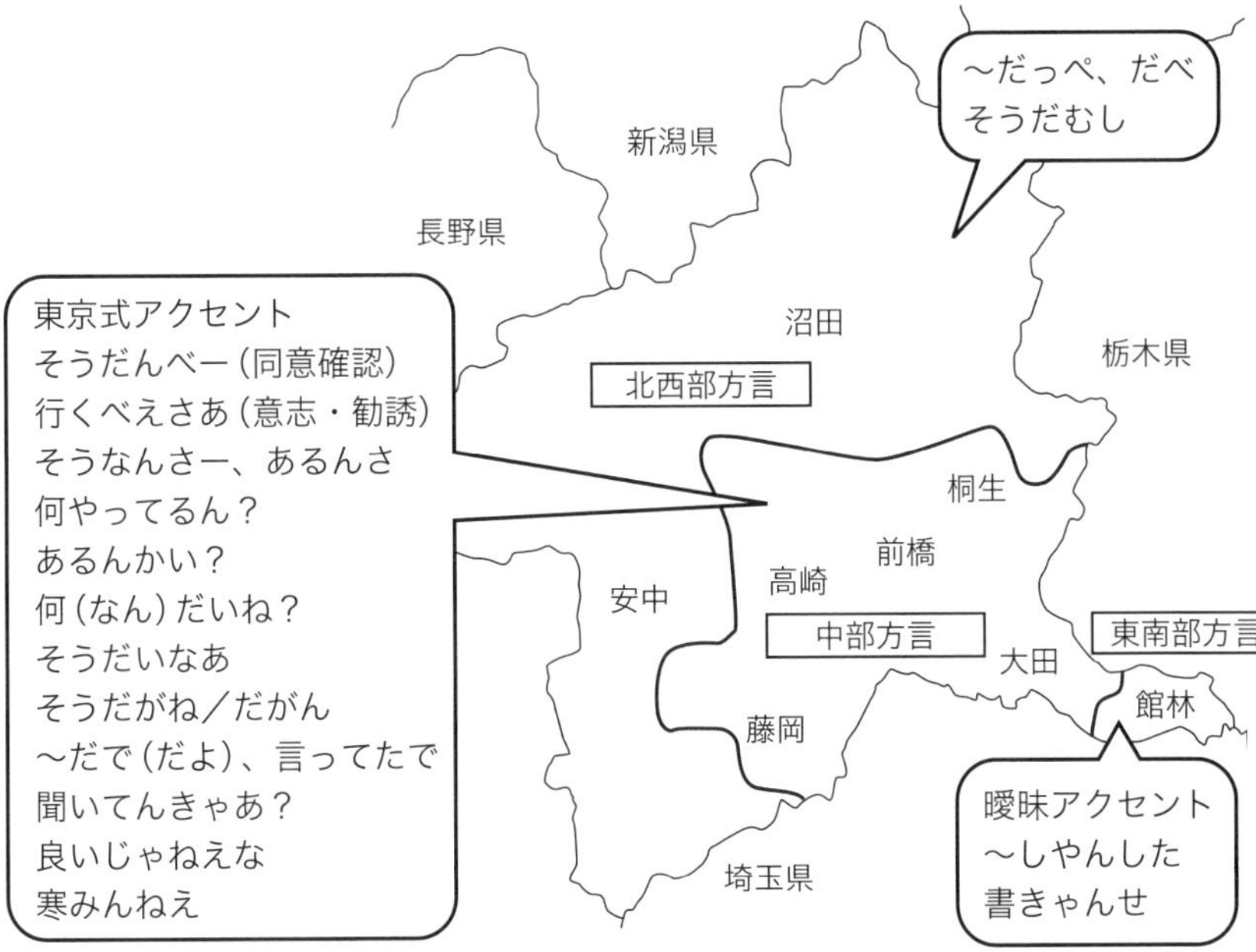
～だっぺ、だべ
そうだむし
新潟県
長野県
東京式アクセント
そうだんべー（同意確認）
行くべえさあ（意志・勧誘）
そうなんさー、あるんさ
何やってるん？
あるんかい？
何（なん）だいね？
そうだいなあ
そうだがね／だがん
～だで（だよ）、言ってたで
聞いてんきゃあ？
良いじゃねえな
寒みんねえ
沼田
栃木県
北西部方言
桐生
前橋
高崎
安中
中部方言
東南部方言
大田
館林
藤岡
曖昧アクセント
～しやんした
書きゃんせ
埼玉県

クセスは、北部の沼田が上越線で４５分、西部の安中は信越本線で１２分、東南部の館林へは埼玉県に戻って東武鉄道に乗り換え１時間２０分以上かかる。また高崎から県庁所在地の前橋へは両毛線で１５分である。

さて群馬県＝上野国は関東古墳文化の中心とされ、「上」が付く国名から分かるように近畿地方との交通の便の良さもあって古代から栄えた。交通面から見た特性は、関東の一角だが、信濃（長野県）や越後（新潟）にも通じるということになる。現代の新幹線の路線もそれを踏襲しているが、交通ネットワークでの立ち位置を念頭に戦国史を説明しよう。

上野は関東管領を世襲した**山内上杉**の守護管国だったが、当初は鎌倉にあって公方を補佐していた。享徳の乱で鎌倉が荒廃し、古河公方との軍事的対峙が続く中で山内上杉の当主も上野に移ったようだ。居城の平井城（藤岡市）は上野の南西部にあり、同じく守護管国である武蔵へもにらみを利かせるのに適した立地だった。地理的には神流川の西岸にあり、ＪＲ八高線で埼玉と東京の内陸と結ばれ、八王子で相模線と連絡して神奈川の中部にもつながる。また関越自動車道と上信越自動車道が接続する藤岡ＪＣＴがあって、信越方面とも交通がつながっている。山内氏がここを本拠としたのは、こうした交通の利便性によるだろう。なお、平井城址は標高１４５ｍで、現在「関東管領平井城跡公園」として整備されており、土塁が復元されている。アクセスは、上信越自動車道・藤岡ＩＣから１５分、八高線の群馬藤岡駅から南西方向にある。

戦国期に話を戻すと、上野国衆の大部分は、**箕輪城**《みのわ》（高崎市）の長野氏（山内家宿老）のように山内上杉の家臣団を形成していた。他に山内家配下の国衆で主な者は、**廐橋城**《まやばし》（前橋市）の長野氏、白井城（渋川市）の長尾氏、金山城（太田市）の由良氏がいる。北部にも沼田氏や斉藤氏など配下の国衆がいた。

ただし東部の一部は古河公方の勢力圏で、舘林の赤井氏、桐生の佐野氏（下野国に同族あり）など公方奉公衆が支配していた。この辺りは渡良瀬川で栃木県とつながり、また利根川が前橋から東南方面に向かって茨城県と千葉県の県境を形成しており、東関東との連絡が容易だった。現在の交通路でもＪＲ両毛線や佐野線で栃木県と、高速の北関東自動車道で茨城県とも結ばれている。

戦国初期の管領・山内顕定は「都鄙和睦」で古河公方とは勢力圏を画定し、長享の乱後に扇谷家を従属させるなど関東北西部の地域権力として勢威を振るった。しかし１５１０年、越後守護となった弟を救援するために越後に出兵した際に、守護代の長尾為景（上杉謙信の父）によって敗死させられると陰りが見えてくる。

小田原北条氏が扇谷家を圧倒して武蔵を北上すると、武蔵西部の山内家の勢力圏も浸食された。そうした中で１５４５年の河越夜戦では**山内（上杉）憲政**は古河公方、扇谷家と８万の大連合軍で北条と戦ったが、敗れて威信が失墜した。その後、憲政は東信濃の国衆援護のために武田信玄と戦うも、敗れてさらに弱体化する。こうした中で武蔵や上野の国衆が相次いで北条へ寝返り、北条氏は関越自動車道のルートを進軍して行った。

ついに1552年に本拠の平井城まで陥落して、山内憲政は越後に亡命。これが越後の長尾景虎、後の**上杉謙信**が関東に進出するきっかけとなる。

上杉謙信は1561年に小田原を攻めた後に山内家の家督を継いで「関東管領」となり、長野氏など山内家配下の上野国衆も謙信に従属した。謙信は、味方側からは管領である山内上杉家を継いだということで「山内殿」と呼ばれることになる（北条や武田など敵方は、「長尾」「景虎」など旧名で呼び捨て）。謙信は関東統制の拠点として上野の厩橋城（前橋市）に重臣の北条《きたじょう》高広を置き、反北条の関東諸勢力を支援するため毎年のように「越山」と呼ばれる関東出兵を繰り返した（謙信自身も厩橋城に駐屯した）。現代なら高崎が北陸新幹線と上越新幹線の結節点だが、越後から上州への街道は現在の上越線と関越自動車道のルートで通っており、そのルート上に前橋がある。ここから両毛線のルートで東関東に出られるということもあって、謙信は前橋を拠点としたのである。なお厩橋城は西に利根川に面した平城で、後に「前橋城」と改称され近世城郭として江戸期にも使われた。ただし利根川の洪水などで廃城となり、現在の前橋城跡には市役所や裁判所が建っている。遺構は少ないが、三の丸外郭の地が整備され現在の「前橋公園」となった。近くに利根川を望むことができる。アクセスは、前橋駅からバスで10分。

しかし第四次川中島の合戦後（1561年）に、武田信玄が信濃から中山道に沿って、現在なら上信越自動車道のルートで上野に進出してきた。「同盟者北条を助け、越後上杉に睨みをきかせる」という名目である。この際に信玄配下の**真田幸綱**（真田幸村の祖父）が、北部の岩櫃城（吾妻郡東吾妻町）の斉藤氏や沼田城（沼田市）の沼田氏を下すなど大きな功績を上げ、上野の北部と西部を武田領とした。幸綱はその後、上野北部と信濃国の上田城を繋ぐルート上の重要拠点として岩櫃城の大改造を行った。元は言えば、武田信虎（信玄の父）に信州（長野県）上田の地を追われ、上野の箕輪長野氏のもとに亡命したのがこの地との縁だったが、これで上野にも所領を得たことが真田氏にとって後に大きな意味を持つ。なお、岩櫃城は、吾妻川の西岸にあり、西は岩櫃山、南は吾妻川へ下る急斜面、北は岩山で天然の要害となっている。尾根から本丸など山城の構造がよく残っている。幸村の父・真田昌幸が城主となったこともあり、大河『真田丸』放送時から真田氏ゆかりの地として観光アピールに努めている。アクセスは、高崎からJR吾妻線で1時間10分の郷原駅から徒歩30分。

信玄本人も上野に出兵し、要地である箕輪城（高崎市）を1565年に自ら攻略した。その際、長野氏に仕えていた剣豪・上泉信綱（柳生石舟斎の師）と会見し仕官を勧めたが、信綱は辞退して京へ旅立ったという。箕輪城は武田領となった後、内藤昌豊や真田幸綱ら重臣が城主となった。箕輪城は、榛名白川によって削られた河岸段丘に曲輪が配された平山城である。城跡には空堀や土塁の一部が残るだけだったが、近年の二つの木造城門が復元された。アクセスは、高崎駅から群馬バス「箕郷行き」で30分の「箕郷本町」で下車し徒歩20分。

しかし上野は地政学的に上杉、北条、武田がぶつかる土地で、住民や国衆は大きな負担を強いられた。その中で武田が今川・北条と断交すると、北条は上杉と同盟（越相一和）し、北条《きたじょう》高広など上野在住の国衆が仲介して、厩橋城などが両者の交渉の場となっている。だが両者の思惑違いから、この同盟は2年ほどで破綻した。その後謙信は再び北条と対決することになり、上野の北部から東部を拠点として関東出兵を繰り返したが、謙信死後の御舘の乱で越後上杉は上野からほぼ撤退した。

織田信長による武田滅亡で、信長から派遣された**滝川一益**が厩橋城を本拠に上野も管轄することになった。謙信以来の上野支配の拠点であり、東関東にも影響力を行使するという思惑があったのだろう。一益は「関東管領」として**真田昌幸**（幸村の父）など武田旧臣の国衆を従属させ、関東・奥羽の勢力にも影響力を広げた。

この時点では、北条氏も一益を通じて信長に服属していた。しかしこの体制は本能寺の変によりわずか3か月で終わる。東国にも情報が伝わり、北条が反旗を翻す中で、一益は上野諸将を率いて北条と上野・武蔵の国境合戦を行うことになった（**神流川《かんながわ》の戦い**）。しかし北条軍5万に対し、滝川軍は1万数千と兵力差があったので滝川軍は数千もの死者を出して大敗、一益は関東から全面撤退することになる。この撤退ルートは当然中山道、現在の上信越自動車道から中央自動車道に向かう道であった。一益は京に戻るが、以後は精彩を欠き秀吉の軍門に下った。

この際に真田氏は滝川軍に加わりながら戦力を温存し、戦後は一時北条に従属する姿勢を見せながら、越後上杉に服属を申し出るなど巧みな外交で自立化を果たした。この状況は大河『真田丸』でほぼ史実に沿った展開がなされていた。この後も群馬県域の戦国史は、真田氏を軸として見るとよく分かる。なお、神流川古戦場は高崎市新町から玉村町にかけてで、高崎市の国道17号線脇、埼玉・群馬県境の神流川橋たもとの群馬県側に古戦場の碑があり、玉村町の軍配山古墳が滝川軍の陣所である。

本能寺の変後の関東の争乱を「天正壬午の乱」と言うが、北条氏政は甲斐・信濃まで出兵したものの徳川家康と講和し、その条件で念願の上野一国の獲得をほぼ実現した。しかし北部の沼田領は真田氏の領地であった。真田氏の本拠である東信州の上田と上州北部の沼田の間には志賀高原があり、現在の最短の交通路は高速の上信越道と関越自動車道を行くルートだが、少し回り道であり1時間50分かかる。しかし国道144号線と145号線がつながっており（県境付近で鳥居峠がある）、2時間20分ほどの所要時間である。現在、このルートは通称「真田街道」と呼ばれる。真田氏が武田配下の時代にこのルートで進軍し、秀吉の下でも真田氏が支配していた。北条氏にとっては統制が難しく、境目付近は微妙な緊張感に包まれていたが、1589年に真田領で沼田から少し西の**名胡桃城《なくるみ》**（みなかみ町、上越新幹線の上毛高原駅の近く）に手を出したことが秀吉の小田原攻めのきっかけとなった。名胡桃城では現在馬出しや三日月堀、土塁跡など遺構があり、名胡桃城址案内所で資料などが展示されており、上毛高原駅近くの月夜野郷土歴史資料館に名胡桃城の模型がある。城址へのアクセスは、上毛高原駅からタクシーで7分か、JR上越線の後閑駅からタクシーで7分。

小田原攻めでは、信州の真田氏、そして前田氏や越後上杉氏など北陸勢が上野から攻め入った。ここで北条重臣の大道寺氏が城主である**松井田城**（安中市）が標的となり、1カ月にわたって合戦が行われた後に大道寺氏は降伏した。安中市では国道18号線から始まり、信越本線、北陸新幹線、上信越自動車道の全てが通過している。ここを突破した豊臣軍の北陸勢は小田原に進撃、北条氏は最大版図を実現したわずか6年で滅亡した。なお、松井田城跡は山林となっているが、堀切や土塁など遺構は良好な状態で残されている。また大道寺氏の居館跡には菩提寺の補陀寺がある。アクセスは、高崎からJR信越本線で25分の西松井田駅から徒歩30分。

家康の関東入封後、上野の大部分は徳川領となり、**井伊直政**らが配された。直政は当初箕輪城に入ったが、1598年に新たに**高崎城**を近世城郭として築いてここに移った。箕輪城が山城だったのに対し、中山道と三国街道の分岐点という交通の要衝として高崎に平城を築いたのである。また「高崎」という地名は、直政の発案という。現在城址は市街化が進み、市役所など公共施設が多く並ぶが、堀の周辺は高崎城址公園として整備され、城門や櫓などが残っている。城跡へのアクセスは、高崎駅から徒歩10分。

また北上野の沼田などは真田氏の領地となり、真田昌幸の長男・信幸（幸村の兄）が沼田城主となった。徳川領と接したことで誼を深めるために、信幸の正室として徳川四天王の本多忠勝の娘・小松姫を迎えた。関ヶ原の戦いの直前、下野国犬伏で真田父子三人が合議し、父昌幸と幸村は西軍、信幸は東軍につくことが決したが（犬伏の別れ）、直後に昌幸は沼田城を訪れて「孫の顔を見たい」と申し送った。これに対し小松姫は「たとえ舅であっても敵である」ということから、武装した姿で対応し城門を開かず追い返した。後に、自ら子供を連れて昌幸のもとを訪れ、舅の願いを叶えたという。なお、沼田城は利根川と薄根川の合流点の北東で、河岸段丘の台地上に位置する丘城である。川に面する辺りは70mほどの崖となっている。明治後に城門などが各地に移築され、城跡には石垣や復元された鐘櫓が本丸跡にある。「続日本100名城」の一つ。アクセスは、沼田駅から徒歩30分。

新潟県

越後国

群馬県から北上して新潟県に入る。新潟県、越後の戦国武将と言えば、**上杉謙信**である。謙信は元々は越後守護代の長尾氏の出身であり、長尾景虎と言った(後に政虎、輝虎とも言ったが、以後は謙信で統一)。越後は関東管領・上杉氏の分家が守護であり、謙信も関東政局とのかかわりが深いので、関東の章で新潟県戦国史を扱う。また本書の記述方針は、先に県内の方言の概況を説明してから戦国史の叙述という原則だが、ここでは話題となっている地域から適宜方言を説明することにする。

現在なら上越新幹線で東京—新潟市間は2時間で結ばれている。鉄道では上越線もあり、高速の関越自動車道でもつながっている。しかしこの間には2000m級の越後山脈や三国山脈があり、冬季は豪雪で交通困難である。私は3月末に新潟旅行の帰りに上越新幹線で東京に向かったが、新潟・群馬の県境は何度もトンネルを通過し、しかもすべて雪で埋まっている光景を見て驚いたということがある。こうした自然の障

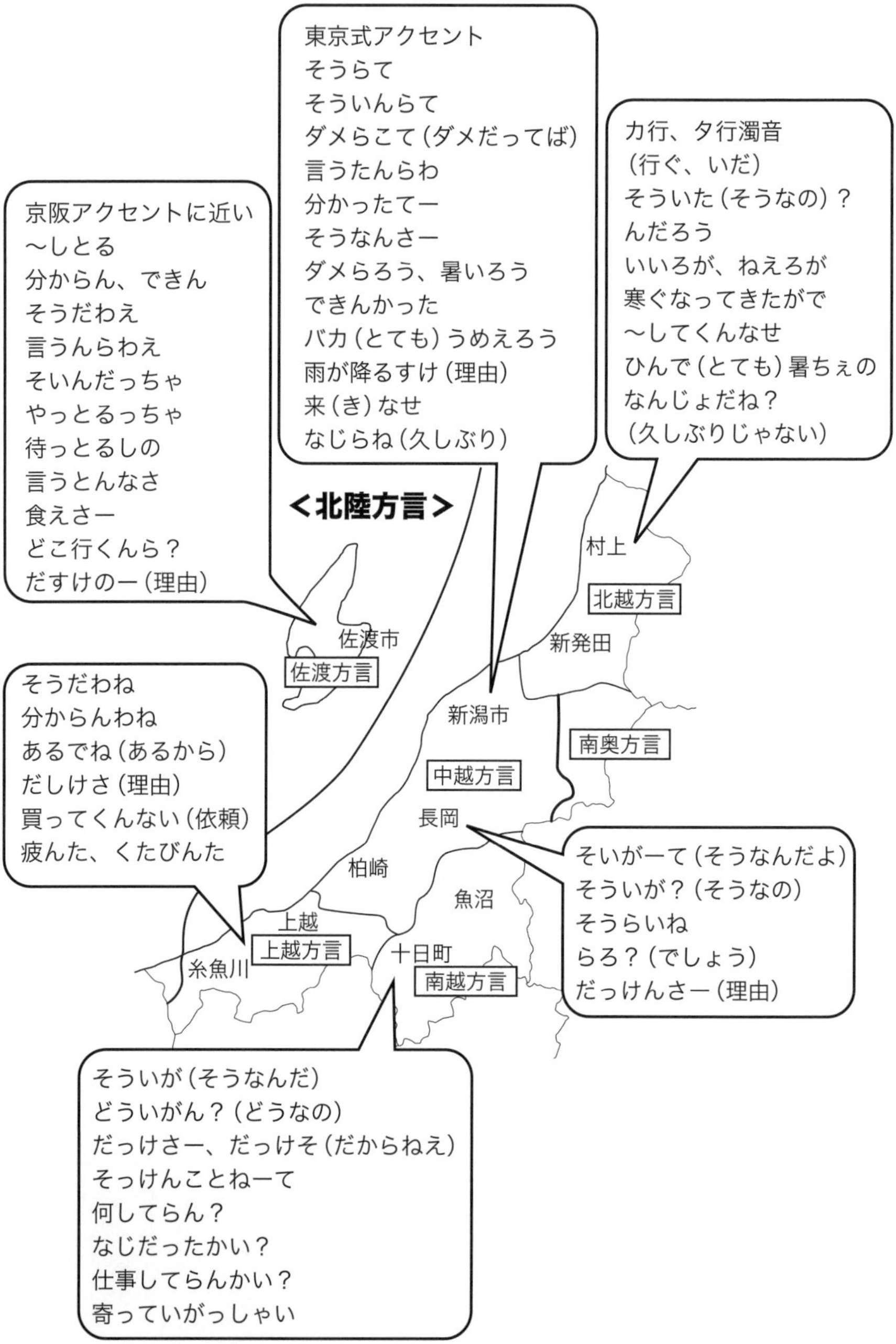

<北陸方言>
京阪アクセントに近い
〜しとる
分からん、できん
そうだわえ
言うんらわえ
そいんだっちゃ
やっとるっちゃ
待っとるしの
言うとんなさ
食えさー
どこ行くんら？
だすけのー（理由）
東京式アクセント
そうらて
そういんらて
ダメらこて（ダメだってば）
言うたんらわ
分かったてー
そうなんさー
ダメらろう、暑いろう
できんかった
バカ（とても）うめえろう
雨が降るすけ（理由）
来（き）なせ
なじらね（久しぶり）
カ行、タ行濁音
（行ぐ、いだ）
そういた（そうなの）？
んだろう
いいろが、ねえろが
寒ぐなってきたがで
〜してくんなせ
ひんで（とても）暑ちぇの
なんじょだね？
（久しぶりじゃない）
そうだわね
分からんわね
あるでね（あるから）
だしけさ（理由）
買ってくんない（依頼）
疲んた、くたびんた
そいがーて（そうなんだよ）
そういが？（そうなの）
そうらいね
らろ？（でしょう）
だっけんさー（理由）
そういが（そうなんだ）
どういがん？（どうなの）
だっけさー、だっけそ（だからねえ）
そっけんことねーて
何してらん？
なじだったかい？
仕事してらんかい？
寄っていがっしゃい
村上
北越方言
新発田
佐渡市
佐渡方言
新潟市
南奥方言
中越方言
長岡
柏崎
魚沼
上越
上越方言
十日町
糸魚川
南越方言

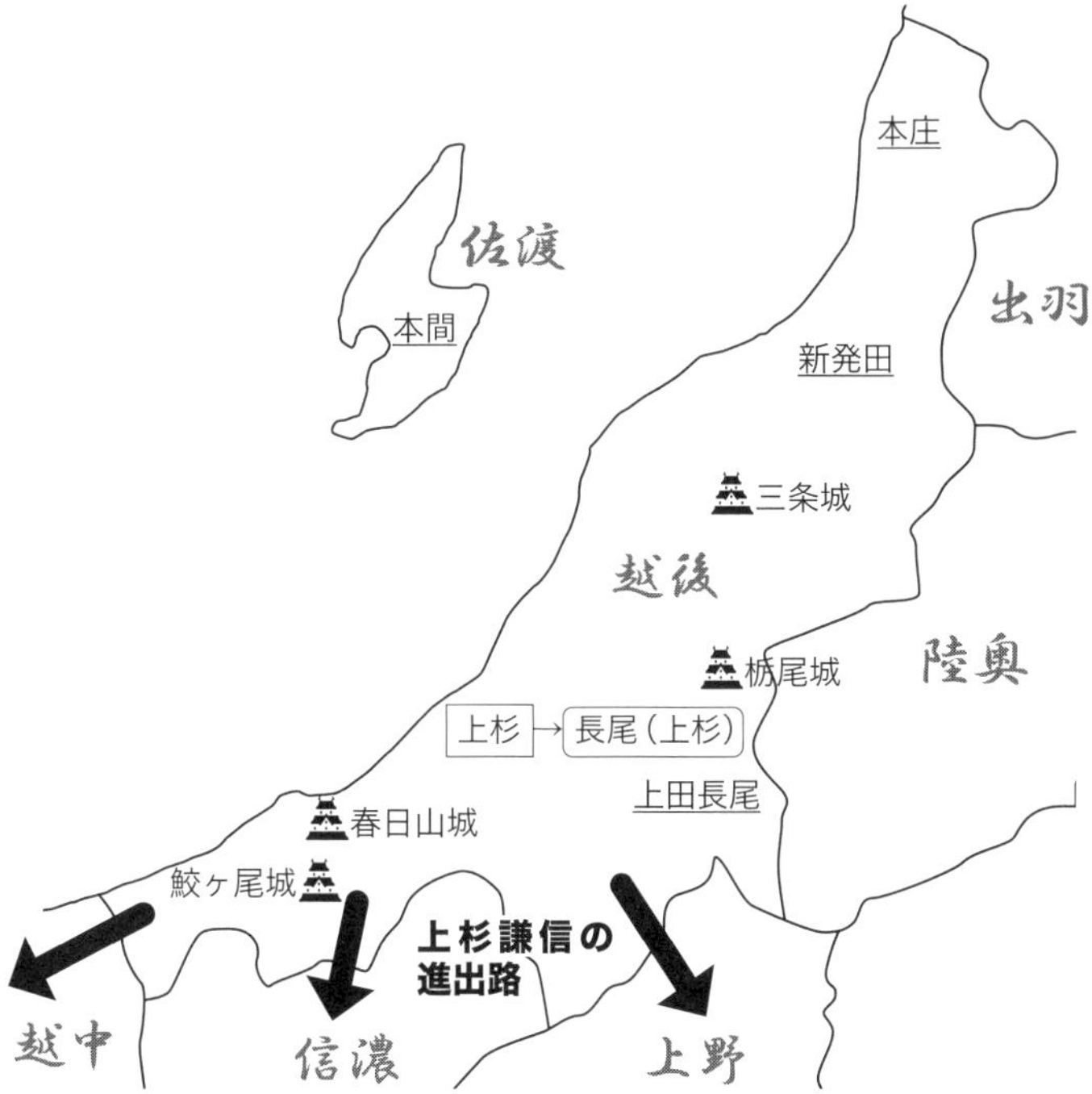
本庄
佐渡
本間
出羽
新発田
三条城
越後
栃尾城
陸奥
上杉→長尾(上杉)
上田長尾
春日山城
鮫ヶ尾城
上杉謙信の進出路
越中
信濃
上野

壁があるがために、近代以前は関東と新潟との交通は決して多くなかった。それが解決されたのは、地元出身の田中角栄による公共事業ということは言うまでもない。越後方言が東日本方言の中でも単語や言い回しの面で独特な特徴を持っているというのは、自然環境の要因が大きいだろう。

越後の方言は東京式アクセントであり、東北と比べると住民が標準語を話すのに抵抗感が少ないようで、あまり「訛っている」という評価は聞かない。一方で越後方言の推量や同意確認の言い方は関東式の「～べー」ではなく、古典語「～らむ」が変化した「～ろー」である(暑いろー、行くろー、だろー、らろー等)。また理由の接続詞は広い地域で「～すけー」であり、これは関西弁の「～さかい」が変化したものである。さらに海沿いの一部地域だが、否定の言い方は「～ん、んかった(できん、できんかった)」のように明らかに西日本的なものである。これらの特徴は、越後が海上ルートで関西方面とつながっていることを示している。昭和初期までは近畿と日本海航路での船が運航されていたが、現在は廃止されている。鉄道でも2012年まで寝台特急「きたぐに」が北陸本線・信越本線経由で運転していた。現在は関西と新潟の日本海ルートでの交流はなかなか想像しにくいが、上越市から金沢まで北陸新幹線が開業し、京都まで延伸されればこのルートが再活性化するかもしれない。

方言の特徴から、越後は関東と深い関係は持ちつつも日本海ルートで関西方面の影響を受け、さらに独自性を持つということが言える。以下では戦国史も同じ観点で説明してみよう。

戦国越後は、謙信の父・**長尾為景**の勢力拡大で始まる。守護代として越後の実権を握っていたが、主家である上杉氏の守護をすげ替え、さらにそれを救援に来た関東管領・上杉顕定を敗死させた(1510年)。私が子供のころ読んだ日本史漫画(学研漫画・人物日本史での「上杉謙信」の巻)では、守護と管領という二人の主君を殺した為景を恐れる世間の噂に対して本人は「そうだ!俺は謀反人だ!」と自慢げに高笑いしていたが、守護の上杉家を担ぐ反対勢力の統制に悩み、室町幕府の権威にすがってもいる。当時から越後は交易で京都とも関係は深く、特に謙信の城下町に近い直江津(上越市)も京都方面との交易港として栄えており、政治の面でも京都との関係の深さはあったのである。それは息子・謙信により顕著になる。なお、上越は新潟県でも南西部にあり、東京からなら長野経由の北陸長野新幹線で1時間50分ほど行くことになる。現在上越の中心市街は高田付近だが、戦国当時は海岸に近い直江津に守護所の「上杉館」が置かれ、長尾氏が主君とした越後守護の上杉氏が居城を置いていた(現在の直江津駅から南方の「至徳館」付近)。付近の府内港、現在の直江津港は日本海航路の重要な港町で、京都との交流の玄関口だった。なお上越市は、現在も北陸本線と北陸自動車道という日本海沿岸のルートで関西とつながっているが、昭和初期まであった日本海航路は現在では皆無である。

また謙信の本拠**春日山城**は上越市南方の内陸にある標高180mの山城で、現在も空堀や土塁などが残り、山の裾野に1km以上にも及ぶ堀と土塁で総構えが残っていて堅城の名残りがある。城内には謙信の銅像があり、近くに少年時の謙信が学んだ林泉寺もある。アクセスは、上越妙高駅から春日山駅まで上越線で10分、駅から徒歩で40分かバスで20分だが、最近は上越妙高駅から周遊バス「ぶらっと春日山・高田号」が運航している。なお、当時の越後は南西部が中心であり、上越市より少し北東の柏崎や出雲崎も日本海航路の港町として栄えた。衣料素材の中心だった青苧が越後の主力商品であり、これらの港町から京都市場へも日本海航路で運ばれていた。この交易の利益は大きなもので、越後長尾氏も商人たちからの運上金で豊かな財力を誇った。

さて為景は反対派を十分に平定できないまま1537年に亡くなり、兄・晴景も病弱な中で謙信が若年で長尾氏を継いで守護代となる(1548年)。さらに守護の上杉家も断絶し、謙信は越後の最高権力者となった。ただし立場的には「主人なき家宰」であったため、国内には旧上杉派と長尾派で対立があり、自らの家中でも家臣たちの所領争いに苦心し、それらを収めるために上洛して朝廷や幕府の後押しで正当性を得ようとしたようだ。

やがて亡命してきた山内憲政の跡を継いで関東管領となり、1561年以降は連年のように「越山」という関東出兵を繰り返した(田中角栄の後援会名の由来)。公的に「関東の統制者」となって、関東の国衆が支援を求める状況ではこれに応える必要があり、また同じく「関東管領」を名乗る北条氏とは正当性をかけた対抗関係があった。しかし越後山脈の一角を占める三国峠の難所を越えて関東に派兵するのは時間がかかり、冬は豪雪で動けないこともあって徐々に北条氏に押され、関東国衆も離反していった。その仔細は関東各県の項を参照してほしい。なお謙信の関東攻めのルートは、上越新幹線や関越自動車道のそれにほぼ沿っているが、新幹線の越後湯沢駅付近で前記のルートより少し西へそれて上野（群馬県）との境目近くにある三国峠を通っていた。新幹線などのルートは高度成長期のトンネル工事によるところが大きいということである。

謙信は、村上氏など武田信玄に追われた信濃国衆の支援という名目で信玄とは五度も「川中島の戦い」を戦ったが、必ずしも「義戦」が理由というわけではない。川中島は長野市にあり、謙信本拠の春日山城は上越市で、両地は信越本線の電車で1時間の距離である。つまり信玄の進出地は謙信の本拠近くまでに迫り、のど元に刃を突き立てられたようなものだったのだ。謙信の川中島までのルートは、当時は北国街道の一部で善光寺（長野市）への参詣道として使われた道で、現在は信越本線や上信越自動車道のルートに当たる。私も上越から長野市への旅行でこのルートを行ったが、県境付近で妙高高原の山々が立ちはだかり、往時の困難な行路が想像できた（3月末だったが、雪深くスキー客が多かった）。関東攻めも含めて以上の軍費は莫大なものだったが、日本海交易による財力が大きな基盤だったと考えられている。また１５６１年の関東攻めの前には凶作による飢饉が著しかったので、謙信は運上金や労役など諸役を免除する措置を取っている。

さてこの謙信は越後出身なので当地の方言で話したのでは、と考えたくなる。ネット上の作品でそういうものも散見するが、公刊されている書籍では『戦国史新聞』がある。信玄との一騎打ちの逸話がある第四次川中島の合戦後にインタビューを受けたという設定で、謙信のセリフはおおむね次のようなものだった。

「こってごうぎな戦らったいのお（とても大変な戦だったね）」

「そうらね。（中略）いわゆる一つの、カンピューターってやつ、らのか」

こういう想像は楽しいが、少し考えてみよう。ここで「越後方言」とされているのは、「中越（越後中部）方言」である。まず越後は「大国」なので、その内部では色々方言が違うというのは想像がつく。ただその中で普通「新潟弁」とされているのは、新潟市から長岡市など中越地方の方言である（新潟市は、地域区分では北部の新発田市とともに「下越地方」とされるが、方言的には「中越方言」の地域である）。他に南西部の「上越方言」、北部の「北越（下越）方言」と越後だけで三分され、島である佐渡の方言は別扱いである。前述のように謙信は国内諸勢力の統制に悩んだが、それは広さと共に方言の多様性も関係していると考えられる。

「中越方言」は先の謙信のセリフにあるように、「〜らて、らわ（だよ）」、接続詞「〜らすけ（だから）」のように、断定の文末詞が、「だ→ら」となるのが特徴だ。単語が独特なのは言うまでもない。この中越地方は信濃川沿いの地域で、新潟市から長岡などを含む越後平野があり、上越新幹線の沿線でもある。しかし謙信が生まれ育ったのは当時の越後府中＝上越市である。「上越市」という地名だが、上越新幹線のルートから外れており、北陸新幹線の沿線である（上越市は「上（かみ＝京都に近い）越後」という意味で、上越新幹線の方は「上野（こうずけ＝群馬県）＋越後」の意）。北陸新幹線のルートは、長野市から北上して上越妙高駅へ行き、そして西へ富山方面に向かうものである。上越市から新潟市などに向かうには、長岡まで信越本線で行って、そこから上越新幹線に乗り換えとなる（最短で1時間４０分）。ここの上越方言は「東海東山方言（筆者注・：長野県など中部地方の方言）に近い」とされ、「〜だわ」「〜だすけ、だで」などというのが明らかに中越方言と違う（「最も標準語に近い」「方言色が薄い」とも評されている）。上越市の東に米山という１０００ｍに近い山があり、これによって中越地方とは隔てられている。米山から西の上越市付近には高田平野があって、まとまった生活圏を作っているのである。

では謙信には上越弁で話させるべきか。もっとも謙信は青年期に「中郡郡代」として中越地方の栃尾（長岡市）を本拠としたこともあるので、それに合わせて中越方言を話させても間違いとは言えない。もっと言えば、中越方言でも北部の新潟市方言か、中南部の長岡市方言か決めねばならないが、**栃尾城**は長岡市の東部にあるので、長岡市方言に軍配が上がるか。メジャー度で言えば、やはり新潟市方言ということになるかもしれない。ただ序章で触れたように戦国期の方言は不明なので、「謙信に越後の何弁を話させるか」は書き手の判断に依るしかない。なお、栃尾城は標高230mの山城で、竪堀など主要部の遺構はほぼ完全に残っており、ふもとの秋葉公園には謙信の像もある。アクセスは、長岡駅から「栃尾車庫」行きバスに乗り50分の「中央公園前」バス停で下車し徒歩20分。

ついでに言うと、中越地方の主要都市である新潟市や長岡が発展したのは江戸期に入ってからで、当時の拠点は新潟市と長岡の中間に当たる三条城だった。ここは、長尾(上杉)氏重臣の山吉氏が居城としていた。

また、この当時の新潟市付近には「**新潟津**」「蒲原津」「沼垂津」の三つの港があった。沼垂津は現在の新潟市東区付近(旧・中蒲原町)で阿賀野川の河口にあり、大和朝廷によって城柵が築かれた場所の近くで最も古くから栄えた。蒲原津は新潟市の西区から西蒲区(旧西蒲原郡)にかけてのやや内陸にあり、信濃川と阿賀野川の合流地にあった。室町期まで最も栄えていたのが蒲原津だが、戦国期に入ると信濃川の左岸で最も海沿いにある新潟津が賑わうようになった。これらは「三か津」と呼ばれ、付近には国衆の加地氏と小国氏がいたが、戦国期に入るといずれも謙信の上杉氏に従属し、新潟など三か津も謙信の直轄領として北越後における日本海航路の拠点となる。

謙信の方言に話を戻すと、彼が二度上洛した際に、道中の越前(福井県)で朝倉義景とも歓談し、京では公家の近衛前久とも親しく話している。すると、古典文語か、あるいは室町幕府の礼法の言葉(武士の京都語?)を話したか分からないが、いずれにせよこの両者に通じる言葉を話したということになる。なお上洛の道は、現在の北陸自動車道や北陸本線のルートに沿っている。

他に大河ドラマ『天と地と』で父・長尾為景の側室(八千草薫演)が百姓訛りの方言を話したということだが、

私は未見だし、残っている映像も少ないとのことで詳細は分からない。津本陽も織田信長はじめ他の多くの戦国武将には方言を話させているが、謙信はそうではないのは判断に迷ったのか。結論が出ないので、謙信と方言については以上で留める。

謙信は晩年北陸に進出して加賀(石川県)で織田信長を破った(手取川の戦い)。そして帰国後に関東出兵の大号令をかけたが、出兵直前に47歳で急死した。すると、生前に迎えた二人の養子、**上杉景勝**(謙信の姉の子)と景虎(北条氏康の息子)との間で内戦「御館《おたて》の乱」が起こった。この景勝の腹心が**直江兼続**で、彼が主役である大河『**天地人**』(妻夫木聡主演)でもこの戦いが描かれていた。景勝は謙信の甥ではあるが、彼の父は長く本家に反抗してきた上田長尾氏の政景である。上田長尾氏は越後南東部の魚沼地方にあり、山内上杉家の越後での所領代官だったこともあって独立性が強かった。謙信の関東出兵では、最前線ということで負担を強いられている。魚沼地方の方言も関東に通じる特徴を持ち、一部で「～べー」を使うこともある。現在の上越新幹線で言えば、浦佐と越後湯沢の2駅が魚沼地方にある。越後湯沢から高崎は新幹線では30分だが、かつては越後山脈を越える道は相当な難路だったことは想像に難くない。自然の障壁があるために、魚沼方言も群馬県の方言との共通点はさほど多くない。

上田長尾氏の本拠・**坂戸城**は南魚沼市にあり、標高634mの山頂に本丸、ふもとに居館の遺構が見られる。魚野川をはさんで、関東へ通じる三国街道を見下ろす交通上の要地に位置していた。近くに上田銀山があって、戦国期は争奪の対象となり、江戸期までには全国有数の産出量を誇っていた。城跡へのアクセスは、新潟駅から浦佐まで新幹線、その後は上越線に乗り替えて六日町駅まで所要50分で駅から車で5分か、関越道の六日町ＩＣから車で約10分である。城跡の山麓周辺一帯には、現在、南魚沼市六日町地域の温泉街や市街地が広がっている。

景勝に話を戻すと、上杉本家の家臣たちも景勝を「魚沼の分家の小せがれ」と見ることもあったかもしれない。一方の景虎は本章の冒頭でも見た「越相一和」の一環で養子に入った。旧敵の北条氏の出身ではあったが、景勝の妹つまり謙信の姪を妻に迎えて一族としての正当性は確保したので、上田長尾氏の出である景勝への反感から景虎につく重臣は多かった。当初は劣勢だった景勝だが、武田勝頼と同盟して外交を駆使するなどで（勝頼の妹を正室に迎えた）景虎を破った。景虎は実家である北条氏を頼ろうと逃亡したが、途上の**鮫ケ尾城**（妙高市）で城主堀江宗信の裏切りに遭い自害した。景虎は大河『天地人』では玉山鉄二が演じたが、史実でも関東一の美男と評判だったという。なお、鮫ケ尾城は標高190mの山城で、「続日本100名城」に指定されている。信州方面に向かう北国街道の経路にあり、景虎が信州経由で関東に逃れようとしたことが分かる。アクセスは、上越妙高駅からえちごトキめき鉄道妙高はねうまラインで3分の北新井駅から徒歩40分か、上信越自動車・上越高田ＩＣから車で15分。弥生時代の遺跡を含む「斐太歴史の里」の一角にある。

景勝は戦勝後、景虎についた重臣たちも粛清して、上田長尾家中の者が取り立てられた。ちなみに謙信期の重臣の家系と、江戸初期の上杉家重臣の家系との間には明白な断絶があるが、それは謙信期の重臣たちは景虎に付く者が多く粛清されたためである。景勝は勝者となったものの内乱の傷は深く、越後は疲弊と分裂の様相を呈していた。

景勝が統制に苦心した国衆に「**揚北衆**《あがきた》」がある。越後北部の下越地方（村上市や新発田《しばた》市など）の国衆連合で、阿賀野川の北にあることでこう呼ばれる。鎌倉時代から土着していたので自立性が強く、謙信時代も信玄に調略された村上城の本庄繁長が乱を起こすなど（後に降伏）、統制に苦心しながら従属させていた。今でも下越地方の方言は、文体的には他の越後と共通点はあるが、カ行やタ行の濁音化や一部に「んだ」と言うなど東北的な特徴で独自性を持っている。私は羽越本線の特急で山形県の日本海側から村上、新発田まで南下したことがあるが、今でも山形県の方面から新潟市に向かう際には、下越地方を羽越本線で通ることになる。山形県の鶴岡から村上までは特急で1時間足らずの距離である（新潟市からは白新線と羽越本線を乗り継ぎ1時間超）。なお、本庄氏の居城・**村上城**は標高130ｍの山城で、江戸期に改修されたことで石垣が残っている。アクセスは、羽越本線の村上駅からタクシーで5分だが、徒歩ではふもとから山頂まで20分かかる。

揚北衆は越後上杉家にとって強力な戦力であり、地理的理由から会津芦名氏や伊達氏との最前線の盾となっていたが、川中島などでも従軍して戦功を上げた。ここも御館の乱の際には二派分裂したが、新発田重家などが景勝について勝利に貢献したものの、後に恩賞への不満や織田信長の調略で反乱を起こし、上杉家の直轄領である新潟津へも侵攻した。柴田勝家率いる織田軍も越後に迫るなど景勝には絶体絶命の危機だったが、本能寺の変で救われた。平定戦で時間はかかったが、1586年に新潟・沼垂の町民が上杉に付くと戦況は上杉優位に傾いた。翌1587年に新発田が自刃し、ようやく景勝は越後を再統一した。ちなみに新潟市からなら新発田は白新線で30分という距離だが、上越市の直江津駅からは4時間近くかかる。この距離から景勝の行軍は困難だったと思われる。なお、**新発田城**は城の北部を流れる加治川を外堀に利用した平城で、江戸期に入る頃に入封した溝口秀勝によって近世城郭として大幅に改修された。近年は江戸期の様式で櫓がいくつか再建されている。城の構造は戦国期のものを基にしているので、当時をしのべるかもしれない。アクセスは、新発田駅から徒歩20分だが、私はレンタサイクルを使った。

景勝は秀吉に従属し、後に豊臣政権の五大老となる。宿老の直江兼続は、石田三成と親交を結んで検地による土地把握を進め、自律的な国衆の連合だった越後の領国統治を集権的に改革した。1598年になって最晩年の秀吉の命で会津120万石に移封され、土着の武士層も多くは会津に移って関ヶ原を迎えることとなる。

佐渡国（北部島嶼）

佐渡は「流人の島」ということで、鎌倉期には承久の乱で敗れた順徳天皇や、5代執権北条時頼を批判した僧日蓮が配流された。室町期でも6代将軍義教に追放された**世阿弥**がやってきて、佐渡に能楽を伝えた。世阿弥の配流所だった正法寺（佐渡市泉甲）にはゆかりの品が残され、6月に能の公演も行われる。アクセスは、両津港から南西方向へ車で20分。車で3分の所に、「堀記念金井能楽堂」が常設能楽堂として建てられている。

流人の影響というわけでもないだろうが、佐渡の方言は関西弁の影響を受けたアクセントで、動詞進行形の「〜とる」など西日本的特徴である。文末詞の「〜ちゃ」など独自性も多い。これらは北陸地方との海域交流を表すと考えられる（北陸の富山県などの方言は後述）。ただし関西や北陸方面との船の便は現在では皆無である。1975年には、佐渡と能登半島、立山連峰を広域観光圏とする構想の一環として、佐渡の小木港と石川県珠洲市を結ぶ航路が開設されたが、オイルショック後の不況もあり、わずか3年で廃止された。

一方、佐渡と新潟県本土側の交通は飛行機が最も速いが、2014年以降運休が続いている。そこで新潟港や直江津港（上越市）、寺泊港との定期旅客船が運航している。

戦国史の展開でも、対岸の越後との関係が中心になる。

越後と比べてさらに独自性が強い佐渡は、鎌倉時代に大佛《おさらぎ》氏（執権北条氏の一族）が守護となり、その下で**本間氏**が守護代となった。戦国期にも自立性の強い本間氏一族が割拠しており、一時亡命した謙信の父の長尾為景に味方して越後にも所領を得た。現在、佐渡に残る本間氏の城としては、南部の羽茂城が挙げられる。羽茂川下流右岸の標高８２ｍの城山に位置し、南佐渡最大の河港と一帯を支配した羽茂本間氏の居城だった。アクセスは、両津港から車で1時間、小木港からは車で２０分。また本間氏の宗家は雑太《さわだ》城を本拠とし、佐渡では最大級の規模の城であった。城跡は妙宣寺となり、江戸期に築かれた五重塔がある。アクセスは、佐渡南部の小木港より車で４０分。近くには「佐渡歴史体験館」がある。

上杉景勝は、秀吉の許可を得て１５８９年に**佐渡攻め**を敢行した。現在なら新潟港か上越港からの船便ということになるが、景勝は柏崎の港から船で進軍した。上杉軍は南部から進攻し、一ヶ月ほどで雑太城や羽茂城など本間一族の城をことごとく制圧した（直江兼続の手で雑太城が廃城とされ、跡地が妙宣寺となった）。こうして本間一族を完全に統制下に置くことで、**佐渡金山**が上杉家支配下に入った。その後景勝は金の産出量を増加させて財力を強化し、秀吉にも莫大な金を献上している。ちなみに、直江兼続と親交のあった傾奇者・**前田慶次**を主役とした漫画『花の慶次』（原哲夫作画）でも佐渡攻めが描かれており、佐渡の武将たちが「〜だっちゃねー」「しとるっちゃ」などと話していた。なお、佐渡金山跡へのアクセスは、両津港から路線バスで1時間１０分。鉱山の跡を観光コースが設定されており、近くに展示資料館もある。

景勝の会津移封後も、佐渡は上杉領として残され、関ヶ原を迎えた。なお、江戸期に庄内藩（山形県）の御用商人として栄えた本間家は、佐渡本間家の分家である。

栃木県（下野《しもつけ》国）

本章冒頭でも、栃木と茨城は「東関東方言」の地域だと述べた。無形アクセントで平板かつ尻上がりのイントネーションが特徴。隣の群馬を含めた西関東方言が「東京式アクセント」なのに、栃木に入るとイントネーションが変わるので耳に付く。発音もイとウが近いという「中舌母音」であり、東北のズーズー弁のように聞こえる。実は研究者の中でも「茨城・栃木の方言を東北方言に入れるべき」と主張する人もいる。言い回しの面では、推量・意思確認の「〜だっぺ」、疑問の文末詞「〜け？（行くけ？＝行くか？）」であり、隣の群馬の「だんべー」「〜かい？（行くかい？）」と対照的な違いだ。

地形的に群馬との境には下野山地（日光連山を含む）や足尾山地など２０００ｍ前後の山岳地帯が続いており、栃木の南西部方面のみ平野となって、両毛線などでつながっている。群馬との方言の違いはこのような地形で説明できよう。

一方、茨城との間にも八溝山地があるが、それらは５００ｍ以下の山々であり、中南部はなだらかな地形となって筑波山につながっている。東に向かって那珂川、南方面へ鬼怒川が流れて、茨城県域とつながっているので、方言の共通点が多いのも理解できる。交通アクセスでも、ＪＲ水戸線と高速の北関東自動車道でつながっている。

栃木県をマクロの観点から見ると、東北新幹線、ＪＲ東北本線、東北自動車道という県域を南北につらぬく交通路があるが、南関東と東北を結ぶ位置づけにあるということである。このルートでは古くから奥州街道が通っていた。源頼朝が奥州藤原氏を攻めた際にここを通っている。また埼玉県から日光にむけて東武日光線が通っている

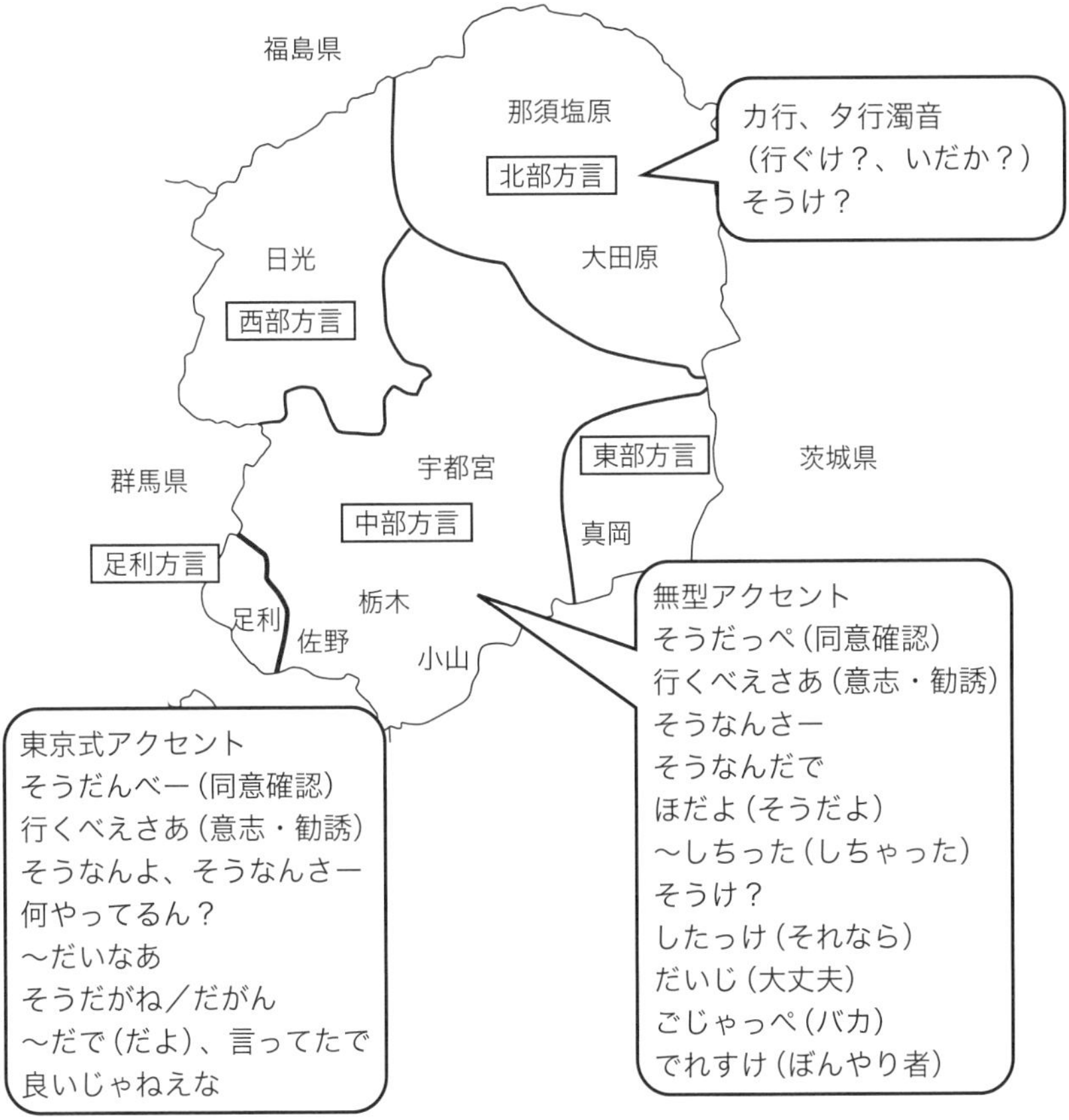
福島県
那須塩原
北部方言
カ行、タ行濁音
（行ぐけ？、いだか？）
そうけ？
日光
西部方言
大田原
宇都宮
中部方言
東部方言
茨城県
群馬県
真岡
足利方言
足利
佐野
栃木
小山
無型アクセント
そうだっぺ（同意確認）
行くべえさあ（意志・勧誘）
そうなんさー
そうなんだで
ほだよ（そうだよ）
～しちった（しちゃった）
そうけ？
したっけ（それなら）
だいじ（大丈夫）
ごじゃっぺ（バカ）
でれすけ（ぼんやり者）
東京式アクセント
そうだんべー（同意確認）
行くべえさあ（意志・勧誘）
そうなんよ、そうなんさー
何やってるん？
～だいなあ
そうだがね／だがん
～だで（だよ）、言ってたで
良いじゃねえな

現在の新幹線なら東京―宇都宮間は1時間だが、方言から見ると、栃木県域＝下野国は東京など南関東の影響が及びにくい地理的条件があったと思える。その大きな要因として、利根川が考えられる。実際、戦国期も小田原北条氏の勢力が及んだのは末期の一時期だけ、それも南西部に限られ、多くの時期は土着の諸領主が割拠していた。後に徳川家康が関東に入封しても、下野の領主はほぼ存続している。方言地理とオーバーラップさせて栃木県戦国史を見よう。

宇都宮、小山、**佐野**、**那須**。これらは栃木県の市名だが、平安時代から戦国期を通して現代の各市付近を領地とした、藤原氏系の国衆の名でもある。この中で特に有力なのは、摂関家の流れを汲み、二荒山神社（宇都宮市）の建立者の末裔とも言われる宇都宮氏である。鎌倉幕府では法曹官僚を務めたり、九州にも一族を派遣するなど名門というべき存在だった。**宇都宮城**は「関東七名城」の一つとされ、石垣ではなく、土塁の上に建てられるなど関東の城の特徴を持っている。平安期から５００年にわたって宇都宮氏の居城だった。江戸期にも改修されて使われたが、幕末の戊辰戦争などで破壊され、近年になって土塀や櫓などが江戸期の様式で復元された。アクセスは、ＪＲ宇都宮駅からバスで１５分の「宇都宮市役所」で下車して徒歩３分か、東武宇都宮駅から徒歩１５分。

佐野氏は平将門を討った藤原秀郷の子孫で、鎌倉期から御家人として当地で勢力を持った。謡曲『鉢の木』（北条時頼の廻国伝説を題材にした）の主人公である佐野源左衛門は、その一族とされている。戦国期に入ってから勢力を伸ばし、上野（群馬県）にも一族を派遣した。後に大勢力の帰趨を左右する存在となる。居城の唐沢山城（佐野市）は標高２５０ｍの山城で、江戸期にも改修されたので、現在でも石垣や土塁などが残っている。本丸は現在、唐沢山神社となっている。アクセスは、ＪＲ両毛線や東武佐野線の佐野駅より車で２０分。

那須氏は『平家物語』に登場する那須与一の末裔と称していた（与一の実在そのものは疑問視されている）。那須氏の領地は「北部方言」の領域に当たり、居城の烏山城（那須烏山市）は標高２００ｍの山城で、江戸期も改修されて使われた。現在は県立自然公園として、石垣・土塁などの遺構が良好な形で現存している。アクセスは、ＪＲ烏山線の烏山駅で下車して徒歩１５分。

他に下野守護である小山氏の一族で栃木市を本拠とする皆川氏、宇都宮氏の配下ながら西部の鹿沼市を拠点に日光の方面まで自立的に勢力を伸ばした壬生《みぶ》氏もいる。

ここで参考のために、現在の宇都宮から他都市への交通アクセスを記す。宇都宮から小山はＪＲ宇都宮線で２５分、佐野へは小山まで宇都宮線で行ってそこから両毛線に乗り換え所要1時間超、栃木市は佐野とほぼ同じルートで４５分、鹿沼は宇都宮から日光線で１５分ほど、那須塩原へは新幹線なら１４分だが、宇都宮線の黒磯行で４５分かかる（那須烏山へは烏山線で５０分弱）。南部の諸都市は、東京からＪＲ東北本線などで1時間半の所要時間である。

下野の勢力で特殊なのが、「西部方言」の地域にあった**日光山**である。徳川家康を祀る東照宮は江戸初期にできたが、平安時代から山岳信仰の拠点寺社として栄え、近隣の領主一族から別当（当主）を迎えるなど関東では珍しい宗教勢力として君臨していた。それなりに武力を持っていたが、戦国後期に徐々に壬生氏の影響下に入っていく。なお、日光は現在ならＪＲ日光線で宇都宮から４０分の距離である。日光東照宮へのアクセスは、東京の浅草や新宿から東武日光線の日光駅まで特急で2時間弱、駅からはバスで１０分。「世界遺産周遊バス」もある。

また、南西部の足利は室町将軍家発祥の地であり、戦国期でも宣教師ザビエルが「坂東（関東）の大学」と記すほどの**足利学校**があった（ザビエル本人は伝聞によって知ったと思われる）。創建については不明な点は多いが、１５世紀初めの関東管領・上杉憲基が再興してから隆盛した。将軍家から委託された形で現地の管理を行っていたのは、足利長尾氏である。上野（群馬県）を本拠とする山内上杉家の配下であり、一族は上野に多くいた。上杉謙信の実家である越後長尾氏とも同族である。群馬県方面との関係の深さは現在でもあり、足利市など県南西部の「足利方言」は群馬県と同じ方言である。現在の交通アクセスでは、宇都宮から足利に行くには、東北本線で小山まで南下し、そこで両毛線に乗り換えて所要1時間２０分かかる。群馬県の前橋なら、両毛線で直通して1時間で行けるということで、宇都宮より近いことが分かる。私も旅行で足利学校を見学した後に、両毛線で前橋まで行ってそこから東京方面に向かう、というルートをたどった。なお、足利学校へのアクセスは、東京からＪＲと東武伊勢崎線を乗り継いで1時間４０分の足利市駅より徒歩１５分。

現在でも多くの遺構が残り、校内で儒学などの講義も行われている。

さて室町時代の下野守護は大部分の時期で小山氏だった。しかし何度か断絶してそのつど同族の下総(茨城県)結城氏から養子を迎えて存続している。宇都宮氏も室町中期と戦国初期の一時期に守護だったようだ(室町初期の一時期に上野や越後の守護だったこともある)。小山と結城の縁は現在でも続いているようで、両市はJR水戸線で10分弱と近いことから買い物や通勤の圏域となっており、2010年には友好都市盟約を締結している。なお、小山氏の祇園城は現在「城山公園」となっているが、曲輪や土塁、空堀などの遺構が明瞭に残っている。堀の上に架けられた赤い「祇園橋」がアクセントである。近くが小山市役所で、アクセスはJR水戸線の小山駅から徒歩で10分。

小山氏が守護の時代に宇都宮氏と那須氏は「京都扶持衆」であり、京都の将軍家が鎌倉公方を牽制するための存在だった。方言の説明で見たように、利根川によって南関東の影響が及びにくいことが関係したかと思われる。このように「関東北東部は上方(京都の幕府)と組んで、鎌倉など南関東の勢力に対抗する」という図式があり、さらに詳しく見ると一族内部でも幕府派と鎌倉派に分かれて抗争しており、これがこの時期の関東政局を動かす要素になっていた。

これら土着の旧族領主は戦国期に入っても続いたが、その中で下野は古河公方の勢力圏となっていた。古河は現在では東北本線で栃木県方面とも通じており、当時でも奥州街道があったので、下野の国衆は地理的に古河公方の影響を強く受けることになったのである。小山氏や佐野氏は古河公方の奉公衆であり、宇都宮氏も公方と姻戚関係を結びながら領土を拡大した。ただし各家中の内部構造は一族や格下の小領主が並立する形であり、宇都宮氏の場合は宿老の芳賀《はが》氏、那須氏では大関と大田原の両氏が主家に並ぶほどの勢力を持っていた。家中がこのような構造だったので、下野の諸領主は内紛を収めるために初めは古河公方、後には関東管領となった上杉謙信といった上位の権威者を必要としていた。

北条氏の攻勢で古河公方が衰えると下野の諸家は自立していったが、互いに領土争いを展開することになる。やがて上杉謙信が関東管領となると、下野諸家の多くはこれに従ったが、北部の那須氏は「遠交近攻策」で北条に付く。南部では皆川氏や壬生氏などに北条氏の影響が広がる一方で、足利の長尾氏は謙信と結んで上野にも領地を広げ、上野東部の由良氏（群馬県太田市の金山城が本拠）と同盟した。このように旧族領主の抗争の上で謙信と北条氏との対決が下野を含めて各地で展開した。北条氏は武蔵を制圧していたので、現在の東武日光線のルートで進軍したと思われ、これに対して上杉謙信は上野国（群馬県）の前橋を拠点としてJR両毛線のルートで下野から東関東各地に出兵した。群馬県との連動は、足利方言が群馬県方言と同類であることを想起させる。

こうした中で1569年の北条と謙信との同盟「越相一和」は下野に衝撃を与えることになる。下野諸家にとっては、謙信の保護を離れて北条氏の圧力をまともに受けると受けとめられたからだ。こうした中で宇都宮氏など下野諸家は常陸（茨城県）の佐竹氏と同盟して反北条の連合を形成する。この反北条連合は、独立した領主が並立関係のまま同盟するという形を取り、「**東方衆（東方一統衆）**」と呼ばれる。現在のJR水戸線や北関東自動車による茨城・栃木両県のつながりを彷彿とさせる。

この東方衆の連合軍と北条氏の一大決戦だったのが1584年**沼尻の戦い**で、下野南部の栃木市藤岡付近で行われた。東方衆は北条に付いた小山氏を攻めるために宇都宮城から進軍したので、当時の奥州街道（現在の東北自動車道）のルートを南下したと思われる。一方で北条氏は本能寺の変後に群馬県域を領土化しており、両毛線のルートで進軍したと考えられる。この時北条氏は徳川家康と同盟し、東方衆は秀吉に通じることで「小牧長久手の戦い」と連動していた。東方衆は８０００丁の鉄砲を用意するなど決戦の構えを見せたが、二か月の対陣の後に引き分けとなった。沼尻の戦いは関東戦国史で重要な合戦だが、群馬から栃木の県境にまたがる形で行われたので、古戦場の跡などは建っていない。小山市の西から栃木市にかけて道を通ることで往時をしのぶのみである。

沼尻の戦いの後、佐野氏や小山氏、足利長尾氏が北条氏に降伏し、宇都宮氏も従属的な同盟を結ぶと、下野中部まで北条氏の勢力が及んできた。この際に北条氏は、小山氏の祇園城を北関東攻略の拠点とした。下野南部を北条氏が抑えると、奥州街道（現在の東北自動車道や東北本線のルート）を北進して宇都宮にまで圧力を加えられるようになったのである。だが情勢はなおも流動的で、唐沢山城の佐野氏は一族内で「北条派」と「佐竹派」に分かれて抗争。これに敗れた佐竹派の一人・佐野房綱（天徳寺宝衍）は、京で秀吉に仕えて介入を要請した（キリシタンでもあったので、ルイス・フロイスが記録を残している）。こうした流れで下野国衆は小田原攻めとなるといち早く秀吉につき、差し当たって存続を認められた。

統一政権に組み込まれた下野は「奥州（東北地方）との最前線」という地政学的位置が明確となる。秀吉は奥州仕置きのために、奥州攻めをした源頼朝にあやかって宇都宮城に在陣した。後のことだが、関ヶ原の前に徳川家康が会津上杉氏攻めの進軍途上で上方の石田三成の蜂起を知り、反転する際に軍議を開いたのは下野の小山である（**小山軍議**、小山市役所の付近で石碑がある）。この時に福島正則など豊臣恩顧の大名が家康に付くことを表明した。

さて小田原攻め後に話を戻すと、宇都宮氏は検地で不正が指摘されて取り潰された。その他の諸氏も多くは江戸前期までに無嗣断絶などで大名の地位を失い（水戸徳川家に仕えた者が多い）、幕末まで残ったのは那須氏配下の大関・大田原の両氏のみである。

茨城県（常陸《ひたち》国）

茨城県と言えば**水戸**だが、東京からＪＲ常磐線で2時間の距離である。これは関東の県庁所在地の中で最も東京から遠い。こうしたアクセスの理由からか、茨城県方言が東京など首都圏方言と違うというのもかなり流布しているようだ。茨城の方言と言えば、「〜だっぺ」「行ぐっぺ」。無形アクセントで平板・尻上がりのイントネーション。語中のカ行とタ行の濁音化など東北方言につながる特徴だ（各県の歌を作ったタレントのはなわは『茨城県の歌』で「いばらぎ、じゃねえ。いばら、だ！と言いながら実家に帰るとおがあさん、くずしだ、どご？と全部濁音！」と歌っている）。

『へうげもの』で常陸の大名**佐竹義宣**が登場し、古田織部が制作した歪みの茶器を見せられて思わず「いがっぺえ」と感嘆する場面がある（直後に赤面して「申し訳ござらぬ。つい、国の訛りが出てしまいまして」とかしこまったが）。

茨城県北部から福島県にかけて阿武隈山地があるが、内陸で久慈川が福島県域へつながっており、交通路でも奥州へ海沿いに行く街道がつながっていた。方言の共通性は地形的要因で説明できるだろう。また街道によるつながりで、福島県域と関係が深いという戦国期の動向を説明できる。

現在の交通路では、ＪＲ常磐線と高速の常磐自動車道が福島県を南下して茨城県域を南北に通過し、千葉県北西部を経て東京へと至っている。古くから南関東と東北を結ぶというのが茨城県＝常陸国の地理的条件であり、奈良・平安時代に奥州平定を行う朝廷軍が常陸を後背基地としていた。県の南部は関東平野の一部

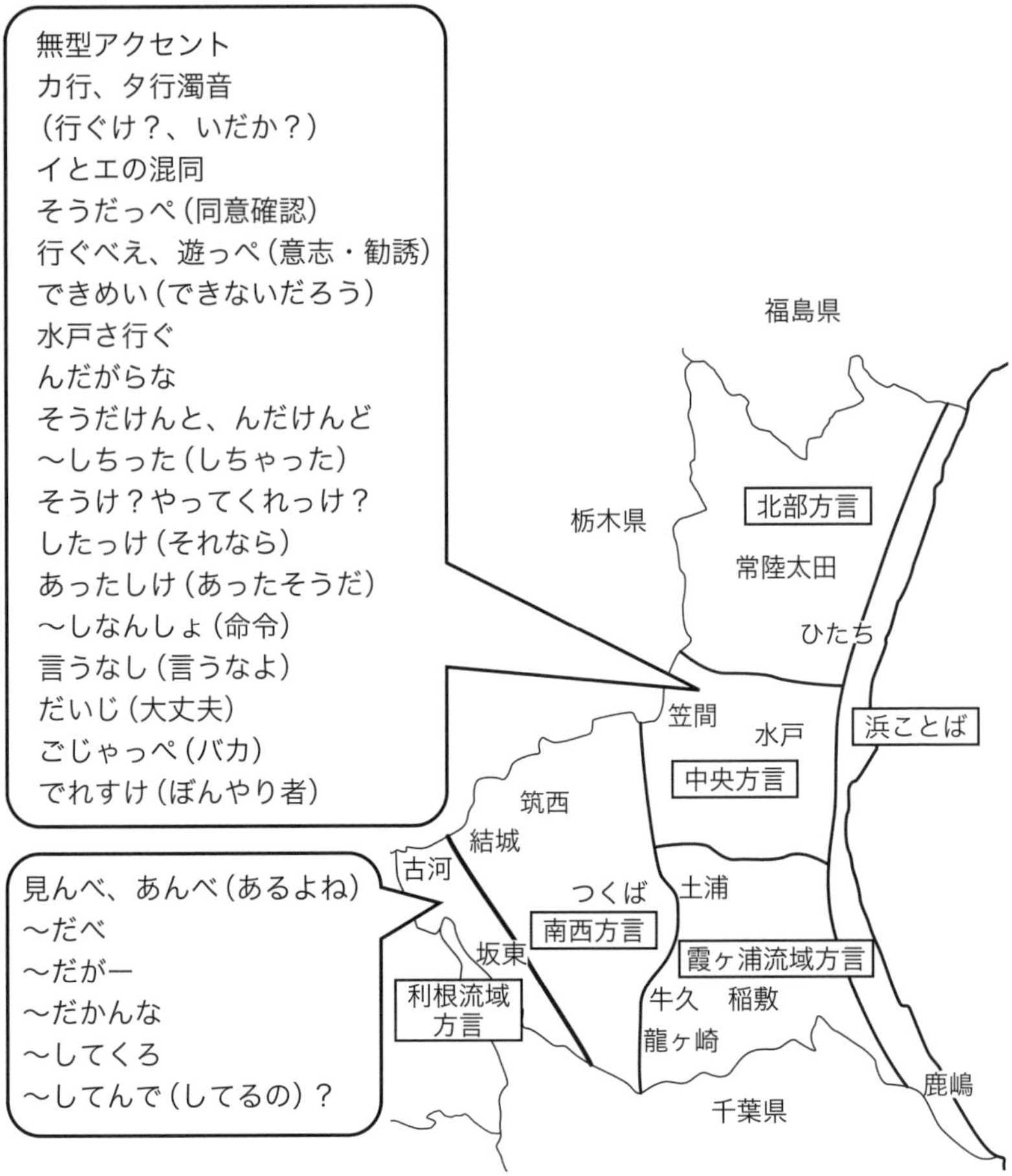

をなしており、前述の交通路に加え、つくばエクスプレスも開通して南関東との交通が近年は増加した。こうした南関東＝首都圏との交流増加で、つくば市など南部は徐々に東京の通勤圏となり、首都圏方言化しているという。戦国期の動向でも南関東の北条氏が茨城県南部に勢力を広げた。

県庁所在地・水戸は水戸黄門の地元で、江戸期は徳川御三家の一つがあったが、戦国期の大名は**佐竹氏**である。平安時代の武将源義家の弟・新羅三郎義光から続く、源氏系の旧族領主である。私が佐竹氏に興味を持ったのは、清水義範の旅行エッセイ『まちまちな街々』からである。秋田を訪れた著者が佐竹氏に興味を持ち、エッセイの中で短編連作小説「どっちにつこう物語」で源平の戦い、南北朝動乱、関ヶ原の合戦と3つの場面で帰趨に迷う佐竹氏の様子をユーモラスに描いている。ここで分かるように、佐竹氏は平安末期以来の様々な動乱を生き抜き、幕末まで続いた数少ない名門である。

戦国期の佐竹氏を説明する際に注意すべきは、佐竹氏が強くなったのは戦国後期から、ということである。佐竹氏は太田城（常陸太田市）に本拠として主に常陸北部を領し、常陸太田は水戸からＪＲ水郷線で３０分の距離である。**常陸太田城**（舞鶴城）は標高４０ｍの場所にあり、「関東七名城」の一つ。本丸は現在の太田小学校で、敷地内に舞鶴城趾の石碑がある。二の丸跡が若宮八幡宮で、境内に太田故城碑がある。周辺は住宅地になっており、遺構などはほとんど消滅している。太田城そのものは防御性が高くなく、政庁や居館の性格が強かった。佐竹氏が籠城する際には、堅固な金砂山城に籠っている。アクセスは、ＪＲ水郡線の常陸太田駅から徒歩２５分か、日立電鉄線の常北太田駅から徒歩１０分。近くには水戸黄門の隠居である西山荘があるが、佐竹氏の菩提寺などもある。市内に奥久慈男体山（標高６５０ｍ）がある。

佐竹氏は常陸第一の名門として室町期にも常陸守護となったが、分家の山入氏は京都扶持衆になり、一時は本家をしのぐ勢力を持った。室町末期の享徳の乱の頃に佐竹本家は古河公方についたが、山入氏は上杉方についた。一時期は山入氏が佐竹氏を追放するほどになり、佐竹氏は奥州（福島県）の岩城氏の援助でようやく帰還できた。戦国初期になると、外交努力もあって力を盛り返した佐竹氏が逆に山入氏を滅ぼして一族を再統一した。

再統一された佐竹氏は古河公方に付いて、その命で北関東各地に出兵した。ちなみに現在の交通路では、水戸から古河に行くには、水戸線で小山に行き、宇都宮線に乗り換えて1時間４０分かかる。古河付近は方言で見ると埼玉や群馬に近いが、鉄道の路線でもそちらに通じているのである。一方で当時から古河と常陸北部との間には直接の街道はなかったが、そのために佐竹氏は独自路線を取ることが可能になった。後に山内上杉から養子を迎えたこともあって、徐々に独自の地域権力となっていく。このように、近隣の大勢力に気脈を通じつつも独自路線を取るという佐竹氏の姿勢は、後に関東管領となった上杉謙信ともつかず離れずの関係であったことにも表れている。なお佐竹氏も含めた北関東から東北の領主は「洞（うつろ）」と呼ばれる族縁結合で家中を形成していた。１５４０年代に当主だった佐竹義篤が叔父達や弟を北家・南家・東家という三つの分家（佐竹三家）に配し、各家が自律的な家中構造を持ちながらも本家の「藩屏」として行動するような連合体制を築いたのである。佐竹各家の呼称は本家の太田城からの方角別に城や館を構えたことによる（佐竹氏が秋田藩主となってからも存続し、現在まで続いている）。

一方で県南部では多くの国衆が割拠しており、ここで佐竹氏以外の茨城県域の勢力を挙げる。水戸を領し佐竹氏の傘下にあった江戸氏、土浦からつくばまでを勢力圏とする**小田氏**、西部で筑波山の北に真壁氏（桜川市）、南東部で府中城（石岡市）の大掾《だいじょう》氏、霞ケ浦南方の江戸崎（稲敷市）を領し山内上杉の家臣だった土岐氏があった。この中では小田氏が最有力である。

小田氏は宇都宮氏の一族で、源平合戦や南北朝動乱でも活躍し、室町幕府から「屋形」号を許された有力領主だった。居城の小田城（つくば市）は小田氏の４００年にわたる本拠で、南北朝期に北畠親房が入ったこともある。小田城は宝篋山の南西の尾根のふもとに東西１ｋｍ、南北７００ｍの平山城として造られた。戦国時代の周辺は湿地帯であったので、城附近の堀のほとんどが水堀だったようだが、現在は多く水田になっている。国指定の史跡となって城跡には曲輪や空堀が残り、城址全体が「小田城跡歴史ひろば」として公開されている。アクセスは、常磐自動車道・土浦北ＩＣから２０分。

石岡の大掾氏は平氏系の一族で（平将門の従兄の子孫）、もともと常陸国府の在庁官人として出発し、その縁で**鹿島神宮**の業務にも関わった。室町期には一族の鹿島氏を鹿島神宮の神官として送り込むことで常陸南部の水上ネットワークに勢力を広げた。現在鹿嶋は水戸から鹿島臨海鉄道でつながっているが、生活圏としてはＪＲ鹿島線や東関東自動車道経由の高速バスなどで千葉県東部の香取、成田、銚子や東京方面との交通が密だが、戦国当時から水上ネットワークでつながっていたのである。なお鹿島神宮は東国では屈指の格式の高さを誇り、戦国当時から水上ネットワークでつながっていたのである。「武神」として武士たちの信仰を集めたことから、神宮の家臣から兵法家や剣術家を輩出した。その代表が、鹿島氏に仕えた戦国期の剣豪**塚原卜伝**である。卜伝は戦国前期に多くの名勝負を演じて細川高国・大内義興政権時の京都でも名をとどろかせ、13代将軍義輝の剣術指南となった。後に郷里に戻り、1560年代に佐竹氏が鹿島に侵攻した際に武将として防備に努めたという。アクセスは、東京から総武線で千葉駅まで、そこから成田線で佐原、その後は鹿島線に乗り換えて鹿島神宮駅まで（ここまで所要2時間20分）、駅からは徒歩10分である。

結城氏はその名の通り下総北部の結城に本拠を置くが、配下である下妻の多賀谷氏、下館（筑西市）の水谷《みずのや》氏を通じて常陸南部にも勢力を広げていた。結城は現在の交通では水戸からＪＲ水戸線の小山方面の電車で1時間10分かかる。またＪＲ水戸線や国道50号線を東に向かって筑西市に行き、そこから県道下妻線を南に向かうルートがつながっている。ちなみに古河とは新4号国道でつながり、バスの直通路線もある。結城氏は分国法『**結城氏法度**』を制定したことでも知られる。境目の地で戦乱が絶えず家臣たちも無法を働くことが多かったので、これを取り締まるために制定したようだが、実効性はなかったと言われている。なお結城城は、結城氏400年の本拠だった平城で、室町期の結城合戦で落城したが、再建されて戦国期も結城氏の居城だった。江戸期も改修されて使われたが、戊辰戦争で建物の多くが焼失。現在は城跡歴史公園として整備されているが、周辺は宅地化され、遺構の保存状態はあまり良くない。アクセスは、ＪＲ水戸線の結城駅から徒歩20分。

なお、他の諸都市に対して水戸からのアクセスを言うと、土浦は常磐線の特急で30分、桜川市の岩瀬駅までは水戸線で40分、石岡は常磐線で30分、稲敷市は鉄道の便はなく、土浦まで常磐線で30分かけた後にバスで45分かかる。常陸の南西部は常磐線やつくばエクスプレスで東京からも近く、水戸からの連絡は決して良くない。地形的にも筑波山や霞ヶ浦で隔てられており、そのような地形やアクセスの事情から佐竹氏の勢力が及びにくかった理由が表れている。


こうした常陸・下総北部にも、北条氏が古河公方を傀儡化した後に影響が及んできた。常総地域（常陸南部と下総北部）は、千葉県の項で述べた「チバラキ」の地域であり、河川の流域ネットワークがあったし、関東平野でつながる南関東の影響が及びやすい地勢にあったと言える。北条氏が古河公方を押さえると、常総地域への交通路が開けたということもある。こうした中でもともと古河公方の近臣だった結城氏や、常陸南部で地域権力化を目指す小田氏は、北条氏によしみを通じた。その中で1564年に上杉謙信によって城が攻め落とされ、小田氏が追放されたことが特筆される。その際には城下町の住民の多くが上杉軍によって人買いに売り払われたという。追放された小田氏は、家臣の菅谷氏の居城である土浦城に移り、何度も小田城奪回を企てたが、果たせずに終わった。なお、土浦城は霞ヶ浦近くの低地に位置し、水を何重にもめぐらせた平城である。江戸期に近世城郭として大幅に改修され、現在も城門や櫓、石垣などが残っている。アクセスは、土浦駅から徒歩15分。

一方、佐竹氏は上杉謙信と結んで北条氏と対抗しつつも、徐々に真壁や大掾氏、鹿島氏を傘下に置いて常陸南部に勢力を広げ、また北条氏と結ぶ下野（栃木県）の那須氏や奥州（福島県）の白河結城氏を攻めることで福島県域にも拡大した。現在の交通路では那須も白河も水戸から直通路線はなく、ＪＲ水郷線で郡山まで行ってから東北本線で南へ乗り換えるルートになる。しかし那須までは那珂川、白河へは久慈川の流域に沿って直通で行ける街道を進軍したと思われる。もちろん常磐線のルートで福島県の南部沿岸へも勢力を広げた。

前述の通り、「越相一和」は佐竹氏など反北条方に衝撃を与えたが、武田信玄と同盟することでかえって独自路線を確立した。少し後に結城氏も北条から離反する。

当時の当主**佐竹義重**は北条方の小田氏などを破って勢力を広げ、さらに宇都宮氏など北関東の反北条勢力と一大同盟を形成して「**東方衆**」の盟主とされた。この東方衆の連合軍は結城氏を救援するために、１５７７年に小川台の戦い（筑西市）で初めて北条を破って北関東への侵攻に歯止めをかけた。この際の東方衆の進軍路は、ＪＲ水戸線や国道５０号線を西に向かうルートだと思われる。小川台古戦場の跡は現地で明記されておらず、観光地とはなっていない。付近の観光地としては下館の古い街並みがあり、また筑波山を近くに眺めることもできる。下館へのアクセスは、東京から小山まで新幹線で行き、そこからＪＲ水戸線に乗り換えて２０分超の下館駅で下車となる。

佐竹氏に話を戻すと、１５８４年の沼尻の戦いではなんとか引き分けに持ち込んだものの、直後に小山・佐野氏の降伏と宇都宮氏の従属的な講和で下野中部まで北条氏の影響が及び、佐竹氏ほか東方衆は危機に立たされる。少し後に佐竹氏は奥州での北部戦線で伊達氏対策に追われ、最後には１５８９年に支援した会津の芦名氏が伊達政宗に敗れて、佐竹氏の福島県域での勢力はほぼ失われた。

しかし直後に豊臣秀吉の小田原攻めがあり、義重の息子・佐竹義宣は北条方の城に攻勢をかけた上で小田原に参陣し、参陣せず改易された小田氏などの所領を加増され、ほぼ常陸一国５４万石の大名となった。居城も江戸氏の居城だった水戸に移すことになる。

義宣は、秀吉の死後に石田三成に伏見で加藤清正など七将襲撃を報せたことで知られる。三成の支援で検地など集権的な改革を進めたので、関ヶ原の際には心情的に親西軍だったが、徳川領が隣り合っていることもあって、あいまいな中立路線を取っていた。しかし戦後に出羽の秋田に移封を命じられ幕末まで続いた。

水戸城は佐竹氏の居城となったが、在城は10年ほどであまり整備が行われなかったようだ。現在の水戸にある遺物でも当然御三家水戸藩のものがほとんどで、佐竹氏のものは皆無である。なお、水戸城本丸跡は県立水戸第一高等学校となっており、城門など城の遺構もごく少ない。水戸の観光となると、水戸藩校の弘道館や藩主庭園の偕楽園がメインであろう。アクセスは、水戸駅から徒歩7分

結城氏は秀吉の下でも所領を安堵されたが、秀吉の人質となっていた徳川家康の次男・秀康を養子に迎えた。後に**結城秀康**は越前に移封され、養父である結城晴友もこれに同行した。秀康の息子が「松平」に改姓したので、名門結城氏の歴史もこれで途絶える。しかし秀康の数多い子孫の中で、越前松平家が結城氏の祭祀を受け継いだ。

第7章 東北・北海道

東北地方

東北は遠隔地ゆえに関東と違って紀行を著した文人が少なかった。鎌倉期の**西行法師**が東大寺の大仏再建の勧進で**平泉**を訪れ、いくつか歌を残したのが目立つ例である（その帰途に鎌倉で源頼朝にも会見した）。この後、文人で名の知られているのが、やはり江戸期に『**奥の細道**』を著した**松尾芭蕉**ということになる。

ややマイナーだが、上杉家老の直江兼続と親交のあった傾奇者・前田慶次が関ケ原後に米沢に移る際に約1か月の道中日記を残している。戦国末の南奥州の街道の有様を伝える貴重な史料で、今福匡『前田慶次と歩く戦国の旅『前田慶次道中日記』を辿る』（歴史新書y）で詳しく解説されている。慶次の奥羽での行路は白河から米沢で、古くから和歌の題材だった福島県域の名所の風景を描写している。

東北全体の観点で見ると、慶次の足跡も南東北までで、江戸中期の松尾芭蕉はようやく岩手県の平泉から秋田県の象潟までと東北中部の北寄りまで来た。東北全体は距離的に長いので、なかなか全域まで回る文人はいなかったということである。江戸後期になると、菅江真澄が北奥羽から蝦夷地（北海道）まで旅し、北奥羽各地の詳しい紀行を残している。

中央の武将については**源義経**が平泉で育ち、東北各地で伝説を残しているが、**源頼朝**が奥州征伐で平泉まで進攻。さらに南北朝期でも北畠親房と顕家の親子が奥州多賀城に赴任してきた。

戦国期では何といっても、**豊臣秀吉**である。小田原攻めの後、「奥州仕置き」で会津までやってきた（1590年7〜8月）。秀吉は白河から会津に向かう途中、南会津の長沼城主・新国貞通の歓待を受けたが、貞通の方言がきつく話が通じなかったので不機嫌になったという伝承が残されている（『旧事雑考』より）。当時から

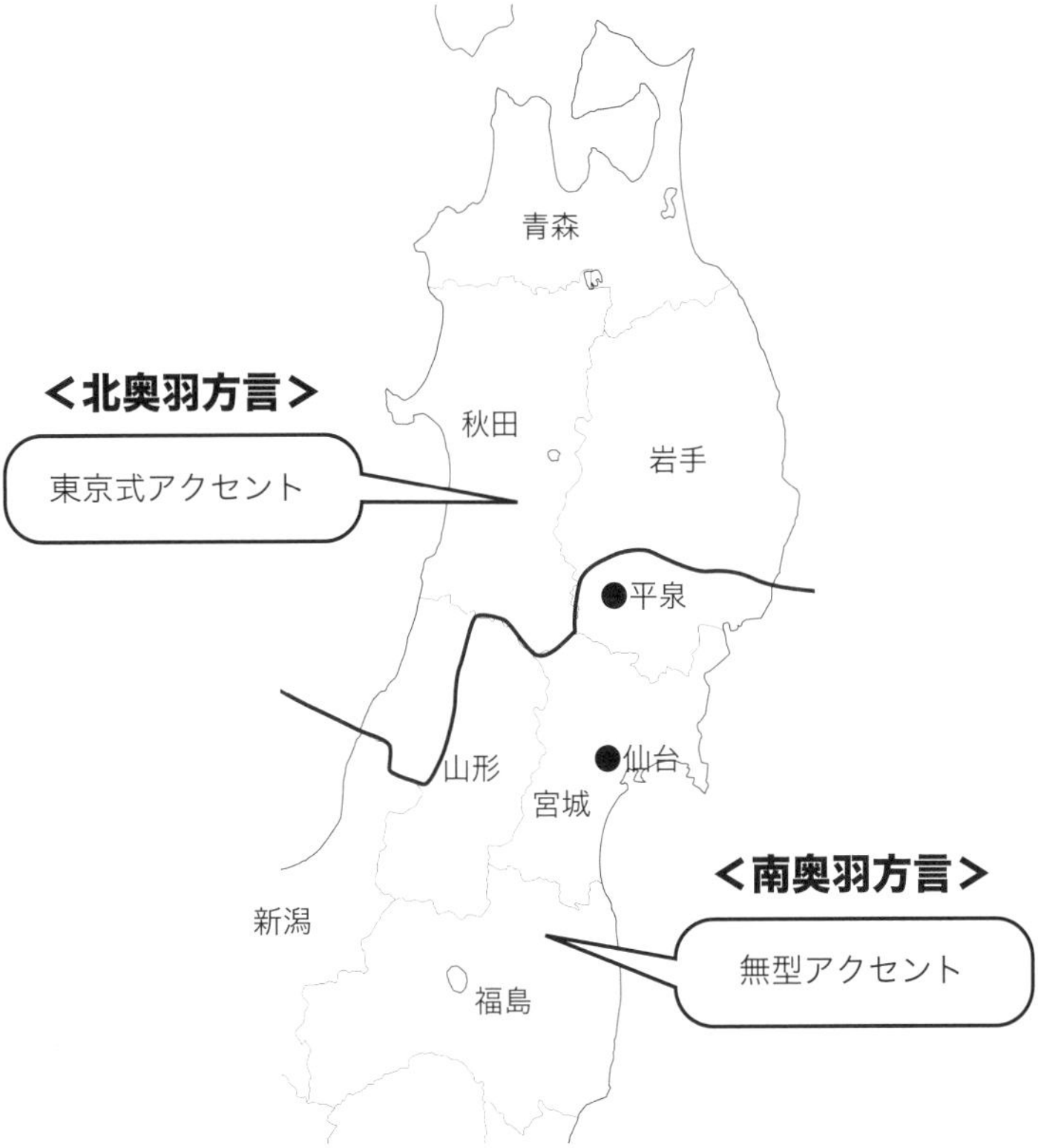
青森
秋田
岩手
<北奥羽方言>
東京式アクセント
平泉
仙台
山形
宮城
<南奥羽方言>
新潟
無型アクセント
福島

京都中央と奥羽（東北地方）との方言差の大きさを物語る逸話である。

また意外にも、**徳川家康**が奥羽に出兵している。１５９１年の「九戸政実の乱」を鎮圧する一部隊を率いたのだが、羽柴秀次とともに白河口から入って九戸（岩手県北部）に向かったというから、現在の東北新幹線のルートで青森・岩手県境付近までは行ったことになる。家康と奥州と言えば、関ヶ原の前に会津の上杉景勝征伐で兵を動員したが、上方での石田三成の蜂起を知って、下野（栃木県）小山で反転したので、この時には東北に来ていない。あまり知られていないが、家康と東北との関わりで具体的な行動にもっと焦点があてられる余地があると思う。

奈良時代から東北地方は、太平洋側に陸奥、日本海側に出羽と二国に分けられていた。関東からの陸伝いルート

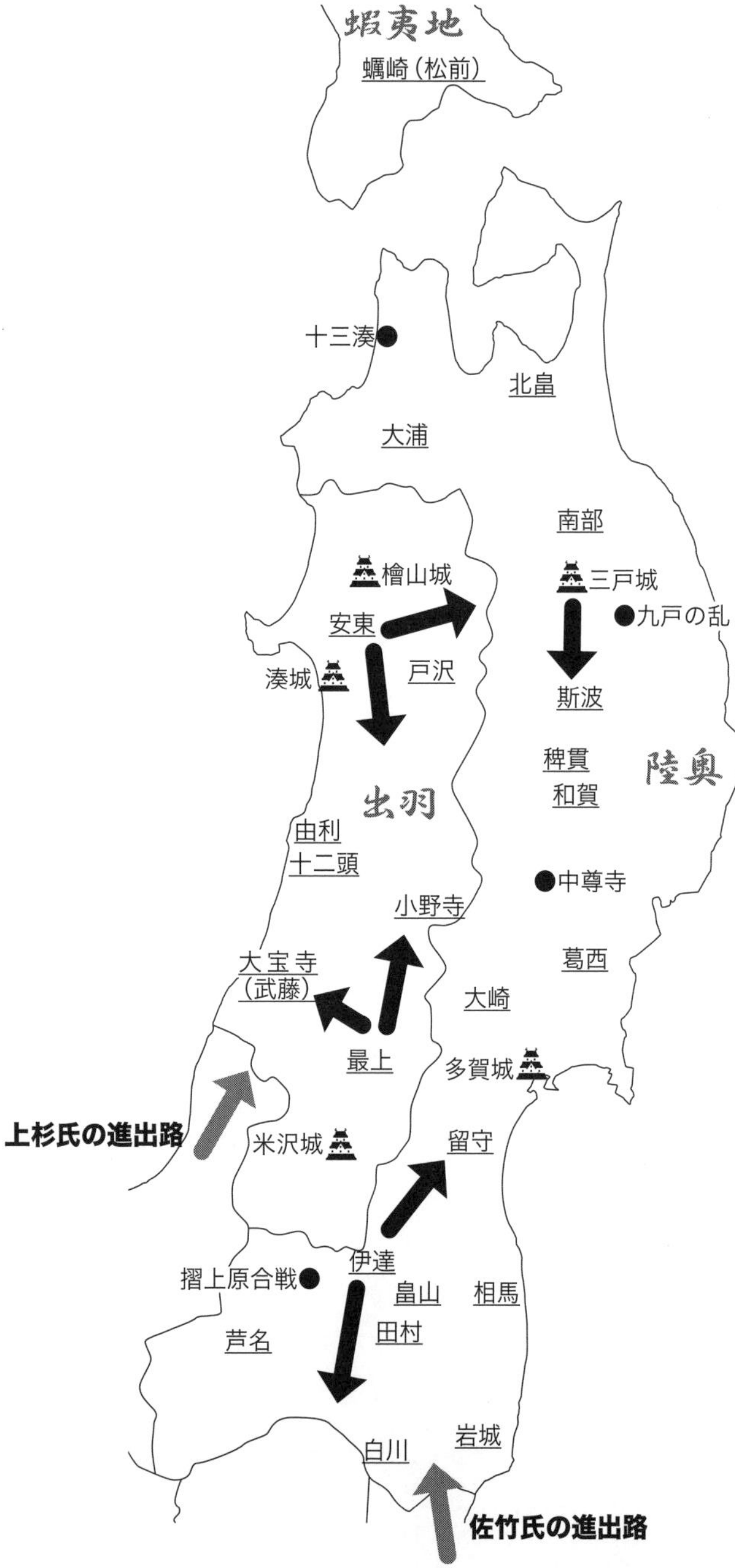
蝦夷地
蠣崎（松前）
十三湊
北畠
大浦
南部
檜山城
三戸城
安東
九戸の乱
湊城
戸沢
斯波
稗貫
和賀
陸奥
出羽
由利
十二頭
中尊寺
小野寺
葛西
大宝寺
（武藤）
大崎
最上
多賀城
上杉氏の進出路
米沢城
留守
伊達
摺上原合戦
畠山
相馬
田村
芦名
岩城
白川
佐竹氏の進出路

と、北陸経由の日本海航路という二方向から朝廷の進出が行われたからである。両国の間には、奥羽山脈が連なっており、気候も雪の多い日本海側と、低温で風が強いが、さほど雪は多くない太平洋側に分かれる。

鉄道の路線を見ると、東京が起点となる新幹線は、太平洋側では福島から青森にかけて一本の軸となっている。それに対して、日本海側の山形や秋田へは太平洋側の路線が背骨のように分岐した形で敷設されている。しかし日本海側には、かつて関西方面から海沿いの地域を中心に新潟も含めたネットワークが作られていたのである。

私は東北旅行をした際に、太平洋側は東北新幹線で、日本海側へは大阪から秋田まで寝台特急に乗って行ったことがある。関西から東北の日本海側はかつて船でつながっており、鉄道路線も関西方面から北陸、そして東北の日本海側にかけては海沿いにつながっている。少し前まで大阪からの寝台特急「トワイライトエクスプレス」がこの路線を走り、大阪から東北の日本海側を経由して北海道に向かう観光客の人気を集めていた。しかし２０１４年にトワイライトエクスプレスが廃止され、その他の日本海岸沿いの夜行列車も２０１２年までに廃止された。関西から日本海側への直接航路もないが、福井県の敦賀から新潟を経由して秋田港につながる船の航路は今も運行され、ここから北海道の苫小牧や小樽と船でつながっている。

このように東北地方は奥羽山脈を挟んだ東西の違いも大きいが、朝廷の支配に入った時期の違いと地勢から南北の違いも大きく、北部では強力な権限を持った軍事官庁が置かれた。陸奥では南部の**多賀城**（宮城県）に国府が置かれ、北部の胆沢城（岩手県一関市）に**鎮守府**が置かれた。出羽では南部の庄内地方（山形県酒田市付近）に国府、そして北部の秋田市に**秋田城**が置かれた（その城主が秋田城介）。鎮守府将軍や秋田城介は平安期の軍事貴族垂涎の官職であり、**源義家**（源頼朝の先祖）、さらに**藤原秀衡**（平泉藤原氏の三代目、源義経を庇護）がこれに就いている。

多賀城の跡は遺構がよく整備されており、政庁の跡や芭蕉が見た「多賀城碑」もある。平城京跡や大宰府と並んで国指定の「古代三大史跡」となっている。アクセスは、仙台からJR仙石線で25分の国府多賀城駅から徒歩15分ほど。近くに「**東北歴史博物館**」があり、東北古代史と遺跡の背景がよく分かる。胆沢城鎮守府の跡も国指定の史跡となって、遺構が整備されている。アクセスは、奥州市の水沢駅よりバスで15分。また「歴史公園えさし藤原の郷」は、奥州市の江刺にある。平安期の大極殿と平泉藤原氏の御所を再現し、大河ドラマのロケでも撮影される所である。アクセスは、水沢駅からバスで30分（新幹線の水沢江刺駅からもほぼ同様）。奥州藤原氏の栄華を伝える平泉は少し離れた一関駅が最寄だ。出羽国府の跡は山形県酒田市の城輪柵跡と推定され、城門が復元されている。アクセスは、酒田駅からバスで20分。秋田城跡は現在の「高清水公園」で、城門や築地塀が復元され、「秋田城跡歴史資料館」が開設されている。アクセスは、JR秋田駅からバスで「秋田城跡歴史資料館前」まで20分。

東北の方言も北と南に大きく分かれる。北東北（青森、秋田、岩手北中部、山形西部）は東京式アクセント、南東北（岩手南部、宮城、山形主要部、福島）は東関東と同じく無形アクセントで平板なイントネーションである。距離から見ると、青森市と福島市とでは東京‐大阪間の距離に等しい。現在なら新幹線で2時間となったが、それ以前は3時間から4時間かかっていた。だから南北は互いに通じないほど方言が異なる。ただし大部分の地域で同意確認に「〜だべ」、方向の助詞「〜さ（＝〜へ）」を使うなど共通点もあり、これらは関東からの地続きの影響と思われる。一方で日本海側では日本海航路により近畿地方から伝わった単語もあり、関東と畿内の影響が入り混じるという地理的な位置づけが感じられる。

またアホバカ方言で平安期の古語「本地なし（しっかりした意識がない）」に由来する単語が使われているな

ど（青森で「ホンズナス」、岩手で「ホウデァナス」、秋田で「ホジナシ」、宮城で「ホデナス」などバリエーションがある）、単語で古語を多く残していると言われる。

ここでは以上の地理的条件を踏まえて、中央政権との関係を軸に奥羽（東北地方）の室町・戦国史を説明しよう。先に述べておくと、戦国史では伊達氏が中心となった南奥羽と、南部氏が中心となる北奥羽で別々に展開されたが、各県の記述は陸奥と出羽に分けて行う。

源頼朝が平泉藤原氏を討った後に土着武士の多くが没落した。代わって鎌倉幕府により関東武士が奥羽各地に送り込まれたが、この時土着化したのが**伊達氏**や**南部氏**である。こうして鎌倉期から奥羽は関東との関係を深めていく。そして後醍醐天皇により北畠親房が陸奥国司となり、息子**北畠顕家**が鎮守府将軍として多賀城に送り込まれた。関東に勢力を持つ足利氏への抑えということである。これに伊達や南部など鎌倉以来の国衆が多賀城に参勤して服属した。顕家は大河ドラマ『太平記』で後藤久美子が演じている。建武の新政は二年で崩壊し、顕家も１３３８年に討たれた。その弟・顕信も霊山《りょうぜん》（福島市付近）を拠点に抵抗したがこれも敗死。末裔は後に津軽方面に移る。霊山は福島市から隣の伊達市の境目にある標高８２５ｍの山だが、円仁（慈覚大師）によって天台宗の寺院が山頂に開かれ、顕家がここに拠点を移して「霊山城」とも呼ばれた。アクセスは、福島駅からバスで1時間１０分。

さて足利氏は斯波、吉良、畠山など足利一族の武将を奥州管領として派遣したが、尊氏と直義の兄弟による観応の擾乱で、奥羽も二派分裂による抗争が広がった。二代将軍義詮の時代になると、足利一族でもある斯波家兼が奥州平定に活躍し、南朝方だった在地勢力も足利幕府の支配下に入っていく。この家兼の子孫が**奥州探題**の**大崎氏**、**羽州探題**の**最上氏**になり、幕府の奥羽での出先機関として活動を始める。この人脈もあって、幕府でも管領の斯波氏が奥羽に対する幕府側の取次ぎを務めた。

しかし三代将軍義満は、鎌倉公方の懐柔のために1392年になって奥羽両国も鎌倉府の管轄に委譲、そこで鎌倉公方・満兼の弟二人がそれぞれ稲村と篠川(ともに福島県郡山市付近)に配されて公方となった。だが両者の権限は重複しており、後になって京都の幕府も鎌倉公方を牽制するために大崎氏を奥州探題に再任したことから競合が生じる。

鎌倉府から派遣された両公方は後に、稲村公方は鎌倉府寄り、篠川公方は幕府寄りと分かれ、幕府の介入もあって両者の対立が奥州在地でも紛争を引き起こす。やがて幕府が鎌倉公方持氏を討った永享の乱(1439年)で、稲村は鎌倉と運命を共にし、篠川は陸奥国内で鎌倉寄りの国人に討たれたと伝わっており、奥州での鎌倉府の分身はともに滅んだ。なお、多賀城から稲村・篠川の両公方に至るまで、その拠点はほぼ現在のJR東北本線の路線上にあった。この当時も関東から奥州街道があったが、関東から東北太平洋側の内陸を通るルートは現在も踏襲されている。さらに現在の仙台も含めて考えると、このルートには中央政権の拠点が置かれやすかったという地理条件が見られる。

こうして奥州探題の大崎氏が「上様」と称されるなど、当国唯一の権威として一本化された。奥州探題の権限は、国内の武士への軍事指揮権と裁判執行権、朝廷への官職推挙、段銭(幕府から一国全体への費用賦課)の徴収などであり、京都中央と陸奥国内とのパイプ役といった性格が強い。羽州探題の最上氏には史料が残されていないが、同様の権限があったと推測されている。

しかし伊達氏や庄内(山形県)の大宝寺(武藤)氏が独自に上洛し、将軍家に馬と鷹を献上して「京都扶持衆」に任じられることで幕府と直接つながりを持ち始める。伊達氏などは幕府管領の細川氏を取次ぎとしたので、幕府でも奥羽のパイプをめぐって競合が生じた。室町体制では、奥羽は全体として領主たちが自治を行いながら、中央とは儀礼的な服属関係を結んでいたと言える。さらにこの頃から在地領主の国衆たちが独自に連合を形成するなど、体制面でも室町秩序のなし崩し的な解体が始まる。すでに１４３０年代の北奥の南部氏と安東氏の争いで、大崎氏はなすすべもなかった。１４５０年代から関東で古河公方が乱を起こした際に幕府から奥羽国衆に関東への出兵命令が来たが、応じる者はほとんどなくなっている。大崎氏自身も本領である宮城県北西部の掌握が不十分だったこともあり、戦国初期には「名門である国衆」という状態に過ぎなくなった。

１５１４年になって**伊達稙宗**が前例のない「陸奥守護」に任じられた。この背景には、伊達氏が豊富な経済力から多額の献金を行うなど積極的な対幕府外交を行ったことがある。経済的負担は大きくとも、伊達氏の奥羽支配のためにこうした官職の獲得は実質でも大きな意味があった。稙宗は守護の権威を背景に、南奥羽の国人たちの争いに介入して勢力を伸ばし、さらに婚姻・養子縁組でゆるやかな連合を形成したが、１５４９年の**伊達氏天文の乱**で諸氏の離反を招き、伊達氏の勢力圏はいったん縮小する。しかしそれを継いだ晴宗は、幕府からついに「奥州探題」に任じられて、大崎氏の名目上の権威も失われた。後に**伊達政宗**も「奥州探題」、**最上義光**は「羽州探題」として内外にその威信を示している。

天正年代に入る頃（１５７０年代）から奥羽の領主は領土拡大を目指して戦国状況が激化するが、その際にも室町体制の官職による権威付けは意味を持っていた。一方でこの時期の奥羽の在地領主の間では「侍道の筋目」（最上義光書状より）で同盟するなどという、義理人情的な領主連合による奥羽自決の道が模索されていた。織田信長が天下統一に向かう中でも、伊達氏や安東氏などは馬や鷹を献上するなど、室町以来の儀礼的な対中央関係を継続しようとしたのである。

だが１５８６年に豊臣秀吉が「関東・奥羽惣無事令」という停戦命令を出して、奥羽の大名間の紛争は全て秀吉の下で裁判すると通知した。これは室町期のゆるい服属関係から、奥羽在地にもより中央の統制が及ぶことを意味していた。政宗は奥州探題の立場から領土拡大の正当化を図ったが、秀吉の新しい天下ではそのようなことは許されなくなった。

結局、政宗が小田原に参陣したように、奥羽の大名は戦わずして秀吉に降伏した。しかし奥羽での争乱はむしろ天下統一後に起こる。政宗が関与した大崎・葛西一揆、北陸奥の和賀・稗貫一揆、出羽の庄内・仙北・由利一揆、最後に南部一族の九戸政実による「九戸の乱」がそれである。検地と刀狩りによる中央政権の統一政策に対して、「京儀を嫌い申す」(南部信直書状)という土着の価値観からの反発により同時多発的な反乱となったが、豊臣政権が全国の大名を動員する中で抵抗は鎮圧された。朝鮮出兵では奥羽の大名も動員を強いられ、その際に甲冑や武具を京都や堺など上方で調達することを強制され、経済的にも全国一律のシステムに統合されていく。こうして中世まで自立性を誇った奥羽の領主たちも、「日本のつき合(あい)」(南部家文書)の中で生き残りを模索するようになる。

しかし奥羽の武将たちの残されたエネルギーは、秀吉の死後に会津上杉氏と伊達・最上などによる「**東北版関ヶ原の戦い**」として最後の高揚を迎えたのだった。

福島県 (陸奥国南部)

東京から福島県中部の郡山まで新幹線で1時間20分、県庁所在地の福島市までは1時間半である。この福島県は、東の太平洋側から西に向かって三区分するのが一般的だ。東部(太平洋側)が「浜通り」でいわき市

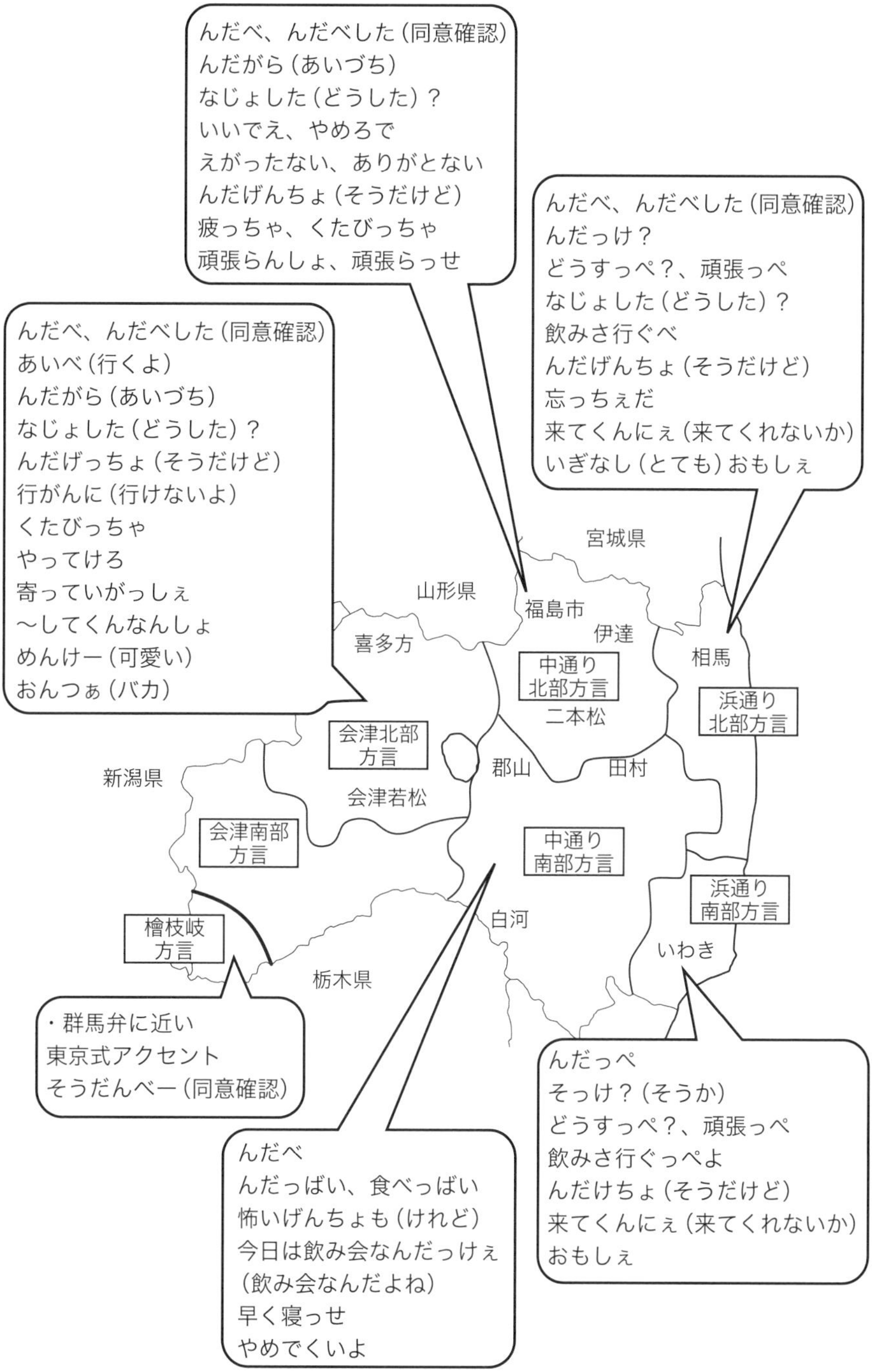
んだべ、んだべした（同意確認）
んだがら（あいづち）
なじょした（どうした）？
いいでえ、やめろで
えがったない、ありがとない
んだげんちょ（そうだけど）
疲っちゃ、くたびっちゃ
頑張らんしょ、頑張らっせ
んだべ、んだべした（同意確認）
んだっけ？
どうすっぺ？、頑張っぺ
なじょした（どうした）？
飲みさ行ぐべ
んだげんちょ（そうだけど）
忘っちぇだ
来てくんにぇ（来てくれないか）
いぎなし（とても）おもしぇ
んだべ、んだべした（同意確認）
あいべ（行くよ）
んだがら（あいづち）
なじょした（どうした）？
んだげっちょ（そうだけど）
行がんに（行けないよ）
くたびっちゃ
やってけろ
寄っていがっしぇ
〜してくんなんしょ
めんけー（可愛い）
おんつぁ（バカ）
宮城県
山形県
福島市
伊達
喜多方
相馬
中通り
北部方言
二本松
浜通り
北部方言
会津北部
方言
郡山
田村
新潟県
会津若松
会津南部
方言
中通り
南部方言
浜通り
南部方言
白河
檜枝岐
方言
いわき
栃木県
・群馬弁に近い
東京式アクセント
そうだんべー（同意確認）
んだっぺ
そっけ？（そうか）
どうすっぺ？、頑張っぺ
飲みさ行ぐっぺよ
んだけちょ（そうだけど）
来てくんにぇ（来てくれないか）
おもしぇ
んだべ
んだっぱい、食べっぱい
怖いげんちょも（けれど）
今日は飲み会なんだっけぇ
（飲み会なんだよね）
早く寝っせ
やめでくいよ

と相馬市があり、茨城からＪＲ常磐線と常磐自動車道のルート上にある。この地域は、２０１１年の東日本大震災による原発事故で大きな被害を受けた。東部とは阿武隈高地で隔てられている中部が「中通り」で、東北新幹線や東北自動車道のルートであり、県都の福島市と「経済首都」の郡山、二本松と白河といった城下町がある。中部と奥羽山脈および猪苗代湖で隔てられているのが西部の「会津地方」で、中心は白虎隊と鶴が城で有名な会津若松である。地理的に接する新潟県と阿賀野川でつながっており、現在でもＪＲ磐越線や磐越自動車道でつながっている。西南部の一部は群馬県に接する（その中の檜枝岐は、群馬県の方言と似た言葉が話される特殊な地域である）。群馬との県境に会津沼田街道が存在するが、中間にある尾瀬の環境保護の面から自動車道の建設が中止されたため、車両で直接行き来できない（徒歩でのみ往来可能）。ちなみに東京からのアクセスは、関越道で群馬を経由して2時間半ほど、福島方面なら東武鉄道とバスを乗り継いで3時間半かかる。

しかし方言区分は、先の地域区分とは違っている。専門書によれば、北部（福島市と相馬）と西部（会津地方）をまとめ、南東部（いわき市など）と中南部（郡山から白河市にかけて）をまとめるという、二大区分である。同意確認の「そうでしょう、そうじゃないか」を北・西部は「んだべした」、中南部は「んだっぱい」、南東部は「んだっぺ」と言う。南北の距離の長さから方言が異なるのも不思議ではない。具体的に見ると、福島市から白河までは特急なら2時間前後（郡山—白河は東北本線で３０分超）。相馬といわきは常磐線でつながっているように見えるが、直通路線は無く、乗り継いでも7時間かかる。最も速いのは仙台から郡山まで新幹線に乗り、そこから磐越東線に乗って3時間かかるルートである。南東部の「～だっぺ」から分かるように、この辺りは茨城県の方言と共通点が多い。ちなみにいわきから水戸へは常磐線の特急ひたちで1時間超である。

戦国期においても茨城の**佐竹氏**が福島県南部から進出して勢力下に置いた。この事実に加えて、ネット上の掲示板で茨城と福島の方言がよく似ていてつながっているようだという指摘の書き込みに対して、私が「福島が佐竹の領地であるべきことは、言語的共通性から示されている（笑）」という、言語ナショナリズムのプロパガンダめいた冗句を書き込んだことがある（笑）。

その佐竹氏の福島県域での主敵は、**伊達政宗**である。伊達政宗と佐竹氏対決の舞台というキーワードで、方言区分とオーバーラップさせる形で福島県戦国史を説明しよう。

南奥（福島県域）は関東と接するため、室町中期まで関東政局とのつながりが密だった。その中で有力だったのが白川氏（白河結城氏）である。東北での鎌倉府の出先機関である稲村と篠川の両公方はともに現在の郡山市が本拠だが、それを支援したのがその名の通り関東に接する白河を本拠とする白川氏である。現在の路線でも、東京から白河まで新幹線で1時間20分と近い。しかし幕府により鎌倉府が滅ぼされ、白川氏自身も分家の小峰氏の乗っ取りで勢力が衰えると、幕府が関東での享徳の乱に対して南奥（福島県域）の諸領主に出兵を命じても威令が届かなくなる。その後の南奥は、同格の領主たちの割拠状態となる。その際に、本項冒頭の福島県内の三区分が参考になる。なお、白河城（小峰城）は江戸期も改修されて使われ、現在江戸期の様式で城門や天守が復元されている。アクセスは、東北本線の白河駅から徒歩10分（新幹線の新白河駅から徒歩40分）。ちなみに白河の関跡は現在、白河神社になっており、松尾芭蕉の句碑もある。アクセスは、白河駅からバスで30分。

室町・戦国期には、浜通りは「海道」と呼ばれ、前近代には陸前浜街道が通っていた。中通りは「中山道《せんどう》」に由来する「仙道」と呼ばれており、戦国当時の中山道が京都を始点として高崎、宇都宮に至り、宇都宮以北から現在の国道4号線沿いに北上して福島県域に至ったことが背景にある（後の中山道は徳川幕府によってルートが変更された）。

仙道は盆地ごとに勢力が形成されており、北から順に挙げると、伊達氏、畠山氏（二本松）、田村氏（三春町）、石川氏（須賀川市）、白川氏といったあたりだ。伊達氏は藤原氏系の一族で、源頼朝の奥州攻めで福島市の北隣の伊達市に所領を与えられた。もとは「中村氏」だったが、奥州での所領の地名から「伊達氏」に改姓した。福島市から伊達は東北本線やＪＲ快速仙台シティラビットで１０分足らずである。現在の福島市も当初から伊達領で、方言区画で言えば「中通り北部方言」の大部分の領域が伊達氏領となる。伊達氏の居城は最初に梁川城、ついで桑折《こおり》西山城である。室町期から、仙道北部より拡大して山形県南部（米沢付近）と宮城県中南部も領国に加えた。その概略は、本章の冒頭と宮城県の項を参照してほしい。

梁川城は標高５５ｍの平山城で、本丸跡は現在、伊達市立梁川小学校になっているが、周辺に石垣が残されている。政宗が初陣の際に陣を置いたとも伝わる。アクセスは、福島駅から阿武隈急行で３５分の希望の森公園駅から徒歩５分。桑折西山城は標高２１５ｍの山城で、「伊達氏天文の乱」で稙宗が本拠を置いた場所。乱後に廃城となったが、土塁など遺構はいくつか残り、整備が進められている。アクセスは、福島駅から東北本線白石行で１５分の桑折駅から登城口まで徒歩１５分。

海道に勢力を持ったのは相馬氏と岩城氏で、ともに現在の同市名の地を本拠とする。「浜通り北部方言」の地域を領する相馬氏の居城は当初、南相馬市の小高城だったが、戦国後期の１５６０年代に中村城（相馬市）に移った。中村城は西の阿武隈山地から伸びる１５ｍ程の丘陵に築かれた平山城で、南面に流れる宇多川を天然の外堀とし、この水を引いて北面に水堀を設け、仮想敵である伊達氏を意識した構えとなっている。近世城郭として改修されたので、江戸期の遺構が多い。アクセスは相馬駅からバスで５分、馬追神事の舞台である相馬神社も近い。「浜通り南部方言」の地域を領する岩城氏の城はいわき市内郷の飯野平城（大館城）で、江戸期に平城（磐城平城）が築かれると廃城となってあまり遺構は残っていない。近くの湯殿山神社がわずかな城址として残っている。アクセスは、常磐線のいわき駅から徒歩30分。

そして会津地方を領するのが、**芦名氏**である。相模の名族・三浦氏の一族で、「会津北部方言」の領域を支配していたが、南会津の長沼氏など国衆を勢力下に置いて会津一帯に版図とし、さらに仙道へも進攻した。会津地方は広いので、南会津へは会津鉄道、只見川流域の西会津へは只見線で行くことになる。また会津若松から郡山まで磐越西線で1時間かけていくと東北本線に連結し、そこから中通り各地に行くことになる。芦名氏は武田信玄の調略に応じて、越後の上杉氏に対抗したこともある。現代では会津若松から新潟市までJR快速あがので2時間40分、高速バスなら2時間足らずで行ける。当時からこのルートにほぼ沿って日本海に出て、海路を上方へ向かうことができた。芦名氏が京都へ使者を出す際には、このルートを使ったとみられる。なお、幕府や織田信長など中央政権から東北地方で「大名」と見られていたのは伊達氏と芦名氏のみで、ほかは中小領主の「国衆」と扱われていた。

以上の領主たちは婚姻や養子縁組などで緩やかな連帯を結んでおり、それが戦での勝者が敗者を徹底して滅ぼさないための歯止めとなっていた。その中でまず成功したのは伊達氏で、伊達稙宗の時代に奥州中南部の領主たちを婚姻・養子などで傘下に置いて一大勢力となった。しかし1540年代末の「伊達氏天文の乱」でゆるい連合の不安定さが露呈して南奥の諸氏は伊達氏から離反、やがて芦名氏が仙道に進出して全盛期を築く。

1584年に伊達政宗が当主となると、福島県域で福島市から東北本線を南下するルートが主な進出対象となり、「中通り南部方言」の領域で多くの合戦を繰り広げた。政宗の初陣が対相馬氏、正室愛姫《めごひめ》の実家が三春の田村氏、父・輝宗を殺した相手が二本松の畠山氏、奥州制覇のライバルとなったのが会津芦名氏（本拠地・

会津黒川城）である。なお二本松城や三春城は江戸期も近世城郭として改修されて使われた。二本松城へのアクセスは、福島駅から東北本線で２５分の二本松駅から徒歩２０分で入口、入口から本丸まで徒歩１５分。三春城は三春町の中心部、標高４０７ｍの丘陵地にあり、アクセスは福島駅から郡山駅まで東北本線で、その後は磐越東線に乗り換えて所要1時間超の三春駅から徒歩３０分。

政宗による攻勢は急速だったが、その少し前から佐竹氏が進出していた。茨城の項で述べたように、白川氏との境界争いが発端だったが、佐竹義重は久慈川に沿った鹿島棚倉道（現在の交通路では水戸から国道１１８号線で北上して白河市の東の棚倉町から西へ２８９号線を行くルート）で白河へ進軍、いわきへは常磐自動車道のルートで進んだ。こうして白川と岩城の両氏を従属させ、さらに芦名氏の当主が相次いで早世したのに対して、息子・義広を養子に送り込み南奥の西部と南部を勢力下に置いた。ちなみに国道１１８号線は須賀川を経由して会津若松までつながっており、ＪＲ水郡線も同様のルートである。このような情勢下で政宗と芦名・佐竹連合の戦いが福島県域で繰り広げられる。両者の最初の対決となったのが「**人取橋の戦い**」（１５８６年）だが、伊達軍７０００に対し、芦名・佐竹は3万と兵力差があった。政宗の領土拡大に反発した近隣の国衆が一斉に佐竹方になったためである。この時、大河ドラマ『独眼竜政宗』ではいかりや長介が演じた伊達重臣・鬼庭左月が戦死するなど、政宗は敗れた。合戦の舞台は県中部の二本松と郡山の中間である本宮市であり、この辺りがちょうど両者の接点だったようで多くの城砦が築かれた。本宮市付近は「中通り北部方言」と「中通り南部方言」の境界線だが、福島県全体の方言を北西部と南東部に分ける線でもあり、伊達と佐竹の衝突の場が方言区画の境界線と重なるようで興味深い。なお、人取橋古戦場には鬼庭左月の石碑や両軍の戦死者の墓がある。アクセスは、郡山駅からＪＲ東北本線で北へ１５分の本宮駅から車で１０分。

やがて政宗は体制を立て直して勢力を回復。１５８９年に芦名一族の猪苗代氏が政宗についたことから、猪苗代湖北岸「**摺上ヶ原《すりあげがはら》の戦い**」が行われた。会津若松から北東方向の場所である。政宗は国道１１５号線を南下するルートを進軍し、磐梯山を右手に臨む場所に布陣した。ここで政宗は大勝して芦名氏を滅ぼし、芦名氏の黒川城（現在の**会津若松城**）に本拠を移した。この時点で相馬氏はまだ服従していなかったが、南東北の大部分は政宗の支配下で、東北最大の勢力となった。なお、摺上ヶ原古戦場は猪苗代町長田にあり、主君の身代わりに戦死した芦名氏家臣を追悼する「三忠碑」（江戸期の会津藩主松平容敬が建立）がある。旧二本松街道が通っていた場所で、松並木で旧街道の雰囲気が感じられる。近辺出身の野口英世の像も近くにあり、磐梯山を間近に望める風景の良い場所だ。アクセスは、会津若松から磐梯西線で２５分の翁島駅から北東方向。

しかしすぐに秀吉の小田原攻めとなって、政宗は会津領など福島県域の領地を召し上げられる。代わって秀吉が会津に送り込んだのが近江出身の**蒲生氏郷**である。もともと会津は出羽や越後など日本海側にも通じる要衝で、政宗や関東に移った徳川家康への抑えとして氏郷が能力を見込まれて送られたのだ。氏郷は奥州で起こった一揆の鎮圧に成果を上げ、領国経営でも現在の場所に城下町を建設、漆器づくりや近江からの商人誘致で産業振興に努めた。なお、黒川城を現在の「（会津）若松城」に改めたのは氏郷で、城の構造はほぼ氏郷期に造られた。

だが、氏郷は１５９５年に急逝し、息子が若年でお家騒動が起こったことから、１５９８年になって秀吉の命で越後の**上杉景勝**が移封される。領国は会津と仙道一帯など福島県域に加えて、山形県域の米沢と庄内、さらに佐渡島（新潟県）も保持して１２０万石の大大名となった。

関ヶ原の戦いのきっかけは、上杉景勝が挙兵し、家康が全国の大名を会津征伐に動員したことである。まさに秀吉の狙い通りのことが起きそうだったが、家康は石田三成と戦うために反転。景勝は東西両軍の対決は時間がかかると見たのか追撃せず、領土拡大を目的として山形の最上氏攻めに注力していた。福島市から北西方向へ山形新幹線の路線となって米沢、山形へと向かうが、上杉軍はこのルートで進軍して最上領を攻撃した。最上領はほぼ制圧寸前だったが、関ヶ原での西軍敗戦で成果は霧消した。このことは大河ドラマ『天地人』でも描かれていたが、最初から石田三成と密約して挙兵したのか議論がある。上杉家は会津120万石を没収され、米沢30万石と大幅に削減されて江戸期を迎えた。

会津若松城は江戸期に大幅に改修され、会津藩松平氏の城として有名だが、芦名氏から伊達政宗、蒲生氏郷、上杉景勝と戦国期の武将が関わった重要な城である。城を訪れたついでに彼らの軌跡に想いを馳せるのも一興だろう。アクセスは、会津若松駅からバスで15分ほどの「鶴ヶ城西口」下車。まちなか周遊バス「ハイカラさん」でも行ける。

宮城県（陸奥国中部）

大河ドラマ『独眼竜政宗』（1987年）は、平均視聴率39％という今からすれば夢のようなお化け番組だった。ちょうど私が歴史に興味を持ち始めてまもなくであり、秀吉や家康など有名人は出てくるし、戦国時代を実写で見られるということで期待していたが、それ以上の出来だった。福島の項で登場した伊達重臣役にドリフターズのいかりや長介が出たのが子供心に嬉しかったが、渡辺謙の**伊達政宗**がインパクトあり過ぎて、伊達関係の人物はこのドラマのキャストしかイメージできない（笑）。北の地に伊達政宗という魅力的な人物がいると知ったのがこのドラマの収穫で、三日月の前飾りの兜、そして彼の城下町・仙台の名も刻まれた。この仙台は東北の中心都市であり、東北新幹線や東北自動車道は全て仙台を通る。福島県の内陸を通

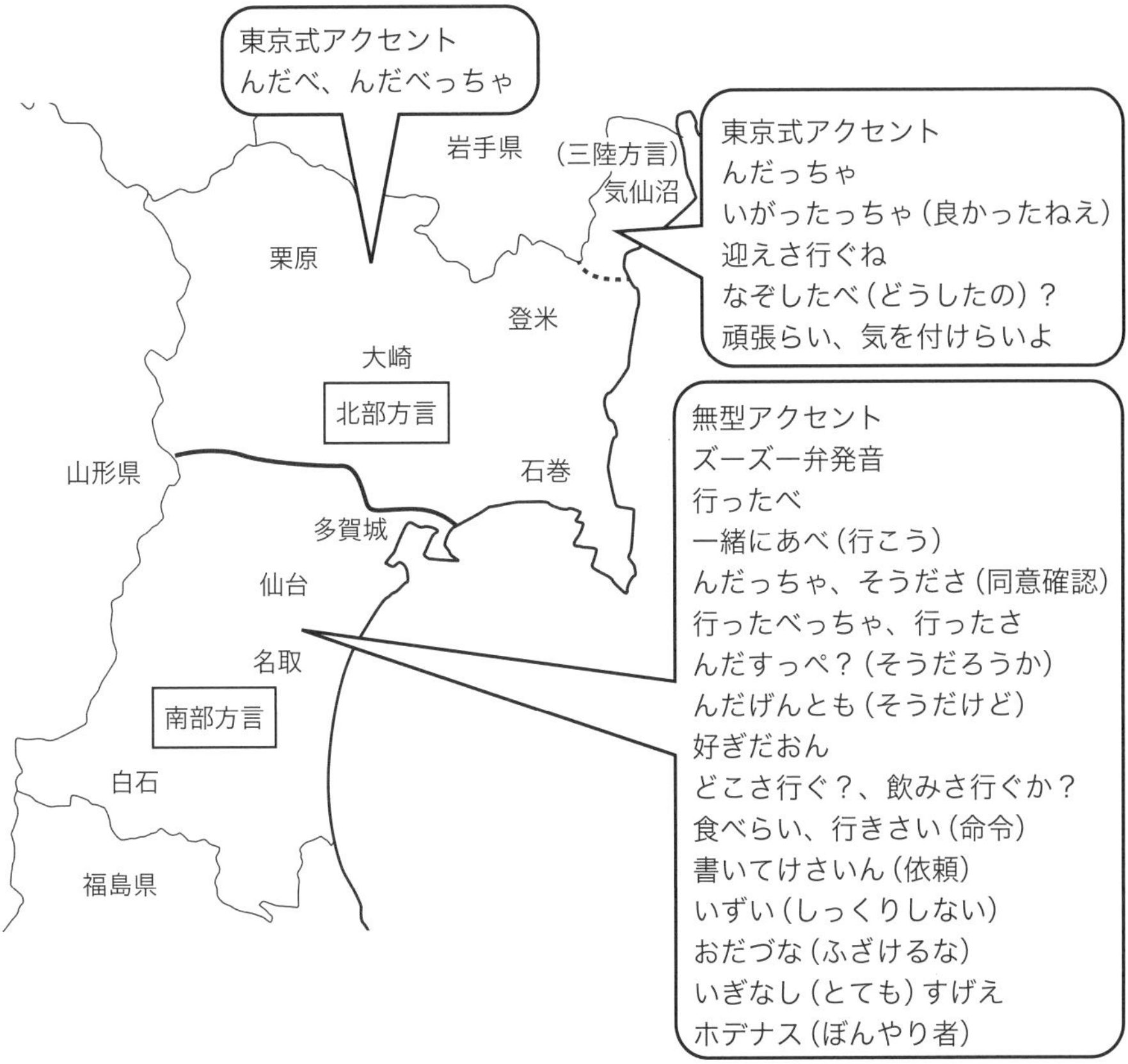

る東北本線と、海沿いを通る常磐線は宮城県南の岩沼で合流し、仙台へ向かう。西方の山形からの仙山線も仙台に向かっている（山形から仙台への途上に立石寺がある）。近年は新幹線のスピードアップで東京と1時間半で結ばれ、首都圏との関係を強めている。こうしたことで現代では仙台市内の若者はかなり東京語化しているが、仙台市内のバスで方言による案内があるなど継承への取り組みは行われている。専門研究では新方言や東京語と異なる特徴が挙げられているが（「〜だっちゃ」が変化した「〜ださ」など）、私が仙台に3回ほど行って市内の人々のことばを聞くと「イントネーションに特徴らしきものがある」という程度で、文体自体はほぼ東京語と同じという感じがした。ただ一度仙台駅の西側にある朝

市場に行くと、おばさん達による伝統的な仙台方言を聞くことができた。

さて、伊達政宗が方言を話すなら、それは仙台弁なのであろうか?宮城県内の伝統的な方言は、ズーズー弁など南東北に広く共通する特徴を持っているが、断定・確認の文末詞「〜だっちゃ」をはじめ、依頼の「〜してけさいん」など言い回しで独自のものもある。宮城県では江戸以来の仙台の一極集中が大きく、県内の方言はかなり共通点が多い。もちろん北東部沿岸の気仙沼などは単語などで独自性はあるが、それでも県内ではっきりした方言区分が描きにくいほどまとまりは強い。さらにこれは旧・仙台藩領の全体的に共通する。岩手県南部(水沢や江刺)も仙台藩領で、言い回しではかなり宮城県の方言と似ている。だから現在の方言状況は、江戸期の仙台藩内で生活圏が固められたからと考えるほかない。

一応、県内の方言区分は、アクセントを基礎に南北で二分される。北が東京式アクセント、仙台市を含めた南が無型アクセントである。この両者の境は松島丘陵である。県の中央にあり、松島から東に向かって奥羽山脈の一角である船形山に連なる舌状台地だが、200m級の高さなので広域地図では見分けにくい。しかし現実には広い意味での仙台平野を南北に分割し、方言も含めて様々な面で境界となる重要な地形である。実は宮城県の戦国史でも、この南北の違いがある。

伊達氏に話を戻すと、仙台が本拠地になったのは江戸期になってから、鎌倉以来の伊達氏の最初の本拠は福島県北部の伊達市、そして16世紀半ばの晴宗(政宗の祖父)の時に米沢(山形県南部)に移った。政宗が生まれたのも米沢で、秀吉の命で1591年岩出山城(宮城県大崎市)に移るまでここに居城していた。すると、伊達氏の元々の本拠のことばである福島弁か、生育地である山形県米沢の方言を話したのだろうか。津本陽の小説では、政宗のセリフも東北方言だったが、具体的にどこのものか不明確である。政宗が宮城県域で生活するようになったのは壮年になってからで、さらに仙台を本拠とするのは江戸幕府が開かれてからである。

だから現在の仙台弁を話させるのはおかしいということになる。

古くは戦国前期に作られた伊達氏の分国法『**塵芥集**』(政宗の曽祖父・稙宗の代に編纂)で部分的に方言が混ざっているそうで、伊達氏の家中でも方言が話されたのは間違いないが、全体的な姿は不明である。時代が下って江戸中期に若年寄だった人物は仙台伊達氏から養子に入り「仙台候の六男なので、国訛りが強い」と記録されていて、藩主の一族でも国元住まいの人は当地の方言で話したようだ。

結局、現在につながる方言区分で、仙台弁、福島弁、山形弁などが形成されたのは江戸期に入ってからと思われ、政宗にどこの方言を話させるかは書き手の主観が入る余地が大きい。

以下では、伊達氏と政宗が宮城県域とどう関係するかという観点で戦国史を説明しよう。

戦国期までの伊達氏は宮城県中南部を領域に加えていたが、本拠は先に述べたように福島県域や山形県域なので、「宮城県域は伊達氏の属領」ということになる。現代の交通アクセスでは、伊達市から仙台へはJR快速仙台シティラビットが最速で1時間10分ほど、米沢からは奥羽本線で山形市へ行き、仙山線に乗り換えて3時間かかる。戦国当時は米沢から北上して上山市(山形市より南)に行き、そこから東に向かって七日宿街道で伊達市に入り、さらに北上して仙台方面へというルートが採られたかと思われる。いずれにせよ、宮城県域の伊達領が伊達氏の本拠からはかなり離れた位置にあったことは分かる。

政宗の曽祖父・稙宗の代に作られた『段銭古帳』は伊達家臣の知行地とその収穫高の一覧を示しているが、そこでの記載から宮城県中南部でも伊達家臣の知行地があったことが分かる。ちなみに仙台藩が幕末まで残ったので、農村支配など伊達氏の領国統治の仕組みはかなり明らかになっている。1589年の相馬氏攻めの際の動員記録『野臥日記』では宮城県白石市や福島県伊達郡などの郷村の記録があり、「地頭」と呼ばれた伊達家臣の在地領主が「在家」という農家に税や兵の賦課を行ったことが示されている。「在家」とは一つの農家ではなく、数家族から構成された家屋や耕地を包含した経営体を指すらしく、税や軍役を賦課する基本単位だった。現在でも南東北各地で「在家」という地名が多く残り、仙台市でも区の下に「在家」と付く地名がいくつかある。またこの時代に家臣の所領紛争を裁くため、分国法『塵芥集』も制定された。この領域は方言区画で言えば、「宮城県南部方言」の地域ということになる。

残りの宮城県域は「宮城県北部方言」の領域で、本章冒頭で書いたように北西部に**大崎氏**があり、大崎市（旧古川市）を本拠とした。新幹線の駅名で言えば、古川やくりこま高原が大崎領ということになる。仙台から古川は新幹線では10分、在来線では1時間となり、くりこま高原へは新幹線で25分となる。室町期の奥州探題だったが、本領は領主連合の様相が強く不安定だった。戦国期に入る頃には近隣の葛西氏との抗争や内紛で衰え、家老の氏家氏の方が幕府側に「領主」と記載されるほどだった。なお、大崎氏の居城は大崎市の名生（みょう）城跡で、江合川西岸の段丘の上に築かれていた平城である。秀吉の「一国一城令」で廃城となったので、城址は土塁などが残るが、ほとんど宅地化されて往時をしのぶのは難しい。アクセスは、東北新幹線の古川駅から車で20分。

北東部の**葛西氏**は登米を本拠として、石巻など沿岸部から北上川をさかのぼって岩手県南まで領地としていた。登米は仙台から電車で行けば、東北本線や石巻線、気仙沼線を乗り継いで3時間はかかるので、高速バスを1時間半で行くのが最短である。葛西氏の本拠は寺池城（登米城）で、江戸期に仙台藩の手で改修されて「登米要害」となったので、城門などが残っている。現在城址は裁判所や宅地となっているが、中世の城館の雰囲気をしのべるかもしれない。城下町の町並みは当時の面影が残っている。アクセスは、仙台から東北自動車道で40分の築館ＩＣから1時間。城址の一角に「登米懐古館」があるが、仙台藩伊達氏の展示が中心だ。また葛西氏の領地を現代のアクセスでたどると、石巻から石巻線で西の内陸ルートを取って東北本線に合流して北上、岩手県南部の水沢駅(奥州市)まで2時間半となる。現代のアクセスではやや迂回するルートだが、当時は北上川が沿岸の石巻付近までそそいでおり、川をさかのぼって直接岩手県南部につながっていた。葛西氏の領地は面積的には大きいが、実態は領主連合の色彩が強く、家臣同士の領地争いが頻発するなど支配が不安定だった。一説では、南北朝期から北朝に付いた登米の本家に対して、石巻の分家が南朝方となって対立し、戦国期まで分立していたという。なお石巻葛西氏の本拠・日和山城(石巻城)は、現在では石巻市の北上川河口の西岸にある日和山公園となっており、園内に『奥の細道』で立ち寄った松尾芭蕉の像がある(石巻駅から徒歩20分)。

葛西領には気仙沼が含まれるが、ここには関東から入った熊谷氏がいた(『平家物語』によれば、平敦盛を討った後に法然の弟子となったという熊谷直実の子孫)。本拠は気仙沼市松川にあった赤岩城で、標高87mの典型的な山城といった趣だ。立地は海岸よりかなり内陸に入っている。「気仙沼方言」は「三陸方言」の一種で、「宮城県北部方言」ではやや独自性が強い地域だが、後に葛西氏が進攻すると熊谷氏もこれに従属した。石巻から気仙沼のアクセスは、石巻線と気仙沼線を乗り継いで3時間かかる(仙台—気仙沼も3時間40分)。

大崎領と葛西領は、伊達領からは離れて自立性が強かったが、戦国期に入ると両氏とも伊達稙宗の息子を養子として受け入れ、伊達氏の介入が強まったのである。

伊達と大崎氏の間には、県南部に亘理氏、仙台市付近に国分氏、多賀城付近に**留守氏**がいたが、これらにも伊達氏の影響が強まってくる。留守氏は元は「伊沢氏」と言ったが、源頼朝の奥州征伐で多賀城付近に領地を与えられ、陸奥国府の現地責任者(留守職)ということで改姓した。前述のように、多賀城市は仙台からJR仙石線で20分の距離で、仙台通勤圏と言ってよい。留守氏の居城は仙台市宮城野区にあった岩切城で、標高106mの山城である。多賀城の西方4kmの場所にあり、街道が通る要衝でもあった。アクセスは、仙台から東北本線で8分の岩切駅で下車。留守氏は戦国初期まで大崎氏に従属していたが、伊達氏から相次いで養子を受け入れることで、ほぼ伊達一族というべき存在になっていた。政宗の時代の当主・**留守政景**は政宗の叔父(父・輝宗の弟)で、『独眼竜政宗』では長塚京三が演じた。ちなみに留守氏の重臣が戦国初期に記述した『余目氏旧記』という史料は、大崎氏を頂点とした室町期奥州の在地領主の序列を示しており、伊達氏は有力だが大崎氏に従属する国衆とされている。留守氏の居城は1570年代に利府城(宮城郡利府町)に移った。松島丘陵の丘陵地帯の中にあり、標高90mの自然の山を利用した峻険な城郭である。現在は館山公園として整備されており、本丸跡が桜の名所として親しまれている。アクセスは、仙台から東北本線で20分の利府駅より徒歩20分。

こうして伊達氏は宮城県の大部分を勢力圏とするようになったが、1549年の「伊達氏天文の乱」は伊達稙宗と息子・晴宗の父子対立から、それぞれに南東北の国衆が付いて大きな戦乱となった。稙宗がもっぱら外部への勢力拡大を指向したのに対し、晴宗は本国を固めることを優先するという対立軸があった。乱の結果、大崎・葛西氏は独自路線を強め、伊達氏の勢力はほぼ本領に限られるようになる。

しかし東北では依然として屈指の勢力で、京都中央では「大名」とされる数少ない存在だった。そして政宗の代に大きく飛躍する。福島県域での拡大は前項で述べたが、宮城県域でも大崎・葛西両氏の内紛に介入する形で従属させ勢力圏とした。大崎氏は最上義光の正室の実家ということでこれと同盟し、一時は伊達氏を撃退したが、政宗は外交戦略で最上氏と単独講和。最上の支援を打ち切られ、一族の黒川氏や宿老の氏家氏も政宗に通じたことで、大崎氏はついに「大崎領も伊達の馬打ち同然(軍事指揮下に入る)」ということで屈服した。政宗本人は福島県方面での戦闘に注力しており、大崎攻めには家臣を派遣したり、調略活動を行ったわけだが、こうして政宗は「南奥制覇＝南東北太平洋側をほぼ制圧」を実現し、後の太閤検地での計算では200万石となる一大勢力を築いた。なお、大崎攻めの進軍路は東北新幹線や東北自動車道を北上する経路と考えられ、当時も奥州道中が通っていた。

しかしすぐに秀吉の小田原攻めとなり、政宗は参陣したが、会津領を召し上げられるなど勢力を削減されて70万石となる。なお、小田原に参陣しなかった大崎・葛西は改易され、いったんその領地は秀吉直臣の木村吉清に与えられた。しかし秀吉方式の統治に大崎・葛西旧臣の地侍が反発して一揆が勃発（大崎・葛西一揆）。この責めを負って木村は領地を没収、政宗は掃討に参加したが一揆との内通を疑われ、1591年に父祖の地の福島県域と米沢など山形県域の領地を召し上げられる代わりに大崎・葛西領を与えられた。

これで政宗の領地は宮城県のほぼ全域と岩手県南部となり、居城も宮城県北部の**岩出山城**（大崎市）に置いた。この時の石高は58万石である。岩出山城は大崎家臣の氏家氏の居城だったが、政宗はこれを修築して本拠とした。しかし秀吉の時代は朝鮮出兵や京都への参勤などもあって、あまり領国統治に力を入れられず、城下町も小規模だったようだ。領内も大崎・葛西一揆で荒廃がはなはだしく、政宗の領国経営はかなり困難を被った。岩出山への現在の交通アクセスは、東北自動車道の古川ICから行くか、仙台から古川まで新幹線で行き、JR陸羽東線に乗り換えて1時間近くかかる（在来線なら2時間）。城址は岩出山駅から徒歩20分。城内に政宗の立像が建っている。

関ケ原合戦では政宗は東軍に付いて会津の上杉景勝と対抗したが、徳川家康の意に従わずに勢力拡大を図ったことがマイナス評価となり、わずかな加増にとどまった。

しかし62万石の大藩となり、仙台に本拠を移したのはこの時である。「仙台」の地名は付近にある千体仏にちなんで政宗が命名した。本拠地・**仙台城**（地元民は「青葉城」と呼ぶ）へは、仙台駅から周遊バス「ループル仙台」で20分。近世城郭だが、かなり山の斜面にあって、中世的な山城の様相も持っている。少し離れた場所に広瀬川が流れ、城を守る堀の役割だったようだ。展望台には有名な伊達政宗騎馬像があり、仙台市内を遠望できる。

その後も政宗は家康の六男忠輝に長女を嫁がせ、家臣の**支倉常長**《はせくらつねなが》を太平洋経由でヨーロッパに送って仙台領での南蛮交易を図るなど注目すべき動きを見せた。常長は石巻港から太平洋を渡ってスペイン領メキシコに着いたが、日本人が太平洋航路を行くのは史上初だった。この後は幕末の勝海舟ら咸臨丸まで、この航路を行った者はない。なお、石巻港には支倉常長を記念した「慶長使節ミュージアム・サンファン館」が建てられ、港内に常長の乗ったサンファンバウティスタ号が復元されて係留されている。アクセスは、仙台駅からJR仙石線・石巻行で1時間半の石巻駅まで、そこから石巻線女川行に乗り換えて10分の渡波駅で下車して徒歩25分か、タクシーで5分である。

政宗は大坂の陣後は領国統治に専念し、新田開発のために北上川の流れを変えるという大工事を行ったことが特筆される。これによって北上川は現在の石巻港付近で太平洋とつながり、石巻港は江戸との海運で繁栄することになった。さらに今でも残る松島の**瑞巌寺**（松島町）や**大崎八幡宮**（仙台市青葉区）など桃山文化の建築を残すという文化上の業績も大きい。

江戸期の仙台藩では重臣には大きな領地を管轄させ、ミニ城下町を建設させた。家臣達はこれらの城下町から仙台へ「参勤交代」を行い、宮城県全域を含む仙台藩領の一体感が醸成されたのだ。政宗の家臣として有名なところでは、**伊達成実**《しげざね》が亘理、**片倉景綱（小十郎）**が白石に領地を与えられている。いずれも県の南部にあり、白石は東北本線で仙台から50分ほどの距離である。**白石城**は天守閣が復元され、歴史探訪ミュージアムで展示が充実している。アクセスは、東北本線の白石駅より徒歩10分（東北新幹線の白石蔵王駅からは車で5分)。
伊達政宗の存在感は今も仙台・宮城県で圧倒的であり、「仙台伊達武将隊」が結成されるほどである。

岩手県(陸奥国北部)

ビートたけしの番組で、**源義経**が初めて兄頼朝に対面した時に訛ったことばで挨拶したという場面があった。彼が青年期に**平泉藤原氏**のもとで過ごしたことを踏まえている。世界遺産となった**中尊寺**(平泉町、一関市に隣接する)などは岩手県にある。また、幕末に盛岡藩士から新選組に入った吉村貫一郎を主人公とする『**壬生義士伝**』(浅田次郎原作、ドラマ版の主演は渡辺謙、映画版は中井貴一)でも岩手県方言が使われている。

東京から盛岡は新幹線で2時間10分となったが(仙台から最速で40分)、かつては(2000年頃)私が旅行で盛岡に行った際に3時間かかるのが普通で、仙台からでも1時間半以上かかった。後で調べると、岩手県は北海道に次ぐ2番目の広さの都道府県で、四国全体に匹敵するということで、その広さを実感した。

ちなみに新幹線と東北本線の路線、および高速の東北自動車道も岩手県域では西の内陸ルートを通っているが、盛岡など主要都市もそのルート上にある。この地域は北上川の流域なので、古くから街道もこの流路に沿っていた。一方で沿岸部の三陸地域へのアクセスは、内陸の道路や鉄道網から東へ分岐する形で敷設されているのである。その理由は、沿岸部は海に山が迫っているという地形的な要因がある。盛岡から山田線で宮古へ、花巻から釜石線で釜石(この途中に遠野がある)、一関から大船渡線で宮城県気仙沼を経由して陸前高田へ、といった具合だ。沿岸北部の久慈に至っては、岩手の内陸都市との鉄道網がなく、最も速いのは

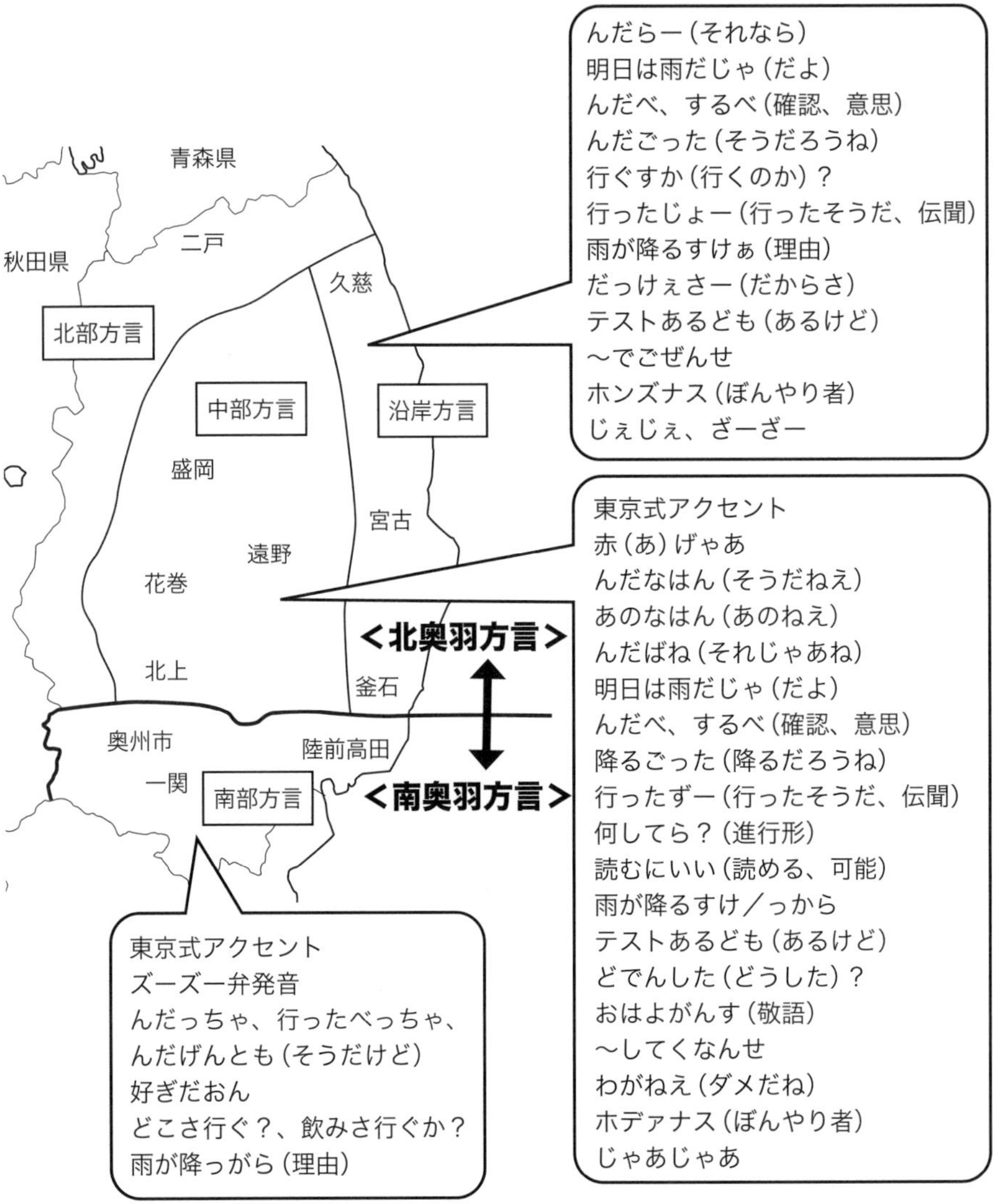

青森県八戸から八戸線で南下することである。内陸と沿岸の間には1000m級の北上高地があり、盛岡―宮古が2時間20分かかるなどアクセスが困難である。東日本大震災で被災したのはもちろん沿岸部だが、内陸主要都市とのアクセスに時間がかかり、救援活動にかなり困難が伴ったという。

岩手県の方言区画を説明すると、北中部（盛岡など）の「北奥羽方言」と南部（奥州市、一関、陸前高田など）の

「南奥羽方言」の境界線があり、前者が代表的な岩手の方言と考えられていている。北中部方言は東京式アクセントの地域だが、言い回しで他の東北各地と共通する「〜だべ」や発音でのズーズー弁はここでもある。しかし推量表現で「〜ごった（あるごった＝あるだろう、あるらしい）」、伝聞の「〜ずー（行ったずー＝行ったそうだ）」、文末詞「〜だじゃ（雨だじゃ＝雨だよ）」など独自性も多い。北部では、理由の接続詞に関西弁の「〜さかい」が変化した「〜すけー」を使う。盛岡方言は「〜なはん（あのなはん＝あのねえ）」や「〜がんす（〜でございます）」など柔らかい表現や敬語表現が豊富だが、江戸期に城下町だったことが大きいようだ。なお、沿岸部は北中部と共通点は持つが、北上高地で隔てられているために、また別の方言区画地域とされる。NHK朝ドラ『あまちゃん』で有名になった感嘆詞「じぇじぇ」は久慈など北部沿岸の漁師ことばで、盛岡では「じゃあじゃあ」、宮古では「ざーざー」と言う。

後者の県南部方言は、いわゆる「仙台弁」とかなり共通する。同意確認の文末詞「〜だっちゃ」「〜べっちゃ」が代表だが、順接の接続詞「〜がら（雨が降っがら等）」や、逆接詞「〜げんとも」などもある（北中部方言では「〜ども」）。

これらの方言の境界線は江戸期の南部藩と伊達藩（仙台藩）のそれと一致するが、戦国期の政治史でも南北の境界は県内に位置していた。その辺りの事情を説明しよう。

「**南部氏**」と言っても、この場合は岩手の県北部の領主である。ややこしいので、地理的範囲を示す場合「県北」「県南」と書く。もとは甲斐源氏だが、鎌倉期に地頭として青森県東部の糠信《ぬかのぶ》郡に入ってから北奥の有力勢力となる。当時は東北でも日本海側が上方との航路が通じており、太平洋側の北部へは東回りで向かうことが多かった。太平洋側の航路は三陸海岸の地形的要因や波の荒れ具合が激しいので、さほど盛んではなかったという。南部氏も日本海航路で上方と交易したようだ。戦国期まで青森県側の三戸に本拠があったが、徐々に岩手県側でも勢力を伸ばす。南部氏の領土拡大は、基本的に現在の東北本線を南下する経路で行われた。南部氏の勢力圏では「戸《へ》」が付く地名が目に付くが、これは「牧場」を意味し、一戸から九戸まで全てそれぞれの地名を名字とする南部一族が拠点としていた。山内一豊が妻のへそくりで買った馬が「奥州南部産」と言われたように、南部氏の領域は名馬の地と知られていた。もともと糠信は青森県東部から岩手県北までをカバーする、郡としては日本最大の面積の地域であり、広大な糠信郡を支配するために下位区分である「戸」が拠点となった。三戸家が本家とされ「南部」の姓を名乗ったが、他に**八戸氏**（青森県南東部が本拠）、**九戸氏**（岩手県北部の二戸市が本拠）も有力だった。ちなみに三戸は盛岡から岩手銀河鉄道で行くのが最速で1時間半ほど、新幹線で八戸まで行って青い森鉄道で乗り継いで行くなら1時間４０分のアクセスである。盛岡から八戸は新幹線で４０分足らずである。

さてこの南部氏について組織構造を見ると、「南部一族連合」と言った方が適当なほど、分家の並立状態が特徴的である。南部諸家は各地に展開しながら、在地の国衆を配下とすることで支配を行っていた。東部沿岸の久慈市付近には久慈氏、閉伊郡の宮古市付近には一戸氏庶流の千徳氏、鹿角郡（秋田県北東部）には同じく長牛氏、そして岩手郡（盛岡市など）に本家の家臣・福士氏といった具合だ。南部一族の城については沿岸部の二つを挙げよう。久慈城は平山城で、久慈川の左岸で東側の男山を利用して独立丘陵上に位置している。アクセスは、八戸からＪＲ八戸線で1時間４５分の久慈駅から西方面へ車で１０分。宮古市の千徳城は標高８０ｍの平山城で、東西３２０ｍ、南北４２０ｍと、この辺りでは大規模な要害だ。宮古湾に注がれる閉伊川と支流になる近内川が合流する地点の西の山が城跡になっている。アクセスは、ＪＲ山田線の宮古駅と千徳駅の中間に位置。付け加えれば、沿岸部の三陸地域で独自の大名的な勢力が生じなかったのは、海に山が

南部氏の一族、重臣配置図

大浦
石川
南部本家
八戸
三戸城
久慈
長牛
九戸
（安東）
（戸沢）
福士
千徳
（斯波）
（稗貫）
（阿曾沼）
（和賀）
＊　（　）は南部氏の敵対勢力

迫ることで平野が少なく、経済力を強化できなかったからかと思われる。前述のように、岩手県域の主要街道は当時から内陸の北上川流域であり、沿岸諸地域へはこの街道から分岐する形で通っていた。

南部氏はこうして各地に一族・重臣を配置して支配を固める一方で、15世紀後半から津軽（青森県西部）の安東氏を北海道に追うなど、隣接諸領主を攻めて領土を拡大させていく。余談だが、岩手北中部と沿岸部方言がいくつかの方言差がありつつも大きく見てまとまりを見せているのは、南部氏の一族連合をほうふつとさせる。

一方で「岩手県南部方言」の領域は、宮城県北東を本拠とする**葛西氏**が支配していた。鎌倉期には「奥州総奉行」であり、室町期の中期までは伊達氏と並ぶ格式を誇っていた。宮城県の項で説明したように、葛西氏の領地を現代のアクセスでたどると、石巻から石巻線で西の内陸ルートを取って東北本線に合流して北上、岩手県南部の水沢駅（奥州市）まで2時間半となる。戦国当時は北上川が沿岸の石巻付近までそそいでおり、川をさかのぼって直接岩手県南部につながっていた。ちなみに盛岡から新幹線で水沢江刺は30分、東北本線で水沢に行くなら1時間の距離である。しかし葛西領の内部には胆沢郡（水沢・江刺など奥州市）に土着した一族の柏山《かしやま》氏や、陸前高田市の東館城に千葉氏の系統の浜田氏など独立性の強い豪族がいて、葛西氏と彼らの関係は連合に近いものだった。前述のように、葛西氏の本拠からの遠さも自立性に寄与したと言えるだろう。葛西氏自身も一説では二派分裂したり、養子受け入れで伊達氏から介入を受けるなど不安定だった。隣接する大崎氏と領土争いを繰り返したが、その過程で伊達氏に傾斜し、政宗が会津芦名氏を滅ぼした際にはほぼ服属することになる。このように葛西氏の展開は、伊達氏など南奥羽と関係が深い。このあたりのことが、岩手県南部方言が宮城県方言と関係が深いことを想起させる。

なお、柏山氏の居城・大林城は胆沢郡金ケ崎町にあり、標高104mの山城で、東西490m、南北350mと大規模なもので、葛西氏から自立して北へ勢力を伸ばそうとした柏山氏の勢威をしのばせる。遺構として空堀跡が残り、現在、館の跡は岩手県立県南青少年の家の敷地となっている。アクセスは、東北本線の水沢駅から北西方向で、鎮守府の胆沢城跡が近い。浜田氏の東館城は陸前高田駅から北へ800mほどにある丘城（標高50m）で、主郭や土塁などが残る。

また中尊寺は葛西領に含まれ、源頼朝の命で葛西氏が堂塔の復旧を行った。しかし両者の間で所領争いがあり、経済的な支援も不十分だったことで徐々に寺の荒廃が進んだようだ。

南部領と葛西領の間である県中央部には、まず管領斯波氏の一族・**高水寺斯波氏**が志波郡（盛岡市南隣の紫波町）にあった。斯波氏の本拠・郡山城（高水寺城）は一部改変が著しいものの、城の一角とその周辺の堀跡など遺構は残っている。現在は紫波町立城山公園として整備されている。アクセスは、盛岡から東北本線・

一関行で20分の紫波中央駅からタクシーで10分。

斯波領の南には稗貫氏（花巻市など）、和賀氏（北上市など）、遠野には阿曽沼氏といった国衆勢力があった。稗貫氏以下は鎌倉期に地頭として各郡に赴任し在地領主となったものである。稗貫氏の花巻城（鳥谷ヶ崎城）は、標高86mの平山城。もとは平安後期に安倍頼時（前九年の役で源義家に討たれる）によって築かれたというが、江戸期に南部氏の城として改修されたので、城門や櫓など近世城郭の形式で残っている。アクセスは、東北本線の花巻駅から徒歩15分。ちなみに「宮沢賢治イーハトーブ館」は、新幹線の新花巻駅から車で5分の場所。和賀氏の本拠地・二子城は北上市にあり、北上川南岸に位置する標高130mの平山城である。城跡は飛勢城公園として整備され、周囲の屋敷跡は宅地や公園などになっている。アクセスは、新幹線の北上駅から東北本線に乗り換えて5分の村崎野駅から徒歩35分。遠野の阿曽沼氏の居城は横田城で、鎌倉から戦国末の天正年間まで400年にわたって本拠地であった。護摩堂山にあり、両側を沢で囲まれた扇状地で猿ヶ石川に面したゆるい斜面となっており、東西300m、南北200mの台地に幅の広い空濠が残っている。遠野駅から北へ2．5kmの場所。ちなみに民話体験を聞ける「遠野伝承館」は駅から5kmで、車なら10分かかる。

斯波氏ら四者は強固な姻戚関係で連合し、管領斯波氏とその同族で奥州探題・大崎氏の権威を背景に南部・葛西の両氏（および葛西幕下の柏山氏）に対抗していた。しかし大崎氏が伊達氏に探題職を奪われると、この四者に動揺が生じる。なお斯波氏連合の領域内を現代のアクセスを記すと、盛岡から花巻は東北本線で30分超、北上は50分ほどの距離。遠野へ行く際は花巻で乗り換えることも多いが、盛岡から釜石行の直通快速はまゆりで1時間20分で行ける。

こうした中で南部氏は、16世紀半ばに40年にわたって当主を務めた晴政により勢力拡大が進む。西方では雫石（盛岡市）にあった戸沢氏を角館（秋田県）に追い（このルートは現在の秋田新幹線の路線で、盛岡から角館は45分の距離である）、秋田に移ってきた安東氏を撃退、南方では斯波氏に攻勢をかけて領土を奪う。こうして「三日月の　丸くなるまで　南部領」と謡われるようになるが、この過程で一族の九戸氏や田子氏（本拠は青森県の三戸市内）の勢力が強まり、それが一族の確執を生むことになる。

1581年に田子氏出身で晴政の娘婿**南部信直**が当主となったが、継承の過程では暗闘があり、特に弟の継承をもくろんでいた**九戸政実**が不満分子となった。こうした中で津軽は庶流の大浦氏によって独立されるが、1588年には斯波氏を滅ぼして岩手県中部まで領土を拡大した。

一方で中央情勢には敏感に反応し、家督継承直後に織田信長に使者を送った。そして秀吉の天下統一が進む1586年になると、信直は北陸を領地とする前田利家に使者を派遣して服属の意思を示している。しかし小田原攻め当時は家中に内紛を抱えていたことで参陣が遅れ、逆にいち早く参陣した大浦氏は秀吉によって南部からの独立を承認された。ただし参陣しなかった和賀・稗貫の両氏の領土は南部領となり、南部氏は岩手県北中部から青森県東部、秋田県北東部にまたがる広大な領土を得た。

しかし取り潰された和賀・稗貫の旧臣による一揆（和賀・稗貫一揆）が起こり、和賀氏の二子山城などが拠点となった。攻めるに困難な山城が多く鎮圧には時間がかかり、さらにこれに触発された九戸政実も居城の九戸城（二戸市）で乱を起こした（**九戸政実の乱**）。豊臣方式の当主専制を強める信直に対し、本家以上の城郭を持つほど有力だった九戸氏が反発したということである。高橋克彦『天を衝く　秀吉に喧嘩を売った男・九戸政実』は、この九戸政実を主人公として、源氏の末裔だが「新しき蝦夷」として土着の価値観に目覚めて乱を起こしたと描いている。九戸の乱の討伐軍は豊臣秀次を総大将に、徳川家康、前田利家、上杉景勝、石田三成など錚々たる武将が率いていた。全国の大名を動員した大軍を相手に九戸軍は半年間抵抗した後に降伏。助命を約束されて城を明け渡したが、政実ら武将は全て城内に押し込められて惨殺され、奥羽戦国の最後の抵抗は終わった。この際に、姻戚関係から九戸氏に味方した久慈氏も取り潰されている。九戸の乱は、「秀吉の天下統一で最後の戦」ということになる。なお九戸城は三方を川に囲まれ、標高１３０ｍの場所に築かれた。前九年の役の際に安倍頼時の息子が築城したという伝承があるが、記録に残っているところでは九戸政実の4代前の先祖が築いたようだ。本丸の一部を石垣化し、面積は３６万平方ｍとは奥羽有数の規模だったことが発掘調査から分かっている。国指定の史跡として整備されているが、二戸市は城址全体を史跡公園化する計画を進めている。近くに土井晩翠の歌碑もある。九戸城址へのアクセスは、盛岡から二戸まで新幹線を２５分で行って、駅からバスで5分、さらにバス停から徒歩１０分で城址に到着する。本章冒頭で述べたように、豊臣秀次や徳川家康ら討伐軍の主力は白河口から北上したというから、現在の東北新幹線のルートで進軍したことになる。白河から二戸まで新幹線で2時間１２分。

　九戸の乱では孤立状況の浅野長政を救うなど奮闘した南部信直は、乱後に家中を整備し、本拠はいったん九戸城（福岡城）に移したが、その後南下して北上川に面した不来方《こずかた》を「盛岡」と改めて近世的な城下町を築く。**盛岡城**は、土塁の多い東北地方の城郭の中では珍しく花崗岩で石垣が組まれており、東北三名城のひとつに数えられている。現在は岩手公園（盛岡城跡公園）として整備され、当地ゆかりの宮沢賢治の詩碑や石川啄木の歌碑などが建てられている。アクセスは、盛岡駅から都心循環バスでんでんむしで１０分（徒歩なら２０分）。

　一方、家中で内紛があったことで小田原に参陣できなかった葛西氏は取り潰されて、旧領は曲折の後に伊達政宗に与えられた。平泉も伊達領となり、中尊寺は仙台藩の保護の下で復興が進むことになった。江戸期の岩手県内の藩領区画はこの時に形成される。葛西氏は二つに分かれ、それぞれ伊達氏と南部氏の家臣となった。

青森県（陸奥国最北部）

今や東京から新幹線に乗って3時間少しで青森市まで行けるようになったが、本州最北端のこの県に行くには2010年に新幹線が開通するまで倍近くの時間がかかっていた（盛岡―八戸間は2002年に開通）。私が青森に調査に行った際には名古屋空港から飛行機で行き、帰りに八戸から新幹線で帰るという手段を取った。

この青森県の方言でよく知られているのが「津軽弁」だが、これは県西部・津軽地方（青森市や弘前）の方言である。東部（八戸や三沢など）は「南部弁」の地域であり、岩手県北中部の方言と同類である（全く同じというわけではない）。「南部弁」の名称は、当地の殿様の姓に由来する。なお下北半島（大間、恐山など）で話される「下北弁」を南部弁から分けることもある。基本的に南部弁によく似ているが、海上交通で北海道方言や一部津軽弁の影響を受けているからである。下北半島のアクセスは、鉄道でJR大湊線が野辺地駅で青い森鉄道線と接続して、八戸と通じている。一方で下北半島の西端と津軽地方は直線距離では海上経由の方が近いため、むつ市脇野沢と青森港を結ぶ旅客船（シィライン）が運航されているほか、脇野沢と津軽半島の蟹田港を結ぶ「むつ湾フェリー」（冬季運休）が結ばれている。北海道方面については、下北半島の北端にある大間から函館へのフェリーがある。

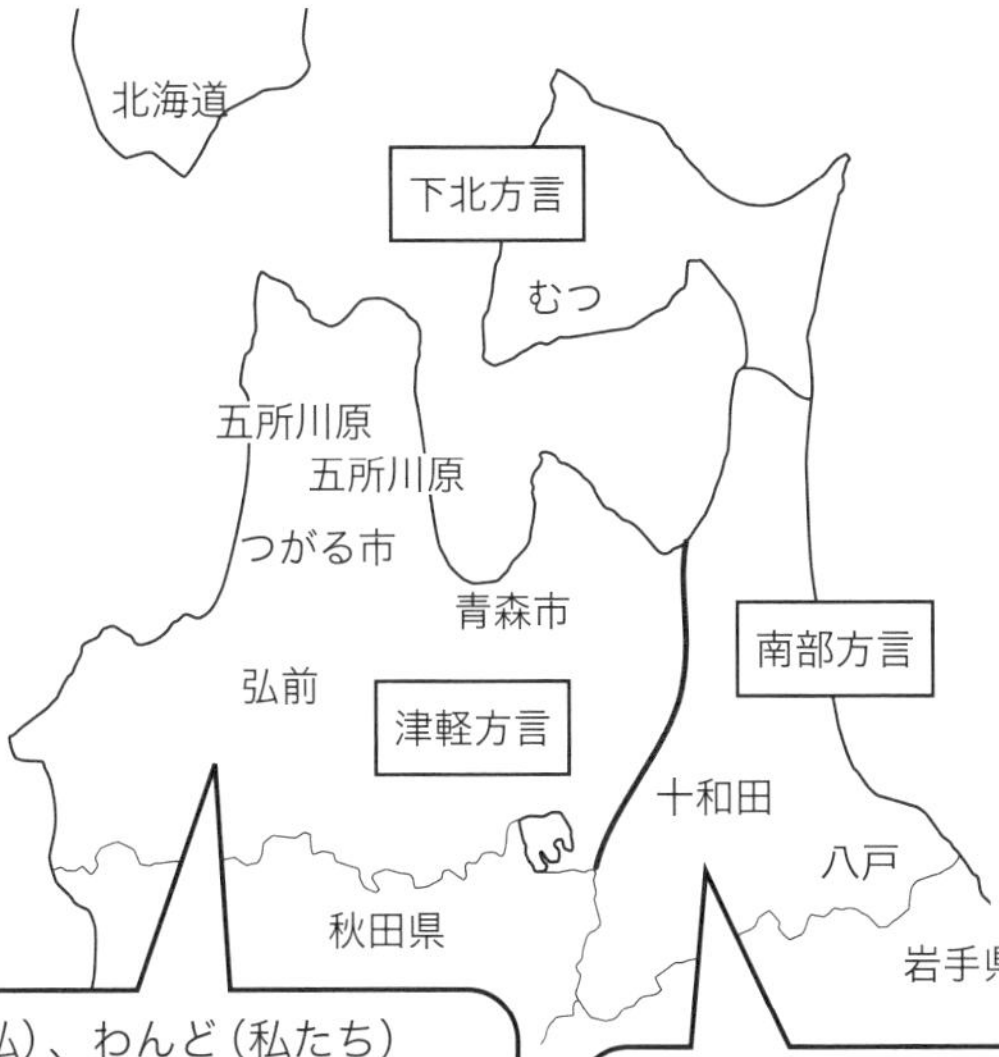
北海道
下北方言
むつ
五所川原
五所川原
つがる市
青森市
南部方言
弘前
津軽方言
十和田
八戸
秋田県
岩手県

わー（私）、わんど（私たち）
明日は雨だじゃ（だよ）
んだべ、するべ（確認、意思）
んだびょん（そうだろうね）
テストあるっきゃ（あるんだよな）
雨が降るはんで（理由）
好きだはんで（好きだから）
行がいね（行けない）
言ったばて（言ったけど）
何しちゅー（何してる）？
どさ（どこに）行ぐべ？
どしちゃーばあ（どうしたの）？
なんぼ（いくら）
せばだば（そういうのは）
まいねじゃ（ダメだよ）
あずましいねさ（素晴らしいよ）
ホンズナス
ハンカクセ―
へばなー（じゃあね）

明日は暇だじゃ（だよ）
分がってらじゃ
んだべ、するべ（確認、意思）
んだごった（そうだろうね）
テストあるっきゃ（あるんだよな）
雨が降るすけ（理由）
だすけさー（だからさ）
言ったども（言ったけど）
まんだ寝ってらど（寝てるよ）
何してら（何してる）？
出てらきゃあ（出てるの）？
病院さ行ぐべ
どやした（どうした）？
わがねじゃ（ダメだよ）
あずましい（素晴らしい）
ホンズナス
ハンカクセ―
へばねー（じゃあね）

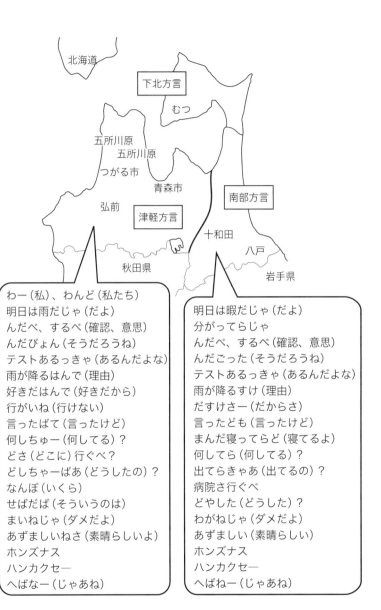

津軽と南部の差は江戸期の藩区画に由来するとも言われているが、もともと奥羽山脈で隔てられ、あまり交流がなかったことが大きい。私が調査旅行で行った際にも、青森市から八戸に向かう途中で八甲田山のトンネルがあり、平内と野辺地の間にはあまり集落もなく、道も不便な感じで両地域の差が感じられた（奥羽山脈の北端に当たるのが八甲田山で、日露戦争前に訓練で登山した陸軍の遭難事件と、この事件に取材した新田次郎の小説で有名）。ちなみに青森から八戸は新幹線を使うなら40分、在来線の青い森鉄道なら1時間半の所要時間である。

津軽と南部のことばの違いはまずイントネーションで、聞こえ上の印象が大きく違う。津軽はうねるような抑揚のあるイントネーションで「男性的」と表現され、南部は抑揚が少なく「女性的」と言われる。言い回しでも違いが多い。いくつか挙げると（以下では、津軽弁／南部弁の順で記載）、理由の接続詞が「（だ）はんで／（だ）すけ」、強い推量は「（だ）びょん／（だ）ごった」、逆接の接続詞（〜だけど）が「ばて／ども」、動詞の進行形「（し）ちゅー／（し）てら」、「ダメ」の言い方が「まいね／わがね」、「あなた、お前」が「な／んが・おめ」と色々ある。

しかし共通点も少なからずあり、推量「〜（だ）べ」、同意確認（じゃないか、だよねの意）「〜っきゃ」、文末詞「だじゃ＝だよ」といったところが挙げられる。

方言から津軽・南部の違いが明らかだが、戦国史の展開でもその観点から説明しよう。

岩手県の項で述べたように、東部は南部氏の領国である。方言区画の「南部方言」の領域が元からの南部氏領である。甲斐源氏である南部氏が、鎌倉時代に八戸付近に上陸したことから始まった。本家は後に八戸から南西方向の三戸（岩手との県境付近）へと本拠を南下させたが、八戸にも有力一門の八戸氏が拠点を置いた。

八戸は東北新幹線が青森市より先んじて開通したが、東北本線や八戸自動車道（東北自動車道が岩手県で分岐）といった岩手県に通じる主要道が通っている。盛岡から八戸は新幹線で４０分足らずである。八戸港からの日本海航路は現在は存在しないが、北海道の苫小牧との間でフェリーが1日4便運航している。

八戸氏の本拠で今でも市内にある「根城《ねじょう》」（八戸城）は、中世的な城砦を兼ねる国衆の居館を忠実に復元した価値ある観光施設である。敷地は「史跡根城の広場」として公園になっており、南北朝期に南朝方の武将として活躍した南部師行の像もある。八戸博物館はすぐ近くである。余談だが、私がタクシーでそこに行くよう頼んだ際、高齢の運転手が「〝二条〟ですか？」と聞き返したように聞こえた。八戸方言の「ね」と「に」の中間的な音を聞き間違えたわけである（笑）。根城へのアクセスは、ＪＲ八戸駅からバスで１０分。

南部氏の二度目の本拠地である三戸城は、三戸町の市街地ほぼ中央に位置し、馬淵川と熊原川の浸食で形成された河岸段丘上にある山城である。両河川を天然の堀とし、周囲から孤立した台地で、標高９０ｍ、規模は東北から西南方向に１．５ｋｍ、北西から南東方向に４００ｍとなっている。戦国期の南部氏の本拠はここだが、江戸期も南部氏の支城だったので、近世城郭の形式になっている。現在は城山公園として整備され、１９６７年に建てられた模擬天守が「温故館」の名で歴史資料館となっている。アクセスは、八戸駅から青い森鉄道で２０分の三戸駅からタクシーで１０分。

一方で津軽には、半島北西部の**十三湊《とさみなと》**（五所川原市）を本拠に**安東（安藤）氏**が海上勢力として君臨していた。鎌倉幕府の執権北条氏の直属家臣（御内人）になり、「蝦夷管領」として海上ネットワークを支配していた。奥羽の諸領主の大多数が鎌倉や室町以降に来て源氏や藤原氏の系統を称するのに対し、安東氏は蝦夷系の豪族・安倍氏の子孫を名乗った唯一の例である。室町幕府に対しても安東氏は貢物を献じて歓心を買い、「日ノ本将軍」として北海道を含めた津軽海域の支配を認められた。「日ノ本」とは「日本の東の端」を意味し、青森県域が当時の地理感覚では東の端と思われていたことによる。またこの称号は幕府、さらに朝廷も認めた正式なもので、安東氏の勢威が京都まで伝わっていたことを示している。

安東氏の本拠・十三湊は、津軽半島西岸の中部で、岩木川河口に形成された潟湖である十三湖《じゅうさんこ》の西岸に位置している。十三湖は現在直接日本海に開口しているが、かつては砂州の間の水路、前潟を通じてつながっていた。遺跡は前潟と十三湖に挟まれた砂州先端に立地し、規模は南北2km、東西最大500mに及ぶ。日本海航路で盛んな交易が行われる拠点として「北の博多」と言われるほど栄えた。国内だけではなく、朝鮮や中国とも交易があったことが発掘調査から分かっている。遺跡は東西に延びる土塁を境に、北側には安東氏や家臣たちの館、南側には町屋が整然と配置されていた。津軽は西に向かって平野が開けており、日本海側に開けた十三湊や鰺ヶ沢などの港湾があった。十三湊は国指定の史跡となっており、アクセスは青森市から西にある五所川原駅まで行き、そこからバスで行くということで、所要1時間20分となっている。十三湊遺跡から出土した遺物や遺跡の詳しい解説は市浦歴史民俗資料館で見ることができる(東北道浪岡ICより十三湖方面へ1時間10分。)。現在青森県では日本海航路のアクセスは存在しないが、鉄道で五能線というのが秋田県方面とつながる路線を形成しており、日本海側のネットワークを想起させる。余談だが、十三湊と同じ五所川原市内には、太宰治の実家跡の「斜陽館」がある(青森駅から奥羽本線と津軽鉄道を乗り継いで2時間10分超の金木駅を下車して徒歩7分)。

安東氏は1432年に南部氏により津軽を追われて、蝦夷地(北海道)に逃亡した。これは京都の幕府にとっても無関係な話ではなかった。北陸は日本海航路の交易でつながっており、そこを守護管国とする斯波氏や畠山氏を通じて衝撃が伝えられたのである。幕府は和睦を命じて安東氏の津軽復帰を後押ししたが、結局南部氏の津軽支配が既成事実化する。さらに南部氏は15世紀後半に安東氏の家臣で下北半島にいた蠣崎氏を敗走させ、ここで功績のあった八戸氏が当地を所領とした。蠣崎氏は後に松前氏と改姓し、「北海道の大名」となる。蠣崎氏の事績を見ると下北半島と北海道のつながりが感じられ、「下北方言」が「南部方言」や北海道方言ともつながりがあることとオーバーラップする。なお、蠣崎氏の城だった「田名部館（蠣崎城）」は下北半島の南の付け根であるむつ市小川にあった。平城で、北側を切断している二重の空堀が遺構として残っており、館跡は代官山公園として整備されている。アクセスは、青森駅から津軽半島の蟹田港まで車で40分超、蟹田港から下北半島の脇野沢港までフェリーで所要時間1時間、城址は脇野沢港から車で10分。フェリーで陸奥湾を横断する際に初夏ならイルカも見られるという。

こうして南部氏は現在の青森県全域を支配に収め、征服した津軽各郡には一族や譜代家臣を「郡代」として送り支配に当たらせた。この中で鼻和郡（西部内陸、弘前付近）に一族の久慈氏庶流の**大浦氏**が赴任した。これが江戸期津軽藩主の祖先である。ちなみに現在の青森県東部は下北半島も含む全てが「糠信郡」だったが、西部の津軽には鼻和、田舎など四郡と外ヶ浜、西浜という二つの「浜」が行政区画としてあった。戦国当時の日本最北端として「外ヶ浜」という地名がしばしば言及されるが、具体的には青森市付近から津軽半島東部にかけての地域である。現在では青森市から津軽線に乗って北へ向かうと「外ヶ浜駅」がある。津軽半島東岸の中央よりやや北寄りの場所である。

現在の青森市は江戸期の津軽藩によって開発された港町だが、陸奥湾に面しながら湾口が広いので外洋の影響を受けにくいという利点があった。現在の交通でも東北地方を縦貫する路線および本州と北海道をつなぐ路線の結節点である。青森港は北海道への「青函連絡船」の発着地として栄えたが、青函トンネル開通後も函館港との青函航路をフェリーが運航している。鉄道は新青森駅が東北新幹線の終点、北海道新幹線の起点となっている。また、青い森鉄道線と奥羽本線が青森駅で合流して終点となり、津軽線が津軽半島の青森湾沿いを北に延びている。道路は東北自動車道が青森インターチェンジで終点となる。

この青森市の市街地から南へ内陸に入った所に浪岡という場所がある。ここに南北朝期に北畠顕家の末裔(弟顕信の子孫)が安東氏と南部氏の協力で亡命し、「**浪岡御所**」と称された。南部氏は津軽征服後にこの浪岡北畠氏を擁立することで支配を正当化したのである。戦国期に入ると浪岡北畠氏は朝廷での官位を上昇させ、同族である伊勢北畠氏とも手を結び、公家につながる権威として独自の勢力を伸ばそうとした。なお、浪岡御所の跡は現在、国指定史跡として整備されて公園となっている。館の遺構や、土塁、堀の跡を見ることができ、当時の様子がしのばれる。アクセスは、青森駅からＪＲ奥羽本線快速・弘前行で２０分の浪岡駅で下車して徒歩３０分。青森空港からは車で１５分。

一方、北海道に逃れた安東氏はやがて秋田県域に移り、ここから南部氏に反撃を図る。

１６世紀半ばになると、南部氏と復興した安東氏の戦いが秋田県方面で激しくなる。一方で南部氏内部では八戸氏と四戸氏・七戸氏との領土争いなど内紛が起こり、安東氏が浪岡御所や津軽の南部一族にも調略の手を伸ばすことで津軽支配も動揺する。

この間隙をぬって、久慈氏出身とされる**大浦為信**が登場、１５７０年代から津軽各地に勢力を広げる。為信は安東氏と同盟し、南部一族だが本家に不満を持つ九戸政実とも密約したと言われている。浪岡御所・北畠氏や南部氏の郡代で石川城(弘前市)にあった石川高信(南部信直の実兄)を敗死させ、１５８８年には津軽をほぼ統一した。石川城址は現在「大仏公園」として整備されているが、主郭部である石川館以外は果樹園となっている。アクセスは、青森駅からＪＲ奥羽本線・大館行の大鰐まで行き、その後は弘南鉄道大鰐線に乗り換えて1時間４０分の石川駅から徒歩7分(弘前からは1時間１５分)。

為信は天下統一を目指す秀吉には早い段階で注目し、台風や南部氏の妨害で上洛が遅れたが、公家の近衛家の末裔を名乗って後押しを得た上で一足早く小田原に参陣して秀吉から独立を承認された。「津軽方言」の領域が「南部方言」とは大きく一線を画すきっかけとなる。大浦為信は、津軽5万石の大名となった後に「津軽氏」に改姓した。徳川の世になってから**弘前城**を築き、本州最北の地で文化の花を咲かせた。

この津軽為信の生涯は、直木賞作家で地元出身の長部日出雄が『津軽風雲録』で描いている。為信のセリフも津軽弁であり、地元ならではの視点が満載である。

弘前は津軽平野の南端にあり、弘前城の背景に岩木山が見えると景色が美しい。弘前城は「日本百名城」の一つで、城のシンボルである三層の天守は現存の12天守の一つとされるが、実際には隅櫓である(五層の天守は江戸期に落雷で焼失)。ちなみに青森市から弘前まで特急で30分超で、弘前城のある弘前公園へは弘前駅からバスで20分。城下町は小京都として散策が楽しい。

現代の青森県民でよく言われるのが「津軽と南部の仲が悪いのは、もともと南部領だったのに津軽が勝手に独立したから」ということである。しかし方言の違いから見れば、地形の影響で両地域は交流がしにくかったのは明らかだ。人文地理的な見方からは「南部氏は不安定だった征服地を内紛の最中に失った」としか言えないのではないだろうか。津軽為信本人は南部氏にとって庶流なのに裏切ったということになろうが、なんでも為信一人のせいと言うのは大袈裟すぎるだろう。もっとも現代の青森県民にまで影響を与えているのも、為信の傑物ぶりを表すとも考えられるが(笑)。

山形県（出羽国南部）

ここから日本海側の出羽に入る。しかし山形県へのアクセスは太平洋側から分岐したルートと、日本海岸を海沿いに行くルートの2通りがあるのである。山形市は東京からの最短ルートは山形新幹線で2時間40分だが、そのルートは東北新幹線で福島まで行って分岐するという形をとる。一方で仙台まで新幹線で行き、そこから仙山線で行くというルートはあるが、それだと3時間半かかる。私は旅行で行った際に行きは福島経由で米沢、山形を巡ったが、帰りは仙山線で仙台へ向かうというルートを取った。山形から仙台へ行く途上にある、「山寺」の異称で知られ、松尾芭蕉の俳句で有名な**立石寺**に立ち寄るためである。

一方で日本海側の「庄内」と呼ばれる地方のアクセスについては、東京からの最短ルートは羽田空港から庄内空港まで1時間かけて行き、酒田市や鶴岡までバスで30分、ということになる。鉄道だと、東京から新潟まで新幹線、そこで特急いなほに乗り換えて、合わせて4時間以上ということになってしまう。私が酒田や鶴岡へ旅行した際は、秋田から羽越本線で南下し、そこから新潟へ向かうというルートを取った。このように山形県の日本海側は秋田や新潟と海沿いの鉄道でつながっているのである（高速道路は「日本海東北自動車道」という名称で建設中であり、各県内では通っているが、県を越えては未だに連結されてはいない）。

出羽南部の山形県は、4つの地方に分かれる。内陸部では南から置賜（米沢など）、村山（山形市や天童など）、最上（新庄市など）、そして日本海側の庄内（酒田と鶴岡）である。しかし庄内と内陸は特に方言の面で大きく違う。両地方は**最上川**でつながっているが、間には山岳信仰の聖地である**出羽三山**など山地があり、決して行き来は便利ではない。山形市から酒田へ向かうには、新幹線で新庄まで北上し、そこから陸羽線と羽越本線を乗り継いで2時間半で行くのが最速である（在来線だと2時間50分）。

東京式アクセント
んだのー（そうだね）、んだよのー
気い付げでのー
食べようのー
んだぜ（そうだよ）
んだろう
いいろ、ねえろ
んださげ（そうだから）
んだども（そうだけど）
どさ（どこに）行ぐ？
いいあんね（良いねえ）
しょすちゃー（恥ずかしい）
そんげ（そんなに）泣ぐな
せばのー（じゃあね）
せば行ごうぜ（意思・勧誘）
んだじゅ（そうだよ）
やめろじゅ、するじゅ（しろよ）
んだべ、んだべした（同意確認）
頑張るべ、行ぐべ
いいにゃあ、めんこいにゃあ
いいさげ（いいから）
しゃねんだはげ（仕方ないんだから）
さすけねえ（大丈夫）
<北奥羽方言>
<南奥羽方言>
酒田
新庄
最上方言
鶴岡
庄内方言
村山方言
山形市
上山
宮城県
置賜方言
米沢
福島県
無型アクセント
んだず（そうだよ）
やめろず、ダメだず
んだべ、んだべした（同意確認）
頑張るべ、行ぐべ
んだがら（理由）
んだげんと（そうだけど）
しゃねず（知らないよ）
やっだっけ（やったよ、完了）
んだっけが（そうだったの）？
どこさ行ぐ？
行がんなね（行かなきゃ）
さすけねえ（大丈夫）
んだらばね（それじゃあね）

本章冒頭で東北は日本海航路で関西の影響も受けたと書いたが、その代表が庄内地方である。現在の鉄道網では、大阪から北陸新幹線等に乗り継いで8時間かかるが、古くは船による行き来が盛んだった。私の大学時代の先輩は山形市出身だが、「庄内は関西弁の影響で〝のーのー〟って付けるんだ」と言っていた。実際、わりと新しい時代の若者の会話資料でも「んだのー（そうだねー）」という場面があった。しかし最も重要なのは推量・同意確認を「〜だろー」（「んだろう」「どうだろうのー」等）

と言うことだろう。これは東北の大部分で「～べー」と言うのとは違う、庄内弁の一大特徴である。他の地域も調べてみると、新潟県北部の方言と共通し、もっと言えば関西弁などの影響も考えられる。私が旅行で行った感覚でも、庄内は山形市よりは新潟市に行く方がアクセスが良かった（羽越本線の特急で2時間）。他の特徴は文末詞「～ぜ（「んだぜ＝そうだよ」など）」、接続詞「～さげ（～だから、関西弁の「～さかい」が変化）」などもあるが、これらは『たそがれ清兵衛』など藤沢周平原作の映画で使われている。なお、関西との船の行き来は現在では廃止されており、酒田港からの船便は沖合の飛島行のものだけとなっている。

一方で内陸の三地方の方言は共通点が多く、庄内弁と共通の文例を挙げると、「んだべした」「んだず」「～（だ）がら」となる（現代を舞台とした映画で『スイングガールズ』（２００４年）でも使われていた）。特に同意確認の「～（だ）べした」は「～（だ）べ」の強調形で、福島県の北西部にもある。つまり現在の山形新幹線のルート上にこの「～（だ）べした」が分布しており、後に伊達政宗の進出経路と重なっているのが興味深い。ちなみに私の先輩が同郷の友人と会った際に私も同席し、「しゃねず（知らないよ）」「やめろず（やめろよ）」「ダメだべ、おめえ」などという会話を実演してもらった（笑）。

方言から見える内陸と庄内の地理的位置づけの違いを踏まえて、山形県の室町・戦国史を説明しよう。

山形県の戦国武将は何と言っても**最上義光**《よしあき》である。伊達政宗の伯父（母の兄）で、大河ドラマで原田芳雄が演じたのが印象深い。権謀術数を駆使する強烈なキャラクターとして描かれていたが、ある程度は史実の反映である。ただしドラマであったように、小田原出立直前の政宗に毒殺を図った黒幕ということはないらしい。政宗の母・**保春院**が毒殺の主犯で、失敗後に実家の最上氏に戻ったというのが仙台藩編纂の史書による通説だった。しかし最近の研究では彼女が最上氏に戻ったのは小田原行きの数年後というのが明らかになり、毒殺未遂というのは史実ではないらしい。この母は、最上氏も加わった反政宗の大連合で政宗が窮地に陥った時には必死の奔走で和睦させて彼を救うなど、通説の政宗と不仲だったというイメージとは異なる行動をしている。その兄・義光も、山形城址のやたら格好良いダイナミックな騎馬像を見れば、かなりイメージが変わる(笑)。

最上氏の本拠地・**山形城**は山形盆地の南側にあり、馬見ヶ崎川扇状地の中央やや北寄りに位置する。羽州街道と笹谷峠の合流点に当たる交通の要衝だった。最上氏の開祖・斯波兼頼以来300年近く最上氏の本拠地で、最上義光により現在の城郭の基礎がつくられた。江戸期には山形藩の政庁だったので、城の形式は近世城郭である。三の丸の内側の面積は235万平方mもあり、日本国内では5番目の広さで奥羽地方では最大の城であった。本丸、二の丸、三の丸が同心円状に配置された輪郭式平城で、中世の居館を順次拡張して城郭としたようだ。城跡は霞城公園となり、史跡公園化する計画が進んでいる。公園内やその近くには、山形県立博物館や最上義光歴史館などの多くの文化施設がある。アクセスは、山形駅から徒歩15分。城までの途上の市街地に、開祖・斯波兼頼の像が建っている。

さて室町幕府より**羽州探題**とされた最上氏だが、意外にも義光の時代まで小勢力だった。最上氏は本拠である村山地方(山形盆地)の各地に一族を配置して展開したが、このため**天童氏**など分家が力を強める結果となり、本家の最上氏は弱体のまま室町期を過ごす。戦国初期に至るまでその詳しい動静も不明なところが多い。ちなみに山形から天童までは電車で30分の距離だが、本拠の近隣地域においても最上氏の力が及んでいなかったということである。天童氏の居城・天童城は、山形盆地中東部の舞鶴山に築かれた標高230mの山城で、東西1km、南北1.2kmの村山地方最大の規模を誇っている。戦国中期までは最上氏以上だった天童氏の勢威を感じさせる。城跡の大部分は天童市舞鶴山公園となっており、アクセスは奥羽本線の天童駅からタクシーで10分(徒歩なら30分超)。また天童氏は山形市より南方の上山《かみのやま》城(上山市)も支城としていた。アクセスは、山形駅から奥羽本線で12分のかみのやま温泉駅に行き、駅から徒歩12分。

最上氏が本拠地周辺で留まる中で、その他の山形県域は独自の展開をたどる。

まず山形市から南へ新幹線で30分、奥羽本線では50分の所に米沢があるが、この辺りは置賜地方（米沢盆地）と呼ばれる。置賜には、室町初期に**伊達氏**が長井氏（源頼朝に仕えた大江広元の子孫）を破って支配下に収めると戦国末まで一貫して支配した。福島県から米沢へ行くには福島市から奥羽本線や山形新幹線で行くということになるが、このルート上（福島と山形の県境）には2000m級の飯豊山地があることから、戦国当時は国道399号線のルートか、そこからさらに北の七日間宿街道を通ったと思われる。ただ福島県の項でも述べたとおり、置賜方言の「〜（だ）べした」は福島県北西部にもあり、伊達氏の進出ルートがこの方言の共通性とオーバーラップすることは確かである。伊達氏は政宗の祖父・晴宗の代から米沢に本拠を置いた。福島県域の伊達郡から本拠を移転したのは、日本海側により近く京都方面との交通の便を重視したためである。伊達氏は上洛して将軍家と関係を深めたため、京都扶持衆として格式でも最上氏に比肩するようになる。

なお置賜から新潟県の境には朝日山地があるが、米沢から米坂線がつながっている。伊達氏の本拠・**米沢城**は米沢市街地のほぼ中心に位置する平城で、伊達政宗の出生地でもある。政宗は、1591年に秀吉の命で宮城県の岩出山城に移るまでここを本拠とした。城の形式は本丸・二の丸・三の丸からなる輪郭式縄張りで、石垣ではなく土塁を多用している。伊達氏の勢力が強かったためか、落城はもちろん、城を攻められた経験もなく、居館としての性格が強かったようだ。現在、本丸跡は上杉神社となっており、二の丸跡には米沢市上杉記念館（旧・上杉伯爵邸）がある。本丸跡に伊達政宗の誕生石があるが、江戸期の城主だった上杉氏の遺構が多く、城内の銅像も開祖・上杉謙信と中興の祖の上杉鷹山となっている。アクセスは、奥羽本線の米沢駅からタクシーで5分。城址を含めて市街をまわるにはレンタサイクルが便利だ。

戦国初期の1520年に陸奥守護となった伊達稙宗に最上義時は大敗し、稙宗の娘を正室に送られるなど伊達氏の干渉を受けるようになる。ちなみに**立石寺**は山形市の郊外にあるが、この時に伊達氏に付いたため天童氏に攻められて一部焼失、分家の過失を償う意味もあって最上氏が再建した。こうして小勢力の最上氏に対して大勢力の伊達氏が圧力をかけるという構図が続いたが、1549年の伊達氏天文の乱から自立傾向を強める。立石寺は平安期の円仁によって建てられた天台宗の有力寺院で、信長の焼き討ちにあった比叡山に「不滅の法灯」を献上している。有名なのは、「閑さや　岩にしみ入る　蝉の声」という松尾芭蕉の句が読まれた場所ということで、山内に句碑がある。さほど高い山ではないが、山内の散策は1～2時間必要だ。アクセスは、山形駅から仙山線の仙台行に乗って15分で山寺駅まで、駅から徒歩10分。

一方、日本海側の庄内では、藤原氏系で鎌倉期に関東から移った**大宝寺氏**(武藤氏)が鶴岡市付近を中心に勢力を伸ばした。鶴岡は酒田から特急で20分の場所で、居城は現在「鶴岡城」となっている大宝寺城である。全くの平城だが、南北朝期から200年にわたって大宝寺氏の本拠であった。江戸期に庄内藩酒井氏の政庁となったので、城内の遺構は江戸期のものがほとんどだ。現在、本丸・二の丸跡周辺は鶴岡公園となっている(城の南東に庄内藩校の致道館がある)。アクセスは、JRの鶴岡駅から徒歩20分で、レンタサイクルで行った方が良い。

庄内は地理的に越後の隣なので、越後守護の上杉氏の所領があり、大宝寺氏はこれの代官を務めることで上杉氏と関係を深めた。これは「庄内方言」と新潟県方言とのつながりとオーバーラップする。新潟と酒田のアクセスは前述の通りだが、鶴岡は新潟まで特急で1時間50分とより近い。戦国期になると、出羽三山の一つ**羽黒山**を支配していた土佐林氏を家臣化、北部で自立するようになった一族の砂越氏との覇権争いでも勝利し、大宝寺氏は戦国大名化する。ちなみに羽黒山は鶴岡市に含まれ、鶴岡駅からバスで50分の距離である。なお、1530年代に砂越氏の手で大宝寺城が焼亡したので、大宝寺氏は本拠を少し西の尾浦城に移した。尾浦城は標高273mの高館山から平野部に細長く突き出た丘陵の先端に築かれた山城で、より防御を意識した造りになっている。現在の城跡は神社や公園となって土塁や空堀が残り、空堀にかかる太古橋がアクセントになっている。アクセスは、鶴岡駅から羽越本線で6分の羽前大山駅から徒歩30分。

大宝寺氏は越後の上杉謙信とは友好関係を保っていたので、北の由利郡（秋田県南西部）に進出した。鶴岡から秋田県南西部の由利本荘までは、羽越本線の特急で1時間20分の距離である。これも「庄内方言」と秋田県南西部の「由利方言」との共通性が想起される。

庄内と最上領である村山地方の中間が新庄など最上地方だが、ここには最上一族の清水氏、そして近江源氏佐々木氏の一族・鮭延氏がいた。清水氏は本家が停滞する中で新庄盆地で勢力を拡大し、盆地の北西に清水城を築いて本拠とした。清水城は最上川南岸の高台に築かれた平山城である。清水の地は、最上川中流域の中心都市であり、日本海航路から最上川をさかのぼり、山形県内陸へと物資を運ぶための重要な中継基地でもあった。この立地から庄内の大宝寺氏がたびたび侵攻して戦っている。江戸初期に廃城となり、現在の城址は土塁や外堀が残っている。アクセスは、新庄駅からタクシーで30分。鮭延氏は秋田県南東部を領する小野寺氏の客将で、当初は新庄の西方にある岩花城（戸沢村）を本拠としたが、大宝寺氏によって落とされたので、新庄市の北にある真室川町で鮭延城を築いて移転した。最上川支流の鮭川を見下ろす山頂に城郭を築き、その周囲に濠や柵を構えた難攻不落の城だった。鮭延城は小野寺領の南の拠点となった。現在城址では本丸跡とされる郭跡の西に、断崖や奥羽本線鮭川が東側から順に隣り合うように連なった形になっており、要害であることが体感できる。しかし本丸跡の石碑が設置されている場所以外は藪や森林となっているが、近くに鮭延氏菩提寺の正源寺がある。アクセスは、山形駅から1時間40分の真室川駅（新庄駅から15分）

より車で10分で下車しさらに徒歩10分。

さて最上氏は義光が後を継いだ1570年代半ばからようやく勢力を拡大する。本拠周辺の村山地方では一族の天童氏や蝦夷系豪族・安倍氏の後裔を称する白鳥氏を1584年に滅ぼし、ようやく「村山方言」の領域を支配下に置いた。その後「最上方言」の領域で大宝寺氏の脅威にさらされた同族の清水氏が支援要請をしたことから北進して領土化。さらに鮭延氏も支配下に置き、仙北(秋田県南東部)にも進出して小野寺氏と対決した。そして最上川を下って庄内にも進み、大宝寺氏と戦うことになる。義光の進出ルートは奥羽本線を北上し、新庄で陸羽西線に乗り換えて西の酒田に向かう道である。なお伊達政宗が南の福島県方面に勢力を広げ、最上は北へ進むというように、進出方向がそれぞれ逆を向いていたので、最上氏は伊達を牽制することはあっても正面から対決しなかった。

一方、最上氏の進出に対抗した大宝寺氏は北越後の国衆・本庄氏から養子を迎えていたことで、越後上杉氏と友好関係を結んでいた。現在でも鶴岡から新潟県北部の村上まで羽越本線の特急で1時間だが、地理的な近さから上杉氏が介入し、上杉景勝が庄内まで出兵して最上氏を撃退。同じ頃に秀吉の使者が山形を訪れ、そこで最上義光は「庄内は同じ出羽国内であり羽州探題である最上氏に権利がある」と主張したが、秀吉は庄内を上杉領と認めた。天下統一のしばらく後に大宝寺旧臣が「庄内藤島一揆」を起こしたが、関ヶ原まで庄内は上杉領だった。庄内の統治所は、大宝寺氏の居城だった尾浦城が使われた。

秀吉の下では最上氏は山形県の北部と東部、および秋田県南東部の一部を領して24万石の大名となった。義光は豊臣秀次に娘駒姫を愛妾として差し出し中央での勢力拡大を図ったが、駒姫は1595年の秀次切腹に連座して処刑されるという悲劇を招いた。この恨みから最上氏は徳川家康に接近する。

１５９８年になって上杉景勝は会津に国替えとなり、山形県域の米沢と庄内も上杉領となる（米沢は家老の**直江兼続**が居城とした）。最上氏は南と西の二方向から上杉氏に圧力を受けることになったのである。関ケ原の合戦の際には上杉氏は領土拡大のため最上領に攻め込んだ。上杉氏は米沢から山形新幹線のルートで北上し、特に**長谷堂城攻防戦**は激戦となった。長谷堂城は山形市南部にあり、山形城を南から守る支城として建てられた。攻防は1ヶ月続いたが、上杉氏の戦力は圧倒的でやがて城は陥落した。最上氏は窮地に陥ったものの、味方である東軍の勝利で救われた。なお、長谷堂城は標高２３０ｍの山の頂上にあり、現在は山全体が城址公園となっている。山頂からは敵将直江兼続が本陣を置いた菅沢山を俯瞰でき、山形城址を含む山形市街と蔵王連峰を見渡すことができる。アクセスは、山形駅からタクシーで２０分。

戦後に奮戦が評価されて、最上氏は庄内も加えて５４万石の大名となった。この際に山形城を大幅に拡張している。しかし義光の息子の代にお家騒動が起こり、名門最上氏は取り潰されて、遺領は小藩に細分された。なお義光の三男は山野辺忠人と名乗り、水戸徳川家に仕えた。『水戸黄門』でもご意見番とされる人物である。

秋田県（出羽国北部）

東京から秋田新幹線が開通してから、秋田市まで4時間弱となった。秋田までの経路は東京から東北新幹線で盛岡まで北上、そこから西へ分岐する形で秋田に向かうことになる。この途中で秋田県に入って2番目の駅が角館で、盛岡から1時間、秋田市まで５０分の場所にある。秋田新幹線はこまちと呼称され、赤の車体。

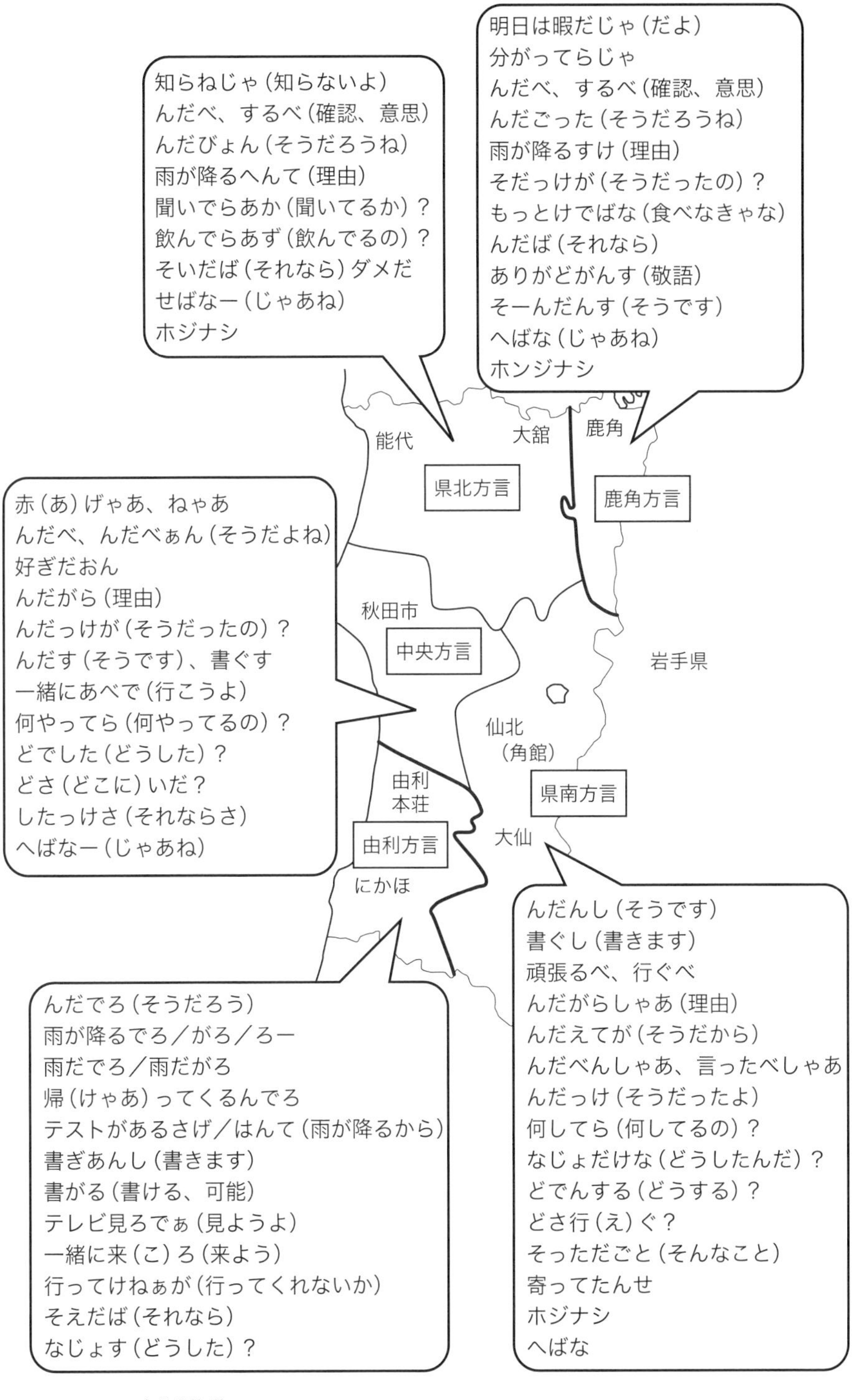
知らねじゃ（知らないよ）
んだべ、するべ（確認、意思）
んだびょん（そうだろうね）
雨が降るへんて（理由）
聞いでらあか（聞いてるか）？
飲んでらあず（飲んでるの）？
そいだば（それなら）ダメだ
せばなー（じゃあね）
ホジナシ
明日は暇だじゃ（だよ）
分がってらじゃ
んだべ、するべ（確認、意思）
んだごった（そうだろうね）
雨が降るすけ（理由）
そだっけが（そうだったの）？
もっとけでばな（食べなきゃな）
んだば（それなら）
ありがどがんす（敬語）
そーんだんす（そうです）
へばな（じゃあね）
ホンジナシ
能代
大館
鹿角
県北方言
鹿角方言
赤（あ）げゃあ、ねゃあ
んだべ、んだべぁん（そうだよね）
好ぎだおん
んだがら（理由）
んだっけが（そうだったの）？
んだす（そうです）、書ぐす
一緒にあべで（行こうよ）
何やってら（何やってるの）？
どでした（どうした）？
どさ（どこに）いだ？
したっけさ（それならさ）
へばなー（じゃあね）
秋田市
中央方言
岩手県
仙北
（角館）
由利
本荘
県南方言
由利方言
大仙
にかほ
んだでろ（そうだろう）
雨が降るでろ／がろ／ろー
雨だでろ／雨だがろ
帰（けゃあ）ってくるんでろ
テストがあるさげ／はんて（雨が降るから）
書ぎあんし（書きます）
書がる（書ける、可能）
テレビ見ろでぁ（見ようよ）
一緒に来（こ）ろ（来よう）
行ってけねぁが（行ってくれないか）
そえだば（それなら）
なじょす（どうした）？
んだんし（そうです）
書ぐし（書きます）
頑張るべ、行ぐべ
んだがらしゃあ（理由）
んだえてが（そうだから）
んだべんしゃあ、言ったべしゃあ
んだっけ（そうだったよ）
何してら（何してるの）？
なじょだけな（どうしたんだ）？
どでんする（どうする）？
どさ行（え）ぐ？
そっただごと（そんなこと）
寄ってたんせ
ホジナシ
へばな

そして東北新幹線はやぶさは緑の車体で、両者が連結すると「クリスマスカラー」となるので人気だ。

　秋田市から県内諸地域への交通路は以下の通りである。秋田市から南東方向には奥羽本線があり、５０分かけると大曲に着き、盛岡方面の路線もある。秋田から1時間２０分ほどで横手、1時間４０分で湯沢に着き、ここからさらに南下すると山形県の内陸（山形市など）につながる。秋田市から南西方面は羽越本線となり、４０分で羽後本荘、５０分超で松尾芭蕉の俳句でも知られる景勝地・象潟《きさかた》（にかほ市）に着く。この路線を南下すると、山形県日本海側の庄内地方（酒田、鶴岡）に向かい、新潟とも通じる。私もこのルートで庄内から新潟へ向かった。秋田市から北は奥羽本線の青森行で、特急なら５０分ほどで県北の能代に着き、北部内陸の大館へは特急で1時間半弱、さらに北上して1時間超で青森市に着ける。大館から東に向けて盛岡行のＪＲ花輪線があり、５０分で鹿角花輪に着く。鹿角から盛岡まで2時間超だが、秋田市までは特急など乗り継いで2時間２０分かかり、盛岡の方が近い。このように秋田県内の鉄道網が敷設されている経路に従って生活圏が分かれ、さらに隣接諸県ともつながるということになる。この傾向は方言区分でも言える。

　秋田県方言は北奥羽方言に属する。発音でズーズー弁となるなど東北全体で共通する特徴を持つが、東京式アクセントの地域である。県内の方言区画は北・中央・南に分かれるが、正確には徐々に移り変わっていく性質のものである。目立つ特徴では推量・意思確認（だろう、だよねの表現）で、大部分の地域は「べー」系統を言うが（べーの強調で「べおん、びょん」ともなる）、北東部の鹿角は岩手県と共通する「～ごった」、南西部の由利地方は「～でろ、がろ、ろー、だろー（雨が降るでろ、降るがろ、降るろー等）」と言い、これは山形県庄内の「～だろー」や新潟県の方言に通じる。理由の接続詞は大部分で「～（だ）がら」だが、沿岸部で一部「～へんて」（津軽弁の「～はんで」と同根）、「～さげ、はげ」（庄内弁にもあり。関西弁の「～さかい」が元）と言うなど、項目ごとに方言区画が変わるということでなかなか複雑である。マクロな目で見れば、南の山形県から、東の岩手県、そして北の青森県の方言（津軽弁）へと徐々に移り変わっていく地域で、さらに日本海航路を通じた関西弁からの単語もあったりする。岩手との間には奥羽山脈、青森県との境には白神山地、山形県との境には出羽山地の一角を占める2000m級の鳥海山から1000m級の神室山があるが、交通路が前述のようにつながっているので交流でつながりはあるのは間違いない。

現在では船の便はあまり輸送量は多くないが、本章冒頭で述べたように秋田港から新日本海フェリーで新潟、福井県敦賀との航路はあり、北は北海道の小樽や苫小牧とも船で結ばれ、秋田が日本海航路の重要拠点であることは踏襲されている。江戸期には北東部が岩手県と同じ南部藩領で、南西部は本荘藩や六郷藩など小藩があり、それ以外の大部分が佐竹藩（久保田藩）領である。江戸期の藩領域は方言区画にある程度は影響しているが、戦国期についても方言地理がある程度オーバーラップすると考えてたどっていこう。

秋田の県名は秋田郡に由来し、さらに言えば古代の秋田城が淵源である。「秋田」を名字とした氏族が当県の戦国大名で、もとは**安東（安藤）氏**である。

安東氏は、江戸期の東北大名のうち唯一蝦夷系の豪族・安倍氏の末裔を称した特異な例である。青森県の項でも述べたが、室町時代まで津軽の十三湊を本拠としたが、南部氏に敗れてから北海道、そして秋田県域に移ってきた。もともと津軽を本拠とした時代も青森県域を中心に、北海道南部、そして秋田県沿岸部にも安東一族が海上ネットワークを掌握する形で勢力を広げていた。現在の秋田港から北海道への船の航路でそのつながりの名残が感じられる（ただし当時は北海道でも道南地域との航路が中心だった）。秋田市内の湊城を本拠としたのが**湊家（上国家）**で、津軽を追われた本家を出羽北部に招いたようだ。詳細な経緯は不明だが、戦国初期に檜山（能代市）で南部氏の配下となっていた葛西氏を滅ぼし、そこが安東氏本家の新しい本拠となった。秋田市から能代まで奥羽本線の特急で北上して５０分の距離である。しばらくの間安東氏は、この**檜山安東氏（下国家）**と湊家の両家並立状態となる。

　なお、湊城は現在の秋田港付近にあり、城址には土崎神明社が建立されて、「湊安東氏顕彰碑」が設置されている。城の敷地の一部は土崎街区公園で、案内板が設置され、徒歩5分ほどの所に「土崎みなと歴史伝承館」がある。アクセスは秋田駅から奥羽本線・弘前行で7分の土崎駅より徒歩3分だが、秋田駅からバスで３０分ほどで行ける。近くの秋田港にポートタワー・セリオンがあって、湊城跡も遠望できる。檜山安東氏の本拠だった檜山城は能代市南東部に位置し、米代川の支流檜山川の南で、標高１４７ｍの山城である。東西１．５ｋｍ、南北９００ｍの大規模な山城であり、西方には羽州街道が縦走する。山とその山麓の馬蹄形地形を利用して構築され、堀切や段築を用いて要害としている。城跡は「檜山安東氏城館跡」となっており、周辺の居館跡や安東氏の菩提寺と共に国指定の史跡となっている。アクセスは、秋田駅から青森行特急で４５分の東能代駅からバスで２０分。

　安東氏は領域的には秋田県の北部から中西部、現在の国道１０１号線のルート上を支配したわけだが（方言区分で言えば、「北部方言」の大部分と「中央部方言」の領域）、北東部は岩手県を中心とする**南部氏**の領地として、中心となる鹿角市の長牛《なごし》城に一族の長牛氏が配されていた。長牛城は舌状台地の上に築かれ、多数の郭を配した平山城で、現在も郭や堀が残っている。アクセスは、鹿角花輪駅よりバスで４０分弱。この近くに小勢力を築いていたのが花輪氏で、戦国後期に南部氏に従属した。居城の花輪館は舌状台地の上に築かれた要害である。江戸期にも南部藩領の支城だったので、城跡の構造には江戸期のものが多い。城跡は公園となり、ここから市街を眺望できる。アクセスは、鹿角花輪駅より徒歩１０分。南部領だったことから鹿角方言と岩手県方言の共通性が形成されたことは覚えておいてよい。

安東と南部両氏の間の比内（大舘市付近）には**浅利氏**がいて、米代川の水運を押さえて一定の勢力を持っていた。浅利氏の勢力圏は、現在の奥羽本線の青森や盛岡行の路線である。居城の大舘城は標高７０ｍの山城で、江戸期も佐竹藩の支城として使われた。戊辰戦争で全焼したために遺構はほとんどなく、城址は桂城公園として整備されている。アクセスは、大舘駅から徒歩３０分。

秋田市から南東方向は奥羽本線の沿線だが、古くから雄物川の流域を利用した水運が盛んだった。この辺りにはまず仙北地方（県中東部）で**戸沢氏**がおり、もとは雫石（岩手県盛岡市の西）を本拠にしていたが、南部氏に追われて仙北の角館に移り秋田県中東部の地域権力となった。戸沢氏の居城・角館城は標高１６６ｍの山城で、現在は「古城山」と呼ばれる山の上にあった。現在も曲輪や堀が残り、本丸跡から角館の街を遠望できる。江戸期に廃城となり、ふもとに佐竹藩の居館が設けられたが、その付近が観光地になっている角館の武家屋敷群である。城址へのアクセスは、角館駅から西へ向かって登城口まで徒歩２５分で、登城口から本丸跡まで徒歩１５分。

南東部（湯沢、横手など）に勢力を持つ**小野寺氏**は秀郷流の藤原氏で、鎌倉期に雄勝（湯沢付近）の地頭に任じられた。小野寺氏の本拠は湯沢市内にあった稲庭城で、標高３５０ｍ、現在は模擬天守が建てられている。麓から模擬天守のある二ノ丸まではスロープカーで登ることができる。アクセスは、湯沢駅からバスで３０分。湯沢城は一族を配した支城で、市街地の南東にある古館山（標高２００ｍ）に築かれ、現在は中央公園として整備されている。こちらは江戸期も佐竹藩の支城として使われた。アクセスは、湯沢駅から徒歩１０分。小野寺氏は室町期に上洛するなどして「京都扶持衆」となり、戦国期に入る頃から北進して平鹿（横手付近）にも勢力を広げ、山形県北部にも影響力を伸ばすなど戦国大名化した。小野寺氏は奥羽本線の沿線で勢力を伸ばしたわけだが、この過程で戸沢氏や安東氏、さらに最上氏と対立し、最上氏によって湯沢城を奪われている。こうしたことで本拠は後に横手城に移った。横手城は標高107mの山城だが、江戸期も佐竹藩の支城として存続したので、近世城郭の構造である。城跡には模擬天守が建てられ、桜の季節には花見客でにぎわう。アクセスは、横手駅から徒歩30分。この小野寺と戸沢の間には、仙北市や大仙市付近に本堂氏と六郷氏がいて、小勢力ながら最上氏も巻き込んで当地域の帰趨を左右した。最上氏の進出ルートは奥羽本線の路線だが、ここから山形県内陸の方言と秋田県南（南東部）方言の類似性が想起できよう。

鳥海山と象潟《きさかた》を抱える南西部の由利地方は羽越本線の沿線だが、戦国期には中小領主が割拠し、**由利十二頭**と呼ばれる一揆的連合を作っていた。代表的なのは仁賀保氏、矢島氏、赤尾津（小介川）氏という辺りだが、基本的に連合していても特に仁賀保氏と矢島氏が対立することが多く、それが安東氏や庄内の大宝寺氏など周辺大勢力の介入を招くことになった。大宝寺氏と由利十二頭の関係から、山形県庄内地方と由利地方の方言の関係が想起できる。なお、矢島氏の居城・羽後矢島城は由利本荘市にあり、八森山と呼ばれる舌状台地上に築かれた。江戸期に陣屋として使われたので、中世城館の趣はあまりない。城跡は小学校となっているが、堀や石垣などは残っている。アクセスは、秋田駅から羽後本荘を経由して由利高原鉄道の矢島駅まで1時間50分、駅からは徒歩約10分。仁賀保氏の居城はにかほ市の山根館で、標高200m、仁賀保高原のほぼ中央に位置する。城跡は主郭部がきれいに整備されており、建物の礎石が整然と残っている。付近には少年ホームがあり、内部で館の模型が展示されている。アクセスは、秋田駅から羽越本線の特急で45分の仁賀保駅から車で10分。ちなみに仁賀保駅の南に象潟駅があり、駅から徒歩5分で国指定天然記念物「象潟」（九十九島）に到着、日本海と鳥海山が一望できる景勝が見られる。

このような諸勢力割拠の中で、戦国後期になると檜山安東氏が成長して北出羽の台風の目となる。もともと湊安東氏の方が室町幕府から「京都扶持衆」に任じられるなど有力だったが、本家である檜山安東氏から養子を相次いで受け入れる中で徐々に介入を受けるようになる。１５６０年代に**安東愛季《ちかすえ》**（よしすえ、とも）が当主となり、檜山と湊の両安東氏を統一。やがて比内の浅利氏を家臣化した後に滅ぼして、奥羽本線のルートを東に進む形で内陸部にも領土を広げて南部氏と戦いを繰り広げる。この際に鹿角の長牛城が争奪の対象となって、いったん安東氏が奪ったが、後に南部氏に奪回された。愛季は１５７０年代から雄物川流域に沿って南東部にも勢力を伸ばしながら戸沢氏、小野寺氏と対決、さらに羽越本線のルートを進んで由利十二頭にも影響力を広げることで庄内の大宝寺氏と対立することになる。これに対抗するために愛季は最上義光と同盟した。系譜を重視する立場からは、蝦夷系の豪族をルーツとする安東氏と源氏一族の最上氏の同盟はユニークに思える。愛季の外交戦略から戦国後期の出羽でスケールの大きな外交戦が展開されたことが分かる。

　愛季は本拠を檜山から脇本城（男鹿市）に移し、檜山と共に港を整備して日本海交易ルートの活用を図る。さらに織田信長に馬と鷹を献上して中央との接近を図った。現在でも残っている秋田港から北陸方面への海上航路が活用されたと考えられる。信長は愛季を通じて出羽に関心を深めたようで、長男信忠に「秋田城介」を名乗らせている。宣教師フロイスも愛季の威勢を「北斗七星」に例えている。なお、脇本城のあった男鹿市は、秋田駅からＪＲ男鹿線の特急で1時間、能代からは奥羽本線と男鹿線を乗り継ぎ2時間の所にある。城址は標高１１０ｍの平山城で、土塁の跡がいくつか残る。総面積約１５０ヘクタールに及ぶ東北最大級の城跡と言われ、「続日本１００名城」に選ばれた。城跡は史跡公園になっており、日本海を遠望できる。アクセスは、脇本駅から徒歩３０分。

　このように勢力を伸ばした愛季は晩年に「秋田城介」にちなんで秋田氏に改姓したが、由利・庄内を中心に出羽諸領主の戦いが激化する中で１５８７年に急逝した。

息子**秋田実季**《さねすえ》が跡を継いだが若年だった。すると愛季に従属させられた湊氏が南部氏の後押しを受けた戸沢氏と連合軍を組み、現在の秋田新幹線のルートで進軍して湊城の実季を包囲。実季には危機だったが、津軽の大浦氏が同盟し、さらに由利の赤尾津氏(庄内を支配する越後本庄氏の後押しがあった)が羽越本線のルートを北上して援軍としてやって来たことで撃退に成功した。この戦いが局地戦にとどまらず、北奥羽のマクロなネットワークを背景にしているところが領主間の広域的な統合が進んだ状況を表わしている。しかしこれが秀吉の「関東奥羽惣無事令」に違反するということで、秋田氏は小田原参陣後に湊城周辺の沿岸部2万石相当を秀吉の直轄地として召し上げられた。秀吉のこの措置は、豊富な木材を持ち日本海航路の拠点でもある秋田県域を、大陸出兵のための資源調達地として位置付けたと言われている。秋田港から北陸の敦賀への海上ネットワーク、そして畿内へとつながる北陸道へとつながる流通路を秀吉がマクロな観点から位置付けていたことは驚かされる。

さて安東氏改め秋田氏は秋田県北中部で5万石の大名となり、小野寺氏、戸沢氏も存続を認められた。由利十二頭も「由利衆」としてそれぞれ知行を安堵されている。湊氏が改易されたのを除けば、ほぼ以前からの領主が存続した。しかし検地・刀狩という豊臣政権の統合政策への反発から由利・仙北一揆が起こり、検地を担当した上杉景勝や大谷吉継がこれを鎮圧。農村に盤踞した地侍が一掃され、中央との統合が一層進められた。

関ヶ原の後は、西軍に付いた小野寺は改易、秋田氏は途中で東軍に寝返ったが三春(福島県)へ国替え。戸沢氏は6万石に加増されて新庄(山形県)に移って幕末に至る。六郷氏は象潟周辺の小藩となり、由利十二頭では仁賀保氏が旗本となって幕末まで続いた。

県域の大部分は、水戸にあった佐竹氏が20万石で入封し、秋田市に**久保田城**を築いた。久保田城は秋田市街にあり、標高４０ｍの平山城として建てられた。城址には城門や天守代わりの隅櫓が建っており、「千秋公園」として整備されている。アクセスは、秋田駅から徒歩１０分。

北海道（蝦夷地）

今では飛行機で行くことが一般的な北海道だが（東京の羽田空港から札幌近くの千歳空港まで1時間４０分）、北海道新幹線の開業で函館までは陸路で行けるようになった。まだ東京から新函館北斗まで4時間半だが、いずれ札幌まで延伸する予定でスピードアップも図られている（ちなみに飛行機では、羽田から函館空港まで1時間半）。

日本語の北海道方言は、文末詞「〜だべさ」のように、東北方言をベースにしながら各地の方言が混じって独特の形式を持つ。特に函館と青森は新幹線なら1時間１０分、フェリーなら4時間と近いので、移住者が多かった。また下北半島の大間と函館はフェリーで９０分である。江戸時代までには東北方言（特に北奥羽方言）的な海岸部方言（浜言葉）が成立し、北前船で北陸地方や上方と結ばれたことから、単語には北陸や近畿の方言の影響もある。アホバカ方言で「ハンカクサイ（半可臭い）」という北海道方言が、上方から日本海航路によって運ばれたという。現在でも福井県の敦賀から新潟、秋田を経由して北海道の小樽、苫小牧で向かうフェリーがあるが、江戸期までは北海道に向かうのに日本海航路が今以上に盛んに使われたのである。ただし明治以降に開発された内陸部では全国各地からの移住者の多さから、札幌など都市部と若者層から共通語化が進んでいる。

稚内
旭川
小樽
札幌
釧路
根室
苫小牧
函館
青森県

アイヌ語

イランカラ（プ）テ（こんにちは）
エレ・ヘマンタ・ヤ？（名前は何ですか？）
カニアナ（ク）ネ～クネ（私の名前は～です）
クエエホマルイェ（お願いします）
タアンペ・ヘマンタ・アン？
（これは何ですか？）
ヘマンタ・エカ（ラ）・コ（ロ）・エァン？
（何をしているの？）
イヤイライケレ（どうもありがとう）

日本語北海道方言

ズーズー弁発音
そうだべさ
いいべ、いいっしょ
行ったんでないかい？
ゴミを投げる（捨てる）
なまら（とても）嬉しい
ハンカクサイ（バカっぽい）

一方でアイヌ語は、日本語とは全く異なる単語と文法を持つ独自の言語である。北海道150周年記念ということで2019年に放映されたNHKドラマ『永遠のニシパ～北海道と名付けた男　松浦武四郎～』（松本潤主演）は「北海道名づけの親」と言われている松浦武四郎（三重県松阪市出身）とアイヌの人々との交流を描いたが、劇中でアイヌの人々がアイヌ語を話しており（主役の武四郎も二言ほど話した）、日本語とは異なるアイヌ語がTVで放映される貴重なドラマとなった。

　アイヌ語はかつて大きくは北海道・千島・樺太の三方言に分けられ、さらに北海道方言は北東部と南西部に大別されたという。アイヌは国家を形成せず、「コタン」という川筋か海岸線に沿った集落単位で社会を営んだことから、標準語というべきものがなかった。本項の対象である渡島《おしま》半島（函館など道南地方）の方言は、和人（民族的な日本人）の移住が早くから進んだことから記録がほとんど残っていない。このためアイヌ語を学ぶ場合は、比較的手に入りやすい、道央の沙流方言や千歳方言の資料を用いている。

とはいえ、広い北海道の中で方言差があることは間違いない。明治末の北海道を舞台に日本兵とアイヌの少女が冒険する漫画『ゴールデンカムイ』でも、アイヌ語の方言差が取り上げられている。ちなみに札幌から道内の各主要都市のアクセスを見ると、函館は高速道路で4時間、旭川は1時間50分、帯広は2時間20分で、釧路は5時間かかるなど、広さが分かる。

アイヌ語の基本的な文法の仕組みを説明すると、語順は主語・目的語・述語の順で、日本語と同じ。しかし形態的には「抱合語」という独自の仕組みのことばで、人称は動詞に接辞を付けて表現する。動詞には過去形が存在しない、動詞と形容詞の区別が存在しない、否定の副詞somo（～ではない）は日本語と違い、否定する単語の直前に置く、といったところが特徴だという。以下で基本的な例文を挙げるが、日本語と異なる独特の言語だと分かる。

どちらからきたの？↓　フナㇰワ　エエㇰ？（hunak wa e=ek?）

これは何ですか？↓　タアンペ　ヘマンタ　アン？（taan pe hemanta an?）

何をしているの？↓　ヘマンタ　エカㇻ　コㇿ　エアン？（hemanta e=kar kor e=an?）

以下では新藤透『北海道戦国史と松前氏』を参考に、この独自の民族集団であるアイヌと和人がせめぎあった北海道の室町・戦国史を述べる。和人の集団については、方言で見たように東北の影響が強いものの、全国各地からの移住があったことをという観点から説明しよう。なお、この時点のアイヌの人々は、主として道南地域の住民を指すことに注意したい。

中央政権は東北から北方の住民を「蝦夷」と呼び、この流れで明治以前は北海道が「**蝦夷地**」と呼ばれた(その名残が「エゾシカ、エゾアワビ」)。しかし「蝦夷」はあくまで中央からの他称であり、「朝廷の支配に入っていない北方の民」ということである。その中にアイヌの人々も含まれ、アイヌ∋蝦夷ではあるが、民族的な観点からは蝦夷≠アイヌということになる。

日本文化は縄文から弥生文化に変わることで形成されたが、アイヌ文化は弥生文化を受け入れずに、独自の社会を形成することで誕生したという。まず本州の弥生時代と同時期に続縄文文化、さらに擦文文化へと変わり、それが樺太(サハリン)方面のオホーツク文化との融合、本州文化の摂取で13世紀にアイヌ文化が成立したと推定される。ちなみに稚内とサハリン南岸のコルサコフとの間に1995年に復活した定期航路があり、5時間の所要時間である。さて擦文文化とアイヌ文化の最も大きな違いは本州や中国大陸、樺太など道外からの移入品(特に鉄製品)の量的増大であり、交易に大きく依存していたことが分かる。アイヌ文化を生んだ契機として、奥州藤原氏など和人との交渉の増大があると考えられている。

14世紀には渡島半島(道南地方)にも和人の集住が増え、記録が増え始める。道南地方には「館」と呼ばれる中世の城砦と居館を兼ねた建築が多く残っているが、これは和人の指導者である武士層が建てたものである。館主はそこを拠点にアイヌと交易を行っていた。

一方、函館の旧名・宇須岸(ウスケシ、アイヌ語で「湾の端」)、松前の旧名がマトマイ(マッ・オマ・イ(婦人のいる所))ということで、地名から見てこの付近でアイヌの人々が多く住んでいたことは疑いない。この地のアイヌは三種に分かれ、「日ノ本」「唐子」は和人と言葉が通じず、狩猟生活をしていたという。一方、「渡党」と呼ばれるアイヌが和人と言葉が通じ、本州との交易に従事した。アイヌは道南の和人とのみならず、北海道の他地方や樺太、ロシアの沿海州といった広範囲の交易がおこなったが、交易の利益をめぐってアイヌの集落ごとに闘争していたこともある。なおこの時点では、アイヌは和人にとって交易相手であるとともに、和人とも雑居状態にあったことが発掘調査から分かっている。

なお、北海道の城では和人領主の「館」とともに、アイヌの「チャシ」と呼ばれる施設が「城砦」とされて掲載されることもある。ただしこれは祭事のための集会場であり、「城砦」とするのに異論もある。道央や道東には整った形のチャシが分布しているが、道南地方にもいくつかチャシがあるものの伝承のみで遺構がなかったりして、はっきりとチャシとは言いにくいところが多いようだ。その中で函館市豊原の汐泊チャシは、土塁の跡などが残っている。また上ノ国町のワシリチャシは面積9000平方mで、前方を海辺に突き出した台地の後方に幅2．5m、深さ3m程の空壕とこれを渡る土橋がつくられている。上ノ国町は後述する和人領主の「館」が多いが、アイヌと和人の関係を見る際にこのチャシは興味深い材料を与えると言われている。

一方、前述のように陸奥国十三湊（青森県）の豪族である**安東氏**が、鎌倉幕府の執権北条氏より「**蝦夷管領**」に任ぜられ、青森県の津軽から道南にかけて海上ネットワークを支配し、道南地方の和人館主、さらにアイヌ集団を統制していた。函館―青森間が新幹線で1時間10分、フェリーなら4時間と近いので、行き来は盛んだった。ただし当時は安東氏の陸奥での本拠・十三湊は津軽半島北西岸にあったため、津軽半島の北端である竜飛崎から道南の南西岸へと渡るルートが使われたようだ。現在では北海道新幹線の通過ルートとなっている。安東氏配下の館主の出自を見ると、近接する北奥羽出身が多数だが、関東や中部からも来ており、後に北海道が全国各地からの移住者を受け入れた萌芽が見られる。一方で安東氏の館の建築様式は京風の邸宅で、足利将軍家からの拝領品もあるなど、**後の北海道で顕著な高品質な和風文化のショーウインドウの感があった**。現在でも福井県の敦賀から小樽、苫小牧に向かうフェリーがあるが、当時は上方との間の日本海航路の重要性は高く、京都の物産との取引も盛んだったことがうかがえる。なお、安東氏の居館跡である茂別館は、茂辺地川の左岸にある丘陵に築かれた平山城である。西は茂辺地川岸の崖で、南北は自然の沢で切り開かれるなど、堀と沢で取り囲む形になっていた。アクセスは、新函館北斗駅から新幹線と道南いさりび鉄道で1時間の茂辺地駅から徒歩20分、函館空港から車で50分の場所である。

1454年、安東氏は南部氏によって本拠地・十三湊を追われ、勢力圏であった蝦夷地に渡った（一説ではいったん南部領である下北半島の田名部（むつ市）に留め置かれてから北海道に渡ったという）。しばらく後に出羽檜山（秋田県能代市）に南遷したが、道南には下国（渡島半島の南端、函館付近）、松前（渡島半島の南西部）、上国（木古内や江差など渡島半島の北西部）の三守護を置いて他の館主を統率させたという。これらの地域には総称して「道南十二館」と呼ばれる和人領主の館が多く分布していた。

さて上国守護の**蠣崎氏**に、後の松前藩祖となる**武田信広**が婿入りして後を継いだのが「松前氏」の発祥だと言われている。蠣崎信広は、通説では若狭武田氏の出身だったが、下北半島の蠣崎氏の婿となり、さらに北海道に移住して安東氏に仕えることになったという。しかし最近の研究では蠣崎信広はもともと下北半島の豪族で、甲斐源氏の武田氏の末裔でもある若狭武田氏を名乗ることで名家の血筋による権威付けを行ったと考えられている。若狭武田氏は戦国期に東北・北海道との交易活動を行っており、蠣崎氏（松前氏）の由緒は日本海交易ネットワークの反映と考えられる。一方で、下北半島の大間は現在でも函館とフェリーで1時間半なので、蠣崎氏が北海道以前にここにいたことも納得できる。

これと同じ頃の1457年に和人とのトラブルを契機としてアイヌのコシャマインを中心とする和人への

武装闘争（**コシャマインの戦い**）が発生した。安東氏が離れて道南の統制が緩んだことや、南部氏の工作があったという説もある。この時１２館のうち１０の館がアイヌに落とされたが、激戦の末に蠣崎氏の客将だった武田信広が鎮圧したという。なお、コシャマインは渡島半島の東部の首長だが、彼の拠点としたチャシは残っていない。乱の舞台となった場所は函館市内の志苔館《しのりだて》で、乱後は武田信広のものとなった。ここでは陶磁器や金属製品なども発掘され、現在は土塁や二重空堀などの遺構と、案内板などを見ることができる。目前に津軽海峡や函館山も眺めることができる。アクセスは、函館駅からバスで３５分の「志海苔」で下車し徒歩約５分。またコシャマインの乱の犠牲者の慰霊祭が、上ノ国町（渡島半島の北西、江差などが近い）の夷王山でアイヌ・和人の有志によって行われている。上ノ国町中心部の木古内へは新函館北斗駅から快速はこだてライナーと道南いさりび鉄道（旧江差線）を乗り継ぎ1時間半かかる。

コシャマインの乱後、蝦夷地の和人社会において蠣崎氏が優勢となり、支配を確固たるものとした。蠣崎氏のもとには樺太アイヌの首長から貢物を献上され、北海道も含む広範囲に影響力を及ぼした。そして蠣崎信広は、１４６２年に函館付近にある上国に**勝山館**《かつやまたて》を築いて本拠とする。日本海側での政治・軍事・交易の一大拠点で、館の敷地内から陶磁器や金属製品、アイヌの骨角器も見つかっていて、和人とアイヌが共存していたと考えられている。館の内部では柵・空壕・橋などの立体復元が進められている。勝山館跡ガイダンス施設と併せて見ることで、往時の景観をリアルに体感できる。少し離れた場所に、蠣崎信広を祀る夷王山《いおうざん》神社がある。館跡のアクセスは、木古内駅から函館バスで約1時間１０分の「大留」でバスを乗り換え、「上ノ国駅前」から4分の「上ノ国」で下車し徒歩２０分。

蠣崎氏は１５世紀末に南部氏によって下北半島の領地を奪われたので、道南の地域権力の様相を強めたが、立場的にはいまだ出羽北部（秋田県）に移った安東氏の家臣であった。蠣崎氏がライバルの館主を排除する際には安東氏の権威によって処置がとられているが、1514年には蠣崎氏が他の和人館主に優越する地位（上国・松前両守護職）についた。こうして蠣崎氏が道南を支配する体制が固まり、他の館主の従属化が進んだ。そして信広の息子の時代の1514年に**松前**に本拠を移転している。松前は函館との鉄道網がなく、路線バスなら3時間、レンタカーを使うと2時間という所要時間である。

しかしこの後長年にわたって1515年のショヤ・コウジ兄弟の戦い、1530年頃のタナサカシ・タリコナの蜂起などを代表に、大小いくつかのアイヌ蜂起がおこっており、蠣崎氏は兵力で劣る際に謀殺の手段でこれらを破っている。戦争が目立ってしまうが、平時には活発な交易がおこなわれていたことはさまざまな証拠で明らかだ。戦争の原因については、かつては館主が個別にアイヌと交易していたが、それが蠣崎氏の独占体制に転換することで交易上のトラブルが起こったためと考えられている。異なる文化がぶつかり合う交易の舞台では、微妙なバランスの変化で紛争が起こってしまうということであろう。

こうした中で1550年、出羽から安東舜季が国情視察を目的に蝦夷地に渡航した。これに際して蠣崎季広は安東氏の権威を背景に、知内（道南東部）のチコモタイン、瀬田内（道南西部）のハシタインといったアイヌの首長と交易協定を結んだ。内容はアイヌ居住地から松前への渡航統制、蠣崎氏が和人商人からの交易税の一部をアイヌ側に配分することが定められたという。これについては安東氏がこの協定に立ち会ったというのがポイントで、すでに100年前に蝦夷地を去った安東氏がいまだアイヌの間で権威を持っていたことを示している。一方で安東氏は、蠣崎氏が本土から蝦夷地に渡った和人商船から運上金を徴収することを認めながらその過半を檜山に送らせており、有名無実になった蝦夷地支配の再強化のために渡航したことが分かる。ちなみに現在の秋田市から函館までは新幹線で盛岡を経由して4時間半、特急で青森を経由するなら5時間となる。また秋田港から苫小牧までのフェリーは、所要11時間である。距離的な遠さから秋田の安東氏が蝦夷地を統制するのが困難になったことが実感できる。

蠣崎氏はこの後、家臣団の編成やアイヌとの交易権の独占により強化を図った。蠣崎季広は娘を安東氏のほか、津軽や秋田など本土の豪族に嫁がせて政治的な連携をはかり、戦国大名としての地位を築き上げたという。それでもこの頃の蠣崎氏が形式上は安東氏の臣下であったため、季広は安東愛季の要請により出羽や陸奥でたびたび軍役の負担を強いられている。

蠣崎季広の子・**蠣崎慶広**は、上洛して小田原攻めの前の豊臣秀吉に拝謁し、本領を安堵された。蠣崎氏の上洛路は、前述のように日本海航路で越前の敦賀まで行き、そこから北国街道で京都へ、というルートだったと思われる。秀吉の承認によって蠣崎氏は、秋田氏（旧・安東氏）から名実ともに独立する事になった。1591年、慶広は秀吉の命に応じて「九戸政実の乱」に多数のアイヌを動員して参陣しており、蠣崎氏とアイヌの間で同盟関係があったことがうかがえる。

秀吉の死後は徳川家康に接近して、やがて姓を「**松前氏**」と改めた。家康にとっては、北海道が「北高麗」つまり朝鮮半島の北側で現在の中国東北部と接しているという認識があり、明軍が北海道方面から攻めてくる懸念があったことから関心を持った。ちなみに現在は小樽と中国の大連や青島との間にコンテナ船の航路が、苫小牧とロシア極東のウラジオストクの間に月2便の国際航路があり、北海道と中国東北方面との近さが感じられる。

こうして江戸期に「松前藩」が成立したが、この藩は米を産しない蝦夷地の特性から石高がなく、アイヌとの交易利益が財源という特殊な藩であった。なお、秀吉や家康も「アイヌは自由」つまり支配下に置いていない住民という扱いであり、和人のアイヌに対する「非分」は厳重に取り締まるべきとの文言を黒印状に明記している。松前氏の居城・松前城は「日本最北の城」として城門などが残され、重要文化財となっている。昭和になって建てられた復興天守閣は、松前藩に関する文化財とアイヌ民族の資料を展示する資料館になっている。桜の季節には城内での花見の様子がよく映し出される。アクセスは、新函館北斗駅からはこだてライナー・バスに乗り、函館駅で函館バスに乗り換え松城バス停で下車し徒歩6分。

和人の進出の観点から見ると、当初北海道は安東氏という東北北部のローカルなつながりの中にあったが、松前氏が秀吉・家康という中央政権と直結することで北海道に対する日本国家の関与が強まっていくという過程が現れている。これは後にロシアの南下によって、より傾向を強めた。こうしたことでアイヌと和人の関係が和人優位の方向に傾き、アイヌの人々が不利な位置に立たされてしまったということと言える。

コラム　戦国大河ドラマと方言使用

戦国時代の各地の歴史と方言地理学について扱ってきた本書だが、避けて通れない話題がある。「戦国大河ドラマでご当地の方言を使うべきか」という問題だ。すでに各章で戦国期を舞台とした小説やドラマでご当地の方言が使われているものを紹介したが、ここで戦国大河の方言使用を検討すると、おおむね次の２パターンに分かれる。

（１）全く方言を使用しない作品
（２）庶民層だけご当地の方言を使う作品

（１）に当たるのが今年の『麒麟がくる』で、２０１６年の『真田丸』など多くの大河がこの傾向である。一方、（２）は２０１７年の『おんな城主直虎』（静岡県西部の遠州弁）や２００７年の『風林火山』（山梨県の甲州弁）である。信長や秀吉が主役の大河ドラマでは（２）のように庶民が尾張弁＝名古屋弁を話すケースが多い。一方、家康が主役の大河は（１）が全てで、庶民層でも三河弁を話すものは皆無である。

これと対照的と言えるのが幕末大河で、武士たちも方言を話している。薩摩、土佐はもはや定番で、お公家さんの京ことばや勝海舟などの江戸っ子ことばも使われている。さらに２０１８年の『西郷どん』では桂小五郎らの長州弁や江藤新平らの佐賀弁も登場した。２０１０年から１２年に土曜ドラマの枠で放送された『坂の上の雲』は明治時代が舞台だが、この流れを組むような形で主役の秋山兄弟と正岡子規らの伊予弁など各地の方言が入り乱れるような感があった。

方言使用で戦国物と幕末物の対応がこのように分かれるのはどうしたわけだろうか。考えられるのは、近現代の方言が形成されたのは江戸期からと考えられていることだ。幕藩体制が固まり、庶民層の移動が極端に制限されたことは確かに日本全国の方言分立に影響しただろう。方言区分で江戸期の藩の領域を受け継いでいることも多い。

それ以前の戦国時代にはもっと移動が活発で、武士層では各地を流れ歩く者も多かった。だから戦国時代には方言はなかったと考えるのも可能だ。しかし移動が活発でも、東北から九州までの距離は、欧州で言えばロンドン－ローマ間に匹敵する。そうした中でことばの地域差が全くなかったとは言えないだろう。序章でも取り上げたロドリゲスの『日本大文典』などヨーロッパ人の宣教師らに記録など史料を見れば、当時でも方言差があったことは疑いない。

ただし受け手である視聴者の方言に対する需要がどれほどあるかは無視できない。「地域の個性を表して良い」という人も少なくないだろうが、「よその地方の分かりにくい方言があるとストーリーが理解できない」とか、「地元の者だが、わざとらしい昔ながらの方言は聞きたくない」といった意見の方が多いかもしれない。またパターン（2）の作品で庶民層の「役割語」として方言が充てられているのは、言語差が身分格差になり、ひいては方言が学習レベルの低さに結び付いて方言の低評価につながる恐れもある。ステレオタイプはイメージを喚起するが、あまり安易に使われると弊害が出てこよう。

そこで津本陽の小説であるように、武士層にも方言を話させるというのも選択肢としてアリだ。モデルとして幕末大河の方言使用がモデルとなる。これをパターン（3）としよう。武士のことば使いについては、江戸期の戯作物以来「役割語」の一種としてイメージが定着している感がある。しかしそれがイメージの固定化を招き、地域差に十分な配慮が無いのはでは話が広がらない。ただしドラマで武士にも方言を話させる場合、武士の風格を持った方言を話させる、敬語と普通態（ぞんざい言葉）との使い分けをきちんとするなど配慮は必要だ。さらに方言は近代以降変化が激しくなったからいつ頃の、どのスタイルの方言を採用するか検討しなければならない。こうなると、ただでさえ所作指導など手間が多い時代劇で方言も使うとなると負担が増すことは留意せねばならない。

近年「言語経済学」の分野で方言の経済的価値が高まったと言われ、私もその分野で論文を書いたが、ドラマでの方言使用はご当地の個性を表現して視聴者にアピールという便益（ベネフィット）とともに、方言指導を行うことの負担（コスト）のバランスを見た上で判断する必要がある。

もちろん本書の立場としては、選択肢の一つとして（3）のような方言使用を推奨したい。

第8章

甲信駿遠北陸

中部地方

　ここで扱う六県は、東日本的な甲・信・静岡、そして西日本的な性格が強まる北陸三県に分かれる。方言的にも前者は「東海東山方言」という東日本方言のグループに入り、後者の「北陸方言」は西日本方言に含まれる。ただし前者は中山道と東海道による経済交流がさかんなことから、特に南西部では西日本的な方言の特徴を持っている。北陸と信越（長野と新潟）の境界線は、日本語方言を東西で分けるマクロ的に重要な境界線だが、その理由は標高1000〜2000mのアルプス山脈なのは言うまでもない。

　中山道も関東と京都を結ぶ主要な道であり、関ヶ原の合戦の際には徳川秀忠率いる徳川本隊がここを通っている。真田氏の上

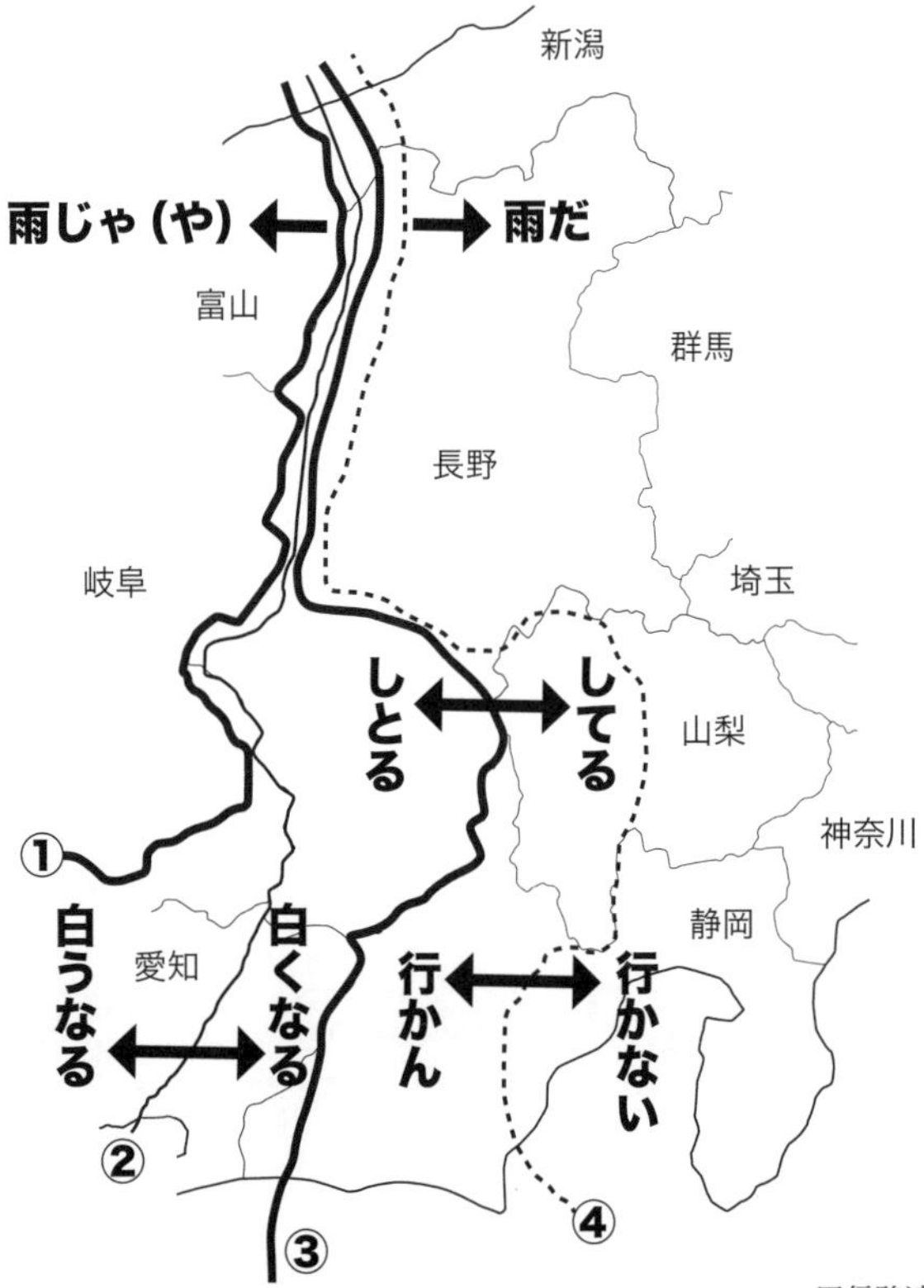

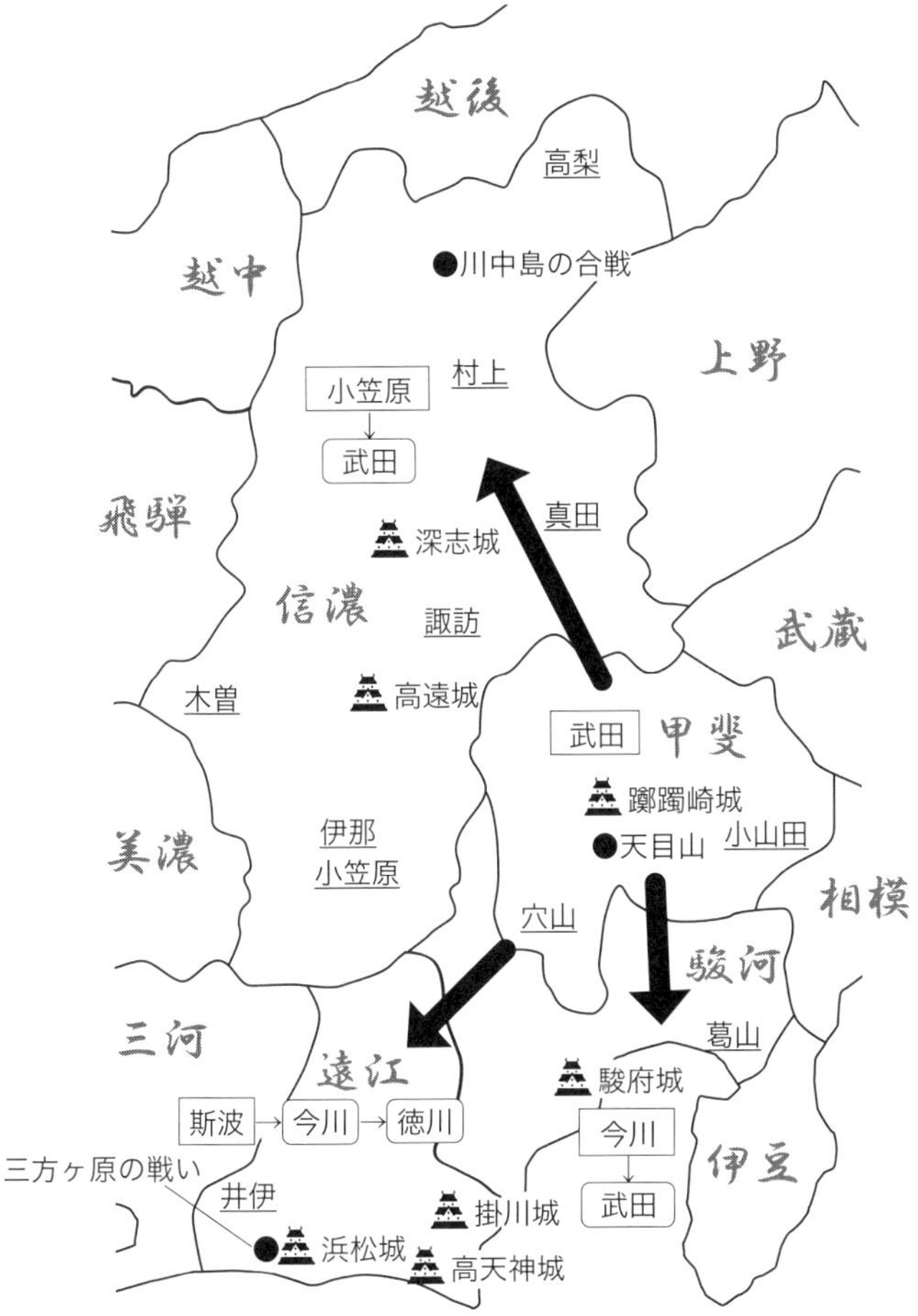
越後
高梨
越中
川中島の合戦
上野
村上
小笠原
武田
飛騨
真田
深志城
信濃
諏訪
武蔵
木曽
高遠城
武田
甲斐
躑躅崎城
美濃
伊那
小笠原
天目山
小山田
相模
穴山
駿河
三河
葛山
遠江
駿府城
斯波
今川
徳川
今川
武田
伊豆
三方ヶ原の戦い
井伊
掛川城
浜松城
高天神城

田城攻めで時間を取られ、木曽路の途上で関ヶ原の結果を知ったという。東海道と異なり、中山道はなかなか文人による紀行文がないが、東北の章で取り上げた前田慶次が米沢までの途上に中山道を通っており、木曽路で木曽義仲と巴御前の伝説に触れるなど紀行文を残している。

中山道を受け継ぐ形で、現在は鉄道の中央本線と高速の中央自動車道が設けられているが、リニア中央新幹線の建設で徐々に注目が高まりつつある。東海道新幹線の補完として建設されているが、いずれ東海道を上回る旅客数になるかもしれない。また長野新幹線が延伸して北陸新幹線となることで、日本海側の道も注目を集めている。

室町戦国史では、甲・信・静岡は関東の影響を多く受けたが、後に織田・徳川など東海地方の勢力の影響が及んでくる。一方、北陸は京都など畿内の影響が強かった。これも織田信長が京都を支配した後にその影響が及んでくるのである。現在の交通路を念頭に、室町戦国史を語っていこう。

山梨県（甲斐国）

山梨県に行くには、東京からだと中央線に乗り、新宿から特急あずさに乗って甲府には2時間足らずで行ける。今では行政や経済などでは関東地方の一部という面が強い。また埼玉県とは奥秩父山塊に隔てられているが、1998年に国道140号雁坂トンネル開通で自動車やバスでの直接往来が可能となった。

県域は南に富士山、西に赤石山脈（南アルプス）、北に八ヶ岳、東に奥秩父山地など、標高2000m〜3000mを超す山々に囲まれる。山梨県の8割を山岳地が占めるため可住地面積は全国45位である。国道20号線が東京から通じているが、これがかつての甲州街道である。これに沿う形で高速の中央自動車道が敷設されている（長野県に入ってからは、旧中山道のルートに沿って岐阜県に向かう）。長野県とはJR中央本線で諏訪方面に向かう。私は旅行で山梨に行く際に、名古屋から東へ向かう経路でこの路線を通った。

静岡へは、特急ワイドビューふじかわで2時間10〜20分と言ったところである。国道52号線が富士川に沿って静岡県に至る道である。これに並行する形で高速の中部横断自動車道が整備されており、いずれは長野県東部とつながることになっている。

このように山梨県は、交通路で見ると関東とつながっており、さらに隣接する長野県、静岡県とつながっ

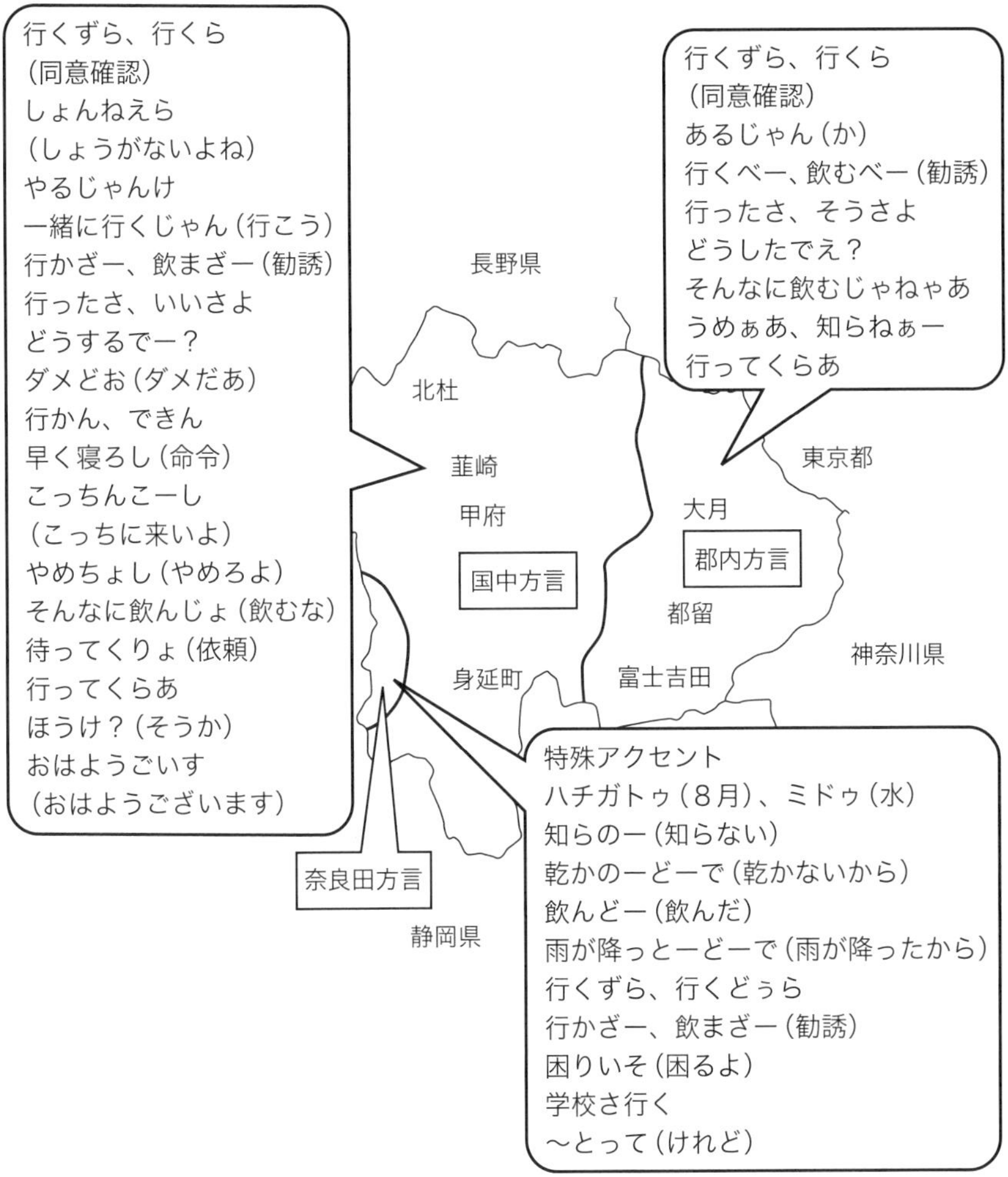

ている。これが方言と室町戦国史に大きく関係している。

山梨の方言は「東海東山方言」に属すが、特に長野・静岡の方言とよく似ており、合わせて**ナヤシ方言**とも言う。以下では甲府市など西部の「国中方言」を中心に説明するが、県内は東部の「郡内方言」（大月市、都留市、富士吉田市など）、西南部の「奈良田方言」とで三分される。郡内は中央自動車道で言えば笹子トンネルより東側で、郡内の中心都市である大月へは甲府から中央本線で50分というところである。ここから富士吉田までも富士急行線が敷設されている。また奈良田は行政的には「早川町」であり、アクセスはＪＲ身延線の特急ふじかわから路線バスに乗り換えて奈良田温泉のバス停まで移動することになる。南アルプスの一角である赤石山地に面している。

山梨は東側が関東に接していることから東京語も含む西関東と多く共通点があるが、否定の助動詞は郡内で「にゃあ（ねえ）」、国中では西日本式に「〜ん」を用いる。このため同意確認の「〜じゃん」を古くから使っている。「じゃん」の伝播については、生糸の輸出のために甲州商人が横浜に行くことが多かったから、山梨から横浜、そして東京へと伝わったという。神奈川とのアクセスは、現在なら東京都の八王子まで八王子線で行き、そこからＪＲ横浜線か相模線でということになる。かつては甲州街道で神奈川県に出て、その後に相模川を下っていく道があった。

山梨県の方言（甲州弁）の代表が、動詞の推量形「〜ずら、ら」である。江戸時代に甲府藩家臣の随筆でも「〜ずら」が収録されており、現在では「〜ずら」は衰退傾向だが、若者でも「〜ら」を使っている（言ってたら＝言ってたよね、でしょう）。しかしこれは国中の話で、郡内では関東と同じ「べえ」を用いる（南西部の早川町奈良田では「〜どぅら」など古風な発音をする）。

ほかに意志・勧誘は郡内で「〜べえ」だが、国中は「〜ず、ざあ」（どう書かず＝どう書こうか、行かざあ＝行こう等）を用いる。禁止の終助詞「ちょ」（そんなに飲んじょ＝飲むな）、命令表現につける文末詞「し」（ちゃんと勉強しろし等）などは独特で、よく話題に上がる。このような独特の特徴の理由として「戦国大名の武田氏がスパイ対策で言葉を分かりにくくした」という俗説が信じられている。確かに近隣の静岡や長野でも見られない表現ではある。

大河ドラマ『武田信玄（１９８８年）』と『風林火山』（２００７年）では甲斐の庶民の言葉が甲州弁であり、特に後者では敬語の「〜ごいす」（ございます）が話題になった。なお、津本陽の小説『武田信玄』では信玄ら武田家の武将も「～する所存ずら」など、漢語や古文を交えて甲州弁で話している。

甲斐と言えば**武田信玄**で、甲府駅に銅像があるなど山梨県のシンボルである。武田氏は平安時代の源義光から続く名家で、源頼朝の挙兵に武田信義が参加し、鎌倉期から甲斐守護だった。しかし室町期には内紛や外部からの侵入もあり、必ずしもスムーズに戦国大名になったわけではない。甲斐の地理的位置は関東に接すること、甲斐内部で複数勢力が分立していることをポイントとして考えて以下で説明していく。また武田氏の展開については、家中構造と外交戦略という観点から説明していく。

なお戦国期の甲斐と武田氏には同時代史料が多く、室町から戦国期にかけて甲斐の僧が著した『勝山記』という年代記が当時の村落の様子や武田氏の領国支配の実態を記したものとして史料価値が高い。また信玄の家臣・駒井高白斎による『高白斎日記』も家中内部の記録として重要である。

室町期の甲斐は鎌倉府の管轄で、甲斐守護の武田氏は鎌倉に在勤し、関東政局の影響を強く受けた。現在の甲府から鎌倉へのアクセスは、新宿行の特急あずさで八王子、その後は横浜線に乗って横浜を経由、さらに横須賀線で鎌倉まで2時間半という所要時間である。当時も甲州街道で八王子に出て、そこから鎌倉街道で南東方向に進んだと思われる。1415年に前関東管領の上杉禅秀の乱が起こったが、武田信満はその岳父だったことでこれに荷担し、鎌倉公方持氏から討伐された。その子・武田信重は京都に逃れて幕府の支援を受けたが、守護不在の甲斐では鎌倉公方が支援する国衆勢力が台頭したことから20年以上入国できなかった。鎌倉公方持氏の滅亡を受けて、1440年代に武田氏が復帰した後も守護代の跡部氏が実権を握っていたが、武田信昌が跡部氏を排斥したことで「下克上」を防ぐ「上克下」で権力を確立した。後に武田氏が「戦国大名」になるにあたっては、本国に復帰し、国内の実権を掌握したことが大きい。

応仁の乱の際には、信濃勢が甲斐に侵入したが撃退に成功。しかし1480年代から守護・武田信縄（信玄の祖父）とその弟・油川信恵の相続争いが起こり、双方に武田家中や甲斐国衆が分かれたほか、対外勢力で関東管領・山内上杉氏、駿河の今川氏、相模の北条氏が介入し、北条早雲が1495年に甲斐に侵入している。この争いには関東での両上杉の対立、そして古河公方と伊豆の堀越公方の争いも関係していたが、この際の敵味方関係がその後も武田の外交戦略に影響した。

武田内の争いは信縄の勝利となったが、1507年に**武田信虎**（信玄の父）が若年で跡を継ぐと、油川氏が再挙し、郡内（東部）の国衆・**小山田氏**がこれに付く。少し後に今川氏が、河内（甲斐西南部）の国衆で武田一族でもある**穴山氏**を後押しして甲斐に侵入を繰り返した。こうした中で1521年に今川軍が穴山氏の手引きで現在の国道52号線、すなわち富士川に沿うルートで甲府まで進軍したが、これを武田信虎は撃退した。この最中に甲府市北部の要害城で信玄が誕生している。

さて方言の区画でも東部と西部が独自であることは述べたが、戦国期の甲斐も東部の小山田氏と西部の穴山氏は自立性が高かった。信虎は軍事的にこれらを破って甲斐を統一、小山田と穴山の領内は自立性を保ちながらも武田家中への統合を深めた。後に小山田は対北条との最前線となり、北条と同盟関係になるとその取次となる。なお、小山田氏の居城として知られるのは、甲府から中央本線を東に向かっていく大月市の岩殿城である。標高630mの岩殿山に築かれた山城で、相模川水系の桂川と葛野川が合流する地点の西側に位置する。この水系から小山田領が北条領とつながることが分かる。頂上の南側は高さ150mの崖で、平坦地を挟んで急角度で桂川まで落ち込んでいる。山頂からは富士山が望める。アクセスは、大月駅から徒歩1時間。

また穴山氏の領内である西南部は「河内」と呼ばれ、南巨摩郡を中心としている。居城の下山館（身延町）は釜無・笛吹川が合流した富士川が南北に流れ、駿河への街道が通じる場所にあった。この地理条件から穴山氏も今川氏の取次役となった。現在ではＪＲ身延線の沿線である。穴山領では木材や金を産出し、板材加工業や鷹の飼育が盛んだった。方言区画では河内の大半は「国中方言」に含まれるが、「奈良田方言」は河内の西端に当たる。下山館は現在本国寺となっており、城の遺構はなく石碑のみが残る。境内に穴山八幡神社があり、穴山信君（梅雪）が祀られている。アクセスは、甲府から身延線・富士行で1時間15分の波高島駅から徒歩40分。

甲斐国の守護所はもともと石和館（甲府市川田町・笛吹市石和町）にあったが、1520年頃信虎が甲府市街北部の**躑躅ヶ崎館**（現在の**武田神社**）に移転した。館は甲府盆地の北端にあり、東西を藤川と相川に囲まれ、背後に要害山城を配置した構造になっている。東西約200ｍ、南北190ｍの中世式の武家館だが、空堀、馬出しなどの甲州流の築城の特徴が表れている。現在の武田神社は明治に建立されたが、武田氏の居城時代の建築構成の名残りをとどめており、戦国期の居館の構造を知る格好の素材である。アクセスは、甲府駅北口からバスで8分の「武田神社」下車。

信虎は今川氏を撃退した後に家臣とともに**身延山久遠寺**（日蓮正宗の本山）へ参詣、**富士山**登山も行っている。甲斐の平定を成し遂げ、自身の権威を確立するための宗教的示威行為であると考えられている。武田領内では富士山と身延山が巡礼地として知られており、武田は特に富士参詣者への通行料を有力な財源としていた。身延山は鎌倉後期に日蓮が晩年を過ごした場所ということで、日蓮正宗の本山として現在まで続いている。当時は穴山氏の領域だった。身延山久遠寺へのアクセスは、甲府からＪＲ身延線の特急に乗って1時間の身延駅で下車、駅から身延山（門前町）までバスで12分。また富士山へは、大月駅から富士急行線の河口湖駅まで50分かけて行き、そこからバスということになる。富士山の手前に富士浅間神社（富士吉田市）がある。こちらは小山田氏の領域である。

1530年代半ばまで信虎は西関東を支配する両上杉と同盟し、北条や今川と対立を続けた。嫡男・晴信（信玄）の最初の正室に扇谷上杉朝興の娘を迎えたのがその一例だが、彼女は一年後に死去して同盟は自然解消となる。扇谷家は当時武蔵国（埼玉県と東京都）を領土としていたので、武田と扇谷両家の往来はJR中央線から八王子付近でJR八高線を北上するルートを取ったかと思われる。1536年信虎は今川氏の相続争いに介入し支援した義元が勝利すると、両上杉から今川へと同盟相手を組み換えた。そのあかしに信虎の娘（信玄の姉）が義元の正室になり、さらに義元の斡旋で晴信の正室に公家の三条氏の娘を迎えることになった。この後、信虎は諏訪氏や村上義清と同盟し、信濃進出を始めた。甲斐から信濃中部の諏訪方面へは当時の甲州道中、現在の中央自動車道とJR中央本線のルートである。東信濃の佐久方面へは国道141号線か、電車では小淵沢から小海線のルートがある。

1541年信虎が今川義元と会うために駿河国へ訪問したが、数日駿府に滞在して帰還の途に就くと晴信は国境を封鎖して信虎を甲斐から追放した。前述のように甲府から静岡市へは特急ワイドビューふじかわで2時間10~20分の距離だが、当時は一日の行程だったようである。父親追放は上杉謙信など敵対者から「信玄の悪逆」の一例とされたが、信玄のクーデターは**板垣信方・甘利虎泰**ら譜代家臣の一致した支持があった。背景には、信虎の度重なる外征で農民や国衆に重い負担が課された不満が蔓延していたことで、この追放劇は領民からも歓迎されたという

こうして甲斐国主となった**武田信玄**は、対外的には信濃侵攻を進めた。最初に標的となった諏訪へは、JR中央本線で下諏訪駅まで1時間10分ほどである。その後も信濃各地に出兵して勢力拡大を進めた。少し

後の１５５３年に今川および北条氏と「三国同盟」を結んだ。たまたま三者の息子・娘が同世代だったことから、このような同盟関係となったが、隣接する三者の同盟で外延的な拡大戦略が進められたのである。武田は信濃の大部分を制したが、北信濃地域の領有を巡って越後の上杉謙信と１５５０年代から６０年代に至るまで５度にわたって戦った（**川中島の戦い**）。ちなみに甲府から川中島のある長野市までのアクセスは、中央本線で塩尻へ行き、そこから特急ワイドビュー信濃に乗り換えて２時間半といったところである。高速道では中央自動車道から岡谷付近で長野自動車道に乗り換えるというルートである。

信玄は内政では治水や金山開発など行って財力を強化し、分国法として有名な『**甲州法度**』を制定した。治水工事で有名なのが甲府市の西を流れる釜無川（少し南で富士川と合流）で、その流域である竜王町に**信玄堤**が今も残る。また北東部の埼玉県境付近にある甲州市で、**黒川金山**という武田氏によって採掘された金山の跡がある。ＪＲ塩山駅から北へ国道４１１号線（青梅街道）を行き、大菩薩峠の北にある。採掘を行った「金堀衆」は高度な技能を持ち、戦場での土木工事でも貢献した。そしてこれらの金山で採掘量を増加させ、鋳造した金を領内で流通させることで武田軍の軍資金としたのである。江戸期に入っても信玄が鋳造させた「甲州金」は名声を博した。こうしたことから富士五湖の一つ本栖湖付近で滅亡寸前の武田氏が「埋蔵金」を残したという伝説がある。なお、武田氏の年貢賦課では「棟別銭」という税が中心だったのが特徴である。北条氏などでは村ごとに田の面積から年貢の賦課額（貫高）を算出していたが、武田氏は村の家数から村全体の年貢高を決定して一軒ずつに割り当てて課していた（家についても「本屋」「片屋」「新屋」という等級別に賦課が分かれていた）。甲斐では田の面積が大きくないという地域性を考慮したと言われている。農業生産力の高くない甲斐では年貢の負担は軽くなかったはずだが、信玄が内政に尽力したことと、他国への拡大行動で成果を上げたことが不満を抑制したのだろう。

家中組織では「**武田二十四将**」と知られる有力武将が活躍した。板垣信方など譜代宿老や一門で弟信繁がこれに入るが、**馬場信春**や**春日虎綱（高坂弾正）**など低い身分から取り立てた者もいる。際立った例が「軍師」**山本勘助（管助）**である。近年は実在が証明されたが、役割について議論がある。

今川が衰退した後は織田信長と同盟し、四男勝頼の正室に信長の姪である遠山氏を迎えた。今川との同盟打ち切りには長男・義信（正室が今川義元の娘）とその側近・**飯富虎昌**が反対して1565年にクーデターを画策したが、発覚して粛清されるなど家中に動揺が広がった。やがて1567年に武田は富士川沿い（JR身延線のルート）に進軍して今川を破り駿河を領有。これに北条氏は反発して後方を突いたが、逆に武田は北条の本拠小田原城を攻撃し、武田優位の再同盟を結んだ。小田原からの帰途に三増峠で待ち伏せていた北条軍を返り討ちしたことは神奈川県の項で述べた。武田軍の帰還ルートはJR相模線にほぼ相当する。現在の通常アクセスなら、小田原から小田急特急で町田まで、その後は横浜線で八王子まで行き、中央線に乗り換えて2時間半という行程である。関東の大部分を領する北条を撃破したことは武田の戦力が強大だったことを示している。

1572年になると足利義昭の要請や、朝倉や本願寺との同盟により西上作戦を開始した。動機については上洛と言われたが、近年は東海地方での領土拡大という説が有力になっている。しかし以後、徳川、さらに織田と決定的に敵対関係となった。信濃から遠江（静岡県）を攻めて徳川家康を破ったが（三方原の戦い）、翌1573年に信玄が病死したため、武田軍は甲斐国に撤退した。

信濃諏訪氏の家督を継いでいた勝頼（母が諏訪氏の出身）が武田姓に復し当主となったが、重臣達との関係が円滑ではなく、側近重用の傾向が後に影響した。勝頼はその中で遠江の徳川領に侵入して領土を拡大したが、1575年奥三河（愛知県）での長篠の戦いで織田・徳川連合軍相手に1万人以上の死傷者を出すなど大敗北を喫した。この時馬場信春、山県昌景、内藤昌豊など有力武将が討ち死にして家中組織が弱体化してしまった。1578年越後で上杉謙信死後の相続争い（御館の乱）で、勝頼が支援した景勝が勝利し後に妹の菊姫を嫁がせて同盟を結んだが、北条氏との関係が険悪化して衝突に至る。北条に対しては優位に立っていたが、1581年徳川軍によって遠江を奪われ国衆は大きく動揺した。

一方、同年に勝頼は**新府城**（韮崎市）を築城し本拠を移転した。新府城は、八ヶ岳の一部を釜無川と塩川が侵食して形成した七里岩台地上に立地する平山城で、甲州流築城術の特徴である丸馬出しや三日月堀のほか、鉄砲出構という敵に鉄砲を撃ちかける防御施設もあった。新府城のある韮崎は甲府盆地北西端だが、拡大した武田領国では中枢に位置し、信濃や駿河への街道が交差し、釜無川の水運も利用できる交通の要衝でもあった。現在は本丸跡に藤武稲荷神社が建立されている。近くでは八ヶ岳が望める。アクセスは、甲府から北西方向へ中央本線で向かい、韮崎の一つ前の新府駅で下車（所要15～20分）、駅から徒歩10分で登山口。

1582年信濃の木曾義昌（信玄の娘婿）が織田に内通したことをきっかけに、**信長の武田攻め**が始まった。信虎以来絶えてなかった、本国甲斐への他国軍の侵攻である。織田軍は信濃高遠から甲斐に侵入したが、この進軍路は中央線あるいは中央自動車道のルートと考えられる。すでに**穴山梅雪**は内通し、小山田信茂も織田方に付いたことで、勝頼は追い詰められ大月近くの**天目山**で自害した。この裏切りについては、穴山が甲斐西部、小山田が東部の自立的な国衆だったことが関係している。こうして最盛期には、甲斐・信濃・駿河・上野・遠江と三河・美濃・飛騨の一部と9カ国を領した甲斐武田氏は滅亡した。なお天目山は甲州市にあり、甲府から東に向かって中央本線なら甲斐大和駅が最寄、車なら勝沼ＩＣで降りると近い。また武田の菩提寺である**恵林寺**（甲州市）は武田滅亡の際に織田軍に焼き討ちされ、降伏を拒んだ快川紹喜和尚が「心頭滅却すれば火もまた涼し」と火中に身を投じた逸話で知られる。恵林寺は現在でも臨済宗の寺として健在で、国の名勝となっている庭園や信玄公宝物館で知られる。アクセスは、甲府駅から東へ特急で15分の塩山駅からバスで15分。

信長による征服後、甲斐は穴山氏が本領を安堵されたほか、大部分は河尻秀隆が管轄した。しかしすぐに本能寺の変が起こり、甲斐でも武田旧臣の地侍らの一揆が起こって河尻は敗走。そこで徳川と北条が旧武田領に侵入し、甲斐の若神子で睨み合った後に和睦して甲斐と信濃は徳川領となった（**天正壬午の乱**）。徳川氏は駿河から富士川をさかのぼるルートで甲斐を制圧し、戦後に徳川譜代の家臣を派遣した。東部（郡内）に鳥居元忠、中央部の国中に平岩親吉を配置するという体制である。さらに家康は武田旧臣を多く召し抱え、井伊直正の組下とした。その代表としては土屋氏、柳沢氏がいる

秀吉の天下統一で家康が関東に移った後は**浅野長政**など豊臣系大名が配置され、この時に**甲府城**が建設された。甲府城は近世城郭で、石垣や白壁が築かれている。天守台はあるが、実際に天守閣があったか議論がある。明治に廃城・解体した後は中央本線の開通で敷地が分断され、その後も石垣以外はほとんど手付かずの状態だったが、21世紀に入って櫓や城門などが復元された。甲府駅南口から徒歩5分の距離で、駅からも石垣が見える。

武田の末裔では信玄の次男・竜芳の子孫が生き残り、徳川将軍に高家として仕えた。

江戸期には戦国武田氏の記録として軍記物『**甲陽軍鑑**』が書かれ、それを基に甲州流軍学が成立。徳川家康を破ったこともあり、信玄の名声がこの流派から伝えられた。

長野県（信濃国）

東京から長野市は長野北陸新幹線で1時間20〜30分、上田へは新幹線はくたかで1時間20分と近い。上田の手前が軽井沢で東京からの避暑客のメッカとなっているのはよく知られている。しかし長野市は県内ではかなり北寄りに位置し、新潟県と近い。新幹線の路線もあくまで東部と北部のみ通ることを押さえておきたい。ちなみに新幹線以前は信越本線で3時間以上かかった。中南部に視点を移すと、多くは山梨を経由するJR中央線で行くことになる。まず松本へは東京駅からなら3時間超だが、新宿は中央線でダイレクトに行けるので特急あずさで所要2時間40分。下諏訪へは2時間半である。南部の飯田へは新宿から特急に乗り、下諏訪や岡谷で飯田線に乗り換えるので5時間超かかる。ちなみに飯田は名古屋の方が近く、電車なら飯田線で愛知県の豊橋に行き、そこから新幹線に乗って4時間20分だが、高速バスなら2時間超で行ける。一方、松本—名古屋間は中央線のワイドビューしなので2時間10分と東京より近いが、本数の多さから住民の東京志向は明らかだ。

このような交通路の違いは、河川の流域と街道のつながりに関係している。北東部は新潟から流れる信濃川が「千曲川」と名を変えて流域となっている。この千曲川が武田信玄と上杉謙信の合戦で有名な川中島（長野市）から分岐して、犀川が中部に向かって流れる。北西部は新潟県西端の糸魚川に向かって、姫川が流れている。南東部は諏訪湖から天竜川が流れて静岡県に向かい、南西部は木曽川が岐阜県に向かう、という具合である。河川の流域はかつては「塩の道」だったが、現在は海水浴でどの海に行くかというルートとして継承されていると思われる。

中山道は今の中央線や中央自動車道のルートとは少しズレがあり、群馬県へと通じて、江戸＝東京に向か

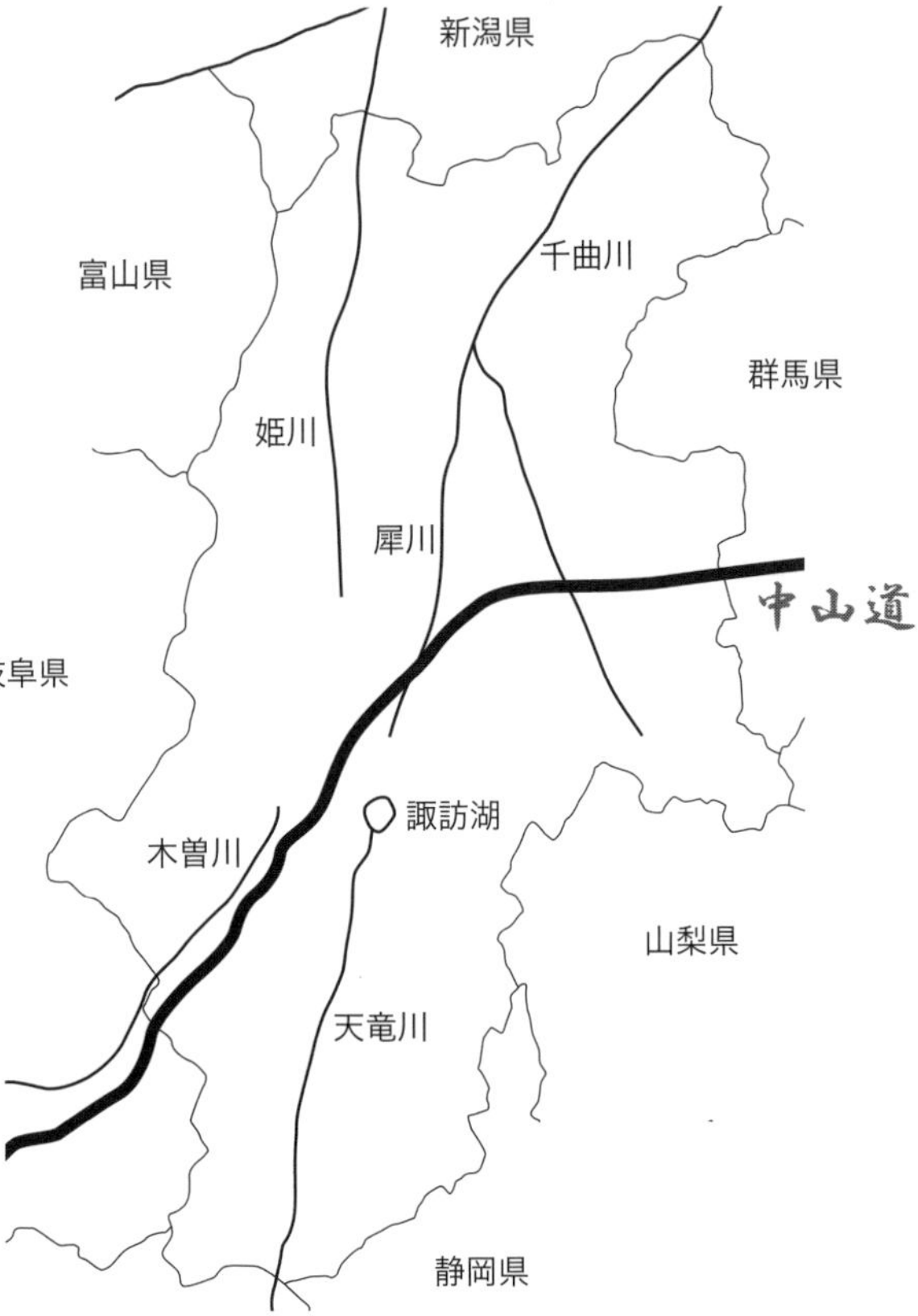
新潟県
富山県
千曲川
群馬県
姫川
犀川
中山道
岐阜県
諏訪湖
木曽川
山梨県
天竜川
静岡県

うルートを取っていた。また南西部から岐阜県を経由して京都に向かうということで、この街道は東京方面と京都方面へ人の流れが分かれ、さらに県内の生活圏を分けていた。また南部の飯田では天竜川から南西方向に愛知県の三河へ通じる三州足助街道が通っていた。長野県の方言と歴史を考える場合、関東と東海・近畿とのつながり、そして県内の多様性という2つのポイントを留意すると分かりやすい。

長野県は交通路で見たように大部分の地域で地元民の東京志向が強く「信州の方言はごく一部の語彙を除けば、東京語とほぼ同じだ」と錯覚している者は多い。若者ほど共通語化している から、外部者が方言に触れる機会があまりない。

信州の方言は大きく見れば東日本方言に属し、アクセントが東京式、断定詞「〜だ」、「ない」→「ねー」などの連母音融合などもともと関東との共通点は多い。動詞の進行形「〜(し)てる」、否定形「〜(し)ない」は北中部で言うが、南部になると「〜とる」「〜ん」など西日本的な特徴が混じってくる。

独自の特徴としては、動詞の推量形「〜ずら、ら」を大部分の地域で使うことである(「〜ら」も併用、行くら=行くよね等)。これは山梨県と共通し、両県のつながりの深さが見える。ただし北部では「〜だらず」、東部の一部で「〜べー」を使用、南部の若者が「〜だら」に変えているといった違いがある。他に動詞の意思・勧誘形もこれに類し、北部で北部・東部・中部で「〜ず」(「行かず=行こう」等)、南部で「〜まいか」(行かまいか等)と言う。南部の表現は東海地方とかなり共通している。ちなみに栄村の奥信濃方言はかなりな程度新潟に新潟県方言と共通性がある。アクセスでも上越新幹線で越後湯沢からバスで行くというルートが採られるなど、隣接する新潟県と関係は深い。

このように信州の方言は、大きく見れば東日本の一部だが、西日本の影響も一部受けている、さらに周辺諸国の方言の影響も受けているということが言える。

信州全体の方言区画は、おおむね北部(長野市など)、東部(上田市や佐久市)、中部(松本市、諏訪市)、南部(飯田市や木曽地方)、さらに越後に接する北西端の「奥信濃方言」と五区分される(通常の地域区分とはズレがある)。

「〜だよ」に当たる言い方では、松本などで「〜だじ」、諏訪で「〜だえ」、伊那や飯田で「〜だに」など地域差がある。地元民が今でもよく使う「ずく(根気、やる気)」が全県で使われ、県民性を表す言葉としてもよく使われる。私も長野駅で若者同士が「あいつ、「ホント〝ずくなし〟だよ!」と言っているのを聞いて驚いたこ

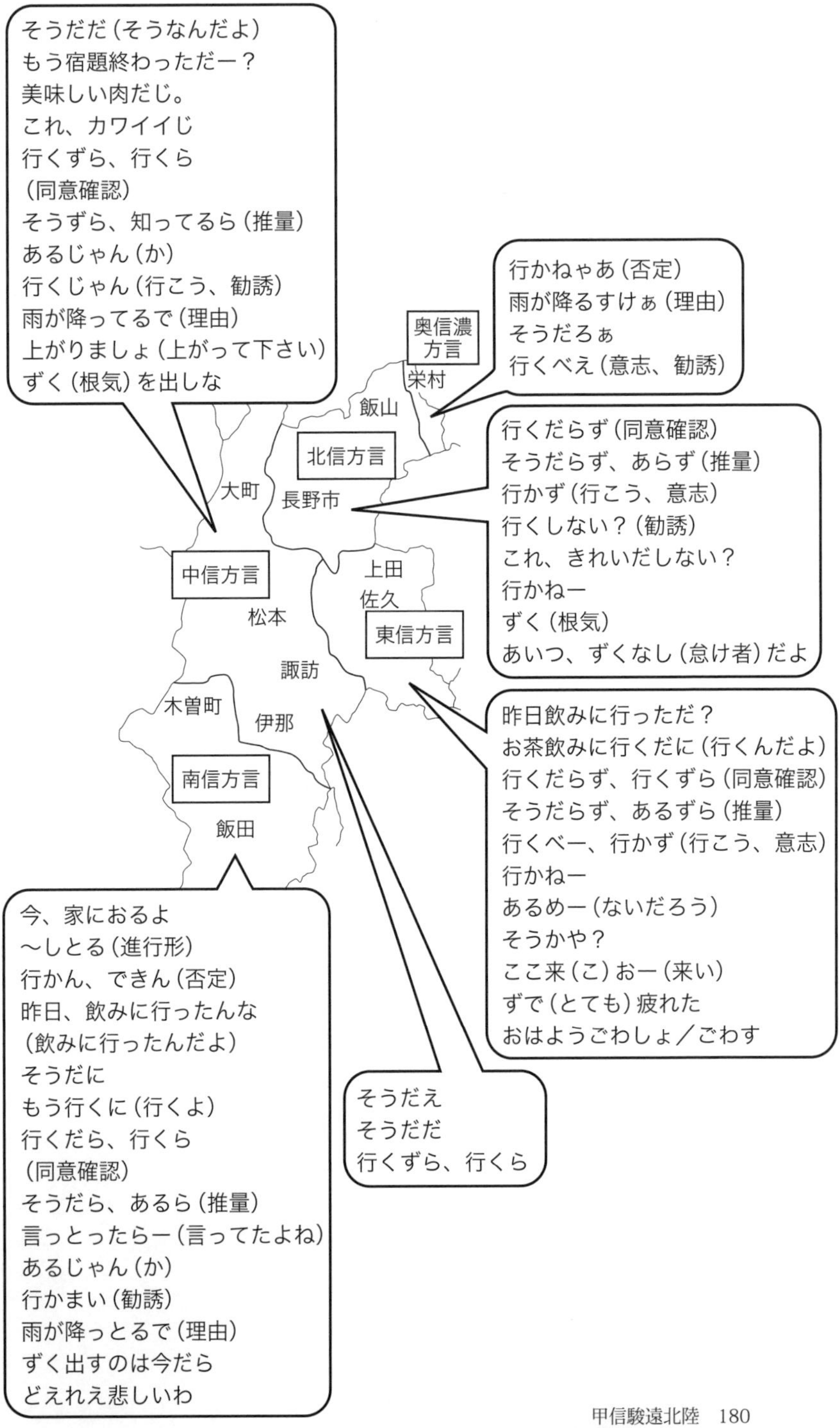
そうだだ（そうなんだよ）
もう宿題終わっただー？
美味しい肉だじ。
これ、カワイイじ
行くずら、行くら
（同意確認）
そうずら、知ってるら（推量）
あるじゃん（か）
行くじゃん（行こう、勧誘）
雨が降ってるで（理由）
上がりましょ（上がって下さい）
ずく（根気）を出しな
行かねゃあ（否定）
雨が降るすけぁ（理由）
そうだろぁ
行くべえ（意志、勧誘）
奥信濃方言
栄村
飯山
北信方言
大町
長野市
行くだらず（同意確認）
そうだらず、あらず（推量）
行かず（行こう、意志）
行くしない？（勧誘）
これ、きれいだしない？
行かねー
ずく（根気）
あいつ、ずくなし（怠け者）だよ
中信方言
上田
佐久
松本
東信方言
諏訪
木曽町
伊那
南信方言
飯田
昨日飲みに行っただ？
お茶飲みに行くだに（行くんだよ）
行くだらず、行くずら（同意確認）
そうだらず、あるずら（推量）
行くベー、行かず（行こう、意志）
行かねー
あるめー（ないだろう）
そうかや？
ここ来（こ）おー（来い）
ずで（とても）疲れた
おはようごわしょ／ごわす
今、家におるよ
〜しとる（進行形）
行かん、できん（否定）
昨日、飲みに行ったんな
（飲みに行ったんだよ）
そうだに
もう行くに（行くよ）
行くだら、行くら
（同意確認）
そうだら、あるら（推量）
言っとったらー（言ってたよね）
あるじゃん（か）
行かまい（勧誘）
雨が降っとるで（理由）
ずく出すのは今だら
どえれえ悲しいわ
そうだえ
そうだだ
行くずら、行くら

とがある。また若者でも「気がつきにくい方言」が数多く存在し、「行こう」など誘いのことばで長野市は「行くしない」、松本などで「行くじゃん」と言ったりしている。

長野県民なら誰でも歌える県歌『信濃の国』の歌詞に「信濃の国は十州に境連ぬる国にして」で近隣との関係が示され、「松本、伊奈、佐久、善光寺四つの平は肥沃（ひよく）の地」で県内の主要な平（盆地）の名で地域間の違いを表している。「信濃＝信州」というブランドは全県で共有されているが、前記の特徴は方言だけではなく、室町戦国の歴史でも示されている。戦国史の場合、方言区画で分けられた各地域に国衆がいて、その帰趨が武田など大勢力の進出に大きな影響を与えたのである。

信濃は鎌倉時代から中山道を通じて関東との繋がりを深め、鎌倉幕府滅亡時に北条高時の息子時行、室町期でも鎌倉公方滅亡後に足利成氏（後の初代・古河公方）が亡命している。在地勢力については、南北朝時代に南朝方の**諏訪氏**らと北朝方の**小笠原**、**村上氏**との間で抗争が繰り広げられた。室町期の信濃は鎌倉公方と将軍、関東管領の対立が大きく影響を及ぼし、中山道が東西に通じていることから関東と京都のパワーゲームがぶつかる場となった。信濃守護は**小笠原氏**が任じられたが、在地豪族の村上氏と大文字一揆（北部、東部、中部の国衆連合）と争いになり、守護小笠原長秀は京都へ追放された。6代将軍義教により復帰したが、1450年前後に小笠原氏の家督相続争いと幕閣の畠山・細川氏の対立が絡んで、小笠原氏は府中（松本）と伊那に分裂した。小笠原氏の状況は甲斐の武田とも共通するが、信濃はより広大なために諸勢力分立状況が加速された。

応仁の乱では木曾、伊那小笠原、諏訪氏などが東軍、府中小笠原氏が西軍についた。この後信濃でも国衆による抗争が激化し、以下のような勢力分布になった。埴科郡を拠点に北部や東部に勢力を拡大する村上氏、信濃守護として幕府と強い繋がりを持ち中部に拠った小笠原氏（府中）、諏訪大社の神官が武士化した諏訪氏、木曽谷に拠った**木曽氏**（木曽義仲の子孫を自称）らが代表格で、この4氏を「信濃四大将」と呼ぶ。ほかに奥信濃の高梨氏、東信の海野氏、南信州の伊那（松尾）小笠原、高遠諏訪氏が有力だった。この後、伊奈小笠原が三河や美濃、海野氏が関東、高梨氏が越後と隣国の勢力と関わりを深めたが、これが信濃の分裂と外部勢力の侵攻を許した。これら国衆の勢力分布がある程度方言区画とオーバーラップし、また国衆の進出経路から近隣県とのつながりが見えてくる。

戦国期の信濃については、武田の進出、そして真田氏の発展がキーワードとなる。大河ドラマ『風林火山』では、信玄の信濃攻略と川中島に至る経過が描かれるとともに、真田氏ほか信濃国衆にもスポットが当たっていた。

甲斐の武田信虎が1530年代後半から信濃進出を図り、北信の村上氏と示し合わせてJR小海線から信越本線のルートで東信濃の小県郡（上田市など）に侵攻、在地の名門・海野氏を駆逐した。なお海野氏の一族で**真田氏**があり、海野平の戦いの際に**真田幸綱（幸隆）**は国道144号線のルートで群馬県域に入り、関東管領・上杉憲政の家臣長野業正の下に身を寄せているが、1540年代後半に武田に帰服した。真田氏の最初の本拠地・真田郷（上田市真田町）には、真田一族の墓がある長谷寺、真田氏の当初の居城である真田本城跡、居館跡である「御屋敷公園」と「真田歴史館」、忍者の修行の場所と言われる角間渓谷など多くの観光名所がある。アクセスは、上田駅からタクシーで15分。

1541年に甲斐で**武田信玄**への当主交代が起こると、甲斐に接する諏訪がまず標的となり、信玄は当時の甲州街道、現在の中央本線のルートで上諏訪に進軍。信玄の妹婿でもある諏訪頼重が滅ぼされた。信玄は頼重の娘を側室とし、彼女から四男・勝頼が生まれて後に諏訪氏を継がせた。諏訪氏の本拠は上原城（茅野市）だったが、しばらく後に出城だった高島城が武田氏の統治拠点となった。上原城は金毘羅山（標高978m）の山頂にあり、現在は主郭や土塁、曲輪、空堀などの遺構が残されている。アクセスは松本から特急で30分の茅野駅から徒歩1時間。城下町には諏訪大社上社がある。諏訪高島城は茶臼山にあったが、武田氏によって現在の場所に移され、山本勘助により改修されたという。かつては諏訪湖に突き出した立地で、湖水が堀の役割を果たしたことで「諏訪の浮城」と呼ばれていたが、江戸期に諏訪湖の干拓で埋め立てられた。高島城も豊臣期や江戸期で近世城郭として大幅に改修され、武田氏時代の面影はない。続日本百名城の一つ。アクセスは、松本から特急あずさで22分の上諏訪駅から徒歩10分。なお、本殿の大綱と御柱大祭で知られる大社の下社秋宮は、下諏訪駅から徒歩10分である。諏訪大社はいずれも武田信玄が諏訪の人心掌握のためもあって手厚く保護したことでも知られる。

続いて小海線から信越本線のルートである東信濃に進攻した。ここでは国衆が何度か反抗し、彼らの要請にこたえて上野（群馬県）から長野新幹線のルートで上杉憲政が攻めてきたが、信玄はこれを破った。東信濃では笠原氏の志賀城（佐久市）で、城兵を皆殺しの上、捕虜を奴隷として売るなど凄惨な行為が目立った。この後さらに信越本線のルートを北西に進んで、北東部の大勢力である**村上義清**との戦いでは二度にわたっていずれも上田市内で敗れるなど苦戦した（一度目は1548年の上田原の合戦で重臣の板垣信方・甘利虎泰が戦死、二度目は1550年に戸石城を攻めたが撃退される）。しかし1551年に村上の防衛拠点・戸石城を真田幸綱の計略で落とすと攻勢に転じ、本拠地・葛尾城も落とされて村上義清は越後に逃れた。村上氏を破ったことで、武田領は東信濃から北信濃にまで広がることになった。

戸石城（砥石城）は上田市にある東太郎山（標高1300m）の尾根上に築かれ、南の上田平や北東の真田郷、南東に北佐久を一望できる。西側には神川が南西へ流れて、千曲川と合流している。上野や甲斐への街道が通じており、村上氏の本拠を南から守る防衛拠点として最重要視された。いくつかの城砦からなる複合型の山城で難攻不落を誇っていたが、武田氏が陥落させ、真田幸綱が守ることになった。現在は登山道が整備されており、土塁や堀切の跡を見ることができる。登山口には復元された城門がある。アクセスは、上田駅から登山口まで徒歩50分。

葛尾城（埴科郡坂城町）は、信濃の東部から北部を支配下に収めた村上氏の本拠。坂城町と千曲市の境界にある葛尾山（標高800m）上に築かれ、現在でも土塁や堀切が残る。近辺に村上一族の支城や砦の跡がいくつもあり、ふもとには村上義清の墓がある。城址からは晴れた日にアルプスや千曲川が見える。坂城駅近くの「坂木宿ふるさと歴史館」には村上氏に関する展示がある。アクセスは、長野駅からしなの鉄道で30分超の坂城駅から登山口まで徒歩10分、本曲輪までは1時間。北西方向に新戸倉温泉がある。

村上攻めより少し前の話だが、1550年に信濃府中の林城（松本市）を本拠とする守護の小笠原長時は、東信州で村上氏に敗れて打撃を受けた武田に攻勢をかけたものの、信玄は中央本線のルートで進攻して東信州と中信州の境界である塩尻峠で大勝。そこからJR篠井線を北進するルートで攻め立て、小笠原領の北西にある安曇郡（JR大糸線のルート）を支配する仁科氏を調略した後、小笠原長時を越後に追った。小笠原氏の本拠・林城は、松本市東部にあった標高850mの山城で、林大城（金華山城）と林小城（福山城）の二つの部分から成っていた。林大城は筑摩山地が薄川に向かって半島状に突き出した尾根を利用して築かれており、竪堀が幾重にも分流しまた合流するという複雑な形状で造られていた。林大城跡は現在「東城山公園」として整備されており、土塁や石積を見ることができる。林城跡は、麓にある井川館とともに「小笠原氏城跡」として国の史跡に指定されている。アクセスは松本駅から徒歩1時間だが、レンタサイクルが便利。

1550年代半ばから南信州へも進出し、諏訪から飯田線のルートで南東部の伊那郡を制圧、高遠諏訪氏の重臣だった保科氏や伊那（松尾）小笠原氏が服属した。また中央本線のルートで南西部の木曽へも進み、木曾義康などを従属させた。こうして武田は南信濃から北は長野市付近まで信濃の大半を領国化し、国衆を家臣団として従えた。

ここまで武田の進出は、方言区画で言う「中信方言」の領域から「南信方言」、さらに「東信方言」の領域まで及んだが、「北信方言」の領域に入ったところで国衆が越後の上杉謙信に支援を依頼した。上杉にとっても国境が脅かされたことから（謙信の本拠地・上越から長野市まで、越後トキめき鉄道としなの鉄道で2時間ほど）、謙信は上越から信越本線のルートで北信の善光寺平（長野市）で武田軍とぶつかり、1553年から五回にわたる**川中島の戦い**が行われた。

最大の衝突となった1561年の第四次合戦では**信玄と謙信の一騎打ち伝説**が生まれたが、謙信が白ら騎馬で太刀を振るったこと、および信玄弟の信繁など武田軍に多数の死者が出るほど激戦だったことは事実である。なお、川中島古戦場は長野駅からバスで20分の距離である。古戦場はかつて「八幡原史跡公園」と呼ばれていたが、上杉謙信が陣を置いた妻女山を背後にして八幡原という平野が広がっている。隣接する八幡社の中に信玄と謙信一騎討ちの像がある。一帯は長野市の史跡公園となっており、園内の市立博物館で合戦関係の展示もある。善光寺と上信越道長野ICとを結ぶ道路に接しており、交通の便が良い。

その後もJR飯山線のルート上で飯山城、信越本線のルートでは長野市北部の葛山城といった拠点に上杉軍が駐屯し、北信地域は最前線として緊張状態にあったが、信濃の大半では安定して武田による領国化が続く。葛山城（長野市）は標高820mの葛山山頂に築かれた山城で、第二次川中島合戦の対陣の時に上杉が善光寺の北西のこの地に築いた。もとは葛山衆と呼ばれる地侍の城で、城主は落合氏であった。現在城址は山頂にある本丸跡が公園として整備されており、武田方の城だった旭山城跡などを望むことができる。アクセスは、長野駅からバスで50分の「横棚」で下車し徒歩50分。飯山城（飯山市）は千曲川と山地に囲まれた地に造られた平山城である。もともと奥信濃国衆の高梨氏の支城で、川中島の合戦に際して謙信が武田に対する前線基地として改修した。石垣および土塁が残り、本丸は葵神社、二の丸が城址公園として整備されている。飯山の東隣にある栄村の「奥信濃方言」は新潟の方言と似ているが、飯山も含めた奥信濃と越後の近さから謙信が越後防衛上重要な城としてこの城を築いた意味が分かる。アクセスは、長野駅からJR飯山線で50分の北飯山駅から徒歩5分。

また**善光寺**は川中島の近くの「境目の地」だが、長野市北部に立地するということで上杉の勢力圏にあり、信玄は武田側の参拝者の「安全保障」ということで甲斐善光寺を建立した。ちなみに本家の善光寺は長野駅からバスで10分ほどの所にある。

武田氏は長期にわたって信濃の大部分を領国とし、土地支配については全貌が分かるわけではないが、諏訪大社領の検地記録によれば甲斐と異なって田畑の面積を基に年貢を賦課したらしい。信濃では農業生産がより高かったことの反映かと思われる。そのほかに軍用道路の「棒道」によって交通を整備したこと、そして地域拠点として海津城（後の**松代城**、長野市）、深志城（後の**松本城**）を築城したことが特筆される。これらの城はともに平地に建てられ、江戸期以降も改修されて統治の拠点となった。海津城は1561年に謙信が初の関東出兵で小田原城を攻めるのを牽制するため、**春日虎綱（高坂弾正）**が川中島の一角に築いた。千曲川を控える平城である。これを知った謙信が川中島に出兵し、第四次川中合戦が勃発した。海津城は対上杉の前線基地であるとともに、北信濃における武田の統治拠点でもあった。豊臣期から江戸期に近世城郭として改修されたが、甲州流築城術の特徴である丸馬出や三日月堀を有している。２００４年に城門、堀、石垣などが復元され「日本１００名城」にも選定された。江戸期には松代藩真田氏１０万石の城となったので、付近には藩校の文武学校や藩主別邸の真田邸がある。アクセスは、長野駅からバスで３０分の「松代駅」で下車し徒歩５分。川中島古戦場へのついでに行ってもよい。深志城は現在の松本城の場所にあったが、もとは小笠原氏の支城として築かれた。典型的な平城だが、信玄の手で中信地方の拠点として大幅に改修されたようだ。豊臣期に現在の松本城が築かれたので、深志城が松本城にどのように引き継がれたかは分かっていない。アクセスは、松本駅から徒歩２０分。

武田氏は信濃支配では譜代家臣を郡司や城代として送り、郡ごとに在地の国衆を組下にしている。有名なところでは**板垣信方**が諏訪郡司、**馬場信春**が深志（松本）城代、春日虎綱（高坂弾正）が海津城代（長野市）、諏訪氏を継いだ勝頼が上伊那郡司・高遠城主といったところである。

信濃の国衆も武田配下で従軍したが、その中で最も活躍したのが真田氏である。真田幸綱は信玄に仕えて旧領を回復すると共に、知行地に接していて自身と縁の深い上野国（群馬県）の制圧で活躍した。武田配下時代の真田氏の進軍路は、上田から信越本線のルートで上野西部（安中など）と、国道１４４号線で上野北部（沼田など）が考えられる。その三男**真田昌幸**も信玄の側近として頭角を現し、上野の支配を担当した。東信州と群馬県域の深い関係が方言とともに、真田氏の事績からうかがえる。

さて１５６８年になって信玄が今川との同盟打ち切ると、今川・北条は「塩止め」今でいう「経済制裁」を行い、信濃も大きな打撃を受けたが、越後からは塩が供給されていた。越後からは千曲川（現在の飯山線のルート）と上越からの信越本線のルート、そして糸魚川からの姫川（大糸線のルート）といった塩の道があり、川中島で合戦があっても塩の取引は行われていたようだ。謙信が義侠心で「敵に塩を送」ったのか、越後の商人が巧みに「密輪」したのか議論がある。どちらであっても「塩の道」から北中部が対象だろうが、南部には徳川領の三河、遠江から供給されていたのか探る余地はある。

ついで織田・徳川との対立が深まると南信濃すなわち「南信方言」の領域が前線となり、**秋山虎繁（信友）**が大島城（飯田市）を築城している。武田軍が徳川領の遠江・三河に攻める際には南信から天竜川を下るルートに沿って出撃した。１５７２年の三方が原の合戦（浜松市）に勝利した後、信玄は三河北東部（愛知県）まで進軍したが、病が重くなったことでＪＲ飯田線のルートを引き返し、途上の南信の駒場（阿智村）で死去してここで葬られた。現在、阿智村の長岳寺に「信玄公灰塚供養塔」があり、信玄の遺品として兜の前立て二種が寺宝として残っている。アクセスは、飯田駅からバスで３０分。南信州最大の昼神温泉郷も近い。また南信濃支配の拠点である大島城は飯田市にあり、天竜川に突き出した河岸段丘の先端に築かれ、西側を除く三方は断崖となっている。現在は台城公園として整備され、土塁や馬出などの保存状態は良好である。アクセスは、飯田駅からＪＲ飯田線で２０分の山吹駅から徒歩１５分。

その後１５８２年木曽義昌が織田信長に内通したことで、織田軍はまず美濃から中山道、現在の中央本線のルートで木曽を進み、やがて南信の飯田線のルートに転じて伊那地方を攻めた。伊奈戦線で抵抗したのは勝頼の弟・仁科盛信（信玄五男）が籠城する**高遠城**だけで、全員討ち死にした。ここからさらに中央本線のルートで甲斐に進軍する。織田軍が甲斐に入ると、大河『真田丸』で描かれたように真田昌幸は勝頼に真田支配下の上野北部（群馬県）の岩櫃城に篭ることを進言したという。しかし武田氏が滅んだ後は信長に恭順し、滝川一益の配下となった。真田以外の信濃国衆も織田に服属した。

なお、武田軍最後の抵抗場所となった高遠城は、伊那市高遠町にある。標高８００ｍの平山城で、二ノ丸から本丸の空堀をまたぐ桜雲橋（おううんきょう）がよく写真に使われる（元は別の場所にあったものを明治に移築）。高遠城跡には本丸や曲輪が全て空堀で区切られており、武田流築城の面影を留めているという。桜の名所としても名高い。アクセスは、飯田線の伊那市駅よりバスで25分の「高遠駅」で下車し徒歩約15分。

また木曽氏の居城・木曽福島城は木曾義康（義昌の父）によって1550年ごろに築かれた。木曽川の要所に築かれた標高1050mの山城で、木曽氏は平時にはふもとの居館に住まいしていた。江戸期の山村代官屋敷が木曽氏の居館跡と考えられている。居館の近くに木曽福島郷土館があり、また福島城の東側に木曽義仲の墓がある。アクセスは、松本から中央本線の特急ワイドビューしなの・名古屋行で40分弱の木曽福島駅から徒歩40分。木曽路では妻籠、馬籠、奈良井といった宿場が有名だが、当時も宿場はあり、武田氏の命で木曽氏が管理していたことは注意されてよい。これを引き継ぐ形で織田や豊臣といった中央政権も宿場の管理を行った。


織田領となった信濃は、森長可（北信）、滝川一益（東信）、毛利長秀（伊那）、河尻秀隆（諏訪）、木曾義昌（安曇、筑摩）と、ほぼ現在の長野県内の地域区分のように統治担当領域が分けられた。しかし約三カ月後の本能寺の変で織田家の勢力は瓦解し、信濃には徳川氏・北条氏・上杉氏の勢力が進出したが（天正壬午の乱）、やがて北条は徳川と和解・同盟して関東へ撤退した。この結果、北信濃四郡は上杉氏、それ以外は徳川領となり、小笠原など信濃国衆の大部分は徳川の家臣となった（上杉領となった川中島の海津城に村上義清の子の山浦国清が入った）。

北条・徳川の和睦案では上野国を北条領としたので、真田氏支配の沼田城周辺も北条に割譲することになったが、真田昌幸はこれを拒否。このため1585年に徳川軍七千は甲斐からJR小海線のルートで信濃に入って**上田城**を攻撃したが、昌幸は二千余人の城兵で守りきった（**第一次上田合戦**）。最終的に昌幸は上杉景勝を通じて豊臣秀吉の臣下となり、徳川氏の与力ながら独立した大名となった。一方で嫡男・信幸が家康宿老の本多忠勝の娘と婚姻し、真田宗家は昌幸（上田城）と、徳川の与力大名である長男・信幸（沼田城）の二家体制となる。

真田氏の本拠である上田城は上田盆地の北部に位置した平城である。城の南側は千曲川、北側と西側には矢出沢川を引き込んだ総構えの堀があり、攻められるのは東側だけだが、そこには川や湿地帯があるという鉄壁の防御を誇った。真田昌幸は1584年にこれを築いたが、対徳川を想定した造りを行ったということである。秀吉の天下となってから、いくつかの傍証で三層四階の天守を築いたという説がある（発掘調査で金箔瓦や金箔鯱の破片が出土している）。「日本100名城」の一つであり、大河『真田丸』の人気で多くの観光客が訪れている。本丸跡にある真田神社は、上田合戦で「落ちなかった」城であることにあやかって受験生の祈願も多い。アクセスは、上田駅から徒歩10分。

1590年家康の関東移封で小笠原、保科、木曽など徳川家臣の国衆も随行し、譜代大名や旗本となった者も多い。上杉領の北部を除く信濃には豊臣配下の武将が配され、仙石秀久（佐久）、石川数正（安曇、筑摩）、毛利秀頼（伊那）、日根野高吉（諏訪）が入封し、木曽は豊富な木材の産地ということで秀吉の蔵入地となった。**松本城**や**小諸城**が築かれ、松代城（海津城）や諏訪高島城が近世城郭として大改修されたのがこの時期である。松本城と小諸城、さらに真田氏の上田城は、いずれも城の外観が秀吉時代の大坂城に倣って黒壁なのが特徴的だ。なお1598年に上杉景勝が会津に移ると、北信濃は森長可が入封した。

1600年に関ヶ原の戦いでは信濃の大半の大名が東軍に付いた。真田氏では昌幸は西軍に、信幸は東軍に分かれることになった。昌幸と次男・**真田信繁（幸村）**は上田城に籠城し、これに対して徳川秀忠率いる約3万の徳川軍が長野新幹線のルートで上田城を攻めた（**第二次上田合戦**）。真田軍はわずか数千で迎え撃って秀忠軍を釘付けにし、秀忠の関ヶ原遅参の一因を作ったと言われる。しかし西軍が関ヶ原本戦で敗れたため、昌幸と信繁は高野山に流罪となった。その後、真田信繁は豊臣方として大坂の陣であわや家康を討ち取るという武名を挙げた。後世に講談で幸村（信繁）と猿飛佐助ら「真田十勇士」の活躍が語られたが、十勇士の名を見ると東信濃の国衆が反映されており、信濃の小勢力が日本中で有名になった不思議さが感じられる。信繁の兄・真田信幸は上田から松代城（長野市）に移封し、幕末まで10万石の大名として存続した。

真田氏は信濃の武将の中では戦国ドラマの主役となれる数少ない存在だが、当地の方言を使った作品は未だない。今後、津本陽による武田信玄の小説のように、武士の風格を交えた真田氏の方言作品も選択肢としてありだと思われる。

静岡県

東京から静岡は新幹線ひかりで1時間、同じく新幹線こだまなら1時間半と近い。県内は東西に長い。新幹線で東京から浜松は1時間半から2時間、一方で浜松から名古屋は新幹線で30分となる。ただし後述するが、東西の交通以外に北の山梨、長野との南北交流が無視できない要素である。

静岡県の方言は東京語に近い部類で、アクセントは東京式の変種、断定詞は「〜だ」だが、動詞に直接「〜だよ」を付けて「〜（な）んだよ」という意味になるのが独特だ（行くだよ等）。文法は東日本式が基本だが、西に向かうにつれて徐々に西日本的になる。例えば動詞の進行形は県の大部分で「〜（し）てる」だが、西端の浜

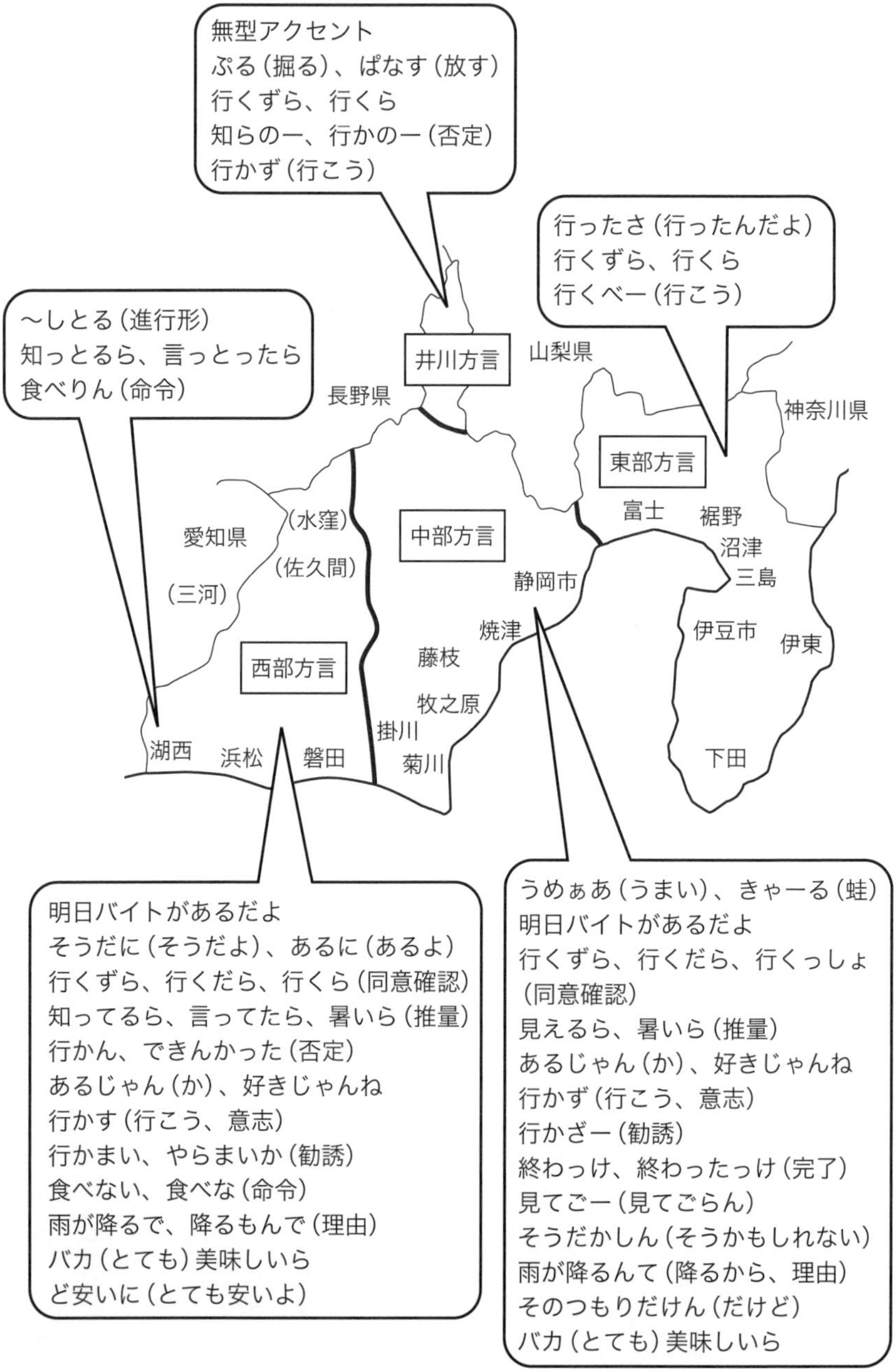
無型アクセント
ぷる（掘る）、ぱなす（放す）
行くずら、行くら
知らのー、行かのー（否定）
行かず（行こう）
行ったさ（行ったんだよ）
行くずら、行くら
行くべー（行こう）
〜しとる（進行形）
知っとるら、言っとったら
食べりん（命令）
井川方言
山梨県
長野県
神奈川県
東部方言
富士
裾野
沼津
三島
中部方言
（水窪）
（佐久間）
愛知県
（三河）
静岡市
焼津
伊豆市
伊東
西部方言
藤枝
牧之原
掛川
菊川
湖西
浜松
磐田
下田
明日バイトがあるだよ
そうだに（そうだよ）、あるに（あるよ）
行くずら、行くだら、行くら（同意確認）
知ってるら、言ってたら、暑いら（推量）
行かん、できんかった（否定）
あるじゃん（か）、好きじゃんね
行かす（行こう、意志）
行かまい、やらまいか（勧誘）
食べない、食べな（命令）
雨が降るで、降るもんで（理由）
バカ（とても）美味しいら
ど安いに（とても安いよ）
うめぁあ（うまい）、きゃーる（蛙）
明日バイトがあるだよ
行くずら、行くだら、行くっしょ
（同意確認）
見えるら、暑いら（推量）
あるじゃん（か）、好きじゃんね
行かず（行こう、意志）
行かざー（勧誘）
終わっけ、終わったっけ（完了）
見てごー（見てごらん）
そうだかしん（そうかもしれない）
雨が降るんて（降るから、理由）
そのつもりだけん（だけど）
バカ（とても）美味しいら

名湖から西で「～とる」を使い、否定形は県中部の島田市・大井川付近に東日本的な「～ない」と西日本的な「～ん」の境界がある。なお静岡市北部山間の井川地区などで「～のー」を用いる。

静岡方言として、よく知られているのは推量「～ずら」「～ら」で、県内全域で使い、山梨、長野と共通する。ただし若い世代で「ずら」→「だら」になり、愛知県の三河地方と似てくる。理由の接続詞はほぼ全域で「～で」「（だ）もんで」「もんだで」となり、東海・中部地方の広範囲と共通である（静岡市など中部と東部には「～んて」もある）。

県内の地域差は旧国ではなく、東部、中部、西部と静岡市北部山間の「井川」で四分される。東部は伊豆と駿河東部（沼津や富士市）で、意志・推量で「べー」など関東方言的特徴を持つ（推量で「ずら」「ら」も併用）。東部と中部の境界線は富士川で、たまたま電圧の東西境界線と同様になっており、興味深い。さて中部は駿河中西部（静岡市など）と遠州東部（掛川市など）で、勧誘の「～ず、ざー」（行かず、行かざー＝行こうよ等）、過去完了の「～け」（「行っけ」＝既に行った、ただし現在は「行ったっけ」に変化）が特徴的。西部は浜松市などで、勧誘に「～まいか」を使い、愛知県の三河と共通点が多い。特に湖西市では動詞の進行形も「～とる」となって三河弁とほぼ同じになる。なお東部と中部で「アイ」が「エー」、あるいは「エァー」となる連母音融合があり（赤い→あけー、あけゃあ等）、名古屋弁と同様の特徴である。

付け加えると駿河地方と比べて、遠州（旧遠江国）の住民が今でも（若者も）地元のことばを「遠州弁」と称するなど、方言意識は明確である。なお、特徴的な文末詞に「～だに＝だよ」がある（明日の天気は雨だに、今から行くに等）。

なお、静岡市の北部山間の井川は前三者と並ぶ、独自の方言区画域になっている。否定の「のー」は、隣接する山梨県南西部の奈良田方言と共通しており、南アルプスを挟んだ両地域で同様の特徴があるのは興味深い。ほかに無形アクセントというのが特徴的で、通常の静岡弁と聞こえ上の差が大きい。「〜ずら」など静岡市街の方言とも共通点はあるが、語頭のハ行がp音になるなど独自性も多いのである。静岡駅から井川までは、北へ向かってバスで3時間以上の所要時間である。アクセス手段としては、しずてつジャストライン(静鉄バス)静岡井川線というバス路線が2008年5月に廃止され、自治体が経営する「井川地区自主運行バス」に代わった。河川の流域も異なり、静岡市街は安倍川流域、井川地区は大井川流域(中流以下で駿河と遠江の国境をなした)で、大井川鉄道の路線となっている。こうしたことから高度成長期には当地で井川ダムが建設された。バス路線の途中で3000m級の山岳がおりなす南アルプスが見えるという景観で、静岡市街とは異質の場所だ。しかし経済的には結びつきは深かったようで、行政的にも静岡市に入ったのである。ちなみにこの地域は「リニア中央新幹線」の路線予定地で「南アルプストンネル静岡工区」となっているが、トンネル掘削の影響で大井川の流量減少が懸念されることから静岡県とJR東海の協議が難航し、リニア開業も延期される見通しだ。方言の独自性をもたらした厳しい地形が鉄道建設にも影を落としているということで考えさせる事例である。

駿河国(中部)

方言の分布から浮かび上がるのは、静岡は関東に接しながら、甲信地方と密接な関係があり、さらに西方の東海地方とつながるということである。これは室町・戦国期の展開とも重なる。なお、伊豆は小田原北条の領土だったので、神奈川の項で述べた。

また、同じ駿河でも静岡市と東部の沼津はJR東海道本線で1時間近くかかるのは注意されたい。

静岡市にある駿府城公園でも、浜松城でも**徳川家康**の銅像がある。もともと三河（愛知県）岡崎の出身である彼が静岡に来たのは、**今川氏**の人質となったことが機縁である。その今川氏の居館は駿府城公園の場所にあったが、武田氏に攻められて破壊され、遺構は駿府城の地下に埋まっている。駿府城公園は、静岡駅から歩いて10分超の距離である。

今川氏は、吉良氏に次ぐ足利一門の名門で「御所が絶えれば吉良が継ぎ、吉良が絶えれば今川が継ぐ」という序列観が人々の間に定着した。しかし現実には、足利将軍家には鎌倉公方などの別家が多くあり、今川氏が足利本家を継げる可能性は限りなく低かった。

今川氏は、室町期の範氏から駿河守護を世襲した。駿河は霊峰・**富士山**を抱え、ここを参詣するという名目、実際は鎌倉公方への示威行動ということで、3代将軍義満と6代将軍義教の二人が駿河を訪れたが、今川氏はこれを応接する役割を担った。また1545年に『東国紀行』の谷宗牧が関東への途上、駿府で今川義元に会っている。ちなみにアニメ『一休さん』では、一休さんが東海道を修行で旅した時に駿河で何度か関所の奉行に妙な頓智問答を求められるが、新右衛門さんの調査で暇を持て余した将軍が仕掛けたもので、答えられなかったら一休さんを連れ戻そうとする策略だと判明した（笑）。

今川氏は境を接する鎌倉公方を監視する役割を与えられており、永享の乱や享徳の乱など鎌倉公方との合戦には関東に出兵した。こうしたことで今川氏は駿河での在国を認められており、後にスムーズに戦国大名へ移行できる条件を持った。なお、静岡市から鎌倉までは、新幹線で小田原へ行き、そこから東海道本線と湘南新宿ラインを乗り継いで1時間50分の距離である。

足利義満の時代の今川氏当主・範氏の弟で**今川了俊**がおり、九州探題として南朝勢力の強かった九州の平定に成功したが、九州の章で述べたように将軍義満に警戒されて解任された。いったん遠江半国の守護となったが、後に駿河の本家に仕え、南北朝期の史論『難太平記』を著すなど文化人として活躍する一方、鎌倉公方の謀反に関与することもあった。

15世紀半ばの当主・今川義忠は享徳の乱の際に鎌倉攻めで功を上げ、応仁の乱でも東軍方として活動したが、遠江で戦死。後継の龍王丸（北条早雲の姉妹が母）が幼かったことで後継者争いが起こったが、幕府の申次衆だった北条早雲が龍王丸を家督につけた。これが戦国大名・小田原北条氏の始まりとなる。

龍王丸は成人して**今川氏親**となった。この頃まで今川氏は関東政局への関与が多かったが、氏親の頃から地域権力としての色彩を強め、戦国大名化する。外交では自立していった北条氏と友好関係を継続する一方、甲斐の武田と対立、西方で斯波氏が守護だった遠江を数度の出兵の末制圧し、三河にも進出した。

氏親は分国法『**今川仮名目録**』を定めたことが特筆される。室町期まで今川領国にも荘園や奉公衆の所領があって今川氏の介入を排除していたが、戦国期に入るとその特権は明確に否定され、今川氏の一円支配が進んでいく。分国法の制定は、今川氏が「地域国家」を形成した証拠と言われる。領国の内実を見ると、駿河には自立的な国衆はほとんどおらず、北条領との境目である駿河東部に葛山氏（裾野市）、焼津に拠り水軍を率いた岡部氏が目立つ程度で、今川氏が強固な在地支配体制を敷いていた。仮名目録にも記載されている「寄親寄子制」によって、重臣が下級の国衆を配下にするという命令系統をシステム化したのだ。

なお葛山氏は小田原の旧領主である大森氏の庶流で、室町期は奉公衆として守護の今川氏から自立した領主だった。その後、北条早雲の伊豆制覇や小田原奪取を支援したり、北条氏綱に娘を嫁がせて同盟を結び、今川氏と対立することになる。駿河東部と伊豆は「静岡県東部方言」でまとめられる地域だが、葛山氏と北条氏の関係の深さにもオーバーラップできる。葛山館と葛山城は、標高270mの愛鷹山の突端で、居館や城下集落を見下ろせる位置にある。城域は東西350m、南北70mで、葛山氏の平時の居館と詰城がセットで残っている貴重な遺構である。アクセスは、裾野ICから車で10分。市名の通り富士山が近くに見え、富士サファリパークも近い。

また北条早雲の最初の城とされる興国寺城は、沼津市の愛鷹山(標高1180m)の南麓にあった。城の東西に開かれた侵食谷の深さと谷壁部分の急斜面、そして南方の浮島ヶ原の低湿地を天然の要害として利用した山城である。山麓には東西方向に根方街道が通っており、南北にも街道があるなど交通の要衝でもあった。遺構は野積みの石垣や本丸跡の土塁、空堀などがある。本丸の天守台とされる場所からは沼津市街が遠望できる。早雲が伊豆に移った後に今川に返還したのか、記録がなくわからない。そもそも早雲が本拠を置いたのか同時代史料から確認できない。アクセスは、沼津駅から富士急バス根方線で30分の東根古屋で下車し徒歩3分。

ちなみに方言区画の説明で述べた井川(静岡市葵区の北部)には、目立った国衆の勢力は見られない。山間で農業生産が乏しかったことが理由と思われる。井川も含めた一帯には**安倍金山**が分布しており、今川氏はここの金堀衆を配下として金の採掘を増加させた。今川氏の財源を拡充させるとともに、幕府や公家への献金として使われ、今川氏の名声を高めたのである。この金堀衆は合戦の際にも土木工事を行って貢献した。

こうしたことで安定した今川氏の本拠駿府(静岡市)には、戦乱を避けた公家によって京文化がもたらされる。氏親は正室に公家の中御門家出身の**寿桂尼**を迎えたが、氏親の死後は息子たちが若年だったことで彼女が政務を行い、「女戦国大名」の一例ともいわれる。

さて寿桂尼が公家の出身で、息子・**今川義元**も当初は京都の寺で出家していた。その師にして「軍師」とも呼ばれる**太原雪斎**（徳川家康の学問の師でもあった）は現在の静岡市清水区付近を治めた庵原氏の出身だが、京都建仁寺で修業した後に帰郷した。ここで気になるのが、今川家中の言葉である。今なら静岡から京都まで新幹線で1時間半の距離だが、当時は半月かかったかと推定される。今川氏は京都に家臣を常駐させ、往来はかなり盛んだったようだ。京都との関係が深かったことから、今川家では京都の武家言葉を使っていたのだろうか。そのように推測する向きもあり、後に今川家で人質になった徳川家康にも影響を与えたのではとも思えるが、材料がないので推測はここで止めたい。なお、岩井三四二の小説『戦国連歌師』で朝廷の使いとなった連歌師が駿河を訪れた際、今川配下の武士が「だで行かず（だから行こう）」という駿河弁で答えたのを理解できなかったという場面がある、

1536年に家督争い「花倉の乱」が勃発、義元とその異母兄・玄広恵探（宿老の福島《くしま》氏が擁立）の二派で駿河は二分された。「花倉」とは、恵探らが拠点とした場所で藤枝市にある。恵探派は静岡市内にある久能山（後に家康を祀った久能山東照宮の付近）で挙兵し、焼津や藤枝など静岡駅から東海道本線を西に向かうルート上で抵抗したが、今川義元が勝利した。

義元を支援した甲斐の武田氏とは同盟が結ばれ、これにより相模の北条氏との関係が悪化、北条氏が富士川以東の駿河東部を占領することで二度にわたって両氏が戦った（**河東の乱**）。静岡市から駿河東部の沼津までは東海道本線で1時間近く、一方で小田原から沼津まで東海道本線で50分なので、北条氏にとっては近いことから進攻も容易だった。富士川はしばらく今川、北条両氏の軍事境界線となり、この際には裾野市の葛山氏も北条に付いている。富士川を境界とするのは、偶然ながら静岡県の「東部方言」と「中部方言」を分ける方言区画と同様になっており興味深い。この争いは武田信玄の仲介で和睦し、これが後に三国同盟につながる。

こうして背後を固めたことで義元は三河進攻を進めて松平氏（徳川）を従属化、駿河・遠江・三河の三か国を支配したが、１５６０年の**桶狭間の戦い**で織田信長に敗死したことはよく知られている。俗説では義元は上洛して天下に号令をかける意図だったと言われているが、現在の研究では否定され、三河を領国として固めることと尾張織田氏を屈服させるという動機だったという。ちなみに静岡市から桶狭間最寄りの名鉄有松駅（名古屋市緑区）には、豊橋まで東海道本線に乗り、名鉄に乗り換えて所要3時間弱ということになる。

さて今川氏の跡を継いだ氏真の代には、松平元康が自立するなど属領である三河や遠州の国衆たちが今川から離反した。義元の急死後にこのような状態になった理由として、その数年前から太原雪斎など宿老が相次いで死去し、重臣メンバーが若年化したことが挙げられている。また今川氏の領国は本拠地から西に長く伸び、静岡市から三河の岡崎まで東海道本線で2時間～2時間半と距離があることで、中央の統制が弱まると在地勢力の離反に歯止めをかけられなくなったと思われる。１５６８年に武田信玄と徳川家康が同盟し、今川領に侵攻した。武田氏は富士川を南下する形で進攻したわけだが、現在なら甲府から静岡市へは特急ワイドビューふじかわで2時間１０～２０分の距離である。両氏に挟撃された氏真は遠江の懸河（掛川）城に籠ったが、やがて北条氏を頼って小田原に退去した。戦国大名・今川氏は滅亡し、駿府の今川館も破壊された。この際に葛山氏や岡部氏など駿河国衆も武田に服属している。

武田氏は駿河を征服し、ここで初めて水軍を編成して清水港を軍港化、その後の北条との戦いで駿河水軍が活躍した。駿河の統治ではおおむね今川氏の体制が継続される一方で、江尻城を拠点に当初は**山県正景**、後に**穴山信君（梅雪）**と重臣、一族が派遣された。江尻城は、静岡市清水区の巴川を背後に控えた高地に立地し、本丸を中心に三方を囲んだ輪郭式の平城である。徳川氏との前線基地であったほか、海沿いにあるため武田水軍とも関係があると考えられている。東西４００ｍ、南北２６０ｍと近世城郭にも匹敵する規模を持ち、甲州流築城術の特徴のひとつである丸馬出しが設けられ、堀も巴川の水を引き入れた水堀だったようだ。現在は市街地化により、当時の姿を偲ばせるものは無いが、本丸跡は清水江尻小学校の敷地で石碑と案内板が建てられている。清水は静岡駅から電車で１０分の距離で、城址へは清水駅から徒歩１３分。

その後１５８２年の武田氏滅亡により、徳川家康が信長から駿河を与えられた。この際に葛山氏は武田と運命を共にしたが、岡部氏は徳川に服属し、後に譜代大名となっている。

家康は秀吉との対決後の１５８６年に**駿府城**に本拠を移し、関東移封までの5年ほどここにあった。秀吉の時代には豊臣家中老衆の中村一氏が駿府城主として１５万石で入封した。大河『功名が辻』ではロンドンブーツの田村淳が一氏を演じ、主役の山内一豊の盟友となっていた。関が原直前に病死したが、死の前に病を押して徳川に味方すると自ら家康に申し出て家の存続を懇願した。そして山内一豊（上川隆也）に「家はつぶせぬ。わしも隠居した。後は伊右衛門（一豊の通称）、そち一人で走れ！」と遺言として言い残した場面が印象深い。息子・一忠が東軍で奮戦し、戦後に伯耆（鳥取県）米子に移封された。この後、駿河も徳川領に戻る。

家康は江戸幕府を開いて2年で将軍を退くと、１６０７年から駿府城を居城として「**大御所政治**」を行った。ここに本拠を移したのは東に富士川と由井の断崖、北に身延山地、西に安倍川、南に駿河湾と四方を天然の防壁に囲まれた地勢に注目したことによる。この時に駿府の西を流れる安倍川の流路を大幅に付け替える大土木工事が行われ、現在の静岡市の区画が形成された。さらに家康は駿府の北に賎機《しずはた》山城と久能山城を築いて防衛拠点とした。賎機山（標高１７０ｍ）は静岡市葵区にあり、今川時代から詰めの城があったが、武田滅亡時に廃城となっていたのを家康が新たに築城した。ちなみに賎機山は明治になって、「静岡」の県名と市名の由来となった。山のふもとに今川氏の菩提寺で雪斎が開山した臨済寺があり、人質時代の家康が過ごしたという。アクセスは静岡駅からバスで１５分。

家康は1616年に駿府城で生涯を閉じ、死後に**久能山東照宮**に祀られた。その後の駿河は幕府領となり、駿府には城代が置かれた。久能山東照宮のアクセスは、静岡駅からバスで50分の日本平で下車し、ロープウェイで5分で東照宮に着く。日本平と駿河湾の絶景が見られる。

遠江国（西部）

静岡市から浜松まで東海道本線で1時間15分。掛川まででも50分。一方で愛知県の東三河の中心である豊橋から浜松は、東海道本線で30分と近い。また東遠州（遠江）の掛川から浜松は、東海道本線で30分弱の距離である。遠州の北部に目を向けると、浜松市北部の天竜区は天竜川の中流域であり、佐久間や水窪など高度成長期に建設されたダムで知られている。浜松市街から電車なら豊橋まで東海道本線に乗り、そこから飯田線で北上するか、バスで行くということになる。電車なら豊橋から中部天竜駅まで2時間50分、車なら浜松ICから90分という距離である。

方言区画では、東遠州は静岡市など駿河と同じ「中部方言」で、それ以外は「西部方言」となっている。しかし、西部方言の中でも北遠州（浜松市北部の天竜区、旧佐久間や水窪町など）は、動詞の完了形「降っつ」など独自の特徴がある（浜松市など西遠では「降ったった」、掛川など東遠では静岡市と同じ「降っけ、降ったっけ」）。北遠州は天竜川でつながっているものの、下流の平野部とは距離があり、南アルプス（赤石山脈）の一角を占める山岳地帯であることから独自性もはぐくまれたのだろう。逆に言えば、境を接する南信州（長野県）との関係は深い。遠州の中での東・西・北の違いは、戦国期の国衆の動向でも見える。また浜名湖の西にある湖西市は、動詞の進行形が「〜しとる」となるなど、愛知県の三河方言と同様になる。

一方、遠江（遠州）のマクロな地理的位置付けは、東海道で東西と結びつき、天竜川で北の信州と結びつくということになる。これは愛知県の東三河とも共通する。方言の説明で見たように、西の三河（愛知県中東部）とは方言の近さから地域交流のさかんなことが裏付けられ、これは今川と徳川を中心とした戦国史の展開でも見える。

なお、現在の東海道本線は海沿いを走るが、戦国当時は浜名湖の北岸を通る内陸ルートが採られることが多かったようだ（東名高速道のルートに近い）。『東国紀行』の谷宗牧も駿河へ向かう途上でそのルートを通り、井伊谷で井伊氏から供応された。

戦国時代の遠州には、東から駿河の今川氏、西の三河から徳川氏、そして北の信州から武田氏が侵入してきた。その一方、遠州は国衆の小勢力分立で、外部勢力に征服される受動的存在と思われがちである。しかし遠州の地元勢力の動向は必死の生き残り戦略であり、またこれら国衆の帰趨が逆に大勢力に影響を与えたとも言える。さて遠州戦国史について国衆がポイントという視点で書かれたのが、そのものズバリのタイトル『**国衆の戦国史**』（鈴木将典著、洋泉社新書）である。副題に「遠江の百年戦争と「地域領主」の興亡」とあり、本書を参考に遠州戦国史を説明していこう。

室町期の遠江守護は**斯波氏**が就いた。守護所は現在の磐田市見附あたりと推定されている。斯波氏は越前（福井県）と尾張（愛知県）の守護も兼務していたので、現地の支配は守護代の狩野氏が行った。しかし在地には小領主が多く、東部に今川氏分家の堀越氏（今川了俊の系統）や奉公衆の横地氏（牧之原市）と勝間田氏（菊川市）、西部に三河吉良氏の家臣・飯尾氏と大河内氏（ともに浜松市付近）、北部に独立的な国衆で天野氏（浜松市天竜区の犬居町）、佐久間付近を奥山氏、浜名湖北岸に**井伊氏**（平安期から井伊谷（浜松市北部）にあり、南北朝時代に南朝の宗良親王を居城に招いて挙兵したこともある）などが割拠していた。

応仁の乱の際には駿河今川氏は東軍、遠江守護の斯波氏が西軍ということがあり、さらに今川氏は遠州征服の意図もあってさかんに侵攻してきた。しかし遠州在地勢力の抵抗は激しく、当主の今川義忠は戦死、今川氏はいったん遠州から撤退した。北条早雲の後押しで当主となった**今川氏親**は成人後10年余り遠州に出兵を続ける。この際に斯波氏は信濃の小笠原氏に救援を仰いでいるが、遠州と信濃のつながりが現れていて興味深い。しかし戦局は今川氏優位で進み、1507年には遠州全土を制圧した。今川の遠州進攻では、主たる標的が磐田市にあった斯波氏配下の守護所や吉良氏配下の飯尾氏なので、東海道本線のルートを行ったと考えられる。磐田は静岡市から東海道本線で1時間の距離、さらに西へ進んで天竜川を越えたところに浜松がある。今川氏は、東部の懸河城（掛川市）に重臣の朝比奈氏を置き、井伊氏を含む在地勢力も今川氏の家臣団に組み入れられた。東遠州は駿河とともに「中部方言」の領域だが、今川支配下でも両地域の関係の深さが見られる。

20年ほどは遠州でも反乱が断続的に起ったが、やがて今川氏支配は安定する。基本的に国衆の自治は認められたが、検地の実施や土地係争に関する訴訟で今川氏の介入は強まった。さらに西隣の三河進攻の兵站基地ということで遠州の国衆も従軍など負担を強いられたが、伝馬制による交通路整備で恩恵ももたらされた。また湖西市には宇津山城が今川氏の手で築かれ、朝比奈氏や小原氏など今川重臣が在城した。湖西市は浜名湖の西にあり、東三河進攻の橋頭保ということだった。浜名湖は動詞の進行形で「〜してる」の遠州方言と「〜しとる」の三河方言を分ける境界線だが、湖西市方言は地理的な壁がない分、東三河方言と一体になりやすく、今川氏も湖西の地理条件を考慮したと思われる。なお宇津山城は浜名湖西岸に突き出した半島状の土地に築かれ、アクセスは浜松から東海道線・豊橋行で20分の鷲津駅から自主運行バス浜名線で15分の

「正太寺」で下車し徒歩5分。

この頃、引間城主（現在の浜松市）の飯尾氏は吉良氏の旧臣ということで三河国衆との人脈を持ち、今川氏の三河進攻の際には国衆との取次ぎを担っている。また、1550年頃に後の**豊臣秀吉**が尾張から流れてきて、遠州で今川配下の松下加兵衛に仕えたという。松下氏は正確には曳馬城主の飯尾乗連の家臣で、今川氏にとっては「陪臣（家臣の家臣）」だが、秀吉が浜松付近にいたことは確かだ。現在なら名古屋から浜松まで東海道本線の快足を乗り継いで1時間半の距離である。

1560年桶狭間の戦いの後、遠州では飯尾や天野など在地勢力が反今川で蜂起するなど争乱となった（遠州錯乱）。飯尾氏は今川の手で討たれたが、反乱は収まらなかった。この前後において井伊氏は当主が桶狭間で討ち死したり（通説では、井伊直虎の父）、謀反の疑いで今川氏真に討たれる（通説では、井伊直虎の許嫁）などで混乱し、そこで「おんな城主」**井伊直虎**が家督を継いだという。2017年のNHK大河ドラマ『**おんな城主・直虎**』で柴咲コウが演じたが、最近の研究の進展で男性説も出て、通説による直虎の人物像にはいまだ議論が多い。ついでながらこの大河は唯一遠州を舞台とした貴重なものであり、井伊氏の領民も遠州方言を使っていた。井伊氏の本拠地・井伊谷城は、浜名湖の北岸で旧引佐町役場の北側にある標高110mの山頂部（城山公園）と南麓一帯の居館（井伊氏館）に築かれていた。南麓は宅地化され遺構は残っていないが、城山山頂部の曲輪には土塁など遺構が残り、「御所丸」と呼ばれる曲輪は宗良親王の御所であったとされている。南は三方からの敵の動きが分かり、北は標高が高い山が連なっており、攻めにくい城である。城の南にある龍潭寺は井伊谷城の防衛の役割もあり、直虎が出家した城だという。現在は井伊谷城跡城山公園として整備されており、アクセスは浜松駅からバスで井伊谷バス停まで1時間、そこから城址の頂上まで25分。大河ドラマ放送に際して、城跡の頂上までの山道が浜松市によって舗装された。展望台からは浜名湖も望める。

龍潭寺へは井伊谷バス停の一つ手前で下車。浜名湖の温泉で有名な舘山寺温泉からも車で20分の距離である。

1568年に武田信玄と三河国の**徳川家康**が今川領に侵攻し、今川氏真は重臣朝比奈氏が守っていた東遠州の懸河（掛川）城に逃れたが、武田と徳川に挟まれて抵抗できず、小田原北条氏を頼った。こうして遠江は徳川家康が制圧、天野氏と奥山氏など北遠州の国衆も徳川に従属した。家康の遠州進攻は、東海道線を東に行くルートから天竜浜名湖鉄道で浜名湖北岸へ回るルートが採られた。

この混乱の中で井伊氏は所領を失い、直虎も消息不明となるなど一度は没落している。そして家康の下で井伊谷は菅沼、鈴木、近藤という東三河に勢力を持つ国衆が管轄し、「井伊谷三人衆」と呼ばれた。もともと遠州と東三河という境を接する地域同士でつながりが深かったことが表れている。ちなみに遊園地の浜名湖パルパルの敷地に「堀江城」という城があり、国衆・大沢氏の城であった。家康の遠州進攻の際に降伏したが、その後の戦死者の供養がここで行われ、直虎も参列したという。浜名湖パルパルは浜名湖の北東岸にあり、園内に堀江城跡の案内板がある。アクセスは、浜松駅から舘山寺温泉行バスで45分。

家康は飯尾氏の居城だった引間城を改修して**浜松城**を築き、1570年に三河から本拠を移した。遠州に大名が本拠を置くことは史上初めてである。この頃の浜松城は現在の元城町東照宮付近にあたる（浜松城最寄りのバス停から徒歩5分ほど）。家康は城域の拡張や改修を行い、現在の浜松市街で城下町の形成を進めた。また「引間（曳馬）」という地名を、かつてこの地にあった荘園（浜松荘）に因んで「浜松」と改めた。浜松城は野面積みの石垣で有名だが、家康時代は土造りの土台に築かれた城で、石垣や瓦葺建物を備えていなかったとされる。アクセスは、浜松駅からバスで5分の浜松城公園入口で下車し徒歩3分。家康の本拠だった愛知県の岡崎から浜松まではJR東海道本線では1時間の距離である。

さて武田と徳川の分割案では「川を国境とする」とされていたが、これを徳川は駿河との境である大井川と解釈し、武田側は遠州中部の天竜川と主張して水掛け論になってしまい決裂。やがて武田信玄が1572年に西上作戦で遠江・三河方面へ侵攻した。武田の進軍路については信玄ら本隊が甲斐から駿河、そこから西へ東海道を進むルートを取った。一方、山県昌景や秋山虎繁らの別動隊は南信州から南下して遠州に入った。当初は天竜川に沿って進んだが、東三河北部の国衆が武田に付いたので、これと合流するために東三河に進み、そこから浜名湖を東に回って本隊と合流した。この際に北遠州の奥山、天野両氏とも武田の進軍路に当たっていたことから、これに降伏した。武田別動隊の進軍路は、現在の鉄道網で言えばJR飯田線を南下し、途中の東三河中部から天竜浜名湖鉄道のルートで遠州に進攻したということである。ちなみに長野県南部の飯田から浜松は、現在のアクセスでは車で国道152号線を行くルートが最短で、3時間弱かかる。電車なら、飯田から豊橋まで飯田線を特急ワイドビュー伊那路で行き、豊橋から浜松に向かうということで都合3時間20分以上かかる。高規格道路の三遠南信自動車道が整備中で、全線開通が待たれている。

家康は浜松城で迎え撃とうとしたが、さらに進撃する武田と徳川との間で起こったのが**三方が原**の戦いである。三方が原は浜松市北区にある台地で、浜松駅からバスで45分の三方原墓園が最寄である。武田の怒涛の進撃が続く中で、家康は遠州の在地勢力が次々に降伏するのに歯止めをかけるため、また同盟者・織田信長への義理立てのために、武田の半分の兵力で無謀と言うべき決戦を挑んだ。しかし大敗北を喫し、浜松城に攻められたのを「空城の計（何も計略がないのに城門を開け放って攻め手の疑心暗鬼を誘う計略、『三国志演義』で諸葛孔明が用いたという）」で難を逃れたという。こうして家康は九死に一生を得ながら浜松城に逼塞する。以後数年間は武田が遠州の東部と北部を支配下置き、奥三河にも勢力を広げた。

1575年の長篠の戦いの後に武田軍は三河から撤退したが、遠州では武田と徳川の攻防戦が続いた。北遠州の天野氏は一度進攻してきた徳川を破ったが、徳川が徐々に攻勢に出て、武田方となった遠州の国衆も再度徳川についていく。この際に奥山氏は徳川に降伏したが、天野は徳川に敗れた後に武田を頼って逃亡し、遠州での所領を失った。徳川は浜松など西遠州を確保していたので、東遠州には東海道本線のルート、北遠州には遠州鉄道のルートで進撃したと考えられる。

なお、天野氏の犬居城（浜松市天竜区）は標高２５５ｍの連郭式山城で、現在も城址には空堀や堀切などの遺構がよく残っており、物見曲輪には天守風の展望台が建てられている。アクセスは、浜松駅から東海道本線・掛川行で袋井駅まで１５分、袋井から秋葉バスで1時間２０分の「犬居城入口」バス停で下車し、入口から展望台まで徒歩２５分である。奥山氏の高根城跡は浜松市水窪町にあり、標高４２０ｍの山頂に位置する。南北朝期に後醍醐天皇の孫である伊良親《ゆきよし》王を守るために奥山氏が築いたといい、近くを流れる河内川と水窪川の合流地点で自然の堀を利用している。この付近は天竜川の支流遠山川に沿って開けた地域で、信州とも近い。城跡には櫓や主殿、城門などが復元されて、全国でもめずらしい戦国山城の威容を漂わせている。ただし復元された城は奥山氏のものではなく、武田氏によって改築された後のものだという。北遠州は「静岡県西部方言」の領域に含まれるが、西遠州とは異なり、南信州方言との関係の深さが見られる。天野、奥山の両氏と武田氏の関係からもそれは重ね合わせられる。アクセスは、浜松から東海道線と飯田線を乗り継ぎ2時間５０分の向市場駅から徒歩２０分。水窪ダムや佐久間ダムもこの付近である。

こうして北遠州で徳川の進撃が続く最中、**二俣城**（浜松市天竜区二俣）で家康の長男・信康が切腹した。信康は三河の岡崎城にあったが、武田との内通嫌疑がかけられ、岳父でもある信長の命令で切腹することになった。二俣城は標高４０ｍの蜷原台地の先端部に築城され、西側に天竜川があって堀の役割を果たしていた。天竜川と二俣川との合流点にあり、信濃から遠州平野への入り口といえる場所に位置していたことで、徳川・武田の争奪の対象となった。１５７５年の長篠の戦い後に徳川が奪還し、大久保忠世が城主を務め、１５８０年ごろに野積みの石垣の上で天守が築かれたという。この天守台は現在も残っている。アクセスは、浜松から遠州鉄道と天竜浜名湖鉄道を乗り継ぎ４０分の二俣本町駅から北に徒歩１０分。

徳川・武田の攻防は東遠州に移り、１５８１年**高天神城**（掛川市）が決戦の場となった。ここはもともと国衆小笠原氏の城だったが、武田が配置替えを行い、今川旧臣の岡部元信が守って、徳川の包囲に抵抗していた。しかしこの時勝頼は小田原北条氏との戦いがあって動けず、岡部氏を見殺しにすることで遠州国衆への威信が失墜。一方、城を落とした徳川氏は遠州を完全に制圧することになった。高天神城は、菊川下流域の平地部からやや離れた北西部に位置する、標高１３０ｍの小笠山に築かれた山城である。小規模ながら山自体が急斜面で、効果的な曲輪の配置が施されたことで堅固な中世城郭となっていた。三方が断崖絶壁、一方が尾根続きという天然の要害であり、「高天神を制するものは遠州を制する」といわれた。山城ではあるが、山地帯を抜けると掛川の平野部に出て海岸にも通じている。現在では曲輪や土塁・掘割がよく残っており、「続日本１００名城」である。現在は地元の掛川市（合併前は大東町）が史跡としてよく整備しており、ハイキングコースの整備で登山は比較的容易だ。高天神城のアクセスは東海道本線の掛川駅から南へタクシーで２０分、車なら掛川ＩＣから１５分という所である。少し東の離れた所に御前崎海岸があり、遠州灘の絶景が見られる。

徳川家臣となった遠州国衆の多くは、旗本として江戸期も存続した。家康配下で最も有名になった遠州人の武将は、**井伊直政**である。通説では前述の直虎の養子とされるが、三河で逼塞し、成人後に家康に謁見して仕えるようになったという。家康の意図としては、遠州の旧族である井伊氏を再興させることで在地勢力を懐柔するということであろう。井伊直政は他国衆でありながら徳川家の宿老となり、その武功で「徳川四天王」の一人と讃えられた。さらに外交で手腕を発揮して豊臣秀吉にも高く評価された。関が原後に彦根（滋賀県）35万石に封じられ、子孫は徳川幕府の大老を代々勤めるなど遠州出身者で出世頭となった。

秀吉の天下統一後に家康は関東に移転し、代わって遠江国には豊臣系大名が配置され、浜松城に堀尾吉晴が、掛川城に**山内一豊**が入った。彼らを含めて、駿河および三河の大名は当時、尾張・清洲城主だった豊臣秀次（秀吉の甥）の配下で、それを補佐して東海道を固めることを目的として配された。しかし関が原の合戦（1600年）の際にはいずれも東軍に属すことに決して徳川家康に屈服した。大河『功名が辻』で描かれたように、家康らが東海道を西へ進軍する中で山内一豊は居城の掛川城を家康に進呈するなど、家康への傾斜が際立っていた。山内は戦後土佐に移り、江戸期の遠江には徳川譜代の中小大名が多く配置された。

掛川城は、もともと今川配下の朝比奈氏によって逆川の北沿岸にある龍頭山に築かれたが、現在見られる城郭の基本的な部分は山内一豊によるものである。遺構は二ノ丸御殿（重要文化財）だけだったが、天守や大手門などの建物や塀、堀や土塁、石塁の復元が行われ城址らしくなった。城跡の整備が城下に至り、城の近辺の建物を白壁のカラーで統一し、電柱の埋設など都市景観の配慮に及んでいる。アクセスは、掛川駅北口から北へ徒歩7分。また浜松城も豊臣期の堀尾氏の手で近世城郭として改修され、現在みられるような野積みの石垣と天守閣が建設された。

北陸地方

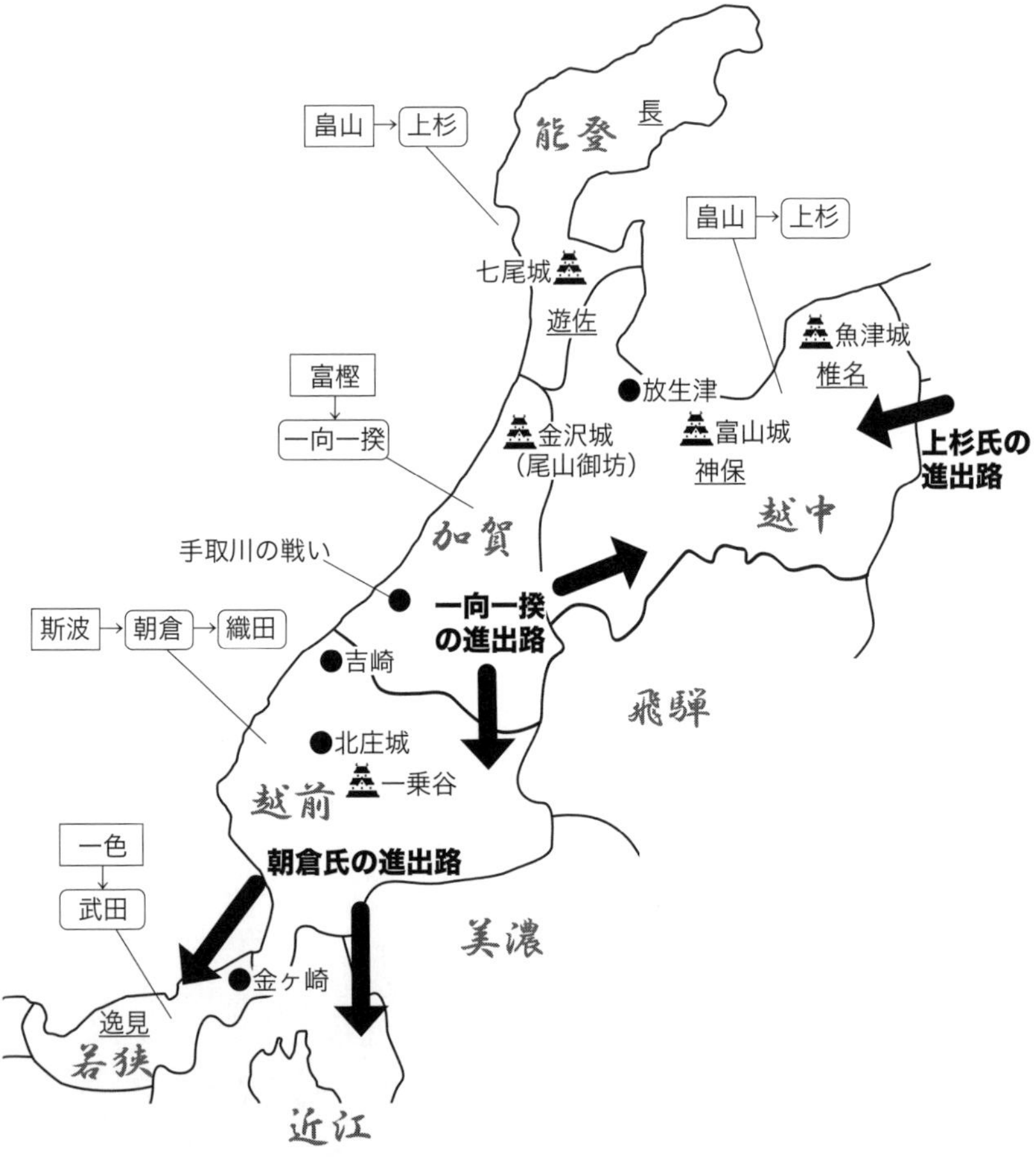

畠山→上杉
能登
長
七尾城
遊佐
畠山→上杉
魚津城
椎名
放生津
富山城
神保
上杉氏の進出路
越中
富樫
一向一揆
金沢城
（尾山御坊）
加賀
手取川の戦い
一向一揆の進出路
斯波→朝倉→織田
吉崎
飛騨
北庄城
一乗谷
越前
一色
武田
朝倉氏の進出路
美濃
金ヶ崎
逸見
若狭
近江

福 井 県

越前国(北部)

東京から福井市までのアクセスは、現在のところ最短なのが東海道新幹線で米原(滋賀県)まで行き、そこから北陸本線の特急しらさぎに乗り換える方法で3時間半弱となる。一方、北陸新幹線を使うと、金沢で大阪行きの特急サンダーバードに乗り換えて3時間40分と、少し余計にかかる。北陸新幹線が福井まで延伸すれば変わるかもしれないが、現在のところ福井と東京の距離は遠い。福井の人にとって最寄りの都会は京都あるいは大阪となる。京都までは特急サンダーバードが直結しており、1時間半弱で行ける。地図で見れば福井は滋賀県の隣で、京都との近さは明らかだ。ただこの福井の方言がどのようなものか、一般的にはあまり知られていない。

私の大学時代の後輩で福井出身者がいたが、言葉の調子で「東北出身」と間違えられていた。福井市などは高低アクセントの位置に決まりがない「無型アクセント」の地帯であり、そのためにイントネーションが平板な調子になって、東北や九州の一部と同じように聞こえてしまうのである。一方、東部の大野市や勝山市の方言は、「垂井式アクセント」という京阪(関西)式と東京式の中間的アクセントである。後から説明するが、越前東部から美濃街道という、岐阜県に通じる街道があるので、この地域のアクセントの違いは美濃方面とのつながりが関係していると思われる(岐阜県方言は東京式アクセント)。越前のアホバカ方言は「アヤ、ノクテー、バカ、タワケ、アホ」など市町村単位で多様であるが(「アヤ」の語源は「アヤカリ者=あやかりたいほどの愚か者」、対馬の「アイカリ」と同根)、福井平野の辺りで吹き溜まりのように様々な方言が集まってぶ

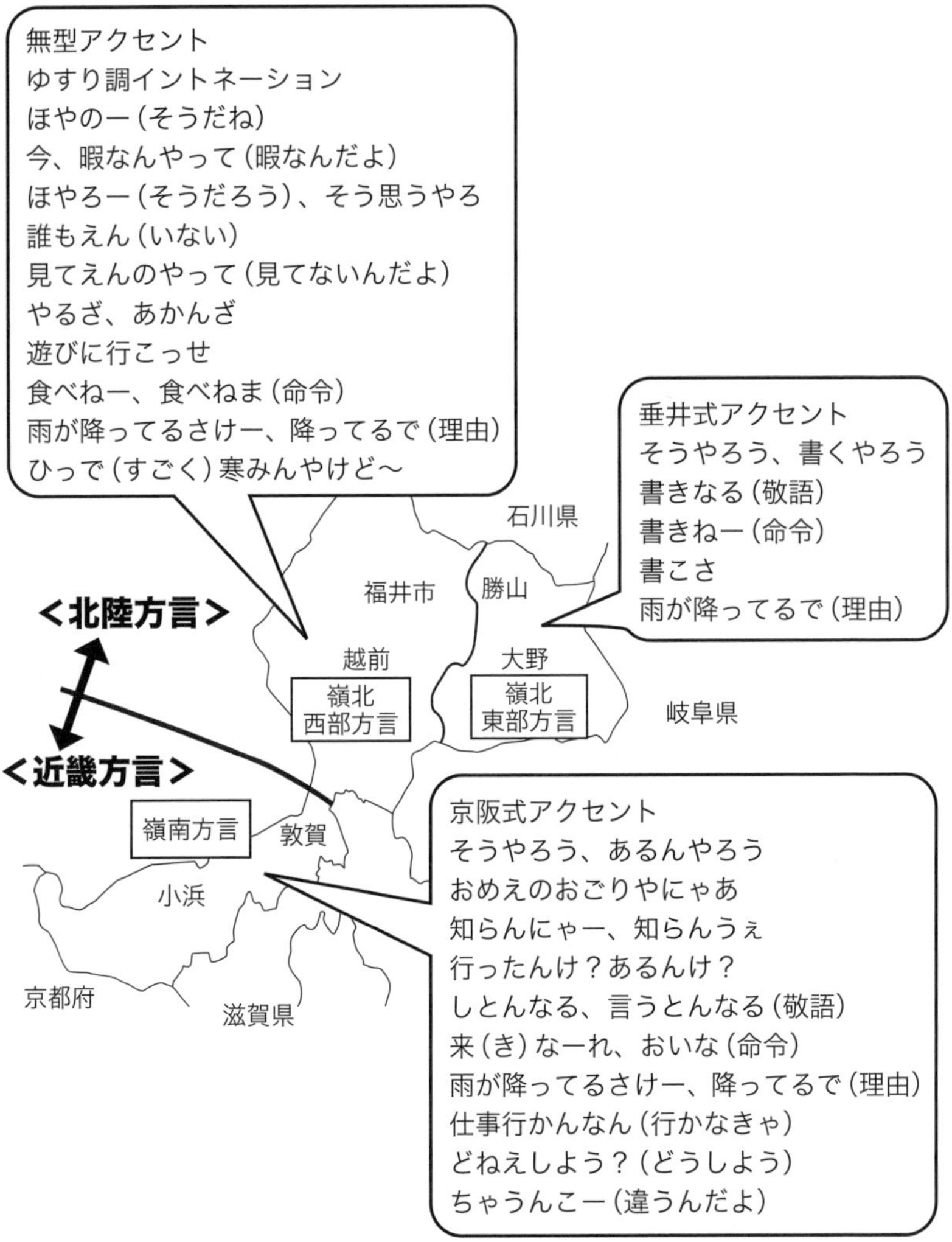
無型アクセント
ゆすり調イントネーション
ほやのー（そうだね）
今、暇なんやって（暇なんだよ）
ほやろー（そうだろう）、そう思うやろ
誰もえん（いない）
見てえんのやって（見てないんだよ）
やるざ、あかんざ
遊びに行こっせ
食べねー、食べねま（命令）
雨が降ってるさけー、降ってるで（理由）
ひっで（すごく）寒みんやけど〜
垂井式アクセント
そうやろう、書くやろう
書きなる（敬語）
書きねー（命令）
書こさ
雨が降ってるで（理由）
石川県
福井市
勝山
＜北陸方言＞
越前
大野
嶺北
西部方言
嶺北
東部方言
岐阜県
＜近畿方言＞
嶺南方言
敦賀
小浜
京都府
滋賀県
京阪式アクセント
そうやろう、あるんやろう
おめえのおごりやにゃあ
知らんにゃー、知らんうぇ
行ったんけ？あるんけ？
しとんなる、言うとんなる（敬語）
来（き）なーれ、おいな（命令）
雨が降ってるさけー、降ってるで（理由）
仕事行かんなん（行かなきゃ）
どねえしよう？（どうしよう）
ちゃうんこー（違うんだよ）

つかり合うという地勢から無型アクセントが成立したらしい。また福井弁は文節ごとにうねる「間頭イントネーション」という北陸方言特有の特徴もある。

　福井県の方言は木の芽峠（福井トンネル付近）を境に、北部（嶺北）と南部（嶺南）に大きく分けられる。それは旧国の越前と若狭とほぼ一致するが、越前南端の敦賀市は関西弁に近い嶺南方言の地域である。ここでは、越前の大部分の嶺北方言を扱う。

　言い回しについては、越前は北陸の中ではかなり関西弁に近く、断定詞は「〜

や」で、相づちに「ほや（そうやの転）」が多用される（ほやのー、ほやって、ほやざ等）。西日本では居る↓「おる」が多いが、福井弁では「いる」が多く、「いない」は「えん」と言う（その派生で「～していない」↓「～してえん」、まだ宿題やってえんのやって等）。このように「東北のように平板な調子で、関西弁的な言い回しをする」というのが福井弁の特徴だが、映画『ちはやぶる』（広瀬すず主演）で主人公の幼馴染でかるた名人の少年が福井出身という設定でそのようなことばを話していた。

それ以外の独自の特徴は、強い自己主張の文末詞「ざ」（「はよせなあかんざ」）、命令の強調助詞「ま」（「そっち行けま（＝そっち行けよ）」）、疑問文助詞「け」（テスト、明日け？等）がある。理由の接続助詞は「さけー（上方語の「さかい」が変化）」や、東海地方と滋賀などと共通する「で」などが使われ、交通面でのつながりが見える。命令の文末詞は「～ね」（「食べなさい」＝「食べね」）であり、「しなさい」が「しね」となって県外の者には「死ね」と聞こえるため時折トラブルになるらしい（「死ぬ」の命令表現は「死にね」）。

次に越前の地理的特徴を見てみる。まず嶺北（越前の南端を除くほぼ全域）は、交通アクセスについて京都から滋賀県を経由して北陸本線でつながっていること、さらに北陸本線は嶺北を南北に貫く形で敷設され、石川、富山へとつながっていることを留意しよう（北陸本線のルートは高速の北陸自動車道と国道８号線とほぼ同様）。ただし北陸本線を行くと滋賀県北部の余呉付近がトンネルとなっているように、滋賀県との間に伊吹山地と両白山地が続いており、これが福井県と近畿地方を隔てる壁となっている。

福井市と嶺北各地とのアクセスを見ると、福井市から南には九頭竜川が分岐した日野川が流れており、この流域に福井平野がある。鯖江や武生を含む越前市があり、この辺りが古代から現代にいたるまで越前＝福井県の中心地域となった。さらに南に行くと敦賀があり、福井市から特急しらさぎで３０分ほどだが、敦賀の北に木の芽峠があって方言区分でも分かれているのは前述した。私は旅行で敦賀から福井市へ北上する経路で行ったが、両地域の方言の違い（イントネーションの違いが大きい）に驚いた。

福井市から北へ向かうと、越前海岸の三国港へ行く。えちぜん鉄道芦原線で40分ほどの距離で、断崖絶壁の東尋坊がこの近くにある。福井平野と越前海岸の間に丹生山地があり、海岸に山が迫っているのが地形的特徴だ。三国港から南東にさかのぼる形で九頭竜川が流れているが、この辺りに東部の拠点都市である大野や勝山がある。大野は福井駅から越美北線で1時間10分、その先に九頭竜湖がある。勝山は福井市からえちぜん鉄道永平寺線で50分、その途中に曹洞宗の本山・**永平寺**がある。なお、永平寺のアクセスは、福井駅から25分の永平寺口駅まで行き、そこから永平寺までバスで10分で行けるが、福井駅から永平寺門前まで直行バス「永平寺ライナー」で30分で行くのが最短だ。

以上のような地理的な特徴を留意して、越前戦国史をたどっていこう。**福井県の戦国史は京都との関係の深さが第一の特徴だが、石川・富山など他の北陸と共通点もある。その点を留意して説明したい。**

越前の戦国大名・朝倉氏の本拠地一**乗谷**（福井市東部の郊外）が、保存状態の良さから戦国期の城下町研究の素材としてよく取り上げられる。一乗谷は福井市から越美北線で東に向かって15分ほどの所で、私が20年前に旅行した時にはまださほど観光化していなかったが、TVCMの撮影場所になるなど近年は注目度が上がっているらしい。九頭竜川支流の足羽川の、さらに支流である一乗谷川沿いの谷あいにあり、東西約500m、南北約3kmと狭小だが、鉄砲伝来前は防衛に有利だった。一方で福井平野の端から山地に入ってすぐの場所に位置し、北陸道や大野盆地（大野市）に通じる美濃街道、越前府中（越前市）へ続く街道などが通る交通の要衝でもあった。南北朝時代から朝倉氏の本拠となり、応仁の乱後に京から多くの公家や文人たちがここに避難して、華やかな京文化が開花した。最盛期には人口1万人を超え、越前の中心地として栄えていた。現在は国の特別史跡で、出土品は国の重要文化財に指定されている。館の礎石や唐門などが発掘され、武家屋敷の町並みが復原されている。一乗谷朝倉氏遺跡へのアクセスは、福井駅から越美北線で15分の一乗谷駅で下車し、南へ徒歩20分。私は駅からレンタサイクルで行ったので10分ほどで到着できた。福井駅からバスで30分で行く方法もある。また駅の北側に「一乗谷朝倉氏遺跡資料館」があり、発掘調査で出土した室町・戦国期の遺品など充実した展示が行われている。こちらは一乗谷駅から徒歩5分ほど。

朝倉氏は但馬出身と言われているが、室町幕府の三管領の一つ**斯波氏**に仕え、その守護管国の越前の足羽郡（福井市など）に所領を与えられ、一乗谷を本拠とした。主家の斯波氏は越前のほかに尾張と遠江の守護職で、その宿老の甲斐氏は越前と遠江の守護代を務めたが、京で幕府と関わることも多く、代理人（小守護代）に在地を支配させた。

室町後期に斯波氏は当主の早世が相次ぎ、傍流から養子となった斯波義敏と、足利一族の渋川氏から養子に迎えた義廉が対立、これが幕閣を巻き込んで応仁の乱となった（義敏は東軍、義廉は西軍）。守護代の甲斐常治は幕府管領にもなった義廉を支持して西軍に付き、**朝倉孝景**もこれに従ったが、越前国内は東西の両勢力が入り乱れて内戦となった。しかし東軍寄りの将軍義政が恩賞として越前守護職を与えるという条件を示したので、1471年に朝倉は東軍で参戦。これに対し西軍方で加賀に逃れた甲斐氏と大野郡に滞在した斯波義敏が越前で対抗したが、朝倉氏はこれらを破って越前を掌握した。

朝倉孝景は晩年『**朝倉孝景17箇条**』という家訓を残した。内容は重臣の登用や、質素倹約、目付の配置や合戦の教訓など一般的なことだが、戦国大名の意識をうかがわせる。朝倉氏の内政は一族と家臣が協力してあたった。越前中心部で守護所のあった府中（越前市武生付近）の領域支配には前代の小守護代を継承する府中両人を置いて支配にあたらせ、国境に近い敦賀（南部）と大野（東部）には一族を郡司として配置した。府中は同じ福井平野で一体的な地域であり、京都につながる北国街道（現在の北陸本線や北陸自動車道と同様のルート）の経路に当たっているので、朝倉氏当主が直轄するような措置となった（福井から武生まで北陸本線・敦賀行で20分）。一方、敦賀は日本海航路の港町として重要であり、北国街道の経路上にあるものの木の芽峠で隔てられていることから、一族を派遣する形を取ったと思われる。ちなみに敦賀では、神功皇后以来の由緒を持ち、かつて足利義満が参拝した**気比神宮**が勢力を持っており、朝倉氏の敦賀支配は神宮の持つ流通ネットワークを抑えるという意図があったようだ（気比神宮のアクセスは、敦賀駅から観光周遊バスで3分）。また東部の大野は九頭竜川沿いの要衝で美濃（岐阜県）にも通じるが、福井市から距離的に離れていることが大きかったのであろう。この敦賀と大野の両地方が独自の行政区域なのは、方言が福井市など中心部とこの両地方が異なっていることと重なっているようで興味深い。

さて朝倉氏三代目の貞景の1506年に、加賀に逃れていた甲斐氏の残党と一向一揆が越前に入って蜂起した。かつて越前北西部の**吉崎**に本願寺の蓮如が本拠を置き（16世紀初頭の朝倉勢との合戦で焼失）、その影響で越前を含む一帯で本願寺の門徒が多くなった。この時の一揆は畿内での幕府内の勢力争いとも関連したようだが、朝倉氏は幕府とも連絡を取りつつこれを退けた。これ以後も朝倉氏と一向一揆の対立は続き、しばしば一向一揆の本拠である加賀に出兵した。ちなみに吉崎は石川との県境に近く、福井駅からJR北陸本線の金沢行で15分かけて芦原温泉駅に行き、そこからタクシーで15分の所にある。吉崎御坊の跡地は西本願寺の別院となっており、蓮如の像が建っている。

朝倉氏は数年ごとに若狭・近江・美濃など隣国や京都などに出兵している。近江や京へは北国街道を通ったのだろうが、美濃方面は大野から現在の国道157号線のルートで攻め入ったと思われる。ただ美濃との国境には両白山地の一角であり、1000m級の越美山地があることから行軍は困難だったであろう。これらの出兵は将軍の要請であったとともに、この地域の秩序維持のためだった。やや後の話になるが、近江で六角氏に圧迫された浅井氏を支援したことが後に同盟関係につながる。

一方で朝倉氏は幕府での地位を向上させ、4代孝景は御相伴衆という高位の将軍近臣の地位を獲得した。越前では産業も発展し、本拠地一乗谷も人口が増えて全盛期を迎えた。

最後の当主・**朝倉義景**は若年で当主を継いだが、将軍義輝の暗殺(1565年)を受けてその弟の**足利義昭**が朝倉氏を頼って越前に逃れてきた。義昭は3年にわたって一乗谷に逗留したが、朝倉氏は一向一揆との対立もあって動かず、義昭は織田信長を頼って将軍となる。

織田信長は朝倉義景に上洛と服従を命じたが、義景がこれを拒否したことから信長は越前攻撃に踏み切った(元亀争乱)。1570年に信長は越前南端の**金ヶ崎城**(敦賀市)を攻略したが、近江の浅井氏がその背後を衝いたため失敗して京都に逃げ帰った。この撤退戦では秀吉がしんがりを務めたことで有名である(**金ヶ崎城退き口**)。敦賀は福井市まで特急で30分の距離なので、ここを落とされれば朝倉氏の本領も危うかったが、浅井氏が信長の背後をついたので救われた。なお、金ヶ崎城は敦賀市の北東部で、敦賀湾に突き出した海抜86mの金ヶ崎山に築かれた山城である。現在でも本丸や曲輪、堀切などが残り、国の指定史跡となっている。古戦場の石碑が建っており、城跡を周遊するウォーキングコースも設定され、城跡からは日本海が眺望できる。南北朝時代にここで足利軍と新田義貞軍の合戦が行われ、新田とともに戦って敗れた恒良親王と尊良親王を祀る金ヶ崎宮が近くにある。アクセスは、敦賀駅から「ぐるっと敦賀周遊バス」で8分の「金崎宮」で下車してすぐである。

その後、朝倉義景は浅井氏や一向一揆と連合し、さらに比叡山とも同盟することで京都進攻を図る。この時信長は、足利義昭や朝廷に要請して朝倉・浅井に優位な形で和睦した。しかし1572年に朝倉は武田信玄とも同盟して図上は壮大な「遠交近攻戦略」で信長打倒を図ったものの、信玄の死と義景の戦略のまずさで効果を上げられずに終わる。義景は浅井氏救援のため小谷入城を図ったが失敗し、逆に退却途中で敦賀に近い刀根坂で信長軍に大敗。これが信長の越前攻めのきっかけとなる。

1573年織田軍の猛攻を受けると、義景は一乗谷を放棄して大野へ逃れたが、家臣の裏切りが相次いで自刃した。この時、信長の軍勢によって一乗谷は放火され灰燼に帰した。朝倉氏と信長軍はいずれも北陸本線や北陸自動車道のルート上に進軍したので、この辺りを通る際には両者の攻防に思いをはせることができよう。

戦後、信長はいち早く服従していた朝倉旧臣の桂田長俊(前波吉継)に越前統治を任せたが、同じ旧臣である富田長繁ら国衆は一向一揆と結んで蜂起し、桂田を自刃に追い込んだ(**越前一向一揆**)。やがて一揆勢は各地で蜂起し、また加賀一向一揆も加わった。それまで本願寺は越前の内政には不介入だったが、畿内でも信長と対決姿勢を強めたことから重臣の下間《しもつま》頼照を越前守護代として派遣した。こうして加賀に続き越前も本願寺の勢力圏となると、北陸一帯が敵対勢力となることを危惧した織田信長は1575年に再び越前に進攻して一向一揆を徹底的に殲滅した。この織田軍による掃討戦の凄惨な様子は、当時現地の荘園視察に来ていた興福寺の僧の記録で伝えられている。

この後信長は重臣の**柴田勝家**に**前田利家**などを付属させ、越前一国の支配を任せた。信長が家臣に一国の支配を委任したのはこれが初めてのことである。越前には三国湊や敦賀など日本海航路の拠点があり、この流通を掌握することで東北・北海道までが視野に入ったためである。前述のように、現在でも敦賀から新潟、秋田、北海道の方面に新日本海フェリーが運航していることがその名残といえる。なお、敦賀は現在でも日本海航路で栄えた古い町並みが残され、特に「博物館通り」と言われる市立博物館（旧大和銀行）の辺りが港町の雰囲気を感じさせる。三国湊も日本海の港町が残っており、近くに東尋坊や三国温泉もある。アクセスは、福井駅からえちぜん鉄道の三国芦原線で50分の三国港駅から徒歩10分。

一向一揆制圧以降、越前は勝家ら「織田家北陸方面軍」の拠点となり、相対的に畿内の統一政権の影響が強まった。柴田勝家は本拠を交通の便利な**北ノ庄城**（福井市中心部）に構え、一乗谷の商人や寺社を移転させた。『ブラタモリ』でも取り上げられていたが、現在も福井市内にある商家の多くがこの時に一乗谷から移住したのである。これが近世の城下町福井につながる。なお、北ノ庄城の天守閣は7層か9層あったとされ、巨大な建物を有した近世城郭だったと、1581年にここを訪問したルイス・フロイスが記録に残している。また城下町の広さは安土城下の二倍あったとも言う。城跡は現在「柴田神社」となっており、敷地内に北ノ庄城の復元模型が展示されている。また柴田勝家やお市の方、お市の娘の淀君ら三姉妹の銅像も建っている。アクセスは、福井駅から徒歩5分。

この時、勝家の組下である前田利家は府中城（越前市武生）を本拠とし、佐々成政、不破光治とともに「府中三人衆」と呼ばれた。府中城は、利家が初めて「城持ち」となった記念の城である。城の場所には以前に越前の守護所があり、朝倉氏の代官が守っていた。ここで利家は日野川を外堀として利用し、南北180m、東西100mの二重の堀を持った平城を築いたのである。江戸期にも城は使われたが、明治後は小学校の敷地となり、さらにその跡地に武生市役所（現在の越前市役所）が建設された際に城跡は完全に破壊された。現在城の跡地は市庁舎と武生駅から越前市役所へと伸びる大通りとして整備され、市役所の敷地に「越前府中城址」の石碑が建つのみとなっている。アクセスは、北陸本線の武生駅から徒歩3分。

また同じ時に美濃出身の金森長近が東部の大野城に配された。ここにも朝倉氏の一族が「郡代」として配されていたが、長近によって大野盆地にある標高250mの亀山に近世城郭の平山城が築かれた。山頂の石垣および堀が現存し、山麓部にも内堀および外堀の一部が残る。天守は、亀山の山頂にある天守曲輪に建てられた。「続日本100名城」に選ばれ、雲海が城山を取り囲むときもあることから、城を管理するラピュタの会が「天空の城　大野城」として知名度向上に努めている。天守は江戸中期に焼失し、現在のものは1968年に建てられたが、必ずしも当時の復元ではない。城のふもと付近には「小京都」の一つである越前大野の旧市街が広がっている。なお越前大野城へのアクセスは、越前大野駅からバスで10分。

柴田勝家は賤が岳の戦いで秀吉に敗れ、北ノ庄城は落城して自刃。この時に勝家の再婚相手で信長の妹**お市**も勝家に殉じたが、浅井長政ともうけた娘の**淀君**ら三姉妹が秀吉に保護された。賤が岳の戦いにおける秀吉軍の進軍路も、北陸本線などのルートをたどっている。

その後も北ノ庄城は越前の中心として丹羽長秀や秀吉子飼いの臣が入ったが、やがて越前はいくつかに細分された。有名なのが敦賀5万石を領した**大谷吉継**で、関ヶ原では石田三成の盟友として病を押して参戦。小早川秀秋軍を正面から向かい撃って敗死した。国元では加賀に海路上陸するというニセ情報を流し、東軍についた前田利長をくぎ付けにしたという。真田幸村（信繁）の岳父でもある。現在、敦賀市では吉継をモチーフとしたゆるキャラを製作している。

関ヶ原後に徳川家康の次男・結城秀康が北ノ庄を改めた福井に城下町を移し、越前松平家の城下町となった。福井藩は幕末に松平春嶽や橋本佐内が活躍したことで知られる。居城の福井城は北ノ庄城を改築したのか、全く新規に建造したのか議論がある。福井城跡は石垣がよく残っているが、建物は明治に破却され、福井県庁などが建っている。ただし近年は史跡公園としても整備されつつあり、御門や御廊下橋が復元されている。

アクセスは、福井駅から徒歩7分。

若狭国（南部）

敦賀から西南方面は小浜線のルートであり、嶺南地方をつらぬく。敦賀から小浜まで小浜線で1時間である。この路線はさらに西へ京都府北部の舞鶴にもつながっている。なお小浜線と高速の舞鶴若狭自動車道はほぼ同じルートである。

先にものべたが、嶺南方言は「近畿方言」に分類され、京阪式アクセントであり、京言葉に近いとされる。嶺南と嶺北地方の間は木ノ芽峠で交流が妨げられていたのに対し、京都とは西近江路（湖西路）や鯖街道を通じて交通が便利だったためである。高浜虚子の歌にも「萩やさし敦賀言葉は京に似て」というのがある。若狭の小浜から京都に行くのは、鉄道なら、小浜線で敦賀に行き、北陸本線の特急サンダーバードに乗り換えて2時間15分である。しかしバスで国道161号と303号線を経由すれば、2時間足らずで京都に着ける。これは琵琶湖の西を行くルートで、私も勤務校の学生研修にこの道を通った。かつての鯖街道がこれに相当する。滋賀県との間には野坂山地があるが、さほど標高が高くないために街道が通じていた。また前述のように敦賀市は旧越前国だが、木ノ芽峠の南側に位置することから嶺南地方として若狭との結びつきが強い。

嶺南方言は聞いた感じ「ほぼ関西弁」だが、特に語尾で「〜ど」「〜にゃ〜」「〜うぇ〜や」「〜わいや」(「知らんど」「知らんにゃ〜」「知らんうぇ〜や」「知らんわいや」等)など独自のものもある。また敬語の助動詞は「なある」で、京都府北部の丹後と共通する。前述のように、小浜線や舞鶴若狭自動車道での結び付きが想起できる。なお、JR若狭高浜駅には「高浜市場　きなーれ」という施設がある。文節末が揺れる北陸特有の間投イントネーション（ゆすり音調）は、嶺南方言でもある。

室町・戦国期の若狭の歴史は、地理的条件から越前以上に京都との関係の深さが現れている。京都と近いからか、アニメ『一休さん』でも一休さんのニセモノが現れて方々で無銭飲食をするので本人がこらしめに行った話がある（ただし将軍がそれを利用して一休さんの鼻をあかそうとするが（笑））。

若狭は京都にも通じる日本海の拠点だが、東北や北海道とも通じていたことは先述した。その代表が、西部の港町・**小浜**（現・小浜市）で、鎌倉期から栄えていた。

室町期の若狭守護は当初は丹後守護を兼ねる一色氏だった。しかし1440年に安芸武田氏の一族で京将軍側近として仕えていた武田信栄が、将軍義教の命で一色義貫を誅殺し、その功績で若狭守護に任命された（**若狭武田氏**）。将軍側近が守護に任じられたことは、若狭と京都との近さが現れている。これは義教の専制強化の一環だったが、武田氏は若狭屈指の港湾都市である小浜には一色氏の被官が多かったことから入れず、現在の高浜市に本拠を置いた。ちなみに小浜から若狭高浜まで小浜線で25分の距離である。

武田信賢は若狭国内の一色氏残党や一揆を次々に鎮圧して国内を固める一方、応仁の乱では東軍に属して丹後国に侵攻するなど活躍した。この進軍路は小浜線や舞鶴若狭自動車道を西へ行くルートであると思われる。なお信賢以後、安芸武田氏と若狭武田氏は分家した。

武田氏は若狭の領国経営を行う一方、幕府や細川京兆家の要請で京都や丹波へ何度か出兵した。これらは、もともと幕府との関係が密接なことが若狭支配で重要だったことを示している。京都方面への出兵では、当時の鯖街道、現在の161号線を南下したと考えられる。以降も軍事活動などで幕府とのつながりを更に深め、小浜の支配も認められるなど繁栄期を迎えた。丹後一色氏との対立は一進一退の状況が続き、1506年の丹後侵攻は失敗したが、一色氏の若狭侵攻の際には朝倉氏の援軍を得て撃退した。

1510~30年頃の武田元信と孫・元光の代に若狭武田氏は最盛期を迎え、1520年ごろに小浜に本拠を移した。武田氏の本拠となった小浜の後瀬山《のちせやま》城は若狭最大級の城だったが、標高160mと比較的高い山上に築かれていたため、北の山麓に水堀をめぐらせた大規模な守護館が築かれた(現在の空印寺)。城の本丸跡にはかなりな規模で石垣が残っているが、現在は愛宕神社が建っている。アクセスは、小浜駅から徒歩20分。

しかし1527年の幕府の主導権争いである「両細川家の乱」には、細川高国方で京都へ出兵するも大敗。すでに度重なる隣国への出兵で本国は疲弊し、その後は一族や国衆の反乱が相次いで若狭武田氏は衰退していく。京都との関係の深さが逆にアダになったということである。1561年には重臣・逸見氏の反乱を越前国の朝倉義景の援助で鎮圧したが、若狭に朝倉氏の影響力が強まるきっかけとなった。朝倉氏は敦賀を領土としていたので、小浜線を西へ行くルートで進軍したと考えられる。

そうした中で1566年に足利義昭が協力を求めて若狭国を訪れたが、武田義統は内乱のために出兵できず、義昭は越前の朝倉を頼って出国した。これは朝倉氏とは逆に小浜線を東へ向かったというルートである。

1568年に朝倉義景が若狭に侵攻すると、**武田元明**は一乗谷に強制的に移住させられ、若狭国は実質的に朝倉氏支配下に入った。しかしすでに武田氏より独立していた逸見ら国衆は織田信長に通じ、1570年信長の越前侵攻には若狭国衆が案内役となっている。近江から北国街道を北進した織田軍の側面から、小浜線のルートで若狭国衆が加勢したということである。1573年に朝倉氏が滅亡すると元明は解放されたが、若狭は**丹羽長秀**に委任され、武田元明も含めて若狭国衆は長秀の与力となった。

1582年に本能寺の変が起こると、若狭回復の好機と見た元明は、明智光秀に通じた。元明は敦賀経由で北国街道を南下して湖東（滋賀県東部）に進軍し、丹羽長秀の本拠佐和山城（彦根市）を陥落させたが、光秀は敗れ、元明は羽柴秀吉の命で自害させられた。こうして大名としての若狭武田氏は滅亡したが、子孫は元明の義兄だった縁で京極氏に仕えた。なお、武田元明の正室で京極高次の妹・竜子は美貌で知られ、秀吉の側室**松の丸殿**となった。

小浜にはその後丹羽長秀らが入ったが、江戸期になって京極高次が後瀬山城を廃して、海岸近くに**小浜城**（雲浜城）を築いた。現在の小浜神社の場所で、石垣などが残っている。なお城の別名は、地元出身の幕末の志士で安政の大獄で処刑された梅田雲浜の雅号の由来となっている。アクセスは、小浜駅から徒歩15分。また淀君の妹（お市の方の二女）である**お初**（常光院）は京極高次の正室となり、関ヶ原後に夫とともに小浜に入った。夫が1609年に死去した後は豊臣・徳川の和平に奔走したが実らず、亡くなるまで淀君ら近親の菩提を弔い続けた。1633年に江戸で亡くなったが、墓所は小浜の常光寺にある。かつて後瀬山城があった場所の山麓にあり、現在でも当寺で常光院の肖像が伝えられている。

石川県

加賀国（南部）

北陸新幹線の開通で、東京から金沢は3時間で結ばれることになった。しかし最も速いのは、羽田から小松空港まで飛行機で行き、そこからバスで金沢へ向かうコースで、合わせて1時間50分かかる。鉄道なら福井と同様に、東海道新幹線で米原まで行き、北陸本線の特急しらさぎに乗り換え4時間超かかることになる。

一方で京都とは北陸本線の特急サンダーバードで2時間15分である。新幹線開通で東京への人の流れも増えているが、今でも就職や週末の行楽は京都、大阪方面への流れが圧倒的である。ただし福井県との境目で、白山に連なる1000m級の加越山地があるので、これが壁となって京都からの影響が遮られることも多かったようだ。方言の特徴でも、関西弁の影響とかなりな程度の独自性の両面が見られる。

金沢など石川県の方言は断定詞「~や」など関西弁の影響を受けつつも、準体助詞が「が」になるなど独自性を強める(行くがか?=行くのか?、しとるがやろ=してるんだろ等)。このため「~なんだよ」を意味する文末詞が「がや、がね、がいや、がいね」となり、

若い世代ではくだけた「~げん、げんて」が多用されている。他に文末詞では、「じー(いいネクタイしとるじー=いいネクタイしてるよ)」、「うぇー(いいネクタイしとるうぇー=いいネクタイしてるわ)がある。「じー」は「ぜ」の変形、「うぇー」は「わい」の変形であるとされる。若い女性の間では東京語の影響もうけて「やよ」が使われる。

柔らかな命令を表す「~(し)まっし」は、金沢弁の代表と言われる。尊敬の助動詞「まさる」の命令形「まされ」が変化したもので、若い世代でも比較的使われ続けている。(例:食べまっし、行きまっし)。くだけた命令表現には「~(し)ね」「~(し)ねま」もある。

なお、小松や加賀市など加賀南部では、準体助詞は「の(ん)」(行くんや、しとるんやろ等)、命令形も「まっし」が無く、「~(し)ね」が中心である。金沢から小松は特急サンダーバードの大阪行で20分足らず、北陸本線でも30分と近いが、手取川が境界線となって方言区域を分けているようだ。

無型アクセント
どうすっけ？
なしたが？（どうしたの）？
何（なん）しとるげ？
どこおるが（いるの）？
値打ちがあるがかね？
高い値段やがいね
やべえげんけど（やばいんだけど）
好きねんちゃ
いい所やぞいね
明日学校に行く日やろ！
聞いてま（聞いてよ）
ちっとせえま（ちゃんとしなさい）
頼むわえ
だちかん（ダメ）
だやい（疲れた）
ダランねえがか
まんで（とても）嬉しいわ
おいね！（そうです）

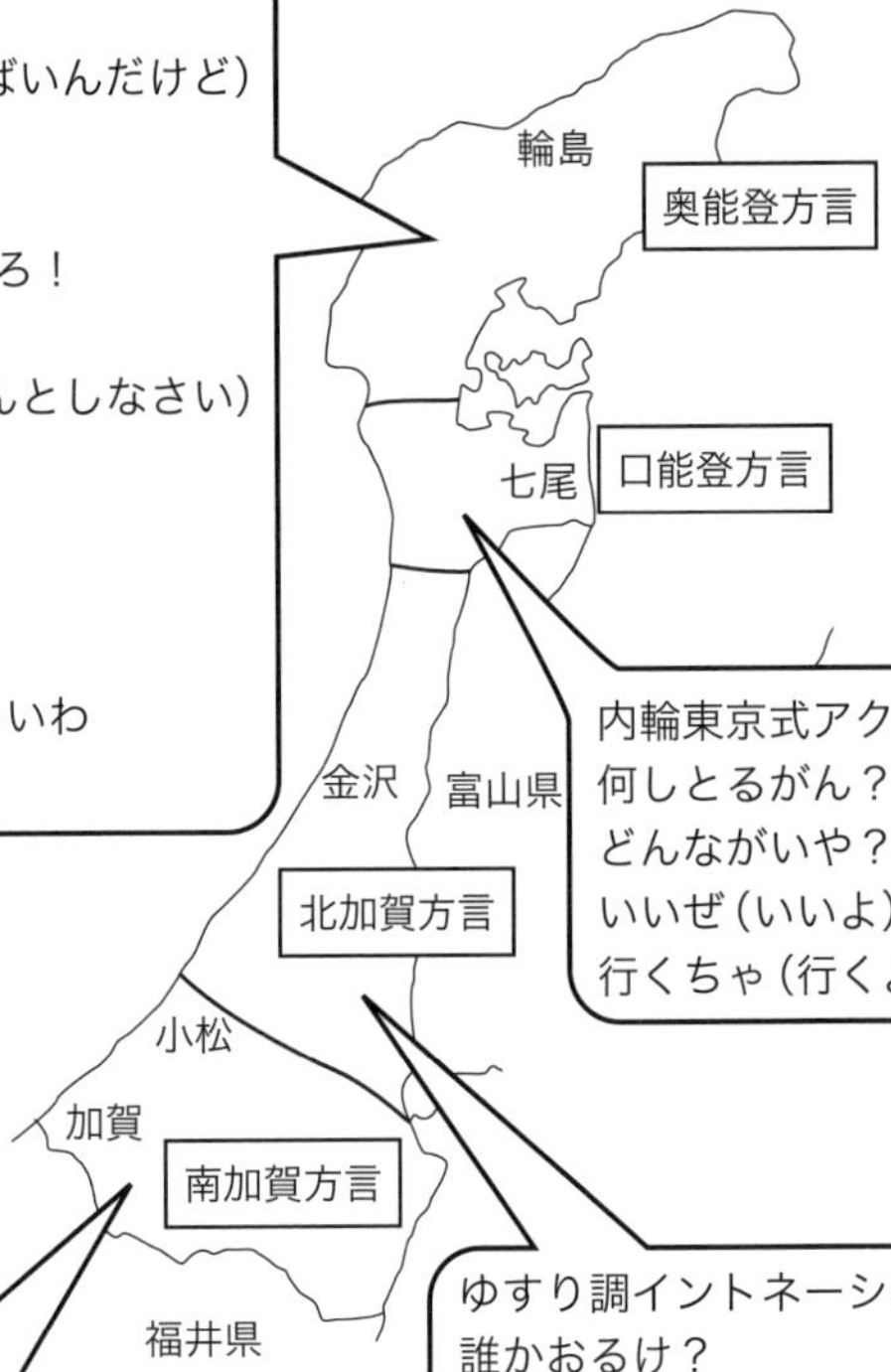

輪島
奥能登方言
七尾
口能登方言
金沢
富山県
北加賀方言
小松
加賀
南加賀方言
福井県

内輪東京式アクセント
何しとるがん？
どんながいや？
いいぜ（いいよ）、カワイイぜ
行くちゃ（行くよ！）

何やいね？
何しとん？
どこにおるん？
何言うとるがいね（何言ってるんだい）
ダメやざ
今から行くんや
今、暇なんやって（暇なんだよ）
ほやろー（そうだろう）、そう思うやろ
食べねー、食べねま（命令）
今から行くさけー（理由）
たった（とても）すげー

ゆすり調イントネーション
誰かおるけ？
何しとるがん（何してるんだ）？
ほーやろー（そうだろう）
行くがやろ（行くんだろう）
行くげんて（行くんだよ）
好きねん（好きなんだよ）
いいわいね（いいんだよ）
いいがんない？（いいんじゃない）
言ったがいや（言ったんじゃないか）！
ひどいがいね
いいじ、カワイイじ
食べまっし、食べねま（命令）
雨が降っとるさけー（理由）
ダランないけ（バカじゃないの）
あんやと（ありがとう）

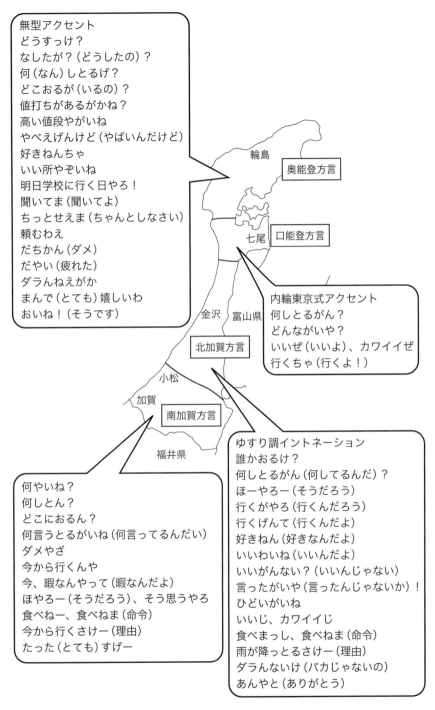

ところで石川と富山のアホバカ方言は「ダラ」というもので（「アホンダラ」は、これとアホの合成語）、「（考えが）足らず」というのが正確な語源である。しかし地元では「陀羅仏」が元という説が信じられており、仏教の信仰が盛んなことがうかがえる。

これから石川県の戦国史を語るが、その際に京都との関係はもちろん、他の北陸諸県との関係も重要である。そこで金沢と隣接諸県の県庁所在地とのアクセスを見てみよう。金沢から福井市に行くには、北陸本線の特急サンダーバードで50分ということになる。ただ福井との県境には白山（加賀南東部にあり、標高2700m）に連なる加越山地が1000m前後でそびえたっており、これが両者の壁となっている。一方、富山市とは北陸新幹線が開通したので、それでは20分、新幹線開業後は旧北陸本線が3セクに移管されてIRいしかわ鉄道となり、それでは1時間という所要時間になっている。両県の境は一部で両白山地がそびえているが、おおむね1000m以下の丘陵となり、行き来もしやすい。境界線のポイントとして知られるのが、木曽義仲が平家を破った倶利伽羅峠である。石川と富山の関係は深いということが生活文化の面でも、歴史的にも言える。この北陸三県にはいずれも国道8号線と高速の北陸自動車道が通じている。かつての北国街道である。

さて北陸地方は仏教、特に本願寺派の浄土真宗の信仰が盛んな土地である。

戦国期の加賀国は、浄土真宗門徒の農民一揆が大名を倒して自治を行い、「**百姓のもちたる国**」と呼ばれるようになった。私は浄土真宗の寺の者だが、その私でも戦国期の加賀であった出来事は驚異である。そこで、一向一揆研究の数少ない大家・神田千里氏の『一向一揆と石山合戦』などで調べた結果を法事の説教で話したが、反応ははかばかしくなかった。理由ははっきりしている。現在の寺の門信徒の在り方は江戸期からの「檀家制度」で造られており、戦国期の社会制度や人々の意識に対しては精神的な距離感が大きい。しかし戦国期で一向一揆の農民達が武力を行使したことについては、中世が「自力救済」の時代だったことを留意せねばならない。武家の権力が必ずしも村の治安に責任を持たない中では本願寺門徒に限らず、多くの村が治安維持のために武力を行使していた事例が知られている。

一方でなぜ宗教勢力である本願寺の名の下で、農民はじめ商人、地侍など雑多な人が集まったか。加賀一向一揆の指導者の名前を見ると、今ではあまり有名ではない人々が就いている。こうした中では幕府や朝廷ともつながりを持つ本願寺という存在が一種のブランド的な魅力を持っており、さらに広い地域で同朋がいるというのも大きかったかもしれないが、やはり民衆の救済を説く本願寺の思想も「結集の核」になったことは無視できない。

室町・戦国期の加賀の歴史を見ると、京都の影響は受けるが、一向一揆など独自の要素が強い。そのことを留意して説明しよう。一向一揆のメンバーは一般には無名な人々ばかりなので、組織名のみではなかなか実態をつかみづらいが、在地の統治と本願寺との関係を軸に二段階に分けて説明する。

室町期の加賀守護は**富樫氏**である。周辺の北陸諸国の守護が斯波、畠山と幕府の高官で占められている中で珍しく、平安期から土着していた一族が守護になった（源義経を「安宅関」で尋問した故事で知られる）。富樫氏は室町期になると在京して、将軍側近としても活動した。しかし室町後期に相続争いが起こり、それに応仁の乱での東西両軍の抗争が絡んで加賀で騒乱が起こった。

そうした中で、親鸞の子孫で本願寺第8代門主**蓮如**が北陸地方で布教を行った。蓮如は越前の吉崎を拠点に活動したが、隣国の加賀で門信徒が増加し、地侍である国人衆もその中に加わって一大勢力となった。吉崎は金沢駅から特急しらさぎで35分かけて福井県の芦原温泉駅に行き、そこからタクシーで15分だが、金沢駅から車で行っても50分の距離である。加賀門徒は1473年に**富樫政親**の要請で守護家の内紛に介入し、翌年には同じ浄土真宗ながら対立する**高田派**（親鸞の弟子からつながる門派で、関東を発祥とする）が擁立した富樫幸千代を倒した。この後政親は本願寺門徒の勢いに不安を感じて門徒の弾圧を開始。もともと一揆の蜂起に反対していた蓮如は一揆衆との不和から吉崎を退去し、加賀の門徒はいったん政親に追われて越中に逃れた。しかし１４８１年政親は幕府による近江の六角氏討伐に従軍し、その戦費の拡大に国人層が反発して門徒とともに蜂起した。現在の金沢から京都は北陸本線の特急で2時間超だが、当時は北国街道を通って京都方面までの遠征の負担は非常に大きかったと思われる。こうして１４８８年加賀門徒は相続争いで敗れていた富樫泰高を守護に擁立して、政親を滅ぼした（**長享の一揆**）。なお、富樫氏の居城は高尾城《たこう》で、金沢市内の高尾山《たかおやま》一帯にあった。標高１９０ｍの山城で、城の遺構はほとんどなく、城址の見晴らし台から金沢市街を遠望できる。長享の一揆の際は富樫政親がここで籠城したが、敗れて自害した。アクセスは、金沢駅からバスで25分の高尾町1丁目で下車、徒歩15分。

これ以後「加賀は百姓もちたる国」と呼ばれるが、この第一段階では一応、守護の富樫氏はいた。しかし在地支配は、本願寺の門主一族をトップに戴く三寺院が郡ごとに自治を行うという体制になった。これが松岡寺《しょうこうじ》、光教寺、本泉寺による「賀州三か寺体制」である。まず（波佐谷）松岡寺は小松市波佐谷町にあった。波佐谷町の丘陵部にあった波佐谷城の一部が松岡寺となり、現在も土塁や堀の跡が残っている。１５３０年代に破壊され、能登の珠洲市で再興された。松岡寺跡のアクセスは、小松駅からバスで３０分の波佐谷から徒歩３０分。（山田）光教寺は加賀市山田町にあったが、１５３０年代に破壊され、現在は跡地に光闡坊がある。跡地に蓮如の像が建っている。アクセスは、加賀温泉駅から北へ１．５ｋｍ。少し離れたところに片山津温泉がある。（若松）本泉寺は金沢市東部の若松町にあり、平野部からかなり離れた場所にある。近くに奥卯辰山県民公園と小立野丘陵があり、市街地との間に突っ切るような形で浅野川が流れている。現在も残っており、寺庭の美しさで知られる。山門は金沢市有形文化財に指定されている。アクセスは、金沢駅より田島行バスで1時間ほどの「医王山農協前」で下車し徒歩2分。

この後、加賀門徒は、旧北陸本線のルートで1時間ほどの越中へ抑圧されている一向一揆の支援のためにしばしば出兵した。しかし1506年の越中など周辺諸国への出兵は失敗して、三か寺体制は動揺を来たした。さらに京都山科の本願寺は加賀に亡命した一族寺院の超勝寺（朝倉氏に越前を追われた）を支援して加賀に介入しようと図り、これに室町幕府の権力闘争が絡んで事態が複雑化する。1520年代からの「両細川家の乱」では、

細川晴元―本願寺―超勝寺（大一揆）
細川高国―越前朝倉、能登畠山、加賀富樫氏―賀州三ケ寺（小一揆）

という両陣営で戦いが行われた。ここでは中央に加賀の統制を求める大一揆側に対して、北陸在地の自立性を追求する小一揆という対立軸があった。戦いは数年続いたが、結果を言うと1537年に賀州三ケ寺側は敗れ、富樫氏も加賀守護の地位を追われて一国人の地位にまで没落する。松岡寺と光教寺が破壊されたのはこの時のことである。

こうして加賀一向一揆の体制は第二段階を迎え、幕府承認の下で本願寺門主を「加賀国主」とし、在地の門徒は本願寺派遣の代官による直接支配下に置かれることとなった。在地の自立性が強かった第一段階と比べ、より本山である本願寺の統制が強まったのである。本願寺の「加賀国主」としての行動は、幕府からの指令を在地の本願寺派の寺院に伝えるという形で行われた。本願寺門徒は集落ごとに中核寺院を持って「講」という

共同体を作っていたが、本願寺からの連絡はまず「○○郡門徒中へ」という宛名で郡ごとの中心寺院へ、さらに郡内部の各「講」へと伝達された。加賀国内にある幕府奉公衆や公家の所領からの年貢徴収でもこのネットワークを利用し、本願寺がかつての「守護請」のような形で在地の門徒から徴収を行っていた。この本願寺による加賀統治の拠点が、１５４６年に築かれた「**尾山御坊**《おやまごぼう》（金沢御堂）」である。尾山御坊は、金沢平野のほぼ中央を流れる犀川と浅野川に挟まれた小立野台地の先端に築かれ、大坂の石山本願寺と同じく石垣や空堀などを備える城造りの寺院であった。御坊は現在の金沢城の地にあったが、これを陥落させた織田軍によって破却されたので、今の金沢城内で面影を探すのは難しい。ただ金沢城も少し小高い山に築かれており、近世への移行期における平山城の構造がよく表れているところが名残りと言えよう。本願寺支配となった加賀は、命令系統が一本化したこともあってかこれ以後安定する。

　１５７０代になって本願寺が織田信長と対決すると（石山戦争）、加賀にも本願寺の重臣が派遣されて一翼を担った。これに対して信長は加賀で逼塞している高田派の門徒や**白山権現**の衆徒を味方につけ、一向一揆に対抗させている。一向一揆は越中に進出した上杉謙信とも対立したが、１５７２年謙信に敗れると本願寺は謙信と講和に傾き、加賀門徒もこれに倣った。謙信は１５７７年に越中からとやま鉄道とＪＲ七尾線のルートで能登に出兵、その後七尾線を南下するルートで加賀に進軍し、加賀南部（小松から白山市の付近）で織田軍を撃破したが（**手取川の戦い**）、すぐに帰還してしばらく後に死去した。この後、小松より北の手取川付近が上杉方と織田家との境界線になる。たまたま現在の加賀を南北に分ける方言区画と重なっていることが興味深い。なお手取川古戦場は、白山市湊町にある。手取川は白山が水源の一級河川で、何度も洪水を起こした暴れ川である。古戦場には案内板があるが、謙信が信長軍を破ったことを詠った「上杉に逢うては織田も手取川　はねる謙信逃げるとぶ長（信長）」という落首が現地の石碑に書かれている。アクセスは、金沢から北陸本線・福井行で20分の小舞子駅より徒歩10分。この時、織田方の最前線である大聖寺城（加賀市）に佐久間盛政が配された。大聖寺城は標高70mの錦城山（古城山）に立地していた平山城で、一時一向一揆が拠点としたが、越前平定後に柴田軍が進攻してここを修築していた。江戸期にも近世城郭として使われたが、土塁や空堀の跡などは残っている。アクセスは、金沢から特急しらさぎと北陸本線・福井行を乗り継ぎ40分弱の大聖寺駅から徒歩15分。

やがて1580年畿内で石山本願寺が降伏すると、織田軍の柴田勝家ら北陸方面軍が越前から北陸本線を北上するルートで加賀に進軍、金沢の尾山御坊は陥落して加賀一向一揆はついに解体された。こうして百年続いた一向一揆は最後に織田信長に敗れたが、本願寺門徒は武装解除されただけで、殲滅されたのではない。秀吉以降に前田家の統治下に入っても門徒が地域の中に生き続けたことは、現在の浄土真宗門徒の多さで現れている。

この加賀一向一揆を描いた数少ない小説として北方謙三『魂の沃野』があり、戦国初期の加賀の地侍である風谷小十郎の視点から一向一揆を描いている。ここでは方言が使われていないが、加賀一向一揆が在地のものである以上、今後加賀方言を使った作品も選択肢としてありだと思われるがいかがだろう。

なお、一向一揆の武将・鈴木出羽守が1573年に築いた鳥越城（白山市）が国指定の史跡となっている。標高312mの山城で、東西400m、南北1．2kmにおよぶ規模で、頂上を中心とした七か所の主要な郭で構成されている。城を陥落させた織田軍の手で破却されたが、発掘調査をもとに門や石垣が復元され、2009年に公開された映画『BALLAD（バラッド）～名もなき恋の歌』（新垣結衣、筒井道隆等出演、『クレヨンしんちゃん　嵐を呼ぶ　アッパレ！　戦国大合戦』をモデルに実写化した映画）のロケ地として使われた。山麓に「鳥越一向一揆歴史館」があり、城の構造と背景を解説している。アクセスは、金沢駅から西金沢駅で北陸鉄道石川線に乗り換え1時間15分の鶴来駅からバスで10分で下車して徒歩35分。

さて織田信長は一揆を攻略した**佐久間盛政**を尾山に置いたが、盛政は1583年賤が岳の戦いで秀吉により討たれた。戦後秀吉は**前田利家**に加賀を与え、利家は尾山御坊を改築して**金沢城**と改称した。ここでようやく前田家と加賀が結びつくことになる。この辺りの事情は大河ドラマ『**利家とまつ**』（唐沢寿明、松嶋菜々子主演）でも描かれていた。金沢に「尾張町」という地区があるが、利家に従って尾張から移住した商人たちが住み着いた所である。前田利家は秀吉の下で五大老となったが、息子・利長は徳川家康につき、江戸期も加賀前田家は100万石の大名として続いたのはよく知られている。

金沢城は戦後に金沢大学のキャンパスとなったことで石川門や櫓などわずかな遺構しかなかったが、1995年に大学が転出後、2002年の大河ドラマに合わせて二の丸や三の丸が復元され、加賀百万石の居城がよみがえった。城の建物は白い鉛瓦でふかれ、金沢城のシンボルとなっている。近くの兼六園と合わせて、金沢の代表的観光地である。アクセスは、金沢駅からバスで15分の兼六園下で下車して徒歩5分。

能登国（北部）

東京から能登の中心都市である七尾（和倉温泉が近い）とは、北陸新幹線と特急サンダーバードを乗り継いで3時間半かかる。金沢から七尾はJR七尾線の特急サンダーバードに乗って50分の距離である。しかし七尾から北の鉄道は、のと鉄道が半島中部の穴水までしか通じていない。そのため金沢からのと里山海道という自動車専用道を高速バスで行く方法が採られる。輪島が金沢から高速バスで2時間20分、珠洲は2時間半ということになる。輪島は、のと鉄道北端の穴水駅からでも40分かかる。東京から最も速い手段は飛行機で、羽田から能登里山空港まで1時間で、そこからバスで20分かけて輪島などへ行くことになる。

能登の方言は、NHK朝ドラ『まれ』で取り上げられた。文法は概ね加賀弁と共通し、「～がいや、がいね、わいね」、命令文末詞の「～(し)ま」など使っている。理由の接続詞に「さかいに」を用いるなど京言葉の影響も強く受けている。ただし後述する富山県の方言とはより似ており、隣接する両地域の交流が盛んだったことを示している。

音声ではイとエの区別がなく、一部に東北のようにズーズー弁発音(シとス、チとツの区別がない)といった特徴があるという。単語でも独自のものは多い。

能登は、足利一門にして足利義満の信頼の厚かった畠山基国が守護となり、以降は管領畠山家の分家が守護として世襲した。能登畠山の当主は在京したので、在地の支配は守護代の遊佐家に委ねられていた。しかし応仁の乱後、畠山義統が能登に移って在国大名となり、強力な領国支配体制を築いたことで、下剋上が能登では起こらなかった。本願寺門徒が増加し、加賀から一向一揆の侵攻もあったが、能登畠山氏はこれを防いでいた。

畠山氏の本拠である七尾(七尾市、能登南部)は平和を謳歌し、京都の戦乱から避難してきた公家や文人が滞在して「小京都」と呼ばれるほどに栄えた。畠山氏の居城・**七尾城**は、七尾湾が一望できる、石動山系の北端の標高300mほどの尾根上にあり、そこから枝分かれする大小の尾根にも無数の砦を配置した大規模な山城である。山麓に城下町「千門万戸」が一里余りも連なり、山頂にそびえる七尾城の威容は「天宮」とまで称されたと記録にある。日本五大山城のひとつに数えられるほど強固な城であった。遺構が数多く残り、五段に積み重ねた本丸の石垣を中心に、各曲輪の石垣のほとんどが現存する。山城の歴史上重要な遺跡として、国の史跡に指定されている。アクセスは、七尾駅から市内巡回バス「まりん号」東回りで１３分の「城史資料館前」で下車し、本丸まで徒歩1時間だが、タクシーで行った方が無難である。市内には和倉温泉がある。

地形的には能登は南北に細長く、陸路は険しいので、京都との行き来では敦賀からの日本海航路が多く使われたという。現在、愛知県から能登に至るまで「昇竜道」という広域観光ルートが設定されているが、能登はそのルートでは「竜の頭部」ということになる。

１５４０年代から「畠山七人衆」と呼ばれる重臣グループ(旧守護代の遊佐氏、温井氏、**長氏**《ちょう》など)が実権を握り、畠山氏当主は傀儡化されてしまう。１５５０年代の畠山義綱の時に温井氏などの反乱を鎮圧して専制支配を行ったが、逆に温井氏らは反発して当主を追放。その後、長氏らによる実権掌握で能登畠山氏は衰退の道をたどる。

なお、長氏の居城は穴水城で、奥能登の鳳珠郡穴水町にあり、七海川と小又川に挟まれた南東に伸びる尾根の南に築かれた。現在は公園として一部が整備され、南の麓にある歴史民族資料館には長氏関連の展示もある。アクセスは、七尾駅からのと鉄道で1時間超の穴水駅より徒歩２０分(金沢からJR七尾線とのと鉄道を乗り継いで2時間半)。また遊佐氏は守護代だったので守護所に近い七尾付近、温井氏は奥能登の輪島が本拠地だった。

１５７４年に守護畠山義隆が死去し、幼少の春王丸が継いだが、実権は重臣の**長続連**《ちょうつぐつら》が握っていた。しばらく後に越中を制圧した上杉謙信が能登にも侵攻し、七尾城を包囲した(１５７７年)。この際に上杉謙信が詠んだ漢詩「九月十三夜陣中作」は有名だが、実際には上杉謙信が詠んだものではないともいう。ちなみに富山から七尾への現在のアクセスは、鉄道ならとやま鉄道とJR七尾線を乗り継いで2時間４０分だが、富山県西部の高岡から輪島まで高規格道路の能越自動車道（国道470号線）が七尾、さらに輪島まで通じている。謙信の七尾への進軍路は、富山から海沿いを行く能越自動車道のルートだったと思われる。さて籠城中の七尾城では疫病が発生し、当主・春王丸も病死すると、長続連はかねてから誼を通じていた織田信長に救援を求めた。信長は柴田勝家を総大将に、滝川一益・羽柴秀吉・丹羽長秀・前田利家など精鋭4万を派遣。しかし織田軍到着の前に親上杉派の遊佐と温井により長一族は皆殺しとなり、これに乗じた上杉軍によって七尾城は落城した。なお、進軍途中の加賀南部で勝家と意見が対立した羽柴秀吉が無許可で離脱し、信長に切腹を命じられた（後に赦免され、毛利攻めを命じられる）。

柴田勝家は加賀南部の手取川で初めて七尾落城を知って撤退を始めたが、七尾城から出撃した謙信ら上杉軍に追撃され、増水した手取川で多数の溺死者を出すなど大敗した（**手取川の戦い**）。七尾から小松のアクセスは、金沢で乗り換えるが特急で1時間50分である。謙信は能越自動車道のルートに沿って各地に軍を派遣し能登をほぼ平定した。戦後の能登支配には畠山旧臣の遊佐盛光と能登畠山氏出身の上条政繁（越後の旧守護上杉氏一門の上条氏を継いだ）を配置した。この時謙信が織田軍を破ったことで、松永久秀が挙兵するなど一時的に畿内の反信長勢力が活気づいた。

しかしすぐ後に謙信が急死し、北陸から上杉勢は撤退していく。1580年信長は長続連の息子・連龍を案内役に能登に侵攻した。この際の進軍路は国道159号線か、のと里山海道のルートかと思われる。温井氏は帰服する一方で、遊佐氏は滅ぼされた。遊佐氏の本拠は「口能登方言」の領域にあり、越中に接することで越後上杉氏と関係することが多かった。一方、長氏や温井氏は「奥能登方言」の領域が本拠で、守護権力から自立する基盤があり、上杉氏とも距離を置く傾向があったと言えよう。

信長は1581年に「北陸方面軍」の一員である**前田利家**に能登一国を与え、七尾城を本拠とさせた。やがて利家が加賀の金沢に移ると、利家の次男・利政が七尾に入った。利政の居城は七尾市の小丸山城で、北側に七尾湾、東西を御祓川に囲まれた丘陵地帯に位置する平山城である。廃城に伴って建築物が撤去されており、わずかに残る石垣や土塁で当時の面影がしのばれる。城跡は小丸山公園として整備され、大河『利家とまつ』放送前に銅像「前田利家松子之像」が設置された。アクセスは、七尾駅から徒歩約10分。しかし1615年に利政が徳川家康に反抗的なことで徐封され、能登は独自の領主を失って、加賀藩の属領となった。

なお、風変わりな名字である長氏は、江戸期も加賀前田家の家老として存続し、知行3万5000石の大身として大きな力を持った。

富山県（越中国）

北陸新幹線が開業し、東京から富山まで2時間10分で結ばれるようになった。以前から富山県の東部は就職で東京志向が強かったが、これでますます東京への人の流れが増えていくであろう。しかし富山県の方言は、実は西日本方言の一派である。

私の大学時代の友人が富山県の高岡出身だった。それまで富山弁の情報がなかったが、彼の言葉を聞いてみると、「〜しとるやろ」と言うので、関西弁に近いのかと思った。しかしそれ以外には「行ったがか」「あるがやろ」「あれはお前が悪いがいぞ」などやたら「〜が」が耳につく言葉を話したので富山弁の特徴を知ったのである。これは石川県の項でも述べたが、準体助詞が「が」であるということである。友人も言っていたが、富山と石川は交流が深く言葉もよく似ている（ライバル意識も強い）。アホバカ方言の「ダラ」も共通だ（友人

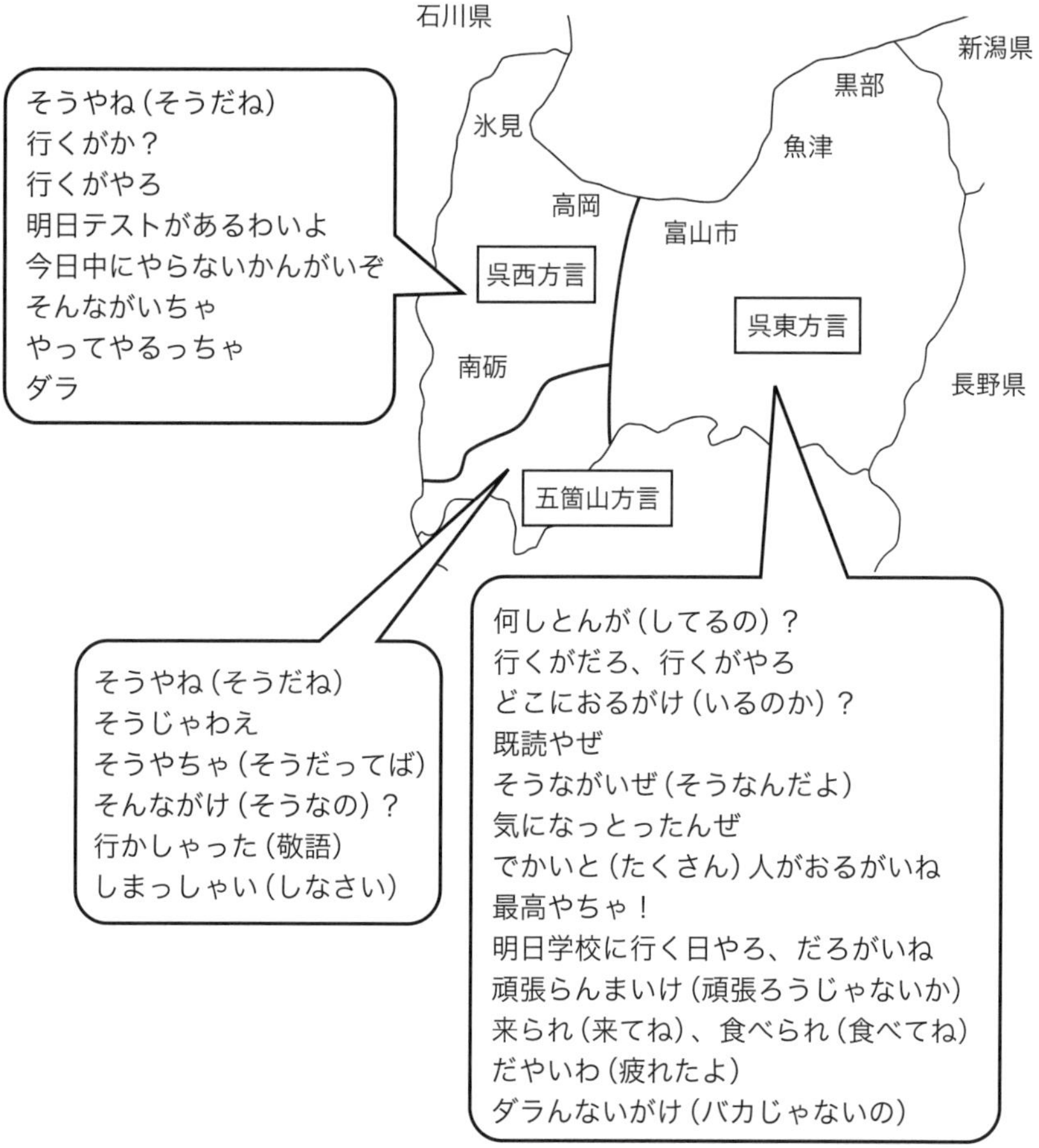
石川県
新潟県
黒部
氷見
魚津
高岡
富山市
呉西方言
呉東方言
南砺
長野県
五箇山方言
そうやね(そうだね)
行くがか？
行くがやろ
明日テストがあるわいよ
今日中にやらないかんがいぞ
そんながいちゃ
やってやるっちゃ
ダラ
何しとんが(してるの)？
行くがだろ、行くがやろ
どこにおるがけ(いるのか)？
既読やぜ
そうながいぜ(そうなんだよ)
気になっとったんぜ
でかいと(たくさん)人がおるがいね
最高やちゃ！
明日学校に行く日やろ、だろがいね
頑張らんまいけ(頑張ろうじゃないか)
来られ(来てね)、食べられ(食べてね)
だやいわ(疲れたよ)
ダラんないがけ(バカじゃないの)
そうやね(そうだね)
そうじゃわえ
そうやちゃ(そうだってば)
そんながけ(そうなの)？
行かしゃった(敬語)
しまっしゃい(しなさい)

も「ダラなこと言うたらいかんわいよ」と言っていた)。他に文末詞「〜ぜ(あるがいぜ＝あるんだよ)」、「〜ちゃ(やってやるっちゃ等、念押しの意)」「〜わいよ(言うたわいよ等)」「〜わいや(知らんわいや等)」が特徴的だった(後から知ったが、「〜ぜ」は女子も使う)。

富山県の東は北アルプスの一角である親不知《おやしらず》で交通を遮られているため、富山弁は動詞進行形の「〜(し)とる」、否定形の「〜ん」など西日本方言の東の境目にあたる方言ということになる。富山市から京都へは、金沢まで新幹線、その後は特急に乗り換えても

2時間半近くかかる。在来線なら3時間半近くかかるが、新幹線開業以前は東京とほぼ同じくらいの所要時間だった。古くから京都とは北国街道（現在の北陸本線や北陸自動車道と同様のルート）で交流があり、また日本海航路を利用した船での行き来もあったので、関係の深さは納得できる。西部の高岡からなら、京都まで特急で3時間超であり、西部の就職面での関西志向はある。

断定詞は関西弁の影響を受けて「や」が多いが、主に東中部（富山市も含む）で東日本方言の特徴がいくらかあり、「だ」「でぁ」も用いる（行くがだろ等）。県全体は、富山市の西にある呉羽山《くれはやま》を境に大きく東部（呉東）と西部（呉西）に分かれる（南西部の五箇山を別にすることも多い）が、全体的によく似ている。富山市から県内各地のアクセスを示すと、魚津まで電車で22分、高岡まで20分足らずだが、さらに西の氷見には高岡で氷見線に乗り換えて50分かかる。五箇山とは鉄道の路線がなく、砺波付近まで北陸自動車道で行った後に東海北陸自動車道に乗り換えるというルートである。五箇山は東海北陸自動車道のルートであるように、岐阜県の白川村と隣接して、合掌造りの里として知られている。方言的には県内の他地方と共通点は多いが、敬語で独自性があるようだ。

友人も言っていたが、沿岸部で「ズーズー弁発音」（シとス、チとツを区別しない）があり、このあたりに隣接する能登方言とも共通点がある。理由の接続詞に、「がで」「で」「もんで」「さかい」「から」「けに」と多彩で、近畿や中部などと共通の方言が吹き溜まりのように分布している。他に柔らかい命令形「〜られ（座られ＝座ってください、富山にこられ＝富山に来てください）」、命令強調の「〜ま」（ちゃっちゃとせーま＝早くしろよ）」も特徴である。

富山県のアクセントは関東と関西の中間的な垂井式アクセントだが、文節末が揺れる「ゆすり音調」という北陸共通のイントネーションを持つ。私の職場で「不思議な調子で話す」と言われていた人がいたが、富山出身でゆすり音調で話していたわけである。

富山県域の戦国史を見ると、方言で見たように近畿の影響を受け、隣の加賀（石川県）と共通の要素が明らかだ。ただし在地の中小勢力が東隣の越後（長尾・上杉氏）や、信州方面（武田氏）の大勢力からも影響を受けて揺れ動くなど、かなり複雑である。以上のポイントを押さえながら説明していく。ちなみに上杉謙信の本拠地・上越市の直江津駅から富山までえちごトキめき鉄道と富山鉄道を乗り継いで2時間20分、北陸自動車道も通じている。この中間の県境付近に北アルプスの一角である親不知がある。私も友人と車で行ったが、かつてほどではないものの海に面した崖という面影はあった。ここを開削して、道路と鉄道を通すのは非常に難工事だったことが分かる。ここが日本語の東西方言の境界線というのが納得できる地形である。また信州との間には標高3000m近い飛騨山脈（北アルプス）が境をなしているので、信州へ向かうには新潟県の糸魚川を経由して南下するというルートを取る。富山市から最も近い長野県の街である信濃大町へは、とやま鉄道とJR大糸線を乗り継いで3〜4時間かかる。

室町期の越中守護は三管領の一つ**畠山家**で、河内と紀伊の守護も兼ねた。畠山氏は在京していたので、現地支配は西から順に遊佐氏、**神保氏**、椎名氏の三守護代が行った。この中で中部の神保氏が戦国期のポイントとなる。

畠山氏の相続争いが応仁の乱のきっかけとなり、政長（東軍）と義就（西軍）に分かれて争ったが（大阪や和歌山の項参照）、越中守護は政長の系統が継承した。1492年の明応の政変後に畠山氏は細川氏に追放された将軍・足利義稙を守護所だった**放生津館**（西部の射水市）に迎え（越中公方）、越前朝倉氏や越後長尾氏が放生津に伺候するなど最盛期を迎えた。ちなみに放生津館の遺構は現在、射水市立放生津小学校のグラウンド地下2ｍの位置にあり、地表から見えない。校内の案内板と石碑でかつてを偲ぶのみである。なお、出土品の一部が射水市新湊博物館で常設展示されている。放生津館跡のアクセスは、新幹線の新高岡駅から城端線と万葉線を乗り継いで1時間の中新湊駅で下車し徒歩7分。奈良時代に国司として赴任した万葉歌人の大伴家持にゆかりのある放生津八幡宮も近い。立山連峰と日本海を一望できる雨晴海岸も近くにある。

さて畠山氏は河内など畿内近国の確保を重視したので、「飛び地」の越中は分家の能登畠山氏に委託して統治を維持しようとした。しかし能登家の影響力はほぼ西部に限られ（家中に同族がある縁で遊佐氏を支援した）、さらに重臣間の権力抗争で越中での影響力を保てなかった。県西部の高岡から能登の中心である七尾まではとやま鉄道とJR七尾線を乗り継いで2時間ほどだが（高規格道路の能越自動車道（国道470号線）が直結している）、中部の富山市から七尾まで2時間40分とかかり、このようなアクセスの悪さも能登畠山氏の影響力低下に拍車をかけたと思われる。結局越中は中部を神保氏（本拠富山城）、東部を椎名氏（同松倉城、魚津市）が実際の統治を行っていく。この両者の支配力もさほど強力なものではなく、隣国加賀の影響もあって一向一揆の力が強まることになる。

なお、**富山城**は神通川（現在の松川）の流れを城の防御に利用し、水に浮いたように見えたので「浮城」の異名をとった。当時の神通川は富山城の辺りで東に大きく蛇行しており、その南岸に富山城は築かれた。この付近は北陸街道と飛騨街道が交わる越中の交通の要衝でもあった。富山城は後に佐々成政や前田氏の手で大幅に改修されているので、神保氏当時の面影はあまりない。戦後に「富山市郷土博物館」として模擬天守が建てられ、一帯は「富山城址公園」となっている。富山駅南口より徒歩10分だが、路面電車の市内電車環状線の「国際会議場前」で下車し徒歩2分で行ける。椎名氏の松倉城は魚津市にあり、標高430ｍの松倉山山頂に位置した。長さ1kmにもおよぶ巨大な城郭で、日本国内でも有数の規模の山城である。三方は断崖になって防御性に優れており、山頂から新川平野を一望できる。背後に控える松倉金山は、室町から江戸期にかけて金の採掘が行われた。アクセスは、魚津駅からタクシーで25分。

さて**越中一向一揆**は1479年に加賀守護富樫氏に弾圧された一揆衆が越中の瑞泉寺（南砺市）に逃げ込んだことから起こった。南砺市は県南西部にあり、富山市からとやま鉄道とJR城端線に乗り継ぎ1時間半ほど、金沢から鉄道なら高岡を経由して1時間40分だが、バスなら1時間ほどで着ける。瑞泉寺は室町期に建てられた本願寺派の寺だが、後に本願寺8代門主・蓮如の息子が瑞泉寺や土山御坊（南砺市、後に「勝興寺」と改称して現在は高岡市に移転）に派遣されたことから、越中国内の門徒はその指揮下に入った。さらに本願寺が細川氏と友好関係だったので、畠山領国である越中での勢力拡大を容認され、加賀一向一揆とも協力関係を結んだ。地理的に見れば、神保氏や椎名氏の本拠が「呉東方言」の領域にあったのに対し、越中一向一揆の寺院は「呉西方言」の領域にあり、隣国・加賀の影響がより強い地域である。呉西方言の南にある「五箇山方言」の領域も真宗門徒が多く、一向一揆に参加することもあった。

瑞泉寺は現在「真宗大谷派井波別院」となっているが、伽藍は堅牢な石垣に囲まれている。瑞泉寺の建物の彫刻は、全て木彫刻産業が盛んな南砺市井波の井波彫刻職人の手による。山門は大正期に焼失したが再建され、県指定の有形文化財となっており、院内には国指定の重要文化財がいくつかある。付近の井波は江戸期の雰囲気を残す町並みを保っている。アクセスは、富山駅からとやま鉄道と城端線で1時間超の福野駅から車で20分。また高岡に移転した勝興寺は、本願寺派の寺院として現在もあり、敷地は土塁・空濠で囲まれている。重要文化財となっている唐門や本堂、鼓堂など、近世寺院の景観を残す点に価値が認められている。アクセスは、新幹線の新高岡駅から城端線と氷見線を乗り継ぎ30分弱の伏木駅で下車し徒歩5分。同じ市内に大伴家持の業績を伝える万葉歴史館がある。
一方、中部守護代の神保慶宗は畠山氏からの独立を目指し、一向一揆と結んで越後守護代・長尾能景（上杉謙信の祖父）を討つなどの行動をとった。そこで主家の畠山本家の要請で能登守護・畠山義総や越後守護代長尾為景（謙信の父）の連合軍が出兵し、1520年神保慶宗は滅ぼされた。その後畠山氏は越後の長尾為景に東部の守護代を委託し、椎名氏を支援させた。しかし畠山氏は畿内での幕府内の勢力争いで越中への影響を失っていき、一方で一向一揆が越中全域に勢力を浸透させ、加賀や畿内にも出兵して勢威を誇った。
1540年代に入ると東部の実質的支配者だった長尾為景が死去し、また神保慶宗の遺児・長職が一向一揆と結んで勢力を回復して、椎名氏と越中の覇権をめぐって争うようになる（越中大乱）。やがて彼らに近隣の大勢力である上杉と武田が介入し、次のようなラインで対立した。
神保氏―越中一向一揆―武田信玄
椎名氏―上杉謙信
謙信ら越後上杉氏（旧長尾氏）にとっての越中は、「本国越後の安全保障のための保護国」という位置づけだが、祖父以来の縁で神保氏とは敵対関係だったことから椎名氏を支援した。一方武田信玄が神保氏に味方したのは、もちろん北信濃川中島（長野市）で争っている謙信を背後から牽制するためだった。また信玄は石山本願寺の顕如と縁戚関係にあったことから一向一揆も神保氏に味方した。このため、越中の内乱は信玄派の神保氏と謙信派の椎名氏による、武田・上杉の代理戦争という形となった。川中島での対戦がなくなった後も、信玄が関東や東海に出兵する際には神保氏や越中一向一揆に謙信を攻めさせたので、謙信は信玄の背後を付けずに越中攻めで忙殺された。謙信の越中への進軍路は北陸自動車道のルートと思われるが、途中には**親不知**の難所があり、それを越えて実に八度も越中を攻めたのは大きな負担だったと考えられる。

しかし1573年の信玄の死後に武田氏は越中に介入する余裕がなくなったため、一向一揆と神保氏は後ろ盾を失った。すでに1572年の越中尻垂坂の戦い（富山市西新庄）で加賀・越中の一向一揆連合は上杉軍に大敗し、また本山である本願寺も織田信長の脅威に対抗するために1576年に謙信と和睦したので、越中一向一揆もこれに倣った。こうして一向一揆の脅威を除いた謙信は神保氏を攻めて大勝。越中は完全に上杉氏の支配下に入り、富山城に上杉氏重臣・河田長親が入って織田軍に対抗することになる。一方敗れた神保長住は京に上って織田信長に仕え、越中帰還の機会を待った。

越中平定後に謙信は富山から海沿いを行く能越自動車道のルートで能登に侵攻、さらにJR七尾線を南下するルートで加賀に攻め入り、手取川で柴田勝家率いる織田軍を撃破した。しかし謙信の急死後、養子の上杉景勝と景虎による内乱（御館の乱）が起こり、能登や越中に派遣されていた上杉家部将も景勝派と景虎派で分裂抗争することになった。柴田勝家ら織田家北陸方面軍はこれに乗じて、1580年に加賀と能登を制圧。さらに1582年信長は神保長住に兵を与え、柴田らに助勢させて北陸自動車道を東に進むルートで越中を攻めさせたが、長住はいったん富山城に入城したものの、一向一揆に富山城を奪われた。織田軍によって富山城は奪還されたが、信長は長住を越中から追放した。富山落城後に越中の上杉領は北東部の**魚津城**、山間部の松倉城が境目となり、本国越後も脅かされることになった。魚津は富山市から電車で20分超、そこから上越まで2時間なので、上杉方の危機感は深まったのである。魚津城は、もともと松倉城を本拠とする椎名氏の支城だったが、東越中における上杉の重要な拠点となった。現在では城址の敷地は魚津市立大町小学校や裁判所などになっており、遺構はほとんど残っておらず、石碑でかつてをしのぶのみである。アクセスは、魚津駅から徒歩3分。同じく松倉城の支城だった天神山城の跡地に魚津市立歴史民俗資料館があり、魚津城や後述する魚津城攻防戦の史料が展示されている。アクセスは、魚津駅よりタクシーで15分。

上杉景勝は魚津城を重臣の吉江宗信らに守らせ、上条政繁を援軍として派遣したが、柴田勝家率いる織田軍の猛攻で魚津城は陥落した。ところがその当日に本能寺の変が起こり、柴田勝家ら領国に引き返し、越中は**佐々成政**が富山城主として統治に当たることとなった。神保氏の富山城を近世城郭として改築したのはこの頃である。この辺りの状況を大河ドラマでは、『利家とまつ』で織田氏側、『天地人』で上杉氏側の視点から描いている。余談ながら、『利家とまつ』では本能寺の変の少し前に利家や勝家らが富山湾で安土城が燃える様子を蜃気楼で見ていたが、さすがに演出のやり過ぎだろう（笑）。

清須会議後に勝家と羽柴秀吉が争う中で成政は勝家方についたが、秀吉と同盟した上杉景勝への備えのため越中を動けなかった。賤が岳後に成政はいったん秀吉に降伏したが、1584年に小牧・長久手の戦いで徳川家康に付いて参戦。秀吉方に立った利家の末森城（石川県）を攻撃したが撃退され、秀吉と家康も停戦した。

ほぼ四面楚歌の状況でも成政は一縷の望みをかけ、自ら真冬の**北アルプス・立山連峰**を越えて信濃経由で浜松まで到着し、家康に再挙を促した（**さらさら越え**）。富山市から立山までは富山地方鉄道で1時間、そこから先はもちろん鉄道の便は無く、バスで行くことになる。信濃大町との間に「立山黒部アルペンルート」があるが、これがさらさら越えにほぼ相当する。距離は37kmながら最大高低差は2000m近くで、ケーブルカーやバスを乗り継ぐ行程である。3000m近い高山を真冬に越えるのは正気の沙汰ではないと思うし、富山出身の友人も「吹雪の中で死に行くようなもんやわいよ」と言っていた。しかも家康の説得に失敗したので、壮絶な苦労もまったく報われることなく帰国を余儀なくされる。なおこの一件も『利家とまつ』で描かれ、同行した成政の妻（天海佑希）が山中で遭難したが、地元の猟師に助けられたことになっていた（事実ではない）。付け加えるなら、その猟師が「もう大丈夫やちゃ」と時代劇では珍しい越中方言を話していた例として印象深い。

やがて1585年秀吉自ら越中に乗り出し、前田利家の軍も加わって北陸自動車道のルートで越中に進軍。富山城を10万の大軍で包囲し、成政はついに降伏した。一命は助けられたものの越中東部のみ残され、九州平定に従軍して肥後（熊本県）を得たが、一揆が起こった責任を取らされ切腹した。

こうして越中は全域が前田氏に与えられ、江戸期を通じて加賀藩と分家の富山藩による前田氏の領地となった。前田氏の手により、富山城は現在のような構造となった。

一方没落した神保氏だが、庶流が徳川家康に仕えて旗本となり、屋敷を構えた場所が東京の「神保町」の地名で名残を残している。

第9章
東海三県

東海地方

ここで扱う東海地方は、東日本と西日本の境界地帯である。当然ながら東へ行くほど関東と共通点が多くなり、西へ行くほど関西の影響が強くなる。下の図の方言の文法の移り変わりがそれを示しており、徐々に東日本から西日本へと移り変わるのが見える。この辺りがまさに「日本の真ん中」と言われるゆえんである。三重県域は位置からして方言の言い回しは最も西日本的で、図の線①であるようにアクセントも関西式になる。

このように方言が徐々に移り変わるのは、東海道や中山道を旅人が行きかったからに他ならない。平安期から様々な紀行が書かれたが、戦国期では『**東国紀行**』の谷宗牧が代表である。宗牧の目的は、尾張の織田信秀（信長の父）に天皇から託された奉書を渡すことだった。旅の行路は、近江の六角氏領から始まり、北伊勢を通って船で尾張に向かった。尾張で目的を果たした後、さらに東に進んで三河で松平広忠（徳川家康の父）にも供応され、さらに駿河へと進んだ。いずれも戦国日本を統一した英傑の父ということで興味深い。

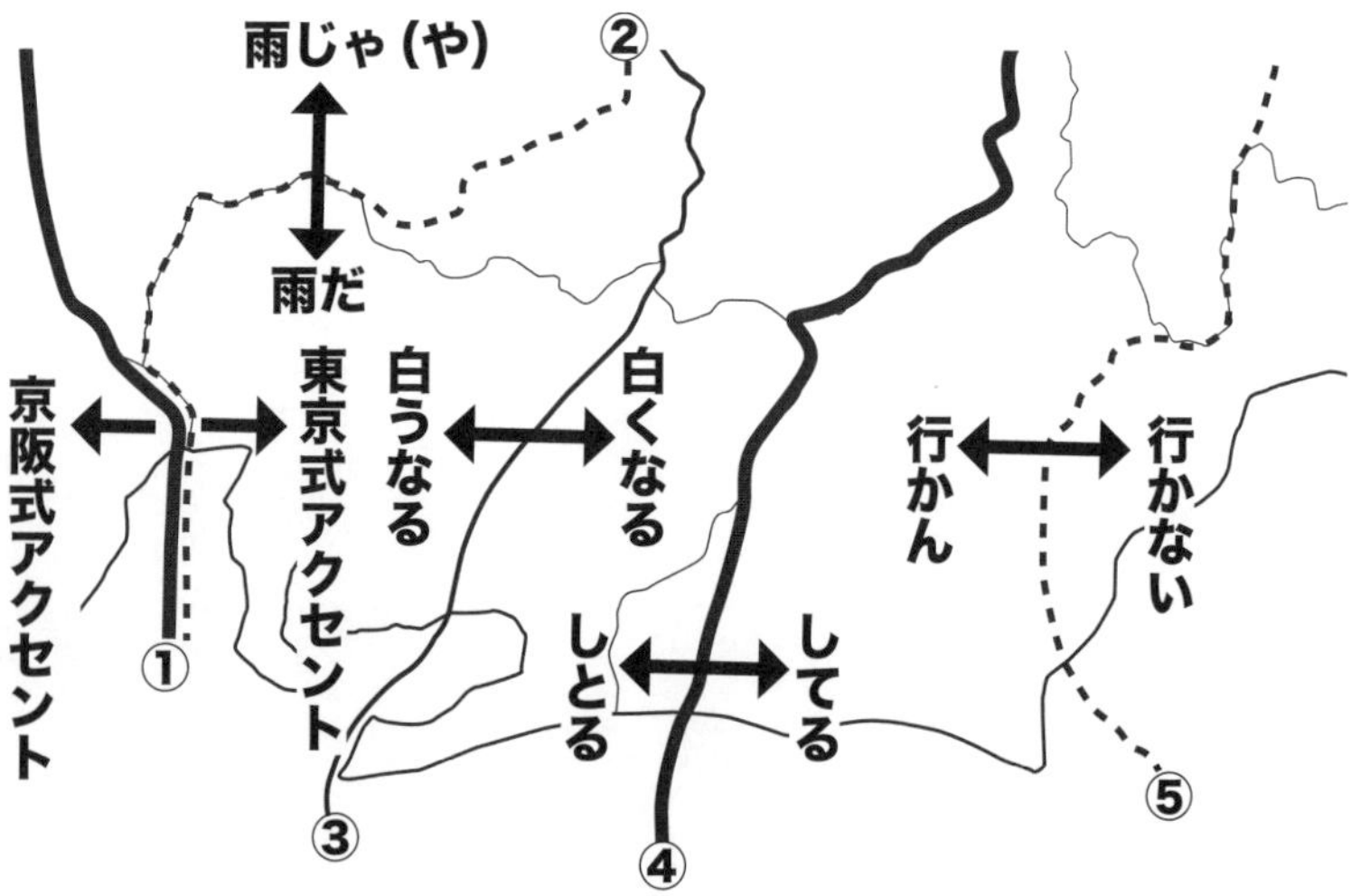

東海地方の戦国史を見ると、愛知県が軸となって東と西の両方に影響を与えた。愛知県の西側の尾張から出た織田信長が京都を目指して西へ進み、一方東側の三河から出た徳川家康は静岡県方面へと進出し、後に政治的いきさつから関東へ移って、江戸すなわち現在の東京を本拠地としたのである

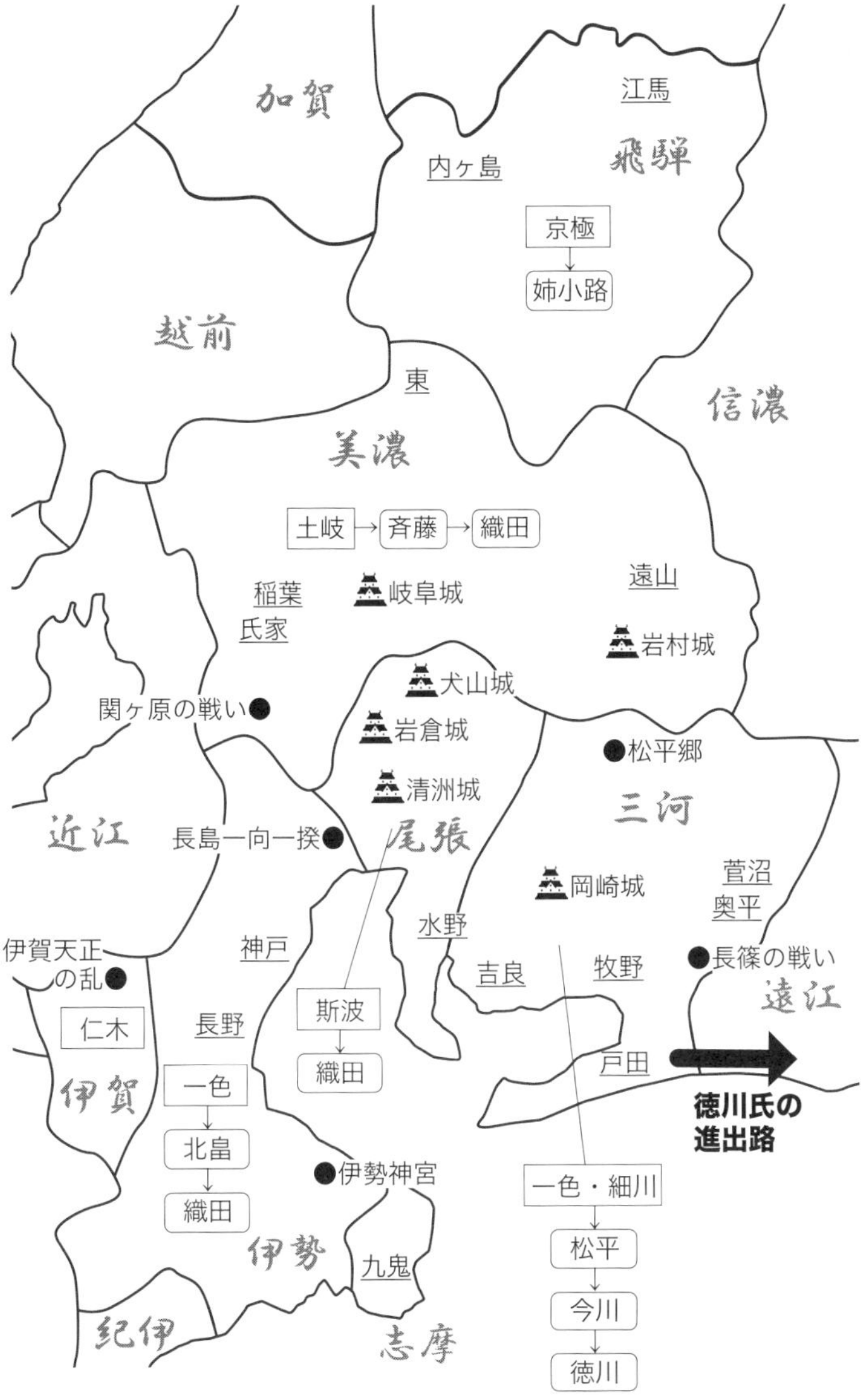
加賀
江馬
飛騨
内ヶ島
京極
姉小路
越前
東
信濃
美濃
土岐
斉藤
織田
遠山
稲葉
氏家
岐阜城
岩村城
犬山城
関ヶ原の戦い
岩倉城
松平郷
清洲城
三河
近江
長島一向一揆
尾張
菅沼
奥平
岡崎城
水野
伊賀天正の乱
神戸
吉良
牧野
長篠の戦い
遠江
仁木
斯波
織田
長野
戸田
一色
伊賀
徳川氏の進出路
北畠
伊勢神宮
織田
一色・細川
伊勢
松平
九鬼
今川
紀伊
志摩
徳川

三重県

伊勢国（北中部）

東京から三重県の県庁所在地・津市までは、名古屋まで新幹線に乗り、その後は近鉄特急に乗り換えて所要2時間50分。伊勢神宮のある伊勢市の宇治山田駅までは3時間半近くかかる。一方で、津から大阪難波まで近鉄特急で1時間40分、津から京都は2時間前後といったところで、関西との近さも感じさせる。三重県は東海地方にも含まれるが、津市から名古屋は近鉄特急で50分ということで名古屋への通勤圏である。高速道路でも「東名阪自動車道」や「名神高速道路」が通じているなど、名古屋と関西圏を結ぶ位置にある。三重県内の北中部では鉄道網は近鉄の方が便利だが、近鉄電車は鳥羽までで、以南の紀州地方へは松阪からJRで行くことになる。松阪から尾鷲までは、和歌山県の紀伊勝浦方面の特急ワイドビュー南紀で1時間半が最短、通常は2時間かかる。

このように三重県は名古屋と関西を結ぶ場所に位置していることから、名古屋と同じ東海地方なのにことばは大阪・京都と同じ関西弁ということで、どっちの地方かしばしば議論になる。答えを先に言うと、「東海地方であり、近畿地方にも入る」となる。

奈良時代の五畿七道では、三重県のうち伊勢、志摩、伊賀は「東海道」、東紀州のある紀伊国は「南海道」として区分された。江戸期にも伊勢国は東海道と伊勢街道の沿線で、日永追分（四日市郊外）で東海道と伊勢街道が分岐した。東海道は現在の国道1号線で、東名阪自動車道がほぼこれに沿っている。伊勢街道は23号

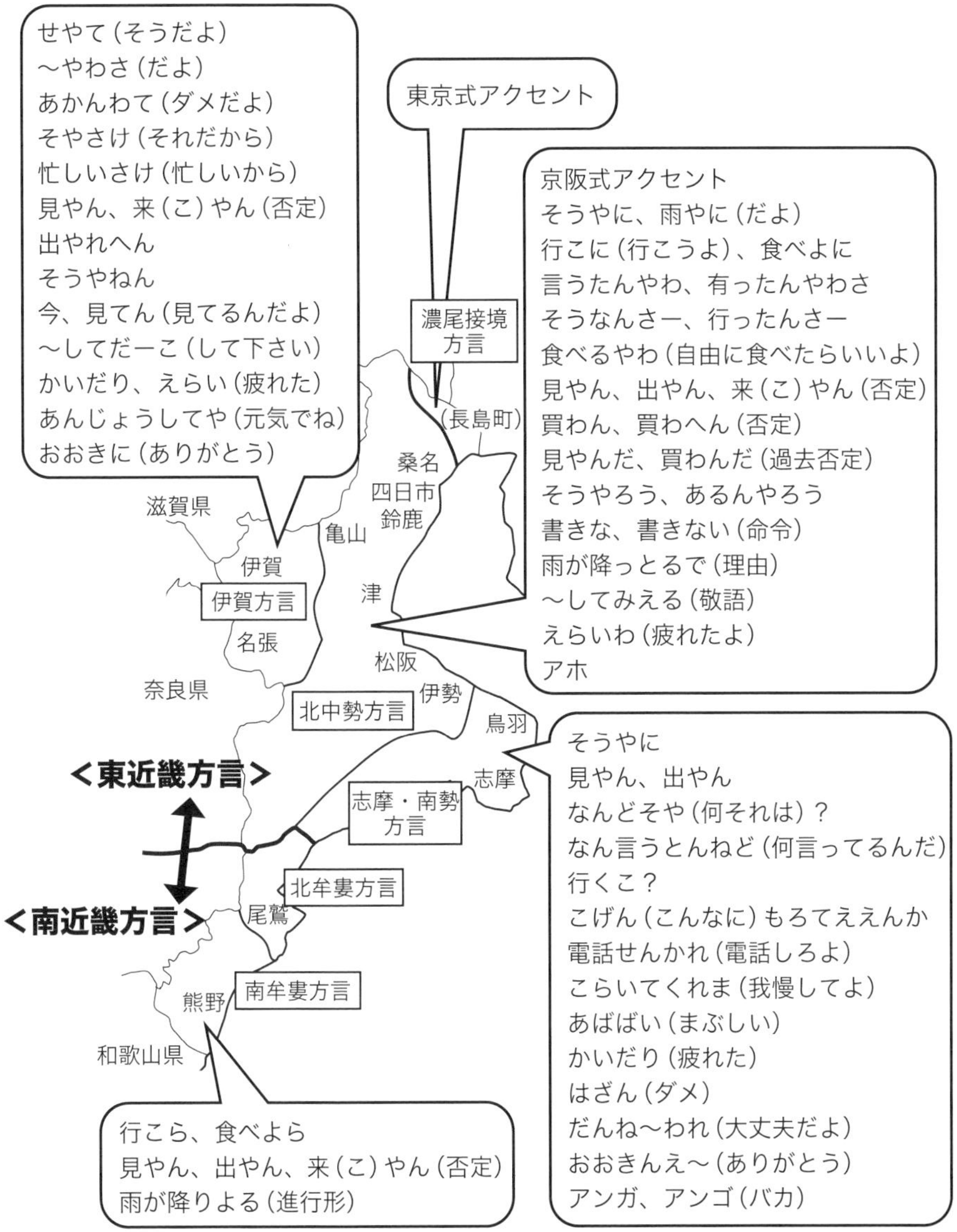
せやて（そうだよ）
〜やわさ（だよ）
あかんわて（ダメだよ）
そやさけ（それだから）
忙しいさけ（忙しいから）
見やん、来（こ）やん（否定）
出やれへん
そうやねん
今、見てん（見てるんだよ）
〜してだーこ（して下さい）
かいだり、えらい（疲れた）
あんじょうしてや（元気でね）
おおきに（ありがとう）
東京式アクセント
京阪式アクセント
そうやに、雨やに（だよ）
行こに（行こうよ）、食べよに
言うたんやわ、有ったんやわさ
そうなんさー、行ったんさー
食べるやわ（自由に食べたらいいよ）
見やん、出やん、来（こ）やん（否定）
買わん、買わへん（否定）
見やんだ、買わんだ（過去否定）
そうやろう、あるんやろう
書きな、書きない（命令）
雨が降っとるで（理由）
〜してみえる（敬語）
えらいわ（疲れたよ）
アホ
濃尾接境
方言
（長島町）
桑名
四日市
鈴鹿
亀山
滋賀県
伊賀
伊賀方言
津
名張
松阪
伊勢
奈良県
北中勢方言
鳥羽
志摩
<東近畿方言>
志摩・南勢
方言
北牟婁方言
<南近畿方言>
尾鷲
熊野
南牟婁方言
和歌山県
そうやに
見やん、出やん
なんどそや（何それは）？
なん言うとんねど（何言ってるんだ）
行くこ？
こげん（こんなに）もろてええんか
電話せんかれ（電話しろよ）
こらいてくれま（我慢してよ）
あばばい（まぶしい）
かいだり（疲れた）
はざん（ダメ）
だんね〜われ（大丈夫だよ）
おおきんえ〜（ありがとう）
アンガ、アンゴ（バカ）
行こら、食べよら
見やん、出やん、来（こ）やん（否定）
雨が降りよる（進行形）

線で、伊勢自動車道がこれに並行する。鉄道の東海道本線が三重県に通っていないのは明治時代からで、岐阜県南東部を経由して滋賀県に入るルートになった。なお、戦国期までの東海道は若干異なり、京都から滋賀県南東部を通り、三重県に入って北部の内陸ルートで進んで岐阜県を経由して尾張に向かうコースだったようだ。アニメ『一休さん』でも、修行の旅に出た一休さんが伊勢からそのようなコースをたどっている（伊勢では新右衛門さんが米俵で休息したところ農家の老婆に叩かれるという、『水戸黄門』から流用したエピソードがあった（笑））。

「東海地方」とされるのは、関東方面への太平洋航路が伊勢湾から伸びていたからでもある。京都から尾張以東に向かう際には、伊勢で船に乗って太平洋を東に進むことも多かった。『東国紀行』の谷宗牧はそのコースをたどっている。伊勢からの出航地は中部の白子（鈴鹿市）か、北部の**桑名**が多く、尾張では西部の津島か知多半島の常滑付近に上陸して東海道を陸路に進んでいた。また古くから伊勢神宮の外港の大湊（伊勢市）、桑名、さらに**安濃津**（津市）といった港湾は、東日本につながる交易拠点として栄えていたのである。現在、関東への航路は皆無だが、伊勢湾フェリーによって鳥羽と伊良湖（愛知県田原市）を結ぶカーフェリー航路が運航されているほか、津エアポートラインにより津と中部国際空港を結ぶ高速船が運航されているのが名残だと言えよう。なお、津市の安濃津は室町期まで「日本三津」と呼ばれ、博多、坊津（鹿児島県）と並ぶ三大国際港として中国の書物にも紹介されるほどだった。しかし戦国初期の１４９８年の地震で地形が隆起し、港としての機能が大幅に失われたのである。

言葉の面を見ると、三重県は近畿地方に属すのは間違いない。『探偵ナイトスクープ』の全国アホバカ分布図で、当初三重県全体に名古屋と同様の「タワケ」が描かれていた（東海地方だから？）のに対して、三重県出身者の「三重県では〝アホ〟が一般的」という投稿によって修正したことがあった。

名古屋から特急でわずか20分ほどの桑名ですら（各駅停車でも40分足らず）、関西弁的なことばになり、名古屋との違いが大きい。桑名市内を流れる「揖斐川」（木曽三川で最も西側の流域）を境界線として西側は京阪式アクセント、東側は東京式アクセントで明確に分かれて、三重県民と愛知県民は隣同士なのに互いのことばの大きな違いに驚くことになる。ただし桑名市長島町と木曽岬町は揖斐川の東に位置するので、名古屋弁と同様の東京式アクセントである。この境界線は、日本語方言を東西に分ける重要な境界線として、研究者の間で重要視されてきた。この川が陸路では障害なので、尾張と伊勢の行き来は近代以前は船で行くことが多かった。付言すると、岐阜県との境は山間の道でそれほど交流が多いわけではないが、街道は通じており、方言も徐々に移り変わることになる。現在の交通路でも桑名から養老鉄道が岐阜県の西南部（大垣など）とつながっている。

伊勢弁はアクセントだけでなく、断定詞「や」、動詞のウ音便（買った→こうた等）といった関西弁との共通点が多く、他地方の人には「関西弁と同じ」と聞こえる。しかし地元民からすると、「関西弁と似ているが、違う」という意識があり、関西弁と一からげにされることは反論したくなる。実際方言の特徴も、動詞の否定形「〜やん」は独自のものだ（見やん、出やん、来（こ）やん等）。ただ五段活用の動詞では「買わん、買わへん」など関西弁と同じになる。

他の特徴を挙げると、理由の接続助詞に東海地方で共通の「で、もんで」（ただし大正頃に関西弁と同じ「さかい」を使っていたという資料があり、四日市出身の丹羽文雄の小説でも使用例がある）、文末助詞の「〜（や）に＝だよ」（明日の天気雨やに、書かなあかんに、食べよに等）、「〜（な）んさー＝〜なんだよ」、穏やかな命令形「〜な、ない」（書きな、書きない）といったものがある。命令形の形は尊敬の助動詞「〜（し）なさる、なはる」に由来するが、尊敬の補助動詞には名古屋弁と同じ「～(して)みえる」もある(高齢者で古風な「ござる」を使う人もいる)。「伊勢のな言葉」と呼ばれるように、間投助詞・終助詞に「な(あ)」を多用するが(それでなあ、あかんなあ等)、他の関西圏や西日本一帯で使うから、特徴と言えるほどものかと私は疑問に思っている。北部の桑名から伊勢市まで近鉄特急で1時間10分と、伊勢平野内部でも南北の距離があり、方言も北と南で若干の違いはある。違いは主として、一部の単語や言い回し、アクセントといったところで、観光PRでよく使われる「伊勢においない(来なさいよ)」のように、柔らかい命令形「～(し)ない」は中南部で使う。北部では「おいな」「座りな」「食べな」のように、「～(し)な」のみだが、中南部では普通は「座りな」「食べな」と言うが、より強調する時に「座りな～い、食べな～い」と言うようだ。ただ、ほぼ全域で共通点は多く、同じような「伊勢弁」を話している感覚はある。

ところで、伊勢の方言はかなり早くから京都の影響を受けてきたようで、すでに江戸期の伊勢参りの旅人の間で「熱田(尾張国)から桑名(伊勢)に渡る間にことばが大いに変わる」ということは知られており、本居宣長はより具体的に「尾張より東は中央語である京都の言葉とかけ離れて訛りが強いが、伊勢はあまり訛りは強くない。ただしいく分かものの名前が田舎じみている」といったことを書いている。京都や滋賀県との境に、鈴鹿山脈があり、このために方言でも京都と似た面は多いものの、独自の特徴が育まれたのは強調しておきたい。

方言の在り方で見えるのは、三重県全体が愛知・岐阜と一線を画し、一方で関西の影響が強いこと、ただし鈴鹿山脈の影響でやや京都など畿内中央とは距離を置いて独自の展開をたどっていることで、これは室町・戦国史でも同じ傾向がある。

三重県の戦国大名で名前が挙がるのが**北畠氏**だが、もともとは村上源氏系統の公家である。南北朝時代に後醍醐天皇の側近で南朝の指導者である**北畠親房**（史書『神皇正統記』の著者）から始まった。彼の三男・北畠顕能が伊勢国司となったことで伊勢に土着し、室町時代に入って南北朝合一後も南伊勢を勢力圏として「公家大名」と呼ばれた（居城は津市美杉町の多気城）。

北畠氏は公家ながら土着したことで南伊勢の地侍を配下としたが、本居宣長（松阪出身）の先祖もその一人である。京都から北畠氏の本拠である南伊勢へのアクセスは、当時は近江の草津から東海道を東に向かい途中から伊勢参宮街道へというコースで、現在なら名神高速から亀山で伊勢自動車道を行くということになる。電車なら、京都から奈良経由の近鉄大阪線に乗るというコースだ。また北畠氏の居城・多気城（霧山城）は標高560mの山頂に築かれ、ふもとに居館（国司館）が設けられた。ふもとの城下には3500戸ほどが暮らしていたという。多気城は、伊勢と大和を結ぶ街道沿いにあり、南朝の本拠である吉野や伊勢神宮へは1日で行ける位置にあった。また経路が峠越えとなり、ポイントごとに関所を設けて、鉄壁の防御を誇った。城跡には土塁や堀が残っており、ふもとの居館跡の庭園（北畠氏館跡庭園、現在は北畠神社の敷地内）とともに国の史跡・名勝になっている。アクセスは、松阪駅までJRか近鉄電車で行き、そこからJR名松線で終点の伊勢奥津駅で下車、車で10分。また北畠神社から徒歩5分の場所にある「美杉ふるさと資料館」で北畠氏関係の展示が行われている。

北畠氏は南北朝合一後に一応室町幕府に服属したが、旧南朝の皇族が冷遇されることに反発してしばしば反乱を起こした。応仁の乱では東軍方に付いたが、京都の戦闘には参加していない。

室町幕府が任じた伊勢守護は仁木や土岐氏など転々とした後、室町中期以降一色氏に定着したが、北伊勢では奉公衆（足利将軍の直属家臣）やその配下の小領主が多く、一色氏は守護権力を確立できなかった。さらに室町時代後期には、北畠氏が幕府から伊勢守護に任命され、伊勢国司と兼任した。現在の市をどの領主が支配していたかの分布を示すと、

桑名・四日市）　北伊勢四十八家、鈴鹿・亀山）　関氏（平氏系）、

津）　長野氏（藤原氏系）、　　　松阪）　北畠氏（村上源氏）

となる。方言は全て「伊勢方言」にまとめられるが、現在の生活圏の区別とこれら国衆の分布はかなりオーバーラップする。

長野氏の本拠・長野城は、津市美里町の標高580mの山頂に位置した山城である。北は伊賀街道と長野川、南は桂畑川による谷となっている。現在も土塁や堀切が残っており、本丸跡からは太平洋を一望できる。アクセスは、津駅から「平木ゆき」バスに乗り「長野」で下車してから徒歩2時間かかるので、車で伊勢自動車道の津ICから30分で行った方が良い。伊勢平氏の流れをくむ関氏の本拠・**伊勢亀山城**（亀山市）は、1265年に現在地に築城された。関氏一族は神戸、国府など五城を守っていたが、亀山城が宗家の居城として重きをなした。江戸期に近世城郭として改修されたので、天守台や多聞櫓、石垣など主要な遺構は江戸期のもの。アクセスは、津駅からJR紀勢本線・亀山行で18分の亀山駅から徒歩10分。同じ亀山市内に東海道の宿場・関宿が江戸期の街並みを残しており、街道沿いに瑞光寺という関氏の菩提寺がある。アクセスは、亀山駅から関西本線・加茂行で6分の関駅で下車し、徒歩。

北伊勢四十八家とは現在の一町村規模を支配した小領主の集合体であり、その前歴は守護・一色氏や幕府奉公衆の配下だった。四日市市内の私の家の近くでも彼らの居城だった山城の跡がある。このような小領主

割拠の状態だったのは、特定の者が突出することを嫌って足の引っ張り合いをする気質があったからかもしれない。また伊勢平野がそこそこ豊かで、各自がわざわざ近隣を併合して拡大しようとする動機もなかったことが考えられる。彼らは戦国期に入って、中央の影響が弱まると自立して分裂割拠していたが、「北方一揆」や「十ヶ所人数」といった地縁連合を作ってもいた。そんな中、南近江（滋賀県）の六角氏が特に前者とよしみを通じて影響力を誇示していた。近江から伊勢への街道は現在の国道1号線で中勢地方の関（亀山市）から入るルートが主流だが、六角氏の進出路は北伊勢なので、国道421号（近江八幡～桑名）か、国道306号線（彦根～津）のルートと考えられる。滋賀県の項で少し触れたが、滋賀南部の方言が伊勢方言と少し共通の特徴を持つのはこうしたルートで交流が行われたからと考えられる。『東国紀行』の谷宗牧もこのルートを通り、北方一揆の国衆から供応を受けて、伊勢から船で尾張に向かった。

さて伊勢諸勢力の中で北畠氏は「伊勢の戦国大名」と呼ばれ最大勢力となった。16世紀前半の北畠晴具と子の具教の代に現在の伊勢自動車道のルートを北上する経路で長野や関と戦いながら北伊勢に進出。さらに伊勢自動車道を東に進んで志摩の鳥羽城を攻撃し、小浜氏ら国人を掌握して志摩国をほぼ制圧した。その後、西の大和にも進出し、国道166号線のルートを進軍して吉野郡と宇陀郡を制圧、さらに南はJR紀勢線や紀勢自動車道のルートで紀伊の尾鷲方面までを領有化、大和南部の十津川まで支配領域を広げた。当時のこのエリアには紀州から伊勢参り、伊勢から熊野参拝の街道が通じており、北畠氏もこのルートで進攻したと考えられる。現在でも松阪から尾鷲までワイドビュー南紀で1時間半なので、両地域の方言も否定の「～やん」など共通点が少なからず見受けられる（ただし紀伊山地の山道が険しいので、交流が頻繁というわけでもなったと思うが）。

さらに**伊勢神宮**（外宮）門前町の山田は全国にスポンサーを持つことを背景に強固な町人自治を行っていた

が、北畠氏はこれを徐々に支配していった。戦国中期の当主・北畠具教は、こうした拡大行動で伊勢最大の戦国大名となる一方、塚原卜伝（茨城県の項を参照）に師事した剣術の名手でもあった。ただし公家としての意識は保っており、官位も参議、中納言と上昇している。余談だが、ネットの掲示板で北畠氏は中国の毛利氏よりも朝廷への献金が少ないのに官位が上位なのを不審視する書き込みがあった。それに対し私は北畠氏になり切って「金で官位を買うは田舎侍の所業よ（笑）」と書いたことがある（苦笑）。ついでに言えば、北畠氏を小説に登場させて方言を使わせるなら、公家の意識が強いことを重視して「京ことば」で話させるか、伊勢土着の家臣が多くなって北畠氏も土着化が進んだと考えて伊勢弁を使わせるかどうか迷うところだ。

話を戻すと、伊勢の戦国史の特徴は「京都周辺にありながら、かなり超然と域内の動きに終始していた」と言える。前述のように鈴鹿山脈が大きな障壁だったことが要因だろう。

しかし1568年から尾張の織田信長が美濃斉藤氏の残党掃討、および南近江の六角氏を牽制するために養老鉄道線のルートで北伊勢に進攻して、四十八家の諸豪族を下した。ついで東名阪自動車道を南下する形で中伊勢にも進軍し、神戸氏と長野氏を支配下に置いた。

そして1569年に信長自ら東名阪から伊勢自動車道を南下して北畠領内への侵攻を開始。北畠軍は織田軍相手に奮戦したが、北畠具教は支城である大河内城《おかわちじょう》（現在の松阪市）に籠城した末に降伏する形で和睦した。大河内城は、松阪市大河内町城山にあった山城で、標高110m丘陵の北端に築造され、東に阪内川、北に矢津川、西側と南側には深い谷が入り自然の要害であった。規模は大きくなく、天険の要害というほどではないが、織田軍は落城させることはできなかった。城址には主郭と西の丸を分断する「まむし谷」と呼ばれる堀切などの遺構がある。アクセスは、松阪駅からバスで20分の「大河内バス停」で下車し、主郭まで徒歩

20分。

信長は伊勢制圧後に自らの息子や弟を以下のように名族の養子に送りこむことで支配を固めた。

三男・信孝→神戸《かんべ》氏（関氏の分家）　弟・信包《のぶかね》→長野氏

次男・信雄→北畠氏

これらの処置は、上洛のための側面の道を安全に保つということのほかに、伊勢湾の海上交易の権益を握ることで経済力を強化することが理由だった。また関東方面への物流を掌握し、関東制圧を視野に入れていたとも考えられる。伊勢の在地に対しては、美濃と違って間接支配に留まった理由は、尾張と伊勢が木曽三川で隔てられていたことが関係していると思われる。この辺りが方言の違いともオーバーラップして興味深い。

それぞれの本拠については、北畠氏を継いで南伊勢を領する信雄は田丸城（度会郡玉城町、松阪駅から紀勢本線で30分）に入り、長野氏に入った信包は伊勢上野城（津市）に入った。かつては浅井氏滅亡後にお市の方と淀君ら三姉妹が伊勢上野城にいたとされたが（大河『江〜姫たちの戦国〜』でもその説を採用し、津市のゆるキャラ〝ゴーちゃん〟が制作された）、近年の研究では尾張にいたという。現在は本城山青少年公園となっていて、本丸跡の展望台資料室に城の復元模型が展示されている。また展望台からは伊勢湾や鈴鹿山脈を一望できる。アクセスは、津駅から近鉄名古屋線で10分の豊津上野駅から徒歩15分。神戸氏を継いだ信孝は神戸城（鈴鹿市）に入った。信孝は関氏の支城にすぎなかったここを強固に修築した上、本丸に五層六階の連結型天守を築いたことが発掘調査で確認されている。現在でも本丸には野面積みの天守台がある。現在城の中心部は神戸公園となり、二の丸跡には神戸高等学校が建てられている。アクセスは、津駅から近鉄名古屋線と近鉄平田町線を乗り継ぎ30分の鈴鹿市駅から徒歩10分。

なお、桑名、四日市など北伊勢は、**滝川一益**が桑名城と長島城を本拠として管轄した。いずれも四十八家の一つ伊藤氏の城だったが、伊勢と尾張の国境付近のデルタ地帯で防衛の要として大幅に修築された。伊勢の武士達はこれらの織田家の武将の指揮下で「伊勢衆」として把握され、信長の統一戦争に従軍した。

しかし信長は**長島一向一揆**（1570〜74年）にはかなり強敵として苦戦した。大坂の石山本願寺が挙兵すると、本願寺門主の一族が住持である願証寺を中心とした浄土真宗の門徒が一揆軍を組織した。北伊勢には15世紀末に本願寺中興の祖・蓮如が訪れ、私の実家の寺も含めて各地で教化を行った。これ以後、当地では本願寺の門徒が多数を占めるようになり、石川県の加賀一向一揆と同様に、寺院ごとの門徒集団「講」が基本単位となって本願寺とネットワークを持つことで一揆を組織した。1570年の挙兵後すぐ、本願寺から坊官・下間頼旦が派遣され、下間が率いる数万の一揆衆が織田方の長島城を陥落させると拠点にした。伊勢長島は尾張と伊勢を結ぶような位置にあり、東西を木曽川と長良川にはさまれた輪中地帯である。川幅が広く、方言の大きな境界線になっていることは前述した。方言区画では「濃尾接境方言」の領域で、伊勢方言の中では独自性がある。現在は鉄道も自動車道もこの川をまたがっているが、当時は船で往来する他ない。さらに現在は人のまとまったデルタ地帯となっているが、これは江戸期から現代までの数度にわたる治水事業の結果で、当時はいくつかの小島からなっていて攻めるのが困難だった。これに加えて、先に降伏した北伊勢四十八家の土豪や美濃の旧国主・斉藤竜興らも参戦し、さらに宇治山田（伊勢市）の町衆が一揆勢に好意的で信長に軍船を提供するのを拒否するなど織田軍に不利な条件が多かった。前半は苦戦を強いられ、国境を越えて尾張に攻め込まれた上に、信長の弟が討ち死にする事態も起こっている。織田軍の進軍路は陸路では美濃から揖斐川に沿った現在の国道258号線か養老鉄道線を南下するルートを取ったと思われるが、長島は川と海で囲まれた輪中地帯で攻めにくく、九鬼義隆ら志摩水軍に軍船を展開させて海上封鎖を行った。

信長軍には柴田勝家や羽柴秀吉ら精鋭も参加し、長島城も三度にわたる攻撃の末に1574年に大虐殺を行ってようやく平定した。長島は信長の本拠・尾張に接するだけに重要視され、またこれの対応のために東方で武田に攻められた徳川家康への救援に手が回らなかったのである。なお、現在の長島城跡は長島中学校と長島中部小学校となっており、解説板が小学校と中学校の境界付近に設置されている。城の遺構はほぼ残されていないが、近くの蓮生寺には大手門を移築されたと伝わる山門がある。長島城のアクセスは、国道1号線沿いにあり、JRと近鉄の長島駅から南へ徒歩で10分ほどの所。また一揆の中心となった願証寺は蓮生寺のすぐ近く。ちなみに私の地元には実家の寺をはじめとして信長が陣を置いた伝承のある寺がいくつかあり、少し離れた山に織田軍に討たれた一揆衆の鎮魂碑もある。一揆の平定の後には、長島側に付いていた桑名、四日市付近の土豪達も人質を出して信長に完全服従を強いられた。伊勢は政治的には信長の支配に入っていたが、それでも在地では一向一揆の勢力もあり、両者がせめぎ合っていたのがうかがえる。

さて信長の手で隠居させられていた北畠具教は西上作戦途上の武田信玄に内通していたが、後に露見し、1576年に具教ら北畠一族は信長の命を受けた旧臣たちの襲撃で殺害された。本能寺の変後の清洲会議で信雄は織田家の後継者になるため織田姓に復したので、伊勢国司家としての北畠家は名目上も滅亡した(ただし北畠分家の木造氏出身で滝川一益の養子になった滝川雄利がおり、江戸期まで続いた)。

秀吉の台頭時に北伊勢を領していた滝川一益は柴田勝家に与したので、1583年の賤ヶ岳の戦いに際して北伊勢で秀吉軍と滝川軍の戦いが行われ、特に**亀山城攻防戦**が有名である。秀吉は近江を領していたので、当時の東海道、現在の国道1号線のルートを東上する経路で進軍した。現在の亀山は高速のジャンクションがあり、滋賀県方面と名古屋方面の道が交差する位置にあるが、秀吉にとっても北伊勢から美濃へ進出するためのポイントとなったことが分かる。この戦いは大河『功名が辻』でクローズアップされ、山内一豊は一番乗りの功を上げたが、家臣・五藤為浄（武田鉄矢）が戦死した。滝川一益は信長在世時には多くの軍功を立て、一時は関東も支配したが、秀吉に敗れ、伊勢の所領も全て没収されて没落した。また賤が岳の後、柴田方だった織田信孝は秀吉の命により知多半島（愛知県）の野間で切腹することになった。信孝の辞世の句は『昔より主を討つ身の　野間なれば　報いを待てや　羽柴筑前』という強烈な怨念の歌と伝わる。その信孝の墓は、家臣の手で亀山市の関宿にある福蔵寺に運ばれ、ここに今でも信孝の墓がある（もともと信孝が信長供養のために建てさせた）。アクセスは、関駅から徒歩１０分。

豊臣時代に入って当初は織田信雄が北伊勢を支配したが（本拠は尾張）、南伊勢は**蒲生氏郷**など秀吉配下の小大名に与えられた。氏郷は１５８５年の入封当初、松阪市の沿岸部にあった松ヶ島城に入ったが、１５８８年に内陸に入った現在の松阪市中心地の北部に松阪城を築いた。松阪城は北に阪内川が流れ天然の堀となっている。氏郷自身が安土城築城の経験があったので、自分と同郷でもある石工集団の穴太衆を中心に安土城と同様の石垣を築かせ、本丸には三層五階の天守を構えた。城下町建設にあたり旧領の近江商人を呼び寄せ、これにより商都松阪の礎が築かれた。氏郷が松阪にいたのは会津に移るまでの六年に過ぎなかったが（松阪城建設からは二年あまり）、城下町建設の祖ということで現在も「氏郷祭り」が行われている。江戸期に紀州藩の支城となった際に天守は取り壊されたが、石垣は平成に入ってから全面的な修復を経て大部分が残っている。梶井基次郎の短編小説『城のある町にて』の舞台なので、二の丸跡に文学碑が建てられている。江戸期の武家屋敷群である御城番屋敷はすぐ近くにあり、当地出身の本居宣長記念館などもある。アクセスは、松阪駅から徒歩１５分。

小田原攻めの後に信雄が改易されると、北伊勢も秀吉配下の小大名が分立することになる。関が原の合戦の頃（1600年）、主に次のような大名配置だった。

桑名）　氏家行広（2万石）　鈴鹿）　滝川雄利（2万石）

津）　富田信高（5万石）　松阪）　古田重勝（3万石）

となった。この時西日本では西軍が圧倒的だったが、近畿地方の一部で東軍方があり、伊勢でも安濃津城（津市）の富田氏ほかいくつかの大名が東軍だった。安濃津城は西軍の標的となり、毛利勢や長曾我部、鍋島らの西軍が大垣城から養老鉄道線―近鉄名古屋線を南下するルートで大挙して進攻した。敵に対して兵力で劣る中で城方は城主の奥方が自ら馬に乗って戦うなどの武勇を見せたが、三日の攻防の後に降伏した。安濃津城の攻防戦は関ヶ原の前哨戦として重要だが、伊勢はその地勢により東西両勢力の角逐の場となったのである。

江戸幕府の成立後は大坂に健在だった豊臣家への抑えとして、徳川家康の家臣**本多忠勝**が桑名へ、豊臣家臣ながら家康に接近していた**藤堂高虎**が津に配された。高虎が入った安濃津城は関ヶ原前哨戦で焼失していたので、高虎の手で近世城郭として全面改修が行われた。津城は北に流れる安濃川、南の岩田川を天然の大外堀としていた。高虎は築城の名手として知られるが、津城は全くの平城で、遺構は石垣といくつかの櫓が残るのみと拍子抜けする。構造を見るに、政庁としての側面が強かったようだ。現在は城址公園として市民の憩いの場となっている。アクセスは、近鉄名古屋線で津新町駅（津駅の隣、津駅からならバスで8分）まで、駅から徒歩10分の場所である。高虎は近江出身だが一時浪人して伊勢を放浪した縁があり、県内でその際の伝説が残されている。

本多忠勝が入った桑名城は揖斐川に面した水城で、北伊勢四十八家の一つ伊藤氏の城を改修したものだった。幕末の戊辰戦争の際に破却され、城跡は石垣と堀が残るのみで、現在は九華公園となっている。アクセスは桑名駅から徒歩15分で、付近には江戸期に名古屋の熱田から海上七里を船で来た旅人を迎えた「七里の渡し」が近く、そこに至るまでの芝生公園に本多忠勝の像がある。

ついでながら本能寺の変後に家康の三河帰還を四日市の商人が尽力したことが縁となり（伊勢から三河までの船便を提供した）、江戸期は幕府直轄領となった。

志摩国（東部）

志摩の中心都市・鳥羽は、伊勢市の宇治山田から近鉄特急で10分ほどの所である（津からは30～40分ほど）。この志摩の方言は今では伊勢にかなり同化されているが、かつては単語などで独自性が強かった。アホバカ表現で「アンゴ」というのがあり、「まぶしい」を「あばばい」というのが代表的だ。言い回しでも、疑問の終助詞に「～こ」（行くこ？＝行くか？等）というのがある。なお、方言区画では「志摩・南勢方言」となっており、南伊勢町など南勢地方の沿岸部もこれに含まれる。アクセントや単語の面で、「北中勢方言」と異なる点が多い。この領域は戦国期まで全域が「志摩国」で、現在は東紀州地方となっている尾鷲などもこれに含まれていた。1582年に信長次男の北畠信雄と紀伊の堀内氏との和睦の結果として国境確定を行い（おそらく織田信長の意向で）、南伊勢町と大紀町が伊勢国に、尾鷲など北牟婁郡が紀伊国に編入され、「志摩国」は現在の志摩半島の部分に限定されたのである。

地形を見ると、志摩は西側の伊勢国との境付近に朝熊ヶ岳という500m級の山岳があり、またリアス式海岸が複雑に入り組んでいる。これが伊勢とは少し異なる方言が形成される要因となった。志摩においてJRや近鉄の路線は北西端の鳥羽から分岐する形で敷設されているが、陸上交通では回り道になるので、昔から船での交通が盛んだった。対岸にある愛知県の渥美半島とは今でも伊勢湾フェリーの往来があり、少し前まで知多半島の師崎ともフェリーが運航していた（2010年廃止）。
志摩国で水軍が多かったのも海上交通が盛んだったことが背景にある。

志摩の戦国史は伊勢の影響をかなり受けつつも、独自性がある。

志摩出身の戦国武将で、織田信長に仕えた**九鬼嘉隆**は割合有名で、「海賊大名」の異称をとった。もともとは志摩国の波切城（志摩市大王町）を本拠とする国人領主の一族で、地理的要因から水軍を率いていた。波切城は海岸段丘を天然の要害とし創築された丘城で、城跡は公園として整備されているが、当時のものとされるわずかな石垣に面影を残すのみだ。アクセスは、鳥羽から志摩線賢島行に乗り換えて30分の鵜方駅からバスに乗り「大王崎灯台」で下車。近くに大王崎灯台があり、鳥羽湾の絶景が見られる。

和歌山県の項で出てきたが、九鬼氏はもともと東紀州地方の尾鷲付近を発祥の地とし、志摩半島から東紀州の北牟婁地方に至るまで沿岸部に勢力を持っていた。「志摩・南勢方言」の領域は、紀州方言の一派である「北牟婁方言」の領域と接しているが、九鬼氏の勢力圏で沿岸部のネットワークが見受けられる。ただし九鬼氏は有力ではあったが、付近に多くいる水軍領主の一つに過ぎなかった。なお、九鬼氏以外の水軍領主で有力だったのは小浜氏（本拠は鳥羽市小浜町）で、戦国後期の小浜景隆は武田信玄や徳川家康に招聘され、駿河や三河で水軍大将となっている。

16世紀半ばに伊勢の北畠具教が伊勢自動車道を東に進むルートで志摩に進攻し、さらに志摩の国人を率いて国道167号線を南下する道を進んで九鬼氏の居城を制圧した。北畠氏はもともと南朝方ということで、志摩や伊勢の水軍衆と友好関係にあったが、この当時はより領土化を強化するために志摩に進攻した。北畠氏はこれを足掛かりに、東紀州にも進出し、尾鷲方面まで勢力を広げた。なお、北畠氏に敗れて流浪の身となった嘉隆は滝川一益の仲介により、織田信長に仕えたという。1569年に信長が北畠を攻めた際に九鬼嘉隆も小浜氏ら志摩の水軍領主を次々と倒して功を挙げたため、信長は嘉隆に志摩一国の領有を認め、織田家の家臣団の一員として迎えた。嘉隆が大名となったのは自力で勢力を伸ばしたからではなく、信長の取り立てによることが大きかったのである。この後、嘉隆は北畠氏を継いだ信雄(信長次男)に附属させられ、まず東紀州方面に進出して堀内氏と戦っている。1582年に堀内氏と和睦を結び、伊勢、志摩と紀州の国境を画定したことは和歌山県の項でも触れた。

さらに嘉隆は織田家の水軍武将として長島一向一揆戦や石山本願寺との合戦に従軍したが、特に有名なのが1579年の第二次木津川口の戦いである。これは石山本願寺を支援する毛利水軍との大坂湾での海戦だが、嘉隆の進言により鉄甲船(鉄貼りの巨船)を投入して織田軍が勝利した。これによって織田家の水軍武将としての九鬼氏の武名は天下にとどろいた。

信長死後は秀吉に仕え、1584年の小牧長久手の合戦の際には徳川家康の下で三河水軍を率いた小浜景隆と対峙している。その後の九州や小田原征伐、さらに朝鮮出兵で水軍を率いて参陣した。一方、志摩一国3万5000石の大名となり、鳥羽城の築城に着手した。鳥羽城は鳥羽湾に突出した樋の山に築かれたため「浮城」と呼ばれた。現在の鳥羽水族館の裏手にある低い丘が城跡である。遺構は本丸と旧家老屋敷の石垣が残っており、長らく鳥羽小学校の敷地となっていた。2009年に小学校の移転を機に発掘調査が行われ、天守曲輪の遺構を確認した。鳥羽城は、近鉄鳥羽駅から徒歩で10分、車なら伊勢ICから伊勢二見鳥羽ライン経由で15分の所にある。

関ヶ原の戦いが起こると嘉隆は西軍に与し、息子守隆は東軍に与した。これは家名を存続させるために二股をかけるという嘉隆の戦略だったようだ。嘉隆は西軍の一員として伊勢湾の海上を封鎖して東軍の侵入を防いでいたが、西軍が敗れると鳥羽城を放棄して答志島に逃亡。守隆は徳川家康に父の助命を嘆願し了承されたが、その知らせが届く前に嘉隆は自害した。答志島へのアクセスは、鳥羽港のマリンターミナルから市営定期船で30分前後というところである。鳥羽から船に乗る時は九鬼嘉隆のことが思い出されるわけである。余談だが、答志島からさらに北東に、三島由紀夫の小説『潮騒』で舞台となった神島がある。

その後九鬼氏は京都府や兵庫県の内陸部に移封され、水軍大名としての実態を失った。

伊賀国（西部）

津から伊賀市の上野市駅までは、伊賀神戸まで近鉄特急で行き、それから伊賀鉄道に乗り換えて早ければ1時間である。一方、津から伊賀南部の名張まで大阪方面の近鉄特急で30分だ。名張からは大阪方面に近鉄大阪線が通じており（難波まで特急で1時間なので大阪通勤圏である）、北部の伊賀上野（伊賀市）からはJR関西本線が京都・奈良方面に通じている。

地形を見ると、伊勢との間に鈴鹿山脈と布引山地、滋賀と接する北西部に信楽台地、南西部に大和高原と、山地に囲まれた盆地だが、古くから京都・奈良や伊勢を結ぶ奈良街道・伊賀街道・初瀬街道を有した。京都から淀川水系の木津川が流れ、前述のように交通が関西とのつながりが深いことから、伊賀地域は関西地方として扱われることもある。

伊賀の方言も、名古屋通勤圏の伊勢地方と大きく異なる。動詞の否定形「〜（し）やん」など伊勢弁との共通点も多いが、「〜（し）てだーこ」してちょうだい）」など独自の言い回し・単語も多い。今では文末詞「〜（や）

ねん」などより関西弁化が進んでいる可能性がある(伊勢では使わない)。

伊賀の戦国史は伊勢よりも畿内中央とのかかわりは深いが、**伊賀忍者**など独自性も強い。東隣の伊勢とは布引山地で隔てられているために、あまり関連はない。一方で京都とは木津川、奈良県とは名張川で結びついていた。ただし信楽台地や大和高原によって隔てられる面もあり、伊賀が独自の歴史展開をたどる要因になった。現在の名張市に東大寺の広大な荘園があり、鎌倉末期から南北朝期にこれに反旗を翻す悪党勢力の跳梁があった。私が小学生の時に読んだ小学館の漫画人物日本の歴史で『悪党の活躍』があり、東大寺の荘園だった伊賀の黒田荘(名張市黒田)で下司(荘園の現地管理者)の大江氏ら「黒田の悪党」が自立を求めて東大寺と戦い、やがて後醍醐天皇の鎌倉討幕から南北朝の動乱に巻き込まれていく姿が描かれていた。その配下で忍者のように奔走した「名張六郎」という架空の人物も印象に残る。黒田の悪党は南朝方になり、後に室町幕府に敗れて守護の仁木氏に服属したが、後世の伊賀忍者の元になったとも言われる。

さて私が子供の頃見ていた藤子不二雄アニメ『忍者ハットリくん』の主役が伊賀忍者のハットリくんで(本名ハットリ・カンゾウ)、甲賀忍者のライバルでケムマキというのもいた。伊賀と甲賀はともに山が取り囲んでいるが、隣接して交通のつながりもあり、実は徳川・豊臣の対抗関係が背景にあったのである。

ハットリくんのモデルになった伊賀忍者が**服部半蔵(正成)**であり、正確には伊賀北部を領する土豪の一族である。前述の「黒田の悪党」と鎌倉幕府の六波羅探題との和睦を斡旋した御家人(幕府家臣の武士)で「服部持法」の名があり、後に土着化して伊賀市で領地を得た。半蔵の先祖と考えられる。半蔵の父は京都で将軍・足利義晴に仕えており、後に三河の松平清康(徳川家康の祖父)が将軍に謁見した縁で松平氏に仕えることになったという。半蔵は父の跡目として服部家の家督を継ぎ、家康に仕えた。なお、半蔵生誕の城が「千賀地氏城」(伊賀市予野)で、標高175mの山城。現在は公園として整備されており、城址碑のほか、服部半蔵誕生の地として石碑が建てられている。アクセスは、近鉄伊賀線・上野市駅からバスに乗り「上出」バス停で下車。

室町期の伊賀守護は一時山名宗全が就いたほか、おおむね仁木氏がつとめたが、在地の支配力はゆるく、各地で「悪党」の流れを汲む小領主が群雄割拠して争っていた(松尾芭蕉の先祖もその一人)。この中で住人は自衛のためゲリラ戦の技を磨いたことが伊賀忍者の起こりとされる。また伊賀は農耕に苦労する土地柄で、傭兵として京都周辺の合戦に出稼ぎに行く者も多く、服部半蔵の父が京都に出たのもその一環である。戦国期になると「**伊賀惣国一揆**」と呼ばれる、国人達の合議による自治共同体が形成された。その中で実力者である上忍三家があり、服部家はその一つだった(残りは百地と藤林)。この惣国一揆で特徴的なことは、『伊賀惣国一揆掟書』という11箇条の規定を明文化したことで、共同体の契約法として貴重なものである。この一揆体制に対して仁木氏は敗れ、守護の権威は低下する。惣国一揆は大和(奈良県)に侵攻した松永久秀にも対抗した。奈良からの街道は現在の25号線(名阪国道)に当たるので、このルート上で松永に対抗するための兵を置いたかと思われる。このように京都周縁にありながらかなり在地の独自性が強かったのが伊賀の特徴で、それは現在の方言の独自性ともオーバーラップする。

信長の畿内制圧後に仁木氏は信長の支援を受けたものの功を奏せず、伊賀では一揆体制が存続していた。1579年に伊賀忍者の一人・下山甲斐の進言で北畠信雄(信長の次男)が伊賀に侵攻したが、忍者達の奇襲で大敗(第一次伊賀の乱)。1581年には信長自ら5万の兵を率いて伊賀に攻め込んだ(**第二次天正伊賀の乱**)。この時、織田軍には丹羽長秀、滝川一益、蒲生氏郷など精鋭が参加しており、東の伊勢、西の京都と奈良、北の近江と三方から攻め寄せた。進攻は、JR関西本線や名阪国道、JR草津線と、伊賀を外部と結びつけるルートで行われたのである。伊賀衆で織田方の調略を受けた者も多かったことで城は次々と落ち、最後の砦・柏原城が落ちて天正伊賀の乱は終わりを告げた。信長も伊賀国に視察に訪れ、戦後に滝川雄利と織田信兼に伊賀を与えた。この織田信長と伊賀忍者の対決は作家の意欲を刺激するようで、最近では和田竜『**忍びの国**』がこれをテーマとしており、後日談を司馬遼太郎の直木賞作品『**梟の城**』で扱っており、ともに映画化された。伊賀惣国一揆が拠点とした城砦は多いが、一揆の評定所となったのが伊賀市寺田にある大光寺（真言宗）で、寺内の伽藍は元より、墓地も織田軍に破壊された跡が今も残る。自然石に彫られた摩崖仏は鎌倉から南北朝期に彫られ、三重県の有形文化財となっている。アクセスは、伊賀上野駅からJR関西本線で5分の佐那具駅から徒歩1時間、車で12分。

1582年の本能寺の変のとき堺に滞在していた徳川家康一行は、甲賀・伊賀を通って伊勢から三河に帰還した（**神君伊賀越え**）。その経路は、京都府南部の宇治から近江の甲賀経由で伊賀北部の柘植に入り、難所の加太峠（伊賀市と亀山市の間）から伊勢に入るというルートだった。現在の新名神高速道路がかなりこのルートに沿っているが、家康らはこれよりは南の経路をたどった。この時服部半蔵は伊賀、甲賀の土豪と交渉し、彼らに警護させるなど功があった。

その後豊臣秀吉が近江の甲賀を支配下に入れると、甲賀忍者は家康の監視活動を命じられ、一方徳川の味方についた伊賀忍者が甲賀忍者に対抗した。講談などの題材となった「伊賀忍者対甲賀忍者」は、徳川と豊臣との代理戦争だったわけである。伊賀と甲賀の間には、当時から甲賀の野洲川にそって宿場街道が形成されており、現在もJR草津線が走っていてつながりの深さを感じさせる。甲賀から伊賀の柘植まで草津線でわずか10分である。なお、現在の伊賀と甲賀は「忍術の里」ということで提携活動を行い、「日本遺産　忍びの里　伊賀・甲賀」というサイトで関連施設の紹介を行っている。

さて服部半蔵は伊賀忍者を統率する立場として「伊賀組同心」という職につき、自身も忍者であったかのように言われるが、半蔵自身は普通の武士として活躍したようである。東京にある服部半蔵の屋敷跡が後に「半蔵御門」と呼ばれるようになったという。

一方、伊賀の在地では、大和から筒井定次が移って大名となったが、徳川の手で除封され、津城の藤堂高虎が伊賀一国も領することになった。1611年になって**伊賀上野城**が高虎により築かれている。城の場所は上野盆地の中央だが、京都や奈良とも街道が通じているので、豊臣方への防衛拠点という側面が強かった。標高185mの上野台地に築かれた平山城で、その立地は服部川や柘植川、木津川に取り囲まれた要害だった。室町期から仁木氏の守護所があり、豊臣時代の筒井定次もここに城を築いたが、高虎によって大幅な改築が施された。石垣など城の構造はほぼ高虎期を受け継いでいるが、天守閣は江戸期に嵐で破損し、現在の天守閣は昭和に建造された模擬天守である。アクセスは近鉄伊賀神戸駅から伊賀鉄道に乗り換えて上野市駅まで行き、そこから徒歩10分。なお「伊賀流忍者博物館」は、上野公園(伊賀上野城)内にあり伊賀忍者関係の史料展示だけでなく、忍者体験など観光施設としても楽しめる。伊賀の国人達も藤堂家の支配下に入り、この中で後に**松尾芭蕉**が出ている。

なお、県南部の東紀州はすでに和歌山県の項で説明した。

岐阜県

美濃国（南部）

東京から岐阜市に行くとすると、名古屋まで新幹線で行き、その後東海道本線の快速で行って、合わせて2時間10分という所である。岐阜県の新幹線の駅には岐阜羽島があるが、下りはこだま以外に停車しないし、岐阜市へは私鉄の名鉄線を乗り継いで30分以上かかる。岐阜市は名古屋から快速電車で20分足らずと、完全に名古屋都市圏の一角である。

地形を見ると、岐阜県南部の美濃地方では愛知県から続く濃尾平野が広がり、河川のほとんどが太平洋へと流れている。西美濃を南北に流れるのが揖斐川と長良川で、それぞれ大垣、岐阜市と生活圏を分ける水系となり、愛知県の西の県境を形成している。

一方で、岐阜県の西南部は関西とも交通のつながりがある。愛知県小牧から名神高速道が、岐阜県の西南部を通って滋賀県に向かうルートを取っている。大垣から滋賀県の米原まで東海道本線で35分と近い。関ヶ原に至っては、次の停車駅が滋賀県の柏原で、米原までは20分という所である。岐阜県と滋賀県の間は伊吹山系があり、両地域は必ずしも一体ではないが、かつての中山道以来、交通のつながりはあるのである。このように岐阜県西南部の西美濃地方は名古屋と関西を結ぶ経路の上にある。

この傾向は方言にもある。『探偵ナイトスクープ』のアホバカ方言調査で、岐阜県では名古屋と同じ「タワケ」を使うところが多いが、県の西南端に近い関ヶ原付近に関西と同じ「アホ」を使う所との境界線があった。この結果を見て、局長の上岡龍太郎が「戦国時代の関ヶ原の合戦で有名な、山の迫った難所ですからね。これ

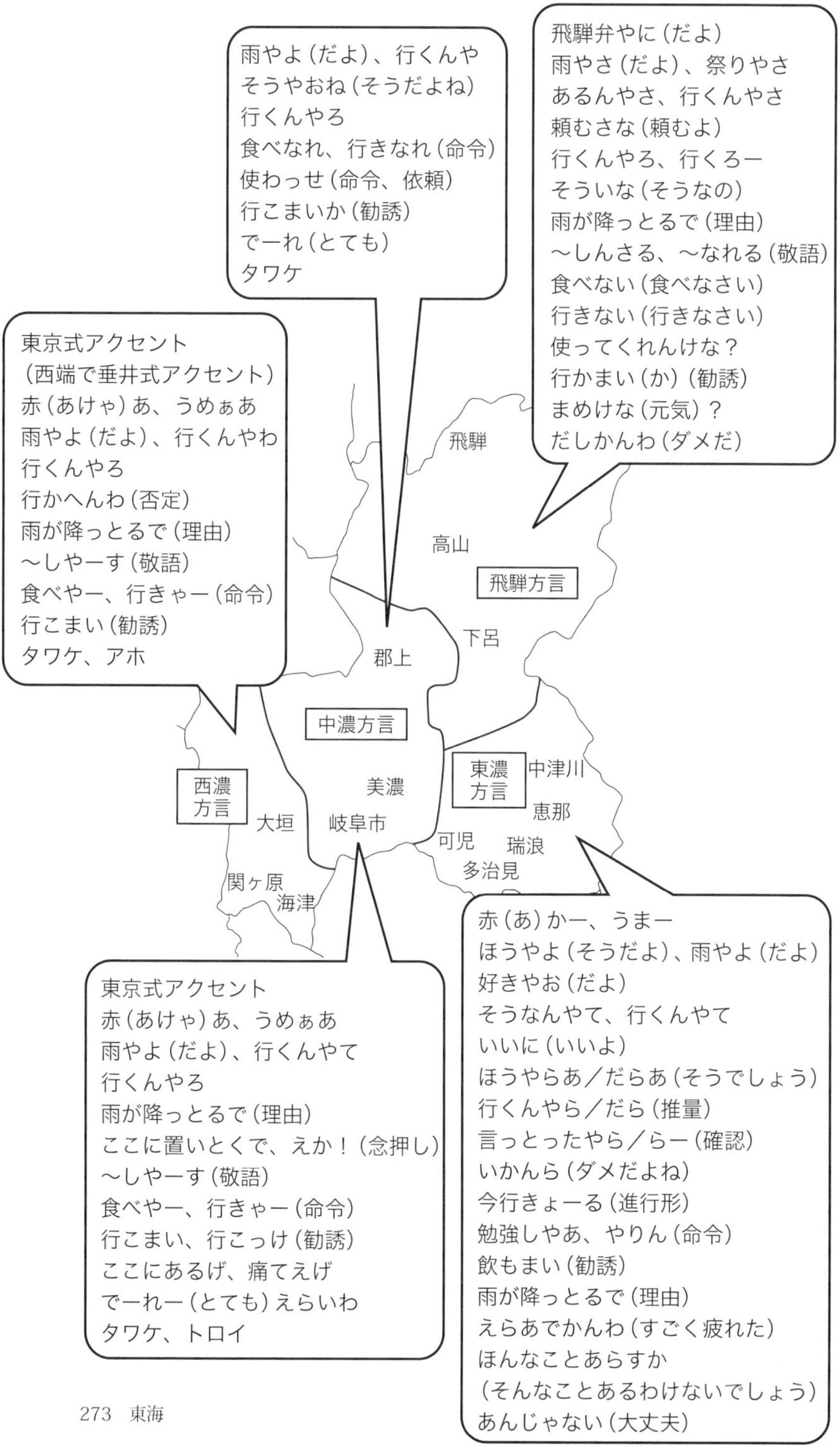
雨やよ（だよ）、行くんや
そうやおね（そうだよね）
行くんやろ
食べなれ、行きなれ（命令）
使わっせ（命令、依頼）
行こまいか（勧誘）
でーれ（とても）
タワケ

飛騨弁やに（だよ）
雨やさ（だよ）、祭りやさ
あるんやさ、行くんやさ
頼むさな（頼むよ）
行くんやろ、行くろー
そういな（そうなの）
雨が降っとるで（理由）
～しんさる、～なれる（敬語）
食べない（食べなさい）
行きない（行きなさい）
使ってくれんけな？
行かまい（か）（勧誘）
まめけな（元気）？
だしかんわ（ダメだ）

東京式アクセント
（西端で垂井式アクセント）
赤（あけゃ）あ、うめぁあ
雨やよ（だよ）、行くんやわ
行くんやろ
行かへんわ（否定）
雨が降っとるで（理由）
～しやーす（敬語）
食べやー、行きゃー（命令）
行こまい（勧誘）
タワケ、アホ

飛騨
高山
飛騨方言
下呂
郡上
中濃方言
美濃
岐阜市
西濃方言
大垣
関ヶ原
海津
東濃方言
中津川
恵那
可児
瑞浪
多治見

東京式アクセント
赤（あけゃ）あ、うめぁあ
雨やよ（だよ）、行くんやて
行くんやろ
雨が降っとるで（理由）
ここに置いとくで、えか！（念押し）
～しやーす（敬語）
食べやー、行きゃー（命令）
行こまい、行こっけ（勧誘）
ここにあるげ、痛てえげ
でーれー（とても）えらいわ
タワケ、トロイ

赤（あ）かー、うまー
ほうやよ（そうだよ）、雨やよ（だよ）
好きやお（だよ）
そうなんやて、行くんやて
いいに（いいよ）
ほうやらあ／だらあ（そうでしょう）
行くんやら／だら（推量）
言っとったやら／らー（確認）
いかんら（ダメだよね）
今行きょーる（進行形）
勉強しやあ、やりん（命令）
飲もまい（勧誘）
雨が降っとるで（理由）
えらあでかんわ（すごく疲れた）
ほんなことあらすか
（そんなことあるわけないでしょう）
あんじゃない（大丈夫）

が昔は言語、文化までも分けていたと分かりました」とコメントした。

岐阜弁は隣にある名古屋弁と同種のようなイメージだが、私が聞いた感じでは「名古屋弁に関西弁が混ざったようなことば」と言える。全体としてみると尾張（名古屋など）は美濃南西部と単語・言い回しで共通点が多いが（敬語「〜（し）やーす」、その派生で命令形「〜（し）やー（食べやー＝食べなさい）」、勧誘の「行こまい」等）、それでも前述のように断定の文末詞で違いはある（美濃の「〜や」に対し、尾張は「〜だ」）。この違いは、尾張と西美濃の間を木曽川が流れていることが関係していると思われる。また美濃西端に行くと、揖斐、不破、養老は関西弁の影響が強く、京阪式アクセントやその変種の垂井式アクセント（垂井町から命名）、動詞のウ音便（「買うた」等、他では「買った」）、敬語「〜（し）はる」などより関西弁に近くなる。

一方で東南部の東濃（東美濃）地方は北部が木曽川水系で、南部が庄内川水系（土岐川）および矢作川水系流域となっている。水系は名古屋にもつながっているが、木曽川が北東方面に流れるように、信州（長野県）ともつながっており、この傾向は交通路でも踏襲されている。東濃の中心都市で東濃南部にある多治見は名古屋とJR中央線の快速で40分足らず、一方で岐阜市へはJR太多線の美濃太田を経由して1時間10分と遠い。こうしたネットワークの関係で、東濃は全体として中央線でつながる名古屋との直結感が強い。東濃内を見ると、多治見から恵那は中央本線で35分、中津川は45分となる。中津川は特急なら名古屋から50分だが、長野県の木曽福島とは特急で35分と近い。高速では中央自動車道が東濃地方を通って長野県とつながっている。国道では19号線がこれに並行し、かつての中山道に相当する。このルートはリニア中央新幹線のルートとなっており、注目が高まっている。

東濃の方言も、動詞の推量「〜やらあ（明日テストがあるやら等）」など愛知県の三河や東隣の信濃（長野県）

との関係が見える（恵那市南部の岩村や明智で「〜だら」もあり、三河弁と同様である）。地元民も「東濃弁」を話しているという自覚があり、西美濃との違い意識が強い。最近ではNHK朝ドラ『半分、青い』で舞台となって、当地の方言が使われた。

また北美濃は郡上地方といい、郡上踊りと郡上八幡の城下町で知られるが、南北を東海北陸自動車道、東西（福井県から長野県）を中部縦貫自動車道が通っており、白鳥のICがその交差点である。郡上の西側は日本海へと流れる九頭竜川水系流域となっている。郡上八幡は名古屋から特急ワイドビューひだで美濃太田に行き、そこから長良川鉄道に乗り換えて所要2時間と遠いが、方言は西美濃の岐阜弁と共通点も多い一方で、違いもあるという特徴である。

以上のように岐阜県の方言は全体として文末詞に「〜やろう、やて、やよ」など言うので、県外の人より「似非関西弁」と言われる。これは文法や単語に関西的要素が多く見られる反面、東京式アクセントであるためである。岐阜県は西日本と東日本の方言の境界地帯で、文法は西日本的、発音やアクセントでは東日本的な特徴を持つ。

このように交通のつながりで県外の影響を受けやすいが、岐阜県方言の全体像は県外との違いが大きく、県内の差は少ないということになる。県内の方言区画でも単語を基準としたものと、文法を基準としたもので異なる区画案が出されている。ここで挙げたのは方言文法研究会による単語を基準とした案だが、奥村三雄などによる文法を基準とした区画案では美濃と飛騨の間にはっきりした方言境界はなく、美濃北部（郡上など）と飛騨が一つのまとまりの北部方言となり、美濃南部（南部方言）と対立される（前述の命令形は郡上では「〜（し）なれ」となる）。右の図でも同じ方言区であっても異なる特徴があり、違う方言区でも共通の特徴が見えたりして複雑だが、「岐阜県全体の方言は徐々に移り変わる」ということを念頭に置いてもらいたい。なお、境界部分では隣県の方言と共通点もあるが、交通路が四方につながっているという地理的特性による。美濃（南部）の室町・戦国史を見る場合、畿内との関係、そして南隣の尾張との関係が重要だが、東部と信濃との関係も大きな意味を持ってくる。美濃の内部では西部が中心となるが、展開に応じて東部と北部にも言及する。

岐阜市で地元の戦国武将と言えば、**織田信長**となる（岐阜駅に金の像がある）。一方で司馬遼太郎『**国盗り物語**』以降、**斎藤道三**も注目されるようになった。**岐阜城**（旧名・稲葉山城）はこの二人の城である。

美濃戦国史は斎藤道三の「油売りから一国の主」という下克上ストーリーから語られるが、その道三が取って代わったのが美濃の守護大名・**土岐氏**である。今でも東濃地方に土岐市があるが、地名から分かるようにここは土岐氏の発祥の地だった。土岐氏は美濃源氏の有力家系で、平安後期から東濃で勢力を広げていた。同じく東濃に明智町があり、土岐氏庶流の**明智光秀**のゆかりの地である。

土岐氏は足利尊氏に味方して美濃守護となり、この時に東濃から現在の岐阜市の川手城に本拠を移した。かつては東濃の土岐市から岐阜市へのアクセスは中山道を通っていったが、現在はＪＲ中央本線で名古屋に行き、東海道本線で岐阜駅へというルートが最短で、所要1時間１０分である。また土岐氏の本拠・川手城は現在の岐阜駅の南の加納地区にあり、駅からバスで10分ほどで行くことになる。

土岐氏は室町幕府の侍所頭人として幕閣の一角を占め（光厳上皇に矢を射かけた土岐頼遠もその一人）、最盛期には美濃、尾張、伊勢の三か国の守護大名となった。しかし将軍義満の勢力削減の対象となって乱を起こしたが（土岐康行の乱、１３８９～９０年）、幕府軍の討伐を受けて没落、尾張と伊勢は没収され、美濃守護のみ世襲した。土岐氏は在京したので、在地勢力である斎藤氏が守護代となって美濃の実権を握るようになる。こうした中で美濃は京文化を受け入れ、畿内の影響を強く受けた。岐阜市から京都までＪＲ東海道本線と琵琶湖線の快速で2時間前後ということで、割合京都と近いというのが地理的条件である。岐阜弁が断定の「や」など関西弁との共通点を持つのは、尾張に比べて京都との交通が便利だったことが理由として想定できる。それは斎藤道三が京都からの流れ者だったという伝説と、織田信長が上洛の道とした史実とも関連付けられるだろう。

さて応仁の乱では土岐氏が西軍となり、守護代の斎藤妙椿が主力となって尾張、越前、近江と近隣にも出兵するなど活躍した。しかし１４８０年妙椿が死去すると、斎藤氏も相続争いが起こって衰退する。土岐氏も美濃に在国するようになるが、相続争いが続いた。

こうした中で斎藤氏庶流の長井氏とその家臣の西村氏が頭角を現す。以前は京都から来た油売りから西村氏の跡を継ぎ、後に長井氏の分家を継いだのは道三と言われていたが、これは道三の父らしい。１９９０年代に発見された近江六角氏の書状を分析すると、「油売りからの国盗り」は親子二代の物語と判明した。土岐氏をクーデターで追い落とした長井新左衛門尉から後を継いだのが息子の長井規秀で、さらに彼が守護代斎藤家の名跡を継いで斎藤利政、その後出家して「道三」を名乗った。こうして斎藤道三は美濃の実権を握り、**稲葉山城**を本拠とした。この親子二代による国盗りを大幅に脚色したのが宮本昌孝の小説『ふたり道三』である。道三はこうして「守護代」として公職の面では美濃の最高権力者となったが、後述するように美濃はいくつかの生活圏に分かれ、それぞれに国衆の勢力があった。本木雅弘が道三を演じる『麒麟がくる』でも道三と国衆勢力の対立に守護土岐氏が絡んで、美濃が内紛を抱えていた様子が描写されている。なお、稲葉山城は岐阜駅の北方にあり、駅からバスで１５分ほどの距離である。標高３２９ｍの金華山の頂上にあったことはよく知られている。土岐氏が国主だった時代には、守護代斉藤氏の家臣である長井氏の持ち城で、道三の当初からの本拠だった。道三が国主となると、土岐氏の川手城は廃城となっている。

さて1542年に斎藤道三は土岐頼芸を尾張へ追放したが、朝倉氏と織田氏が美濃へ侵攻することになる。織田軍の進軍路は現在の名鉄岐阜線からJR東海道本線のルート、朝倉軍は九頭竜川に沿って現在の中部縦貫自動車道のルートに重なると思われる。さらに織田信秀は1544年に西美濃の大柿城(後の大垣城)を攻略し、1546年には稲葉山城攻めたが、道三は織田軍を壊滅させ、しばらく後に大柿城も奪還した。その後道三は織田と和睦し、1548年に娘の帰蝶(**濃姫**)を信秀の嫡子織田信長に嫁がせた。この和睦で織田家の後援を受けていた西部の国衆・揖斐光親らを滅ぼし、土岐頼芸を1552年に再び尾張へ追放、美濃を完全に平定した。しかし1555年に道三の息子・義龍は道三に対して挙兵した(長良川の戦い)。娘婿の信長が援軍を派兵したものの長良川の増水で間に合わず、道三は敗れて戦死、信長に対して美濃を譲り渡すという遺言書を残したという。なお東濃では明智氏が道三方に付いたが、敗れて明智城は焼き討ちされ、この時から明智光秀は他国へ放浪することになったと言われる(越前朝倉氏の下で足利義昭に仕えた)。2020年の大河『麒麟がくる』では、道三娘の帰蝶(川口春奈)が光秀(長谷川博己)の母方の従妹という説を採用し、明智氏は土岐氏の庶流だが早くから道三に従い、光秀も道三の下で活躍することになっている。

光秀の生地と言われる**明智城**(可児市瀬田山)は標高178mの連郭式山城で、城址には本丸跡や曲輪・土塁などの遺構が比較的良好な状態で保存され、城跡の石碑が建てられている。明智城址散策道として整備され、春から秋にかけてはハイキングコースとして楽しめるようになっている。城址北麓にある天竜寺には日本一大きな(184cm)明智光秀の位牌と明智氏歴代の墓所があり、光秀公御法要が営まれる。大河ドラマ『麒麟がくる』の放映で、明智城にも注目が集まっている。明智へのアクセスは、名古屋から名鉄犬山線に乗って北東方面に向かい、可児を経由して1時間10分、城址へは明智駅から徒歩20分。また光秀の妻の生地とされる妻木城は、同じく東濃の土岐市にある標高407mの山城である。明智氏の一族である妻木氏の城だが、妻木氏は代々陶器の生産を奨励し、美濃焼の基盤を築いたとされている。アクセスは多治見駅か土岐市駅からバスで行くと時間がかかるので、車で行った方が東海環状自動車道ICより約10分と便利だ。

さて斎藤氏は道三段階では国内整備は手付かずだったが、義龍によって土地支配が整備され、「戦国大名化」したと言われる。また斎藤氏の支配は下剋上で不安定な側面があり、義龍は正当性をアピールするため母方の姓で足利一族である「一色氏」を名乗った（義龍は追放された土岐頼芸の子という噂もある）。しかし義龍は早世し、子の龍興は若年だったので、1564年**竹中半兵衛（重治）**に稲葉山城を奪取されるなど不安定となる（後に半兵衛は秀吉に仕える）。

こうした中で織田信長は1561年から美濃攻めを行った。斉藤氏の本拠である稲葉山城が堅固で何度か撃退されたので、各務原市など中濃方面から攻略を始めている。国境を形成する木曽川が壁となり、美濃各地の国衆の抵抗も強かったが、木下秀吉の美濃国衆への調略活動や、美濃南西部の揖斐川沿いでの橋頭保の建設（大垣市墨俣町に**墨俣一夜城の伝説**がある）が功を奏し、ついに1567年本拠地稲葉山城が攻略された。その後龍興は伊勢長島一向一揆に参戦するなど各地で織田と戦ったが、朝倉義景が信長に滅ぼされた時に討死した。こうした史実を踏まえると、濃姫の輿入れや信長の美濃への進軍路は名鉄岐阜線のルートにほぼ相当するので、この路線に乗る際には彼等の足跡を想起できる。ついでに言うと、墨俣一夜城は1990年代に伝説を踏まえて揖斐川沿いに建てられた。現在は模擬天守が建てられ、資料館となって信長の美濃攻めの展示が行われている。アクセスは、東海道本線で岐阜駅の次の穂積駅から車で10分か、新幹線の岐阜羽島駅から車で15分。

信長は美濃制圧後に稲葉山城の地を「岐阜」と命名して岐阜城を本拠とし、1578年に近江安土に移るまでここを拠点とした。現在の県名は、禅僧の沢彦の進言を受けて信長によって命名されたのである。岐阜市から京都までJR電車で2時間前後と近からず遠すぎずということで、上洛した後も信長はここに本拠地を置く利点はあった。信長の下で岐阜城下は「楽市楽座」で商業が振興され、繁栄を誇った。なお岐阜城天守閣は稲葉山城を受け継いで山頂に設けられ、ケーブルカーで行くことになる。ただし信長の通常の居館はバス停に近い麓に作られ、現在この近くに「岐阜市歴史博物館」があって豊富な展示で信長時代の岐阜をしのぶことができる。

信長はもともと尾張出身だが、岐阜市で信長が顕彰されているのは史上初めて美濃と尾張を統合し、本拠とした岐阜に繁栄をもたらしたからだろう。それは「尾張方言」と「中美濃方言」の関係の深さにもオーバーラップする。正当性の面では斎藤道三の娘婿という縁が大きな要素で、斎藤旧臣を組み込む利点はあった。信長の下で美濃出身の武将も取り立てられ、森可成（**森蘭丸**の父）や**古田織部**といったところが代表的だ。古田織部については後に美濃焼を振興したことで、中心的産地である東濃の多治見市にオリベストリートがある。

信長支配下の美濃は商業が振興したが、土地支配に関しては旧来の体制が継続し、傘下になった国衆も多い。以下ではエリアごとに紹介するが、かなり方言区画とオーバーラップしていて興味深い。

西美濃（「西濃方言」の領域）の大垣付近を「**美濃三人衆**」（氏家卜全、稲葉一鉄、安藤守就）が拠点としており、彼らが斎藤氏から寝返ったことで信長の美濃制覇は決定的となった。後に彼らは信長直臣となって各地で転戦、氏家と稲葉は江戸期も大名として続いた。なお、岐阜市から大垣はJR東海道本線で15分ほど西にある。

北美濃（「北濃方言」の領域）の郡上には**東氏**《とうし》（関東千葉氏の庶流）が鎌倉期からあり、室町時代には幕府奉公衆となった。東氏は郡上の篠脇城（郡上市大和町）に本拠を置いた。応仁の乱の際には美濃の斎藤妙椿に攻められ落城したが、関東にあった東常縁がこれを伝え聞いて詠んだ歌10首を妙椿に送り、歌と引換えに城を返還されたと『鎌倉大草紙』にはある。しばらく後に連歌師の飯尾宗祇が篠脇城に常縁を訪ねて古今伝授を受けた。こうしたことで郡上は「古今伝授の里」と呼ばれるようになる。しかし東氏は戦国中期の1559年に庶流で娘婿の遠藤盛数により滅ぼされた。遠藤氏は郡上八幡城を築き、美濃制覇後の信長に従った(江戸期に郡上八幡藩主)。なお、篠脇城は栗巣川左岸の標高520mの山頂にあり、西方2kmに長良川がある要衝だった。一帯は「古今伝授の里フィールドミュージアム」として、東氏資料館や東氏館跡庭園があり、近くの「道の駅　古今伝授の里やまと」で観光体験が楽しめる。アクセスは、郡上八幡駅から長良川鉄道越美南線で15分の徳永駅より東へ徒歩30分。郡上八幡城は、標高350mの山城であり、市街地を流れる吉田川のほとりにそびえる。城自体は小規模だが、城下から眺める城の風景や、城から見下ろす城下町の風景が美しく、朝霧に浮かび上がる八幡城が「天空の城」として話題になった。現在の天守は、大垣城を参考に1933年に模擬天守としては全国的にも珍しい木造で造られた(現存する木造再建城としては日本最古)。内部は歴史資料館などとして利用されている。「続日本100名城」の一つ。アクセスは、郡上八幡駅からタクシーで15分。

東美濃(「東濃方言」の領域)の東部では**遠山氏**が鎌倉時代からおり、**岩村城**(恵那市南部)と**苗木城**(中津川市)の2つを拠点とした。「名奉行・遠山の金さん」こと遠山影元は苗木遠山氏の子孫である。東濃は三河に接していることもあり、今川氏が三河を制圧した際に抵抗した鈴木氏ら三河山間の勢力を遠山氏が支援したこともある。信長は斉藤氏を包囲する目的で現在の中央本線のルートである東濃西部から美濃攻略に着手し、自身の叔母「おつや」を岩村遠山氏に嫁がせた。さらに信長は苗木遠山氏の娘を養女に迎え、武田勝頼に嫁がせている。

恵那市の岩村城(霧ヶ城)は、明知鉄道の岩村駅から南東の城山山上(標高717m)に位置し、日本三大山城の一つである。鎌倉初期には平坦部に築かれた城館的なものだったが、戦国末期に遠山氏・武田氏の手で本格的な城山が構築されていったようだ。建物は廃城の際に解体されたが、遺構の保存状態は良く曲輪、高石垣などが良く残る。城のふもとに江戸期の藩主邸跡で表御門や太鼓櫓が1990年に復元され、岩村歴史資料館となっている。アクセスは、電車なら名古屋から中央本線に乗って恵那駅から明知鉄道に乗り換えて岩村駅で下車(所要1時間50分)、駅から岩村歴史資料館まで徒歩20分(本丸まではさらに約20分)、車なら中央高速恵那ICから国道257号線で行って25分である。城下町は2018年のNHK朝ドラ『半分青い』の舞台である。中津川市の苗木城(霞ケ城)は標高430mの山城で、木曽川の右岸に築かれた。鎌倉初期に築かれ、遠山氏の木曽川北部進出の拠点だった。南北朝期に宗良親王(後醍醐天皇の皇子)を迎えたこともある。現在は本丸などの石垣や門の跡、堀が残っている。天守台の石垣には巨大な自然石が複数箇所で利用されているのが特徴。建築物としては大手門が残り、中津川市苗木遠山史料館で展示されている。資料館では苗木城関係の展示が豊富。アクセスは、中津川駅からバスで12分の「苗木」バス停で下車し徒歩20分。

信濃を支配する武田は信長の美濃攻略の当時はこれと同盟したが、1570年ごろから徐々に美濃にも侵入して、以後東濃で織田と武田の戦いが繰り広げられる。東濃方言は信州の方言とも共通する特徴はあるが、中山道でつながりがあったことが大きい。武田と織田の攻防も街道によるつながりが反映している。

1570年に岩村城の当主が亡くなると、おつやが実質的な城主となって岩村城は「**おんな城主の城**」と呼ばれた。1572年武田信玄が三方が原(静岡県浜松市)で徳川家康を攻めたのとほぼ平行して、武田配下の秋山信友が岩村城を攻撃、武田側と和睦条件に従って、秋山信友がおつやと結婚した。以後数年間は武田が東濃東部の大部分を支配下に置いたが、織田方は神篦城《しんのう》（瑞浪市）を拠点に東濃西部で根強く対抗し、東部でも苗木城の遠山氏は織田方のまま抵抗を続けた。こうして当時の中山道、現在は名古屋と長野県を結ぶＪＲ中央本線のルートで、織田対武田の攻防が繰り広げられたのである。これは東海道にある徳川領の遠江・三河への武田の展開とも連動していた。

１５７５年長篠の戦い（愛知県）での勝利を受けて、織田軍は東美濃を奪還した。この時岩村城は陥落し、秋山信友とおつやははりつけに処せられたという。戦後、東濃各地に信長配下の武将が配置され、森蘭丸は出生の地・兼山城（美濃金山城とも、可児市）の城主となったという（在城はしていない）。兼山城のアクセスは、名古屋から名鉄犬山線に乗り、犬山で名鉄広見線に乗り換えて明智駅まで（所要1時間１０分）、そこからバスで元兼山町役場前まで１５分、さらにバス停から徒歩１５分である。同じ可児市に小学校を改造した「戦国山城ミュージアム」があり、森氏と金山城の展示もある。なお１５８２年の武田攻めの時には、同じ東濃地方の神篦城に織田軍の本営が置かれた。

なお信長は安土城完成とともに、家督と美濃・尾張を長男・信忠に譲った。信忠は岐阜城主となり、美濃の国衆もこれに従ったが、本能寺の変で信忠は討死し、この体制は短期に終わった。

斎藤道三から信長に至るまで美濃戦国史は多くの戦国ドラマの舞台となった。しかし美濃の方言を使った作品は、岐阜市出身の岩井三四二による古風な美濃方言を使ったものがわずかにある程度だ。今後、地元のアピールのために様々な方向で方言を活用する可能性があると思うがいかがだろうか。

秀吉による統一政権の時代になると、美濃は複数の大名に分割統治されるようになる。本能寺の変後の混乱期に森長可（森蘭丸の兄）は兼山城を本拠に東美濃一帯を制圧し、光秀の妻の実家である妻木氏や苗木の遠山氏は明智方についていたので敗れて追放された（遠山氏は徳川家康に仕え、後に旧領に復帰する）。森氏の東濃支配は秀吉によってそのまま認められた。北美濃では郡上の遠藤氏が本能寺の変後に秀吉と対立する織田信孝（信長の三男、当時岐阜城主）に従ったため追放。その後に稲葉貞通が入り、近世城郭としての郡上八幡城を築いた。

岐阜城は池田輝政など幾度か城主が入れ替わり、秀吉の死（１５９８年）の当時には織田秀信（信長の孫、幼名は三法師）が１３万石で入っていた。

こうした中で**関ヶ原の合戦**（１６００年）を迎えることになった。この時、大垣城主の伊藤祐盛（石高は３万石）は石田三成に城を明け渡し、大垣城は西軍の本拠となった。岐阜城の織田秀信も西軍についたが、関ヶ原の前哨戦に福島正則ら東軍先発隊に落とされ、岐阜城は東軍の占領するところとなった。そして大垣城から西方１０ｋｍほどの不破郡の地で東西両軍がぶつかり、「**天下分け目の関ヶ原**」が行われた（大垣―関ヶ原は電車で１３分）。ＪＲ関ヶ原駅は名古屋から電車で４５分の普通電車の駅だが、西は滋賀（近江）や京都、大阪、東は岐阜、名古屋に続いており、現代でも交通の要所である。古戦場は関ヶ原駅から徒歩で１０分で、石碑があるのは石田三成の陣所の近くで、背後に笹尾山がある。ここから遠望すると、桃配山の徳川家康の陣所と、小早川秀秋のいた松尾山が見える。徳川家康最後の陣跡近くには関ケ原町歴史民俗資料館がある。この戦いについて近隣の菩提山城（不破郡垂井町）の城主である竹中重門（半兵衛の子）など地元の視点から読み解いたのが、三池純正・中田正光著『竹中重門と百姓の関ケ原合戦』（洋泉社歴史新書）である。

なお西軍の基地となった大垣城は、牛屋川を外堀の代わりに利用した平城である。戦国期の氏家氏や伊藤氏によって改築が加えられたが、江戸初期に入封した戸田氏鉄によって本格的な近世城郭とされた。開発により多くの遺構は失われたが、本丸の石垣と水門川として外堀の一部が残る。現在、本丸と二ノ丸の跡は大垣公園として整備されている。復興天守には関ヶ原の合戦を石田三成・徳川家康両者のモノローグで臨場感あふれるムービー（各３０分）など様々な動画コンテンツを閲覧できる。アクセスは、大垣駅から徒歩7分。

飛騨国（北部）

名古屋から特急ワイドビューひだで2時間２０分の所に飛騨の中心都市・高山がある。飛騨へ行くには、電車なら名古屋から岐阜市を経由してＪＲ高山本線、自動車は濃飛横断自動車道を通る。また中美濃の各務原から郡上を経由し、飛騨北西の白川郷に向けて国道１５６号線と東海北陸自動車道が通っている。

岐阜県北部の飛騨地方の大部分は、標高３０００ｍ級の飛騨山脈をはじめ、両白山地、飛騨高地など山岳地帯で、平地は高山盆地などわずかしかない。気候は大部分が日本海側気候で冬季は雪が多い。飛騨地方北部は日本海へと注ぐ神通川水系の宮川が流れ、交通面でも高山から富山は特急で1時間半と近い。飛騨の人が休日の買い物に富山市へ行くことも多いという。一方で南部は太平洋に注ぐ木曽川水系の飛騨川が流れており、これに沿って美濃からさらに京都への街道が通じていた。高山本線も基本的にこのルートを踏襲している。

一方、東西は飛騨山脈（北アルプス）と両白山地で、かつては高山から長野県松本へ向かうのに野麦街道があったが、交通の難所として知られていた。道路位置を改変して国道１５８号に並走する形で中部縦貫自動車道が整備され、福井県へと通じることになった。

このように飛騨は山岳地帯で交通が周囲と隔絶されているように見られがちだが、交通では特に南北のつながりに注目すると、地域性が見えてくる。

前述のように方言区画を見ると、飛騨弁は美濃北部の方言と一まとまりとなっているが、岐阜市など美濃南部と大きく違うわけではない。飛騨川に沿って美濃方面との交流が行われたためかと推定される。この道は京都とも通じており、影響を受けやすかったのかもしれない。経済的には飛騨は富山と結びつきが深いが、大きく見て（特に言い回しで）飛騨弁は岐阜弁（美濃方言）とは似ているが、富山弁とは似ていない。富山弁は準体助詞が「～が」（行くがやろ等）が特徴的だが、飛騨は「～の（ん）」である（「行くんやろ」等）。推量はかつて「～じゃろー」、今は「～やろー」で美濃南西部と同じ。ただし動詞に直接「～ろー」（古典語の「～らむ」が変化）と付けることもある（「行くろー」等）。勧誘形「～まい」が未然形接続だが（「行かまい」等）、美濃とも共通点はある。また文末に「（なん）やさ＝なんだよ」をつけるのが飛騨弁の特徴とされる（男性は「（なん）やうぇ」とも）。

敬語で「～っせる」（行かっせる等）は名古屋弁・美濃弁と共通だが、他に「～なはる」「～んさる」「～なれる」も使われ、柔らかい命令形は「～（し）ない」（食べない、行きない等）となる。最近ではアニメ映画『君の名は。』で舞台となり、飛騨弁が使われた。

方言から見ると飛騨は美濃とつながりが大きいが、その向こうにある京都への志向が強かったのだろうか。越中（富山）など北陸の方言とは大きく違うが、戦国史の展開では北陸や信越から影響を受けた。以下で見て行こう。

歴史好きの間で知られている飛騨の大名は、「**公家大名・姉小路氏**」である。土佐一条氏、伊勢北畠氏とともに「三国司」と呼ばれるが、前二者と異なり、武家の三**木氏**が乗っ取ったものである。公家の姉小路氏は建武の新政の時に飛騨国司となって現地に入り、北部で一族が展開したが、戦国期に入る頃には衰退していた。

一方、室町幕府による飛騨守護は四職家の京極氏で（北近江が本拠で、出雲守護も兼ねる）、庶流で守護代の三木氏が現在の下呂市に定着して飛騨南部を支配するようになる。高山から下呂駅は高山本線の特急で40分の距離だが、三木氏の居城・桜洞城は下呂駅の一つ手前である飛騨萩原駅から徒歩で約20分の所で、城跡は高山本線の線路が通っている。戦国時代に入ると京極氏の支配が及ばなくなり、三木氏は北部の国人領主・江馬氏（飛騨市の神岡町）や、内ヶ島氏（元幕府奉公衆、北西部の白川郷が本拠）などと争いながら勢力を伸ばし、北美濃で郡上の遠藤氏とも争うようになった。下呂から白川郷は、高山本線で高山を経由し、国道360号線で行くルートがある。また郡上へは国道257号線を通るルートでつながっており、方言区画でも郡上と飛騨が同一区画とされている。戦国史を見てもこの両地域につながりがあったことが分かるのである。

16世紀半ばの三木良頼のときに飛騨国司・姉小路家の内紛に乗じて姉小路古川家（飛騨市古川町が本拠）を乗っ取り、朝廷工作で認められて姉小路姓を正式に称した。このように「戦国大名・姉小路氏」は血筋から言えば「僭称」だったが、一応朝廷により公認はされていた。官位も後に「中納言」まで昇進している。こうして三木氏改め、姉小路氏の領国は高山本線のルートから飛騨の大部分に及んでいった。

しかし姉小路（三木）氏は依然として北部で江馬氏や内ケ島氏と対立しており、これに信濃から武田氏、越中から越後上杉氏が介入して、武田・上杉の代理戦争が飛騨でも展開した。武田領である信州松本から飛騨高山へは、高速バスのアルプスライナーで中部縦貫自動車道を通って2時間半というアクセスだ（電車なら長野から富山まで新幹線を使っても迂回ルートとなり、合計4時間近くかかる）。戦国当時の武田は北アルプスから野麦峠を越えて飛騨に触手を伸ばしたと考えられる。一方、上杉謙信は越中（富山県）を属領としていたので、現在の高山本線を南下するルートで飛騨に圧力をかけた。江馬氏が武田の傘下に入り、内ケ島氏も本願寺と友好的だった関係で武田に付く一方、三木嗣頼は上杉謙信と誼を通じるという具合である。1564年に山県昌景ら武田軍の侵攻を受けて姉小路氏は武田氏の傘下となったが、武田氏が関東や東海での勢力拡大に転じると再び上杉に付いた。

織田信長が上洛すると姉小路もこれに服属した。姉小路良頼の正室は斎藤道三の娘で、信長とは相婿の関係ということから接近したのである。1570年良頼の子・**姉小路自綱**《よりつな》は上洛して正親町天皇に拝謁、翌年足利義昭の二条城落成による能楽の時に「姉小路中納言」として列席した。現在の高山から京都へのアクセスは、高山本線のワイドビューひだで岐阜市まで行き、その後は東海道本線に乗って、合計4時間というところだ（高速バスでも同様）。しかし上杉謙信の要請にも応じて越中国に出兵するなど、姉小路氏は上杉と織田の間で揺れ動いた。1578年に謙信が病没すると織田につき、北陸方面で柴田勝家や佐々成政に協力しつつ親上杉派の国人衆を攻めた。一方、内ケ島氏は早い段階で上洛して信長に領内で産する金を献上、以後は姉小路と同じく北陸方面軍に参加している。なお姉小路氏の本拠地は1579年に高山市の松倉城に移されたが、桜洞城も「冬城」として飛騨南部の拠点であり続けた。JR高山本線のルート上が姉小路（三木）氏領国の要だったことが分かる。松倉城は高山市街の西南、標高856mの松倉山に築かれ、石垣造りの城としては日本で最も標高が高い山城である。石垣で固められた曲輪の遺構が残り、天守台から高山盆地および、越中や木曽に通ずる街道を一望できる。アクセスは、高山駅からバスで10分の「飛騨の里」で下車し徒歩20分。

信長が本能寺の変で死去すると、姉小路自綱は小島氏（公家の姉小路家の庶流）など他の国人衆を討ち滅ぼし、白川郷の内ケ島氏理とは同盟を結んで、1583年には飛騨をほぼ平定した。

しかし１５８５年、佐々成政が羽柴秀吉との覇権争いに敗れると、**金森長近**（美濃土岐氏の傍流、柴田勝家の旧臣）率いる秀吉軍が石川県の白山を越えて飛騨北部から高山本線を南下するルートと、越前（福井県）東部の大野から国道１５８号線を東に向かうルートから飛騨に進攻した。これらのルートは、飛騨の両氏が柴田勝家ら北陸方面軍と協力する際に通ったと思われる。現在は金沢から白川郷まで高速バスが結び、また南回りのルートは中部縦貫自動車道に並行している。さて飛騨では、数万の秀吉軍を前に多勢に無勢で姉小路と内ケ島の両氏は降伏した。姉小路自綱は助命されたが京都に幽閉され、後に消息不明となって飛騨の戦国大名・姉小路氏は歴史から消えた。

この後飛騨一国は金森長近に与えられ、**高山城**を本拠地とした。高山城は、ＪＲ高山駅から東へ向かって徒歩１５分、標高６８６ｍの山上に作られた平山城である。現在の城山公園がその跡地だが、信長の安土城に倣った御殿風の城だったという。現在、高山市の上一之町にある「飛騨高山まちの博物館」（無料）で高山城の模型があり、戦国から近代に至るまでの資料と遺品が展示されている（高山駅から徒歩７分）。高山城は江戸中期に飛騨が幕府領となった際に廃城となり、その後に高山陣屋が造られた。

一方、内ケ島氏は領内の金山経営の技術を秀吉が見込んだこともあって、金森氏の与力として存続することになった。だが１５８６年に大坂で秀吉と謁見して帰国した直後に白川郷一帯を天正地震が襲い（京都周辺でも大きな被害があった）、土石流で内ケ島氏の本拠・**帰雲城**《かえりくも》と城下町はすべて埋没、内ヶ島氏は一夜にして滅亡した。内ケ島氏は領内の金山で多くの金を採掘しており、それを根拠に帰雲城の跡地には「埋蔵金」があるのではないかと言われて、探索が続けられている（加来耕三『消えた戦国大名　内ケ島氏理と帰雲城』を参照）。帰雲城は標高２０００ｍ近い山岳で囲まれており、天正地震で埋没したことで正確な場所の特定はできないようだ。現在城跡の石碑がある場所は、昭和３０年代に近隣の御母衣ダム建設で移転した集落の場所で整備されたものである。白川郷については高速の東海北陸自動車道のルート上にあり、主要都市から高速バスで行くことになる。名古屋から3時間弱、金沢から1時間15分、高山駅からも50分の所要時間である。

愛知県

尾張国（西部）

今や東京から名古屋は新幹線のぞみで1時間半となった。リニア中央新幹線が開通すれば、1時間足らずで両都市が結ばれる見込みで、行き来が頻繁になるだろう。なみに名古屋から京都へは新幹線のぞみで30分超、大阪へは同じく40分超となっている。

名古屋を擁する愛知県は新幹線、高速道路（東名高速道路）とも最初に開通したところだが、東京と関西を結ぶ交通の大動脈だったからに他ならない。古くから東海道は愛知県域を東西に貫く形で通っており、新幹線と高速道は共にそのルートをほぼ踏襲している。ただし江戸期の東海道は愛知県より西は三重県に向かっており、名古屋市南部の熱田から三重県の桑名まで海上七里を船に乗るルートを取った。現在の国道1号線は東海道をほぼ踏襲しながら海沿いを陸路で通っている。

愛知県は交通の面から東西両方の影響を受けやすいが、独自性も多い。方言ではそれが顕著に表れる。『探偵！ナイトスクープ』のアホバカ分布調査で、名古屋の人が「タワケ」を言うのが衝撃を与えた（名古屋でサラ

東京式アクセント
赤（あけゃ）あ、うめぁあ
そうだて／だがや／だがね
行ったんだわ
言っとっただろー
言わん、言えせん
できんかった、行かんかった
やらないかんがー
雨が降っとるで（理由）
〜しやーす（敬語）
食べやー、行きゃー（命令）
行こまい、食べよまい（勧誘）
そうだなも（そうだねえ）
どえりゃあうめゃあ（すごくおいしい）
でら／どらいいがー
（すごくいいじゃない）
えらいわ（疲れた）
タワケ、トロイ
そうだに、行くんだに
そうなんだわ
どうするだん？
大丈夫かん？
ほだらあ（そうでしょう）
行くだら、行くら（推量）
言っとったらー
やらないかんじゃん
食べりん、行きん（命令）
行かあ、飲まあ（意志）
飲もまい（勧誘）
そうだのん（そうだねえ）
雨が降っとるで（理由）
どうまいに（すごく美味しいよ）
どいいじゃん（すごくいいじゃない）
えらいわ（疲れた）
トロイ、バカ
長野県
瀬戸
清洲
尾張方言
豊田
名古屋
西三河方言
三重県
岡崎
東三河方言
刈谷
知多
安城
新城
常滑
豊川
半田
蒲郡
西尾
（知多方言）
豊橋
静岡県
（遠江）
田原
そうだら
〜しておくれん
やりん／しやあ（命令）
おいでん（来なさい）
行かっせ
でらいいて（とてもいいよ）
そうなんだて、行くんだて
そうなんだわ
そうだらあ（そうでしょう）
行くんだら（推量）
言っとっただらー
やらないかんじゃん
食べりん、行きん（命令）
飲もまい（勧誘）
そうだなん（そうだねえ）
雨が降っとるで（理由）
でらえらいわ（とても疲れた）
タワケ、トロイ

リーマンが「タワケなジャイアンツ、どうしようもねえわ」と言っていた)。ここから全国調査へと広がったが、後の調査で名古屋などでは「タワケ(ターケ)」が中心だが、「バカ」「アホ」「トロイ(トレー)」など強意によって使い分けをする、「タワケ」は他人向けのみで自分には使わないなどかなり奥が深い実態が分かった。名古屋は独自性が強いが、東西の交通の便の良さから多くの言葉を受け入れてきた様子が見える。

名古屋弁は「みゃあみゃあ音」などの発音(赤い→あけゃあ等)や文末の「だがや、だがね、だわ、だて」などが特徴だが、理由の接続詞は「~だで、だもんで」と東海・中部地方で共通する。名古屋弁は個性が強いが、東京式アクセントであり、実際はあまり共通語を話すのに抵抗はない。発音は中年以降では共通語化しているし、文末詞を置き換えれば比較的簡単に共通語、東京語を話せるということがある。若年層はかなり共通語とボーダレス化した言葉を話しているが、動詞の進行形「~しとる」、否定形「~ん」、文末の「~だわ」、柔らかい命令形「~(し)やー」(敬語形「~(し)やーす=しなさる」が元)など名残りは感じられる。

さて司馬遼太郎の「街道をゆく」最終巻(未完の遺作)は『濃尾参州記』で名古屋を舞台としており、織田信長と豊臣秀吉が今で言う名古屋人であることから書き起こしている。信長は今の名古屋城二の丸付近にあった「那古野城」で少青年期を過ごし(かつては生誕地と言われたが誤り)、後に清洲城に入ったが、岐阜に移る1567年まで尾張にいた。那古野城の跡は石碑になっているが、現在の名古屋城の敷地内で発掘調査があまり進まず、実態もよく分からないが、周囲に堀をめぐらした中世の居館だったことは間違いない。名古屋城へのアクセスは、名古屋駅から東へ地下鉄に乗って、東山線と名城線を乗り継ぎ12分という所である。そして秀吉は1536年(1537年とも)尾張中村(現・名古屋市中村区)で生まれた。中村は名古屋駅から南へ地下鉄東山線を乗って7分、駅から徒歩10分で中村公園があり、秀吉を祀った豊国神社と秀吉清正記念館がある。信長と秀吉は、名古屋城を築いた徳川家康と共に名古屋の「三英傑」と呼ばれ、毎年10月に名古屋駅周辺で行われる「三英傑祭り」で地元の有志が三英傑に扮して行列を盛り上げる。

では信長・秀吉は名古屋弁をしゃべっていたのだろうか？秀吉については、大河ドラマ『利家とまつ』で香川照之が演じて、典型的な名古屋弁を話していた（『秀吉』では、母親役の市原悦子のみが話していた）。信長はドラマや小説でも標準語ばかりであるが（名古屋出身の作家・清水義範の『金鯱の夢』は希少な例））、最近の漫画（『センゴク！』など）ではワンフレーズ的に使っていることもある。

ところで津本陽著『下天は夢か』では、信長が全編で非常に古風な名古屋弁を話している。長篠の合戦を前にした時の信長のセリフは「柵木に待ち受けるのみにて良からあず。狙いて撃ち取るでや」となっている。名古屋弁は実は江戸期から史料があり、現代までの変化をたどることができる。江戸期の尾張弁の特徴は推量・意思形の「～ず」（良からあず＝いいだろう、行かず＝行こう）、断定助詞「～でや（そうでや＝そうだ、「～である」の省略形が由来）」である（芥子川律治『名古屋方言の研究』参照）。津本陽はこれらを参考にしたらしく、他の小説でも信長のセリフはすべて前記のようなものになっている。

信長にも名古屋弁をしゃべらせれば地域性が出て良いが、武士らしい風格を保つなど色々考慮する必要はあると思う。

以下では信長を生んだ尾張の室町・戦国史を語る。尾張は信長の天下取りの土台の地であるが、本項では菊池浩之『織田家臣団の系譜』（角川新書）のように、尾張在地の視点を重視する。

なお尾張南部の知多半島の方言は、推量「～だら」など三河弁に近い。このことは戦国史の地政学にも関係している。

室町期の尾張守護は、三管領であり越前と遠江の守護も兼ねる**斯波氏**が世襲した（知多と海東の分郡守護に一色氏が任じられたが、後に没収された）。織田氏はもともと越前出身だが、織田常松が尾張に送りこまれて尾張守護代を世襲した。守護代である織田氏本家は「伊勢守家」と呼ばれ、斯波氏とともに在京していたので、尾張には又守護代として一族（大和守家）に統治を任せた。

既に述べたが、室町中期に斯波氏は短命の当主が続き、相続争いが将軍家・畠山氏の家督相続と連動して応仁の乱を引き起こした。応仁の乱での東西両軍の争いは尾張にも飛び火したが、尾張では守護代の織田敏広（伊勢守家）など西軍の優勢な地域で、管領だった斯波義廉（西軍）も尾張へ落ち延びた。応仁の乱は形の上で東軍が勝利したので、東軍の織田敏定（大和守家）が尾張守護代となったが、在地での争いは続き、1479年に幕府の調停で北部の上四郡（本拠地・岩倉城）を伊勢守家、南部の下四郡（本拠地・**清洲城**）を大和守家がそれぞれ半国守護代となることで和睦したという。岩倉は名古屋から名鉄犬山線に乗って15分の所で、城跡は駅から徒歩10分である。岩倉城は標高10mの低い台地上に築かれた平城で、東西104m、南北170mの規模だった。現在の本丸跡には「岩倉城址」と「織田伊勢守城址」の碑がある。清洲は名古屋からJR東海道本線で7分、岐阜行の名鉄電車なら新清洲まで10分（清洲城から名古屋城が見えるほど近い）、城跡は駅から徒歩15分の所にある。ちなみに尾張は三河の半分の面積でありながら、同数の8郡あり、しかも知多半島全体が一郡なので、尾張平野の狭い範囲で七郡もあった。古くから農業生産力が高さから人口が多かったことを示している。

守護斯波氏は大和守家と共に清洲城に入城して在国することになったが、今川氏が進出した遠江奪還のために遠征を繰り返した挙句、1515年に大敗北を喫して捕虜となり尾張へ送還された。このことで斯波氏の権威は失墜した。

　このような中で、清洲織田氏の三家老の一つ弾正忠家の**織田信秀**が台頭し、尾張最大勢力となる。信秀は勝幡城（愛西市）を拠点とし、後に古渡城（名古屋市中区）に移ったが、西部の湊町・**津島**を支配し、さらに神宮のある**熱田**の加藤氏も従属させた。津島も熱田も伊勢湾岸の港町であり、流通を押さえて商業の利益を重視するという姿勢が息子信長にも通じる。この時点では織田弾正忠家は尾張でも西部に勢力を持った。ちなみに勝幡は名古屋から西へ向かって名鉄岐阜行と津島線を乗り継ぎ20分弱、津島も名古屋からは同ルートで20分超の場所である。津島は木曽三川に面した港町で、室町期から600年続く尾張津島天王祭で知られ、信長もこの祭りを愛好したという。古渡城は1546年に信長が元服した城であるが、現在は東別院（真宗大谷派の別院）となっており、敷地内に石碑が建っている。アクセスは名古屋駅から地下鉄東山線と名城線を乗り継いで13分の東別院駅から徒歩。

　1537年に信秀は今川氏豊から那古野城（現在の名古屋城二の丸付近）を奪うなど尾張中央部に勢力を拡大、後に幼少期の信長を城主とした。なお今川氏豊は義元の弟だが、幕府奉公衆である那古野今川家の養子となっていた。駿河今川の勢力が尾張に及んでいたわけではない。名古屋を地理的に見ると、『ブラタモリ』でも取り上げられたように台地をなしており（名古屋駅から東へ向かって名古屋城方面へ歩くと少し坂を上がる感じになる）、当時の織田弾正忠領の東の防衛拠点と位置付けられていた。ある程度は城下町があったようだが、江戸初期の名古屋開府でかなり大幅な変化を被っており、信長当時の遺構はあまり残っていない（信秀の葬儀が行われた万松寺は現在大須の商店街にあるが、当時と場所が変わっている）。

　この後信秀は国外にも進出し、名鉄線を北西方面に行くルートで美濃の斎藤道三、東海道本線を東に向かうルートで三河の松平清康、駿河の今川義元と抗争を続けた。こうした中でも信秀は朝廷に献金して接近を図り、山科言継《ときつぐ》や飛鳥井雅道など公家や連歌師の宗長が訪れている。織田家の来歴を見ると、かなり京都との関係が密接で、外交アンテナを張り巡らしていたことが分かる。当時の京都との連絡は伊勢の桑名から船で津島に向かうルートが多く取られたようだ。

信秀は1551年に末盛城（名古屋市千種区）で死去し、嫡男の**織田信長**が跡を継いだ。そこで信秀に抑えられていた岩倉と清洲の両守護代家が信長を攻め、さらに末盛城にあった弟・信勝（信行）の反乱も起こったが、迅速な行動で全てに勝利した（信勝の宿老だったのが**柴田勝家**）。なお、末盛城は名古屋駅から東方で、三河の対今川戦線をにらんだ立地である。アクセスは名古屋駅から地下鉄東山線で10分超の覚王山駅から徒歩5分の所にあり、現在は城山八幡宮となっている（日泰寺の近く、付近の城山町は作家・城山三郎の出身地）。その後、名目上の尾張守護であった斯波義統が清洲城で守護代・織田信友により殺害されると、その息子・斯波義銀を奉じて清洲織田氏（大和守家）を滅ぼし、さらに1559年に名鉄犬山線を北東に向かうルートで岩倉織田氏（伊勢守家）を攻め滅ぼしてほぼ尾張を統一した。なおこの時に岩倉家の家老だった**山内一豊**の父が自害し、自身は下野している。大河ドラマ『功名が辻』でも、山内一豊が当初は信長を父の仇として狙う場面が描かれていた。

このしばらく前の1553年に信長は舅の斎藤道三と尾張北部の正徳寺（一宮市）で会見した。この寺は尾張と美濃の国境近くにあった本願寺派の寺院で、石山本願寺から直接代理の住職を派遣されていたことで一帯は美濃・尾張の「中立地帯」と扱われていたという。この時、信長は器量の大きさを見せつけ、道三は「息子たちがあの〝たわけ〟（信長）の軍門に下るだろう」と予見したという（『信長公記』より）。正徳寺は現在では「聖徳寺」と改称して名古屋市の天白区八事と守山区の二つに分かれて移転しており、当時の場所には「聖徳寺跡」というバス停に石碑と案内板が建つのみである。アクセスは名古屋から名鉄電車で15分の名鉄一宮駅からバスで20分。

一方、今川義元が西三河をほぼ制圧する中で、信長は三河沿岸部の西条吉良氏を支援したが、吉良氏は今川に降伏する。今川はさらに西三河から知多半島に勢力を持つ水野氏を攻め立て、知多でも今川に付く者が出たが、信長は村木砦(知多郡東浦町)にあった今川軍を速攻で下した(1554年)。そして今川と講和して国境画定を行う際に、今川は吉良氏を、信長は尾張守護の斯波義銀を交渉の場で擁立している。しかし後に斯波氏も信長に反旗を翻す陰謀に加担したので追放した。こうして信長は那古野(名古屋)から移って清州城主となり、1559年に上洛して将軍にも「尾張国主」を公認された。こうして清洲といえば織田信長というほど両者が深く結びついた。現在の清洲城址でも、甲冑姿に縦烏帽子をかぶった若き日の信長の像がある。ちなみに現在の清洲城と言えば新幹線の車窓から見える天守が思い浮かぶが、これは平成元年(1989年)に造られた模擬天守で、場所も当時と異なる。江戸初期に名古屋城の建設で清洲は廃城となり、城跡は東海道本線と新幹線の線路で分断されている。その後も五条川の洪水などで街の地形が変化してしまい、信長当時の面影はほとんどない。

尾張・三河の国境付近では一進一退の攻防が続いたが、1560年になると今川氏は知多半島の諸豪族を従属させ、東海道を西に進んで尾張北東部で現在の日進市や瀬戸市に進出するなど進出を本格化させた。ちなみに静岡から日進へは東海道線と名鉄線で知立まで進み、そこから名鉄豊田線を北へ進んで向かうルートである。

信長は今川に内通した鳴海城主(名古屋市緑区)の山口教継は謀殺させたが、今川義元は清洲へも進攻の構えを見せたので、**桶狭間の戦い**が起こった。桶狭間の場所が名古屋市緑区か豊明市かで議論はあるが、三河との国境に近い尾張東部だったのは間違いない。緑区にある桶狭間は地理的に知多半島の起点に位置する丘陵地で、当時は水野氏家臣の中山氏の領地だった。名古屋駅から南東に向かい、名鉄名古屋本線で20分ほどの有松駅か隣の中京競馬場駅が最寄りで、駅から徒歩20分超。古戦場の公園内には信長と共に今川義元の像があり、義元はじめ今川方の武将の墓もある。今川義元を敗死させた後、信長は戦勝祈願が報われた礼に**熱田神宮**に土塀（**信長塀**）を寄進した。熱田は名古屋駅から南に向かい、ＪＲ東海道線で8分の熱田駅から徒歩5分ほどで神宮に着く（名鉄の神宮前駅も近い）。信長塀だけではなく、神宮内の博物館で信長らのゆかりの品々が展示されている。信長はその後、西三河を制した徳川家康と同盟（**清洲同盟**）を結んだ。

ついで信長は美濃攻めに着手したが、1563年に居城を清洲から尾張北東部の**小牧山城**に移転した。アクセスは名古屋から北東方面に地下鉄を乗り継いで40分超、城跡は小牧駅から徒歩25分で、模擬天守の歴史館では信長当時の遺品を展示している。小牧山城は美濃攻めの進出拠点として作られた平山城だが、かなり城下町が整備されていたことが近年の発掘調査から分かっている。またこの頃、**犬山城**にあった織田信清（信長の叔父）は独自勢力として行動していたが、信長に敗れて甲斐に逃れた。犬山も名古屋の北東方向にあり、名鉄犬山線で30分超の場所にある。犬山城天守は「白帝城」の異名を取り（『三国志』の英雄・劉備の臨終の城が元ネタ）、現存最古の天守閣だが、ここから尾張と美濃の国境である木曽川が見渡せ、当地が美濃に対する前線だったことが分かる。そして美濃制圧から天下統一に進んだ話は、すでに他のところで触れたので省略する。

尾張国は織田信長と**豊臣秀吉**という二人の天下人を輩出し、彼らの配下の武将も多くが尾張出身で、柴田勝家、**丹羽長秀**、**前田利家**、**池田輝政**、山内一豊、**加藤清正**、**福島正則**、**蜂須賀正勝**（**小六**）など多士済々である。こうしたことで尾張名古屋とその周辺には現在まで多くの史跡が残された。彼らの地元は主として名古屋の西側に多く分布している。二つほど挙げると、まず前田利家の出身地は名古屋駅から南西方面の中川区荒子町で、利家は地元の小領主の四男だった。近くに荒子観音があり、前田家ともゆかりが深い。また福島正則生誕地は現在のあま市（名古屋の西隣）にあり、名鉄津島線の七宝駅が近い。名古屋周辺の史跡探索で彼等の足跡をたどるのも一興だろう。

知多半島は、名古屋から西岸へ名鉄常滑線、東岸方面が名鉄河和線とJR武豊線（半田方面）という具合に、南北を貫く形で鉄道網ができている。しかし名古屋から常滑（セントレア行き）が40分超、知多半田へは30分、南端の内海（南知多ビーチランドが近い）へは1時間超と時間がかかる。一方で刈谷や碧南など三河西端とは車で30分前後と近いためか、ことばは三河弁に近い。戦国期も今川氏は三河を制圧後、桶狭間の合戦の前に知多半島へも勢力を広げた（桶狭間のある名古屋市緑区の鳴海から知多半田まで名鉄で30分超）。

また中南部は船の交通が盛んで、現在でも三重県や三河の渥美半島（伊良湖岬発）とフェリーが運航している。かつては関東方面へも船の便があり、平治の乱で平清盛に敗れた源義朝（頼朝、義経の父）が関東へ逃げる際に知多南西部の野間に立ち寄り、だまし討ちで落命した史実がある。

戦国期には水軍を抱える国人が多くいて、桶狭間の時に今川に従属したが、基本的に織田家に従った。この中では水野氏（三河の刈谷に本家があった）が知多半島の過半を押さえていた。三河の勢力である水野氏が知多半島に進出したのは、方言の共通性とも通じる面がある。信長が知多の今川軍を破った村木砦の戦いは、緒川城で孤立した水野氏を救援したものだった。緒川城は知多における水野氏の拠点で、村木砦とともに知多北東部の東浦町にある。城址は現在では児童公園となっており、案内板で当時の様子が記されている。アクセスは、名古屋からJR武豊線で30分の緒川駅より徒歩15分。

水野氏に従属した国衆には常滑の佐治氏がいて、後に信長の姪・お江（お市の方の三女、淀殿の妹）の最初の婚姻相手となった。佐治氏の大野城は常滑市金山の小高い丘陵（青海山）にあった。現在は城の南側のほとんどは住宅地になっているが、主郭部は常滑市指定文化財となって、城山公園として整備されている。堀が一部残り、櫓台跡に城主であった佐治氏を祀った佐治神社がある。なお、主郭部には模擬天守が建てられ、伊勢湾を遠望することができる。アクセスは、名古屋から中部国際空港行の特急と名鉄常滑線を乗り継ぎ40分の西ノ口駅から徒歩15分。

また中央部の阿久比には久松氏がいて、家康の母・於大が再嫁し、彼女が生んだ家康の異父弟が松平一門となった。

三河国（中東部）

ここで取り上げる三河地方では新幹線の駅は、三河安城と豊橋がある。東京から豊橋は新幹線ひかりで1時間20分、三河安城へは1時間50分である（豊橋でこだまに乗り換える）。三河地方で有名なのは、豊田市と岡崎である。

名古屋から東に向かって豊田市に行くには、名古屋市営地下鉄が名鉄豊田線に乗り入れて1時間程度で到着できる。また岡崎市は名古屋から名鉄名古屋本線の特急で30分とさほどかからない（急行電車でも40分）。豊田と岡崎はともに三河国だが、尾張国である名古屋とさほど距離はないにもかかわらず言葉はかなり違う。

三河地方の方言、三河弁は「じゃん、だら、りん」がシンボルである。今や共通語化した同意確認「〜じゃん」は元から三河弁で、ほかに推量の「〜だら」、命令形の「〜りん」(食べりん、行きん等)が代表的な特徴だ。三河は尾張と隣国なのに言葉が大きく違う。みゃあみゃあ音は全くなく、はねる音が三河弁の特徴である(動詞の進行形「〜(し)とる」や否定形「〜ん」、勧誘の「〜まい」等共通点がないわけではない)。国境をなすのが「境川」だが、さほど川幅がなく、自然の障壁というものではない。おそらく経済交流が別方向を向いていたので、あまりことばが混じらなかったかと思われる(尾張は美濃方面と、三河は信濃方面)。また名古屋市東部から若干丘陵地帯が続いて三河高原に連なっていることも関係したかもしれない。名古屋から名鉄豊田線で豊田市方面に向かうとそのような地形的特徴が実感できるし、名古屋市東部(名古屋大学や八事の方面)の開発がこの40年ほどの間に進んできたことからも東の三河方面への交通があまり盛んではなかった傍証と考えられる。

さて徳川家康も「そうじゃん」などと言っていたのだろうか?専門家の研究によれば、「〜じゃん」も「〜だら」も出現したのは大正頃のことだというから、それはない(「〜だら」の以前の形は「〜づら」)。

ロドリゲスの『日本大文典』では「三河から日本の涯にいたるまでの東の地方では、一般に物言ひが荒く、鋭くて、多くの音節を呑み込んで発音しない」とある。尾張に比べるとやや東日本的ということだが、さらに尾張から関東に至るまで推量や意思の意味で「上げんず」「参らんず」などを使っていたという。これに則ると、現代の三河弁が江戸初期のそれでは「いいだら→よからんず、降るだら→降らんず」となり、現代とは異なっていたのが分かる。また大久保彦左衛門の『三河物語』で使われている「それがし」「われわれ」など武士の自称が元は三河弁だと指摘されている。さらに江戸期の尾張藩の武家言葉が「ええ顔しとらっせるノン」「やられやーたわノン」「それを取らっせ」「思い出すぎゃん。」など三河弁的な特色が濃いという(昭和に入ってから名古屋の旧士族の子孫の会話を収録、『名古屋方言の研究』参照)。

古い三河弁を忠実に再現しようというのも難しいが、家康に「それはならぬと申しておるだらあ」など三河弁的に話させるのも一興と思うがいかがだろう。家康個人の言語実態については、かつて京都風を志向した今川家で過ごしたことから「京都語をはなしたのでは」とも想像されるが、裏づけが得られないのでこれ以上立ち入らない。津本陽の家康を主人公とした小説『乾坤の夢』では、家康のセリフが「楽しむがよからあず」「真吉の忠死のおかげだがや」「いたすがよかろうだで」となっているが、著者の他の小説における信長や秀吉の尾張弁との明確な書き分けはされていないようである。

なお、東三河は「三河弁」といっても、西三河とは異なる(「じゃん・だら・りん」は共通)。東三河は豊橋を中心とし、蒲郡や新城が入る。名古屋から豊橋は名鉄で直結し、特急で1時間である。西三河の東岡崎駅(岡崎市)とは25分の距離だが、それでも違いはあるのである。私は大学に入ってから東三河出身の先輩がいたので、西三河との違いがかなりあると知って驚いたことがある。両者の違いは西が矢作川水系、東が豊川水系と南北に流れる川の流れがもとで、蒲郡の西が両地域の境界線である。蒲郡より北には三河高原が控えており、東海道新幹線もこの付近でトンネルを通過する。アホバカ方言でも、西三河は「タワケ」を使うが、東三河は使わず、「バカ」が多くなる(「トロイ」は三河全体的に分布)。

さらに私はたまたま父の書斎の本から、東三河が遠州(遠江国、静岡県西部)や南信州(長野県南部)とつながることから「三遠南信」という地域連携を行っていることを知った。そうした地域間交流を反映するように、東三河弁は推量形で動詞や形容詞に直接「〜ら」が付く(見えるら=見えるよね、かわいいら=かわいいよね)というのが遠州や南信州と共通している。豊橋から遠州の浜松まで東海道本線で30分、南信州の飯田へは飯田線の特急ワイドビュー伊那路で2時間半である。

戦国史の展開でも東三河の特性が浮かび上がる。名古屋の「三英傑祭り」で信長・秀吉・家康といった愛知県が生み出した三人の天下人を記念しているが、豊橋にも「三英傑祭り」がある。いずれも吉田城（豊橋市）にゆかりのある**牧野古白**（吉田城の建設者）、**酒井忠次**（家康の家臣、吉田城の城代）、**池田輝政**（秀吉の命で吉田城主となる）の三人である。吉田城は豊橋駅から10分ほど市電に乗り、市役所前か豊橋公園前で下車して徒歩3分の場所、城跡のシンボルである隅櫓から豊川が見えて風景が良い。なお、豊橋名物で「手筒花火」が有名だが、これは徳川家康が駿府城でイギリスの使節から花火を献上され、三河の砲術隊に命じて観賞用の花火を作らせるようになったのが起源だという。現在豊橋で伝わっている手筒花火は最も原型を保ったもののようだ。

三河の戦国史を解説する際にはどうしても徳川氏などが中心になるが、三河内の地域差や、東三河の静岡や長野につながるという地勢条件を念頭に説明していく。

室町将軍である足利家は三河にも多くの所領を持ち、**吉良氏**など一族が基盤を置いていた（今川や細川も三河が発祥）。室町期の三河守護は当初は一色氏、後に細川氏に交代したが（守護所は岡崎市北部と推定）、もともと足利家の地盤であっただけに、在地の豪族は直接幕府高官と結びつく者も多く、守護権力が弱いままだった。

徳川家の先祖である松平氏は、室町初期に西三河の**松平郷**（豊田市東部）に姿を現した。名鉄三河線の豊田市駅からとよたおいでんバスで40分とかなり時間がかかり、地元の人がキャンプをするような山間の地である。ここに松平家の菩提寺・高月院や家康を祀った東照宮があり、徳川が江戸幕府を開いた後も分家の松平太郎左衛門家が管理していた。松平郷に銅像のある初代松平親氏は新田氏の一族の出で上野国（群馬県）から流れてきた時宗の僧で、松平郷の領主松平太郎左衛門信重の娘婿として後を継いだという（松平郷にある銅像は放浪の野武士の格好で、かなり怪しい風体である)。以後松平氏の本拠は、松平郷→岩津(岡崎市北部)→安城、と山間から平野部へ南下する形で移る。

やがて松平氏は幕府の政所執事・伊勢氏の被官となり、三河の将軍家直轄領の経営を委任された。それを契機に婚姻や養子縁組を駆使しながら、後に「十四松平」と呼ばれるほど多くの分家を配して西三河内陸の大部分を手中に収めた。松平分家の分布をみると、東は蒲郡付近まで及んでいる。応仁の乱では松平氏は主君である伊勢氏とのつながりで三河守護細川成之とともに、三河復帰を狙う一色氏を破った。

戦国時代になると三河の分立傾向は一層激化した。足利将軍家に近い一門である吉良氏は室町期には京都で活動していたが、戦国期に入ると西三河沿岸部に拠点を置き、遠江までうかがうほどに勢力を誇った。しかし一族が二派(東条と西条)に別れて争ううちに衰微する。なお、東条吉良氏の本拠地・東条城は、西尾市吉良町にあった平山城である。1582年に廃城となった後は廃墟となっていたが、曲輪や一部の土塁が残っている。現在は「古城公園」として整備され、1992年に模擬櫓門と模擬櫓が復元されて戦国期の城館の雰囲気を伝えている。アクセスは、名古屋から名鉄線で1時間の上横須賀駅からタクシーで10分。また西条吉良氏の本拠と思われるのが西尾城(西尾市)だが、豊臣期から江戸期にかけて近世城郭として拡張、改修されたので、戦国期までの様相はよくわかっていない。現在は「西尾市歴史公園」となり、江戸期の様式で櫓や城門が復元されており、「三河の小京都」とされる旧城下町とともに雰囲気が楽しめる。アクセスは、名古屋から名鉄特急豊橋行と西尾線で1時間の西尾駅から徒歩15分。ちなみに子孫である吉良上野介の墓は西尾市(旧吉良吉田町)の華蔵寺にあり、上野介の銅像もある。上横須賀駅から徒歩20分。

他に西三河の山間では中条氏と鈴木(鱸)氏(ともに豊田市が本拠)、西端の刈谷を本拠に知多半島にも一族を展開する**水野氏**もいたが、松平氏が最有力だった。ちなみに、現在の名古屋から西三河各地への交通アクセスを見ると、岡崎は名鉄名古屋本線のルートだが、吉良へは名古屋本線の新安城から分岐した名鉄西尾線、豊田へは名鉄豊田線、刈谷はＪＲ東海道本線か名古屋本線の知立から名鉄三河線に乗り換える、となる。このように西三河各地で交通網が枝分かれしていることからも、戦国当時の分立状況がうかがえる。また刈谷から知多半島各地へは鉄道での直接の便はないが、車なら半田まで県道５０号と国道２４７号線を通って３０分以内で行けるように、陸上交通から刈谷の水野氏が知多に展開できたことが納得できる。

水野氏の本拠・刈谷城は、三河と知多半島の間に位置する入江の北端東岸に面して築かれた。明治に廃城後は解体され、小学校などになっているが、城跡のうち本丸および帯曲輪の一部が亀城公園となっている。遺構はほとんど見られないが、本丸を囲む土塁が残存し、帯曲輪東側の堀は拡幅されて池となっており、かつての城郭の名残りをとどめている。隅櫓や石垣、城門を復元する再整備計画があり、２０１８年に刈谷市歴史博物館、２０２０年以降に隅櫓や石垣の完成が予定されている。アクセスは、名古屋から名鉄線で４０分の刈谷市駅から徒歩１５分。また、鈴木氏の足助城は、豊田市足助町の真弓山（標高３０１ｍ）にあったが、１５９０年に鈴木氏が関東に移ったことで廃城となっていた。１９８９年の「愛知のふるさとづくり事業」の一環で発掘調査を行い、本丸の高櫓と長屋、物見矢倉などを復元、１９９３年に「城跡公園足助城」として開城した。戦国期の山城の雰囲気をよく伝えている。アクセスは、名古屋から地下鉄か名鉄線で５０分の浄水駅からとよたおいでんバスで1時間の「一の谷口」で下車し徒歩４０分。景勝地で有名な香嵐渓は少し離れた場所にあるので、車で行く方が便利だ。中条氏の金谷城（豊田市）は平山城で、堀切が残っているが、これをまたぐ形で名鉄三河線が走っている。現在は神社や公園となっている。アクセスは、豊田市駅から名鉄三河線で2分の上挙母駅から徒歩１０分。

一方で東三河一帯は一時守護だった一色氏の勢力圏だったが応仁の乱の後まもなく下克上で倒され、渥美半島の**戸田氏**（本拠地・田原市）、中心部の**牧野氏**（豊川市）、奥三河山間の**奥平氏・菅沼氏**など山家三方衆（新城市など）が割拠した。豊橋からの東三河各地へのアクセスを記すと、豊川（豊川稲荷で有名）は飯田線で10分超、田原へは豊橋鉄道渥美線で三河田原駅まで35分、新城は飯田線を北上して35分となっている。現在の豊橋市は戸田・牧野両氏の係争地だった。さらに松平一門の長沢松平氏が豊川市に本拠を置き、東三河方面にも独自に勢力を広げた。

戸田氏の本拠・田原城は当初は海に面した小さな丘に築かれており、海や水堀に囲まれていたという。戸田氏は渥美半島のみならず三河湾の海上支配をもくろみ、半島の中ほどにあり海に面した田原城を本拠とした。江戸期の干拓で内陸の城となっており、石垣を初めとした遺構は多く残るが、櫓などの建物は昭和以降の再建である。二の丸櫓の郭内は田原市博物館となっている（江戸後期の蘭学者で地元出身の渡辺崋山の資料を多く展示）。アクセスは、豊橋鉄道渥美線の田原駅から徒歩15分。牧野氏の本拠地・牛久保城は、豊川の古い河岸段丘を利用して築かれた平城である。江戸初期に廃城となり、現在は城の跡地が飯田線の牛久保駅や住宅地となってしまったために、その遺構が全く滅失している。城址を示す石碑が城のあった位置に立っており、往時をしのばせる。アクセスは、豊橋から飯田線・新城行で10分の牛久保駅で下車してすぐ。隣の豊川駅で下車すると、豊川稲荷がある。なお、菅沼氏の野田城と奥平氏の長篠城については後述。

こうした中で遠江を支配下に収めたばかりの今川氏が東海道本線のルートを西に進んで東三河に侵攻、牧野氏は支配下に入った。現在のアクセスでも静岡市から豊橋まで東海道本線でも1時間50分と割合近く、今川氏にとって東三河への侵攻は容易だったと思われる。前述の牧野古白が吉田城（当初は「今橋城」）を築いたのは、今川氏の意を受けて、戸田氏や西三河の松平氏に対する防衛拠点としてであった。ただし牧野古伯は今川氏の干渉が強まるのに不満を覚えて反旗を翻したので、1507年に戸田氏とも結んだ今川軍に吉田城を攻められて一旦没落した（後に勢力を回復させ、以後は今川に従属）。豊橋付近が静岡県方面の影響を受けることは東海道で通じていることが関係しており、方言の類似性ともつながりがあるようで興味深い。

1507年に北条早雲（今川氏親の叔父）が率いる今川軍は西三河にも攻め入り、東海道本線で岡崎から愛知環状鉄道で北上するルートを進軍。混乱の中で本家である岩津松平家は滅んだ。安祥（安城市）にあった松平長親は今川軍を破ったが、この後安祥が松平家の本拠となる。安城周辺の碧海郡は明治初期に矢作川から明治用水を開削した後は「日本のデンマーク」と呼ばれる農業地帯となったが、当時は台地上の地形で水はけが悪く、松平家は防衛の拠点として重視していた。「安城古城」と呼ばれる**安祥城**は、舌状台地の先端に位置し周囲を森と深田に囲まれた平山城だった。現在は堀・一部の曲輪などが残るだけで、本丸跡に城址の石碑が建っているのがかろうじて往時をしのばせる。現在、本丸は大乗寺、二の丸は東尾八幡社となっている。アクセスは、名鉄三河線・刈谷市駅か名鉄西尾線・南安城駅からともに徒歩約15分である（名鉄名古屋本線を知立か新安城で乗り換え）。この安祥松平家に仕えた家臣は「安祥譜代」と呼ばれ、**酒井氏**や**本多氏**が入る。その後、今川氏も内紛や東部国境での北条や武田との対決により、三河に充分力を注げなくなった。

松平氏7代目は**松平清康**（家康の祖父）で、1525年に15歳で当主となると、三河全域を席巻して勢力を拡大した。まず足助城の鈴木氏を降伏させた。岡崎から豊田市足助までは東名高速から東海環状自動車道に乗り換えるルートがあり、名鉄の東岡崎駅から名鉄バス足助線が1時間10分で結んでいる。さらに東海道本線を東に進み、東三河にも進出して戸田氏なども従属させてほぼ三河を統一したという（ただし最近の研究では少し割引いて考えられている）。この辺りの情勢は、宮城谷昌光（蒲郡出身）が小説『**風は山河より**』で描いている。清康の業績で特筆すべきは**岡崎城**を築いて本拠を移したこと、そして源氏一族で新田氏一門である世良田姓を称したことで、後に家康が源氏を本姓とすることにつながる。なお、岡崎城は名鉄東岡崎駅から徒歩15分の場所にあり、城内に「三河武士のやかた家康館」で家康や徳川家の武将たちの展示がある。城は矢作川の支流・乙川に面しており、風景が良い。

さらに清康は尾張にも進出したが、1535年織田信光（信秀の弟）の守る守山城を攻めた際に家臣に討たれた（**守山崩れ**）。守山城は名古屋市北東部の守山区にあり、名古屋からのアクセスはJR中央本線か名鉄瀬戸線で行くことになるが、岡崎からなら東名阪自動車道を北西に進む経路に当たる。清康の覇権は軍事的制圧だったのでその急死によって三河の諸豪族はたちまち離反、さらに数多い松平一族は分離傾向を持っており、清康の死で内紛が引き起こされた。

息子広忠は跡を継いだ時に10歳で、内乱の際は最初に吉良氏、後に駿河今川氏の庇護下に入った。この後、広忠は刈谷の水野氏と同盟してその娘・於大を正室に迎え、息子・竹千代（**徳川家康**）が生まれた。しかし於大の兄・水野信元は織田に従属したので、於大も離縁される。現在なら名古屋から刈谷は東海道本線の快速で20分なので、距離の近さから織田氏の圧力が受けやすかったことがうかがえる。さらに少し後に織田が名鉄名古屋本線のルートを東に進んで岡崎城を攻めた際に幼少の家康が人質となって、尾張の熱田に移された（かつては今川氏へ人質に行く途中の渥美半島で戸田氏に捕まって織田に送られたと言われたが誤り）。1540年代半ばまで織田信秀（信長の父）の勢いが強く、西三河にも領土を拡大し、安祥城に長男・信広（信長の庶兄）を置いた。これを見て、大給松平家（豊田市）や吉良、戸田氏も織田と結んで勢力拡大を図った。

しかし1548年に今川軍が小豆坂の戦い（岡崎市）で織田軍を破ると、今川が優位となる。東海道を東西から進んできた両勢力の決戦で、三河の帰趨が決まったのである。なお小豆坂古戦場は岡崎市の中心街から南方にあり、東岡崎駅からバスで15分ほどの所である。小豆坂後に今川氏は織田に付いていた吉良氏や戸田氏、足助の鈴木氏などを従属させ、安祥城に拠る織田軍も破って松平氏も支配下に置いた。この合戦で城代の織田信広が今川の捕虜となったので、人質交換の形で竹千代（家康）が駿府の今川氏の下へ行くことになった。この後、三河は今川氏が集権的に支配することになり、今川氏の分国法も適用され、領国統治で近代的手法が導入された。もっとも西三河内陸は松平家臣団による間接支配にあり、これが後に自立の基盤となる。この頃、家康は10年にわたって駿府で人質となったが、今川氏分家の関口氏から正室（築山殿）を迎えるなど「親類衆」として遇され、今川の軍師・雪斎からも教えを受けるなど得るところも多かった。

1560年の桶狭間の戦いでは家康も名鉄名古屋本線のルートを西に進軍していくつかの功績を上げたが、大高城（名古屋市緑区）にある時に義元の討ち死を知った。そこで三河に戻り、松平家の菩提寺・大樹寺（岡崎市）に入ったが、岡崎城に復帰した。ちなみに大樹寺は東岡崎駅から北へバスで15分の場所にあるが、私は駅からレンタサイクルで行ったことがある。家康はこれ以後今川から自立する。その後東隣の遠州で反今川蜂起がおこり、三河にも飛び火して「三州錯乱」となる。戸田氏や奥平氏などが自立する一方、豊橋付近を中心に小原氏など今川勢力も残存していた。

1562年になって家康は伯父・水野信元（刈谷城主）の仲介により織田信長と同盟を結び（**清洲同盟**）、今川と断交した。その後1563年に三河一向一揆の蜂起があった。15世紀末に本願寺の蓮如がこの地に教化したことで、浄土真宗の信徒が増加した。そして家康が集権支配を強めると、本願寺門主一族を住持とした本証寺（安城市）が中心となり、岡崎の本宗寺や桜井松平家（安城が本拠）、吉良氏など国衆もこれに加担した。蜂起は岡崎市から西尾に至る西三河の大部分にまたがり、松平本家の譜代家臣である**本田正信**が一揆に加担、岡崎城も一揆衆に攻められるなど苦戦したが鎮圧に成功、一揆を後援した国衆らも屈服させた。家康は1564年に名鉄名古屋本線を東に進むルートで東三河にも出兵し、牧野、戸田、奥平といった東三河国衆も従属させて三河を統一した。こうして全三河の国衆が「徳川家臣団」に編入されたことで、西三河内陸を基盤とする徳川家臣団の「質実剛健」「忠義に篤い」といった気質が全三河のイメージとして流布することになる。家康は三河統一後、西三河は**石川数正**（本拠は岡崎城）、東三河は**酒井忠次**（吉田城）と、自らの譜代の家臣にそれぞれ管轄させた。東三河の豊橋と西三河の東岡崎駅（岡崎市）とは名鉄特急で25分と離れていることから、東西分治体制となった。このような体制は、方言でも西三河と東三河が区別されることにも通じる。

ところで私の後輩で豊橋出身の人が「同じ三河といっても、家康たちは西三河からの征服者。自分は今川ひいきだ」と言っていた。どこまで本気か分からないし、一般化するには無理がある話だろうが、東三河の住民意識の一例としては興味深い。

牧野や戸田ら東三河国衆が家康在世時の徳川家にどれほどの帰属心と忠誠心を持っていたかまでは調べようがないが、家康に服属した後に徳川氏やその重臣たちと縁組することで関係を強め、代替わりするとともに徳川譜代への同化が徐々に進んだようである。後に家康の関東移封で三河の先祖伝来の土地と切り離されたことも大きい。牧野氏や戸田氏は本多や酒井など累代の譜代大名よりは家格は落ちるが、代を重ねるにつれて出世し幕閣にまで地位を向上させた。

なお家康は1566年に朝廷から三河守に叙任され、姓を**徳川氏**に改めた。

信長上洛後の尾張・三河

織田信長の上洛後は、天下統一に向かって情勢が大きく変動した。この中で三英傑の本拠も大きな影響を受けたが、ここでは在地の状況について説明する。まず対武田戦の影響を受けた三河について説明し、その後は展開に応じて尾張・三河の状況を述べていく。

最後に「天下人」となった三英傑が日本語の中央語にどんな影響をもたらしたかを考えていく。愛知県は天下統一の英雄を生み出しながら首都となることはなく、さらに在地の方言が「標準語」とならなかったことが慨嘆されるからである。

徳川家康は1570年に遠江の浜松に移ったが、岡崎城に長男・信康を置き、自らも岡崎城にしばしば滞在するなど決して三河がおろそかにされたわけではない。武田信玄が遠江と東三河に進出すると、家康も武田氏対策のためにしばしば吉田城に駐屯した。なお、豊橋から浜松までJR東海道本線で35分の距離である。1572年、浜松城北方での三方が原の戦いで徳川軍は大敗。武田軍は奥三河にも侵入し、菅沼氏の守る野田城（新城市）まで陥落させた。浜松から野田城駅のアクセスは、豊橋を経由して飯田線を北上、都合1時間20分の距離である。しかしここで武田信玄は病のため撤退し、JR飯田線を北上するルートをたどったが、南信州の駒場で死去した。このため東三河から南信州への街道は「信玄　死の道」と称されている。

なお、菅沼氏の本拠である野田城は、新城市豊島にある標高50mの平山城で、1505年に築かれた。半島のように突き出した台地の先端にあり、両側は切り立った崖とは言え、比高はわずか18mにもかかわらず、3万の武田勢は攻略に1か月費やしている。地元では攻城戦最中の夜に城内からの笛の根に聞きほれていた信玄が城方から狙撃されて死んだという伝説が伝わっている。アクセスは、豊橋から飯田線で30分の野田城駅で下車し徒歩15分。

武田勝頼の代となっても奥三河は武田氏の勢力圏であったが、1575年に長篠城（新城市）の奥平氏が徳川についたことで**長篠の戦い**が勃発した。この戦いは「織田信長が大量の鉄砲で武田軍を破った」ことばかり語られるが、地政学的には「奥三河で接する武田と徳川の激突」だったのである。奥平氏は戦いの最中、武田軍に包囲されながら長篠城で必死に籠城戦を続けていた。この戦いで大敗した武田軍は奥三河から後退する。なお、現在でも**長篠古戦場**付近には馬場信春はじめ戦死した武田の武将の墓が多く残り、織田・徳川連合軍の馬防柵も再現されている。アクセスは豊橋から飯田線で45分の三河東郷駅に行き、駅から徒歩で10分超となる。飯田線をさらに北上すると長篠城駅があり、車窓から豊川に面した崖の上にある長篠城の姿が見られる。また名刹であり、徳川氏の信仰も集めた鳳来寺山は本長篠駅からバスで20分超の場所である。

このように東三河の戦国史では今川、武田、徳川といった大勢力の攻防に目が向きがちだが、その背後に牧野、戸田、奥平といった地元勢力の必死の生き残り策があった。また徳川と武田のせめぎ合いの舞台となった東三河と遠州、南信州という「三遠南信」のつながりがうかがえ、方言の共通性からもそれは浮かび上がってくる。

1579年に家康の長男・信康と正室・築山殿が武田との内通の疑いでそれぞれ切腹、処刑された。かつては信長による徳川家抑圧策と言われたが、浜松の家康らと岡崎の信康一派との間で権力闘争があり、なおかつ信康らが織田一辺倒を改め自主的な外交政策を追求し始めたことが背景にあったようだ。岡崎から浜松までJR東海道本線の快速で1時間超と微妙に距離感があり、これが両者の疑心暗鬼につながったとも考えられる。これで背後の不安定要因を取り除いた家康は、静岡県の項で述べたように1581年に遠江で武田を破って領土拡大を果たした。さらに1582年に信長が出馬して武田氏を滅ぼした際に、家康は帰途の信長を三河の吉田城で供応したという。本能寺の変直前の安土城での供応はその返礼である(その時に当初接待役を務めたのが明智光秀である)。

一方、信長が上洛した後も尾張は安定しており、下層の家臣は尾張にも家族を置いていた。しかし安土城完成の後、弓衆の福田与一が城下で火事を起こしたことから、尾張出身の家臣達は尾張の家宅を放棄させられた上で一族も含めて安土に移住を強いられた。これは「兵農分離」と可視的な例とされる。現在のアクセスなら名古屋から安土のある近江八幡市までは特急しらさぎで米原まで行き、琵琶湖線に乗り換えて都合1時間半といったところである。なお信長は商業の利益を重視し、流通拠点の軍事的制圧を優先したためか、土地によって年貢賦課がまちまちな旧来の土地制度を存続させていた。それが一新されたのは織田信雄（信長の次男）が領主の時で、秀吉が行った「太閤検地」に従って土地制度を改革した。

1579年に譜代の宿老・林通勝と佐久間信盛が高野山に追放された。石山本願寺との合戦で指揮を務めながら成果を挙げられなかったことをとがめられたのだが、尾張に多くの所領を持つ大勢力が取り潰されたことは、家中の序列よりも信長の専制権力が増したことを象徴している。

よく知られているように1582年に本能寺の変で信長は自害。織田信忠も二条城で自刃したため、政権の中核となるべき人物を失った織田政権は崩壊した。その後、秀吉や柴田勝家ら宿老が**清洲会議**で織田家の後継者と領土の配分を決めたが、この会議が尾張の清洲城で開かれたのは織田家の本城がここだと認識されていたためらしい。

織田信雄は当初は秀吉と結んで尾張・伊勢を領国としたが、やがて1584年に徳川家康と結んで秀吉と戦った（**小牧・長久手の戦い**）。この時、秀吉は尾張北端の犬山城に入っている。その後名前の通り両軍の主力は尾張北部の小牧で対峙、やがて秀吉軍は徳川領の三河に侵攻を図ったが、国境の長久手で家康が撃破した。しかし秀吉は伊勢の信雄領を占領させるなどで信雄を追い詰め単独講和に成功、大義名分を喪った家康も撤兵する。この合戦については大河ドラマなどで秀吉と家康の舌戦などコミカルな描写がされることが多い。しかし村落研究によれば、合戦の際に敵軍に損害を与えるために村落への放火や河川の堤防決壊などが行われ、在地では被害が多かった。10年後の秀次統治時代にもこの合戦の際に被害を受けた村落の復興が課題となっており、合戦の在地への影響にもっと視点が当てられるべきだと思う。なお長久手古戦場へは、名古屋から東に向かって地下鉄の藤が丘駅まで行き、そこからリニモに乗り換えて40分超というところである。2005年に愛知万博が開かれたのでリニモが開通し、この付近の開発も進んでいる。

家康は武田滅亡と本能寺の変に際して駿河、甲斐、信濃を制圧して、五か国の大名となっていた。領域的にかつての今川と武田の勢力を受け継いだことになり、小田原北条と同盟、本拠も駿府（静岡市）に移した。秀吉に服従した後も五か国を保ち、譜代の家臣を領内各地に配置。五か国総検地を行って、近世的な領国支配を打ち立てたことが特筆される。領域的に現在の中部圏にほぼ相当する地域が家康の支配下となり、伝馬制が整備されたが、このような領域内のネットワーク管理は興味深い研究対象である。

しかし家康は小田原攻めの後に秀吉の命で旧北条領の関東に国替えを命じられ、江戸に本拠を移した。この決定は三河をはじめとする国衆と本領とのつながりを断ち切る「兵農分離」を意味しており、徳川家が領内で集権支配を行う体制をもたらした。

旧徳川領の三河には豊臣家臣の大名が封じられ、岡崎城は田中吉正、吉田城（豊橋市）に**池田輝政**が入った。あまり知られていないが、この時代に現在の形で城と街が整備された。

豊臣政権下の尾張は当初、織田信雄に統治された。信雄は清洲城を大規模改修して城下町も整備したが、小田原攻めの後に三河への転封を拒んだため秀吉により改易された。その後はまず**豊臣秀次**（秀吉の姉の子）

が尾張一国の大名となる。秀次は後に秀吉の後を継いで関白となったが、尾張の本領は父母が統治していた。しかし1595年秀次の自害後には、福島正則が24万石で清洲城に入封するなど分割された。

1600年の関ヶ原の戦いでは福島正則は東軍に付き、居城の清洲城を集結地点として進軍した。戦後に正則が広島に転封した後は、家康の九男**徳川義直**が尾張一国の大名となり、本拠も清洲から**名古屋城**に移転した。清洲城下は7万人の人口で東海道では有数の規模だったが、五条川の洪水が悩みの種で、堅固な地盤と広大な規模の台地である名古屋が新しい尾張の中心となった。この時は清洲の城下町が全て名古屋に移転したというほどであった(清州越)。したがって「清洲の後身が名古屋」ということになる。

名古屋城は家康の命で東海道の拠点と位置付けられ、加藤清正ら全国の大名を「天下普請」として動員した。名古屋城は金のしゃちほこの天守閣で有名だが、近年再建された本丸御殿も見所である。昭和初期までは皇室の離宮があり、敷地の広大さと石垣の巨大さが「天下普請」を可視化している。スケールに圧倒されるが、本丸周辺の空堀に鹿が放し飼いされているのがユーモラスだ。私がよく通った愛知県図書館も名古屋城の一角だったので、現在も石垣や堀割が残っている。愛知県図書館は「丸の内」駅(桜通線と鶴舞線)が最寄で、名古屋城最寄りの「市役所駅」(名城線)から2つ離れた所にあるので、名古屋城の広大さがよく分かる(市役所駅から1つ先の「名城公園」駅までが敷地)。名古屋城が徳川家康のプランなのは疑いないが、三河人に支配されたのが尾張名古屋の住民には気に入らなかったのか、現在の名古屋城に立つ銅像は築城現場で尽力した加藤清正である。

話を名古屋弁の形成史に移すと、江戸初期の名古屋建設で多くの移住が行われたことで形成されたと言われる。もっとも名古屋弁の特徴を見れば、近隣の尾張方各地からの移住が多かったことが推測される。また名古屋の城下町の位置づけは、街道から外れているということが言える。東海道が通る熱田は現在では名古屋市内だが、当時は名古屋とは南隣の宿場町だった。名古屋の前身ともいえる清洲には美濃街道が通っていたが、名古屋はその街道からは南東方面に外れている。こうした街道から外れた位置づけが名古屋の閉鎖性をもたらしたと、地元出身の作家・清水義範は述べている。

さて最後に三英傑が日本語に残した影響を考えよう。江戸時代初期の随筆に「信長・秀吉の時代以後、尾張人が大挙上洛した結果、京言葉に多くの尾張弁が混じるようになった」との記述があるそうだが、この話の真偽はともかく、信長・秀吉とその配下の武士達が当時の尾張弁を話していた事は疑う余地が無いだろう。

では実際の秀吉がどんな尾張弁を使っていたか。史料では手がかりはほとんど無い。彼の手紙で尾張弁らしき単語が現れるらしいが、当時の尾張弁かは確証がない。大河『秀吉』放送時に『テレビステラ』に載っていた話だが、天下人となった秀吉が能を観賞していた時、突然妻の北政所と口論になり、言葉がどうも尾張弁だったらしく、お付の人々には意味不明で「鳥のような言葉だった」という印象が残されている。「猫」ではなくて、「鳥」だったわけだ。

当時の尾張弁を探る材料として藩主が尾張出身である藩の家中ことばが考えられるが、前述の土佐藩山内家が土佐弁を話していたように、入封先の在地のことばに同化した傾向が強かったかもしれない。加賀前田家や広島浅野家などの家中言葉が分かれば比較の対象になるが、公刊されている研究には見当たらない。

またよく地元民の間でも言われるのが、尾張出身の信長・秀吉が天下を取ったのに、名古屋弁が標準語になる可能性はなかったか？ということである。清水義範の『金鯱の夢』では名古屋に豊臣幕府が開かれて名古屋弁が標準語になったというファンタジーを描いているが、現実にはどうか。

答えは、無理だった、ということになる。『日本大文典』で「京都の上流階層の言葉が〝標準語〟と全国の人に認識されていた」と書かれているように、すでに室町幕府の礼法の一環として京都語を基にした武家共通語が形成されていたようだ。信長・秀吉の配下は当然尾張出身者がその中核だが、信長の上洛の過程で美濃や畿内など他地方の武士が配下に加わった。そのような中では、敬語を伴った形での武家共通語がコミュニケーションの主流であり、尾張弁の使用は尾張人同士の私的な会話で限定されざるを得なかったのだろう。秀吉について言語事情を考えると、少年時代に放浪して遠江（静岡県西部）で今川配下の松下氏で奉公しており、後に美濃や近江で調略活動を行っているし、信長上洛後の京都市中での行政を行う立場にもなった。だからかなりな程度、他国でも通じる当時の共通語的な言葉を話せたと思われる。前記の秀吉のエピソードもことばの使い分けを行っていた何より証拠である。つまり尾張弁が「全国共通語」となるような状況は全く無かったと言える。

信長・秀吉の壮挙は、尾張の勢力の歴史上で最大にして最後の征服活動だったが、それは「拡大ではなく、拡散」と言うべきものだった。結局尾張は交通の要衝としてそれなりに重んじられたが、基本的には東海道の一地方として埋没するようになる。

一方、江戸に入った家康や徳川家臣団の言語状況はどんなものだったのか？内輪の私的会話では当然前述のような三河弁が話されていただろうが、公的な場面の会話（他国の武士との交際語など）では公用語だった上方語（京都語）を用いていたと思われる。秀吉の天下では諸大名は京都に参勤していたので、徳川家も他家との交流のために京都語を身に付けたのだろう。幕府を開いた後も、改まった場面では京都語的な言語が使われたと言われている。

三河の人の間では「三河出身の家康が江戸（東京）を作ったから、標準語（東京語）の元は三河弁だ」という伝説が語られていたが、現代標準語を見ると、関東方言がベースになったが言い回しで一部京都語が混じっていると特徴づけられ、三河弁の影響は指摘されない。

江戸中期の随筆『一朝一話』には「昔のお役人は、出世しようと皆三河弁を真似していた」という記述があり、新井白石も「江戸弁の元は三河弁」との記述を残しているという。この記述から見ると、少なくとも江戸初期には江戸城で三河弁的なことばが通用していたようだ。しかしこれも時代が下るにつれ、当時の公用語とされた京都語的なことばに接近していったと考えられる。

京都は長い文化的蓄積から日本語の規範を形成し、江戸は400年間政権の所在地となって人口が流入することで新しい共通語を生み出した。

信長・秀吉・家康の三人の愛知県出身者は日本の国家形成に大きな役割を果たしたが、彼らの出身地の地域性を探り、日本社会の多面性を認識するのも一興ではないだろうか。

あとがき

本書の本文を書き終えた後に最新の大河ドラマ『麒麟がくる』を見た。その冒頭は、青年期の明智光秀が故郷の明智の村を野盗から守るという場面だった。これを見た時に本書の問題意識とも共通するものが感じられて、俄然期待が高まった。光秀は後に信長の下で天下統一の合戦を戦っていくことになるが、その原点は故郷を守るということだったと位置付けているからである。やがて近江や丹波の領国統治が語られるだろうから、ご当地では活性化が期待されている。また岡村隆史演じる菊丸（光秀の従者で、実は三河の忍び）は、前述の場面で光秀に助けられたが、故郷・三河の山中で盗賊に捕らえられて東美濃の明智まで連行されてきたという。後に光秀に従って尾張に潜入することになるが、以前に尾張まで薬草を売りに来たので土地勘があるのを買われたということだった。さらに織田氏の城に潜入した際に人質となっている松平竹千代、すなわち後の徳川家康に会い、周辺を大国に囲まれ生き残りのために苦悩しているのを同じ三河者として同情するということになっていた。このように大河ドラマでもご当地の地理を知っていれば理解が深まるし、興味が広がってくる。

光秀は日本史上で一級の有名人だが、どのような土地で生まれ育ち、どのような土地を治めたか知っていれば、より深く歴史を知り、現代の我々にも参考になろう。近年の大河ドラマでも『真田丸』『おんな城主直虎』と国衆を主役とした作品の登場は、より深く戦国時代を理解するとともに、大きな流れに目を配りながら生き残りを図った地域の人々の重要性が認識され始めたからだと思う。

本書では、戦国武将と方言という切り口から47都道府県をめぐる旅をたどった。

私は小学生の頃から各社の歴史漫画や大河ドラマで戦国時代に触れてきた。そうした触れてきた歴史の中で、最も興味深い人物が多いと思った時代が戦国時代である。信玄と謙信、そして信長、秀吉、家康の天下統一の三英傑が主な興味対象だったのは言うまでもない。しかし伊達政宗のような地方の英雄も興味深かった。成長するにつれ、地方の戦国時代の様子や人々の有様にも興味が向いたが、専門書は難しく、他の興味対象もあったので、なかなか関心が深まらなかった。八幡和郎氏の47都道府県の戦国史の本はその意味で格好の入門書だった。

八幡和郎氏の著作に刺激を受けて各県の戦国時代の有様をもっと詳しく知りたくなり、さらに黒田基樹氏などによる地域住民と戦国大名の関係について研究を知ったので、その方面にも興味持って色々調べてみた。そうした中で自分なりの戦国時代史を書きたくなったのである。そして有名人ばかりがもてはやされる戦国史の在り方に一石を投じ、もっとそれぞれの土地に住む人々の身近な手本として国衆などの地元の武将に注目してほしいと思ったわけである。


私は大学時代から色々な地方を旅してきたが、その中でなかなか見えづらいが、地域の個性として土地の人の話しぶりが印象に残った。観光で実際に訪れた際の知見を本書にも反映しているので、本文でも探してもらいたい。

若い世代は方言が少なくなる傾向があり、確かに私が大学時代を過ごした名古屋、愛知県でもその傾向はある。しかし大学で出会った仲間で東海地方の色々な地域の出身者に聞いてみると、自分の地域の方言を意識していることも聞いたのである。それは彼らから教えもらった地元方言の名称に現れている。彼らに「地元の、標準語とは違うしゃべり方を何て呼んでる」と質問したら、以下のような答えが返ってきた。

・愛知県東部→「三河弁だよ」
・静岡県西部→「遠州弁って言うね」
・長野県南部→「下伊那弁です」
・岐阜県東南部→「東濃弁にて御座候（てな口調ではなかったが）」

このように若者でも地元の方言の特徴を認識しており、それを日常的に使っていることが分かったのは非常に興味深かった。

こうした日本各地の方言について調べていくうちにそれらが地理・歴史的条件から形成されてきたものであり、地域性の一つだということが分かってきた。そして地域を「中央に従属する地方」というのではなく、地域独自の立ち位置を探り、地理的条件と歴史の展開から独自の個性を持った存在として描こうと思った。行政区画で区切られ、没個性か奇妙な個性の存在として描かれることもある地方だが、各生活圏の背景を深堀することで見直していくということである。

方言の地理的なつながりを知ることで、地域の立ち位置が明らかになり、特にマイナーな地方でも他地方の人に個性がくっきりと見えてくる。さらに冒頭で述べたように古典文語との関係性から日本語の歴史にも思いをはせることができ、日本語さらに日本文化の立体的な姿を描けるようになる。方言を地域の歴史的展開と地理的条件という大きな流れの中で地域の人々が自ら選び取った特徴としてとらえ直すことで地域の姿が違って見えてくる。そのような地域の特徴のあり方は、各地の戦国武将「国衆」の動向とも共通点が見える。

こうして本書では、戦国武将の行動経路と方言の地理的分布という二つの要素から、地域の立ち位置が古くから継承されてきたということを明らかにできたと思う。各地域の戦国武将、特に「国衆」が周囲の状況を見ながら地域のために主体的に行動していたこともある程度は示すことができた。もちろん国衆も庶民ではないが、地域住民に近い存在であり、自家の存続とともに住民の生死を配慮しながら行動していたのである。

さて、私は大学院では縁あって地域経済を専攻したが、徐々に趣味と専門研究で通底するものがあることが分かってきた。

国レベルではなく、地域のことを学ぶ意義について、私が考え付いたのは身近な場で実際に生活する人々の姿が分かるということだ。そして人々の課題を少しずつ解決することで大きな視点による解決策でも実効性のあるものが提案できるようになる。本書で描いたような戦国武将の生き様を学ぶことで、身近な生活の場での課題解決に取り組む姿勢が生まれ、テレビで出ている議論のような「空中戦」ではなく、地に足が付いた解決策を考える能力がはぐくまれるのではないだろうか。

さらに地域史を学べば、一国の歴史では見えにくい立体的な社会の構造が見えてくる。このことは日本に限らず、世界各国でも当てはまる。かつて日本の地域研究の参考のためにヨーロッパの各地域についても調べてみたが、その成果を著作として数年前に今回と同じ三学出版から出させてもらった。そこではイタリアとフランスの在り方について地域の視点から叙述したが、本書は日本国内ということでより掘り下げた叙述ができたと思う。私個人にとっても、自らの興味関心と専門研究の接合という私的な課題をこうしてやり遂げることができたということで得るものが多かった。

もちろん地域の行く手には厳しい条件が多い。とりわけ人口減少や移動による地域のにない手の減少は深刻である。このことは各地域に愛着を感じる人々の消失を意味しており、特に独自性のある方言の話し手の減少はじわじわと広がっている。本書で記載した方言の特徴も、生活現場ではすでに忘却の彼方に至った地域も多い。一方で人口が増えている東京など都市部でも、移動の増加で標準語化したり、より有力な都市部の方言に吸収されるという現象も起きている。歴史的な展開では各地の方言も絶えず変化したのは間違いないし、現代もその変化の渦中だとも考えられるが、現在多くの地域で進んでいるのは「東京の話し言葉への吸収同化」であり、価値観の均一化である。これは日本全国どの地域も個性が失われ、住民を引き付けるような要素を失っているということである。標準語の習得はコミュニケーション力向上のために必要不可欠だが、標準語と方言の使い分けによる共存ではなく、東京語への均一化が進行する状況が完全に望ましいか考える余地がある。標準語と方言の使い分けから違いの背景を調べる姿勢が身に付き、違う言語を学習する能力も育まれると思うが、ことばの均一化は社会認識を単純化してしまい、学習意欲も低下させてしまうのではないか。そもそも大して地元の地理や特徴の知識がなく、他の土地への関心も持たないまま、なし崩し的に中央＝東京の価値観に同化しているのが多くの人の現状である。

移動の自由は法律的に保証されているから押しとどめるのは不可能だが、特定地域に人口が集中すると、人口減で放棄された地域の管理がおろそかになる。その影響を予測するのは本書の範囲を超えるので控えるが、各地域がバランスよく発展するために地域間の交流の中で生き残っていく道を探すことが必要だろう。住民だけで不十分なら、「交流人口」や「関係人口」の増加に期待する向きもあるが、それはこれからの課題である。住民自身が地元の個性を認識しつつ、よその人にもためらいなくそれを説明できるのが理想だと私は考えている。大勢が定まっている現状を認めるべきとしても、その現状は不変ではなく、無問題でもないので、一石を投じるのは許されよう。

本書は、日本各地の地域がつながりのある中で独自の個性を持った地域だということを伝えたくてここまで書き進めてきたが、書きたいことを全てつぎ込んだ感もある。方言と戦国武将という2つの要素から各県をいくつかの地域に分けた上に、交通路によるつながりや史跡と観光名所にまで目を配るというかなり面倒な手順で進んだので、読者の皆さんには煩雑に感じられたかもしれない。これについては著者の説明能力と要約能力の不足によるものであり、今後研鑽を積んで改善していきたい。不十分にしか触れられないことも多く、不満に思われた読者もいると思うが、また違う機会に触れるということでご寛恕いただきたい。

本書の仕上げ段階では新型コロナウイルスによる緊急事態で観光どころではないのが現状だ。先の見えない状況だが、他の地域に関心を持つことで自分の状況を改善するヒントにもなると信じてこの本をお送りしようと思う。

執筆には2年近くもかかったが、こうして成果を世に出せるのは嬉しいことである。改善点を指摘していただいた中桐氏には多大な感謝をしている。前著と同じく三学出版から出させてもらったことと合わせ、この場を借りてお礼を言わせていただく。

また本書の表紙絵は絵心のある妻と長男が担当してくれた。さらに私の勤務先が変わったことも相まって、様々に世話をかけながら応援してくれた妻子や父母にも篤くお礼を言うことでこの本を閉じさせていただく。

読者の皆様も長い書籍にお付き合いくださり、どうもありがとうございました。

参考文献一覧

本書は方言地理学を基にして、戦国武将の地理的動きから地域史をとらえ直したものである。したがって、参考文献も方言学と戦国史という2つの分野にまたがっている。以下では、それぞれ主要な参考書籍を挙げた上で、可能限り参考文献を列挙していく。

言語

全国の方言区画については、
・平山輝夫(編)(1992)『現代日本語方言大辞典』全8巻　明治書院
を基本的に参考にしている。ただし県によっては、方言研究会による区画の方を採用している場合もある。

また各県の方言の概要については、
・平山輝夫等(編)(1995～、刊行中)『日本のことば(○○県のことば)』シリーズ全48巻(既刊29冊、未刊19冊)明治書院
を参照した。
「方言周圏論」については、
・松本修(1996)『全国アホ・バカ分布考―はるかなる言葉の旅路』新潮文庫
を参照した。

方言の変遷史やグロットグラム調査による方言地理学については、以下の研究を参照している。

・芥子川律治（1971）『名古屋方言の研究―江戸時代編―』泰文堂
・井上史雄（1995）「東海道沿線における東西方言の交流」、徳川宗賢、真田信治（編・著）『関西方言の社会言語学』所収、世界思想社
・大西拓一郎（2016）『ことばの地理学：方言はなぜそこにあるのか』大修館書店
・佐藤和之等（1995）『変容する日本の方言』（月刊『言語』1995年11月別冊）大修館書店
・飛田良文（1992）『東京語成立史の研究』東京堂出版
・彦坂佳伸（1997）『尾張近辺を主とする近世期方言の研究』和泉書院
・諸星美智直（2004）『近世武家言葉の研究』清文堂出版

方言を用いた歴史小説については、津本陽のものが主で、一部で清水義範を参考にしている。

歴史

歴史について本書の全体的な構造は、

・八幡和朗（2005）『47都道府県戦国大名　国盗り物語』PHP新書

を基に記述した。各章の地方別の地図も同書を基に修正を加えて作成した。それ以外に戦国時代、および室町～安土桃山の全国的な歴史の参考文献については、以下の通りである。

戦国時代全般

宇田川武久（２００２）『戦国水軍の興亡』平凡社新書
大石泰史（編）『全国国衆ガイド　戦国の〝地元の殿様〟たち』星海社新書
神田千里（２０１０）『宗教で読む戦国時代』講談社選書メチエ
岸本美緒（１９９８）『東アジアの「近世」（世界史リブレット）』山川出版社
久留島典子（２００９）『一揆と戦国大名　日本の歴史１３』講談社学術文庫
黒田基樹（２００６）『百姓から見た戦国大名』ちくま新書
黒嶋敏（２０１３）『海の武士団　水軍と海賊のあいだ』講談社選書メチエ
公益財団法人日本城郭協会（監修）（２０１７）『続日本１００名城公式ガイドブック（歴史群像シリーズ特別編集）』学研プラス
清水克行（２０１５）『戦国大名と分国法』岩波新書
仁木宏（２００４）『戦国時代、村と町のかたち（日本史リブレット）』山川出版社
日本城郭協会、福代徹（２００７）『日本１００名城公式ガイドブック（歴史群像シリーズ）』学研プラス
平山優（２０１８）『戦国大名と国衆』角川選書
村井良介（２０１８）『戦国大名論　暴力と法と権力』講談社選書メチエ
山田邦明（２０１３）『日本史のなかの戦国時代（日本史リブレット）』山川出版社

安土桃山時代史（織豊政権期）

池上裕子(２００９)『織豊政権と江戸幕府　日本の歴史１５』講談社学術文庫
池上裕子(２０１２)『織田信長(人物叢書)』吉川弘文館
今福匡(２０１４)『前田慶次と歩く戦国の旅(歴史新書ｙ)』洋泉社
黒嶋敏(２０１５)『天下統一　秀吉から家康へ』講談社現代新書
柴裕之(２０１７)『徳川家康：境界の領主から天下人へ(中世から近世へ)』平凡社
諏訪勝則(２０１３)『黒田官兵衛－「天下を狙った軍師」の実像』中公新書
諏訪勝則(２０１６)『古田織部－美の革命を起こした武家茶人』中公新書
滝沢弘康(２０１３)『秀吉家臣団の内幕　天下人をめぐる群像劇』ＳＢ新書
谷口克広(２０１３)『信長の政略：信長は中世をどこまで破壊したか』学研パブリッシング
二木謙一(２００８)『秀吉の接待　毛利輝元上洛日記を読み解く』学研新書
藤田達生(２０１８)『織田信長：近代の胎動(日本史リブレット人)』山川出版社
光成準治(２０１８)『関ヶ原前夜　西軍大名たちの戦い』角川ソフィア文庫
八幡和郎(２００９)『４７都道府県の関ヶ原　西軍が勝っていたら日本はどうなった』講談社＋α新書

室町時代史

石田晴夫(２００８)『応仁・文明の乱(戦争の日本史9)』吉川弘文館
小川剛生(２０１２)『足利義満－公武に君臨した室町将軍』中公新書
小国浩寿(２０１３)『鎌倉府と室町幕府(動乱の東国史)』吉川弘文館
亀田俊和(２０１７)『観応の擾乱　室町幕府を二つに裂いた足利尊氏・直義兄弟の戦い』中公新書

呉座勇一（２０１６）『応仁の乱‐戦国時代を生んだ大乱』中公新書
桜井英治（２００９）『室町人の精神　日本の歴史１２』講談社学術文庫
瀬野精一郎（２００５）『足利直冬（人物叢書）』吉川弘文館
新田一郎（２００９）『太平記の時代　日本の歴史１１』講談社学術文庫
日本史史料研究会（監修）、亀田俊和（編集）（２０１８）『初期室町幕府研究の最前線　ここまでわかった南北朝期の幕府体制（歴史新書ｙ）』洋泉社
丸山裕之（２０１８）『図説　室町幕府』戎光祥出版
峰岸純夫（２０１７）『享徳の乱　中世東国の「三十年戦争」』講談社選書メチエ
森茂暁（２００７）『南北朝の動乱（戦争の日本史８）』吉川弘文館

地域史

各県の室町・戦国時代史については、

・『新版　県史（○○県の歴史）』シリーズ（２０００～２０１５）の各巻を参照した。各章別の地方史は以下の書籍を参照している。信長・秀吉・家康関係の書籍は先に中央政治史に関する書籍を挙げたが、東海地方を主に扱っている文献を以下に挙げた。

〈近畿地方〉

天野忠幸（２０１５）『戦国期三好政権の研究』清文堂出版
天野忠幸（２０１８）『松永久秀と下剋上：室町の身分秩序を覆す（中世から近世へ）』平凡社

今谷明（1985）『戦国三好一族』新人物往来社
今谷明・天野忠幸（編著）『三好長慶』ミネルヴァ書房
小谷利明、弓倉弘年（2017）『南近畿の戦国時代（戎光祥中世史論集第5）』戎光祥出版
中井均、太田浩司、松下浩、東幸（2019）『覇王信長の海　琵琶湖（歴史新書）』洋泉社
中井均（編著）（2019）『近江の山城を歩く』サンライズ出版
中村博司（2018）『大坂城全史』ちくま新書
深谷幸治（2017）『織田信長と戦国の村―天下統一のための近江支配』吉川弘文館
福島克彦（2009）『畿内・近国の戦国合戦（戦争の日本史11）』吉川弘文館
藤田和敏（2011）『〈甲賀忍者〉の実像（歴史文化ライブラリー）』吉川弘文館
古野貢（2008）『中世後期細川氏の権力構造』清文堂出版
和歌山城郭調査研究会（編集）（2019）『戦国和歌山の群雄と城館（図説　日本の城郭シリーズ12）』戎光祥出版

〈中国・四国地方〉
天野忠幸（編）（2012）『論集戦国大名と国衆10　阿波三好氏』岩田書院
岸田裕之（2014）『毛利元就（ミネルヴァ日本評伝選）』ミネルヴァ書房
佐伯徳哉（2017）『出雲の中世：地域と国家のはざま（歴史文化ライブラリー）』吉川弘文館
重見高博、石井伸夫（2018）『三好一族と阿波の城館（図説　日本の城郭シリーズ）』戎光祥出版
城郭談話会（2016）『但馬竹田城（シリーズ・城郭研究の新展開1）』戎光祥出版

城郭談話会（２０１７）『淡路洲本城（シリーズ・城郭研究の新展開2）』戎光祥出版
鳥取県立公文書館県史編さん室（編）（２０１０）『尼子氏と戦国時代の鳥取（鳥取県史ブックレット4）』鳥取県（政府刊行物）
長谷川博史（２０００）『戦国大名尼子氏の研究』吉川弘文館
平井上総（２０１６）『長宗我部元親・盛親（ミネルヴァ日本評伝選）』ミネルヴァ書房
藤井隆（１９９８）「お互いに発見し合う時代」、文部省各県教育委員会編『泉―次代への贈り物―〈岡山編〉』所収、星文社
光成準治（２０１６）『毛利輝元（ミネルヴァ日本評伝選）』ミネルヴァ書房
光成準治（２０１９）『小早川隆景・秀秋（ミネルヴァ日本評伝選）』ミネルヴァ書房
山本浩樹（２００７）『西国の戦国合戦（戦争の日本史１２）』吉川弘文館
若松和三郎（２０１３）『阿波細川氏の研究』戎光祥出版
若松和三郎（２０１３）『戦国三好氏と篠原長房（中世武士選書）』戎光祥出版
渡邊大門（２０１１）『宇喜多直家・秀家（ミネルヴァ日本評伝選）』ミネルヴァ書房

〈九州・沖縄地方〉
おおきゆうこう、田名真之（２００９）『沖縄　琉球王国ぶらぶらぁ散歩』新潮社（とんぼの本）
鹿毛敏夫（２０１１）『アジアン戦国大名大友氏の研究』吉川弘文館
紙屋敦之（２００３）『琉球と日本・中国（日本史リブレット）』山川出版社
黒嶋敏（２０１６）『琉球王国と戦国大名：島津侵入までの半世紀（歴史文化ライブラリー）』吉川弘文館

佐伯弘次（２００８）『対馬と海峡の中世史（日本史リブレット）』山川出版社
新名一仁、宮下英樹（２０１７）『島津四兄弟の九州統一戦』星海社新書
名嘉正八郎（２００２）『グスク探訪ガイド　沖縄・奄美の歴史文化遺産〈城〉』ボーダーインク
日本史史料研究会（監修）、新名一仁（編集）（２０１８）『中世島津氏研究の最前線（歴史新書y）』洋泉社
三池純正（２０１３）『九州戦国史と立花宗茂（歴史新書y）』洋泉社
安野眞幸（２０１４）『教会領長崎　イエズス会と日本』講談社選書メチエ

〈関東地方〉
池上裕子（２０１７）『北条早雲：新しい時代の扉を押し開けた人（日本史リブレット人）』山川出版社
市村高男（２００９）『東国の戦国合戦（戦争の日本史１１）』吉川弘文館
伊東潤、乃至政彦（２０１１）『関東戦国史と御館の乱～上杉景虎・敗北の歴史的意味とは？（歴史新書y）』洋泉社
江田郁夫（２０１４）『戦国大名宇都宮氏と家中』「地域の中世」岩田選書
黒田基樹（２００８）『戦国の房総と北条氏』「地域の中世」岩田選書
黒田基樹（２０１２）『古河公方と北条氏』「地域の中世」岩田選書
黒田基樹（２０１７）『関東戦国史　北条ＶＳ上杉５５年戦争の真実』角川ソフィア文庫
黒田基樹（２０１９）『戦国北条五代』星海社新書
佐藤博信（２００６）『越後中世史の世界』「地域の中世」岩田選書
外川淳（２００８）『直江兼続　戦国史上最強のナンバー２』アスキー新書

乃至政彦（２０１１）『上杉謙信の夢と野望（歴史新書ｙ）』洋泉社
松本一夫（２０１０）『下野中世史の世界』「地域の中世」岩田選書
山田邦明（編）（２０１８）『関東戦国全史　関東から始まった戦国１５０年戦争（歴史新書ｙ）』洋泉社

〈東北・北海道地方〉

伊藤清郎、山口博之（編集）（２００２）『中世出羽の領主と城館（奥羽史研究叢書）』高志書院
遠藤ゆり子（２０１２）『伊達氏と戦国争乱（東北の中世史）』吉川弘文館
小林清治、大石直正編（１９７８）『中世奥羽の世界』東京大学出版会
新藤透（２０１６）『北海道戦国史と松前氏（歴史新書ｙ）』洋泉社
中田正光（２０１３）『伊達政宗の戦闘部隊　戦う百姓たちの合戦史（歴史新書ｙ）』洋泉社
保角里志（２０１９）『最上義光の城郭と合戦（図説日本の城郭シリーズ１４）』戎光祥出版

〈中部・北陸地方〉

大石泰史（２０１６）『井伊氏サバイバル五〇〇年』星海社新書
大石泰史（２０１８）『今川氏滅亡』角川選書
神田千里（２００７）『一向一揆と石山合戦（戦争の日本史１４）』吉川弘文館
神田千里（２０１２）『蓮如―乱世の民衆とともに歩んだ宗教者（日本史リブレット人）』山川出版社
佐伯哲也（２０１７）『戦国の北陸動乱と城郭（図説　日本の城郭シリーズ5）』戎光祥出版
笹本正治（２０１６）『甲信の戦国史：武田氏と山の民の興亡（地域から見た戦国１５０年）』ミネルヴァ書房

鈴木将典（２０１６）『戦国大名武田氏の戦争と内政』星海社新書
鈴木将典（２０１７）『国衆の戦国史　遠江の百年戦争と「地域領主」の興亡（歴史新書ｙ）』洋泉社
日本史史料研究会（監修）、大石泰史（編）『今川氏研究の最前線（歴史新書ｙ）』洋泉社
丸島和洋（２０１６）『戦国大名武田氏の家臣団―信玄・勝頼を支えた家臣たち』教育評論社
宮坂武男（２０１６）『宮坂武男と歩く　戦国信濃の城郭（図説　日本の城郭シリーズ３）』戎光祥出版
三池純正（２０１５）『改訂新版　真説・智謀の一族　真田三代（歴史新書ｙ）』洋泉社

〈東海地方〉
泉秀樹（２０１６）『歴史を歩く　信長　戦いの若き日々　誕生から「天下布武」まで』ＰＨＰ文庫
小和田哲男（２０１７）『東海の戦国史　天下人を輩出した流通経済の要衝（地域から見た戦国１５０年）』ミネルヴァ書房
加来耕三（２０１１）『消えた戦国武将　帰雲城と内ヶ嶋氏理』メディアファクトリー新書
菊地浩之（２０１６）『徳川家臣団の謎』角川選書
菊地浩之（２０１９）『織田家臣団の系図』角川新書
七宮幸三（２００８）『織田水軍・九鬼一族』新人物往来社
谷口克広（２０１７）『天下人の父・織田信秀―信長は何を学び、受け継いだのか』祥伝社新書
藤田達生（２００４）『伊勢国司北畠氏の研究』吉川弘文館
山田邦明（２０１４）『戦国時代の東三河：牧野氏と戸田氏（愛知大学綜合郷土研究所ブックレット）』あるむ出版社

渡辺潤爾（わたなべ　じゅんじ）

1977年、三重県生まれ。
2001年、名古屋大学経済学部卒業。
2009年、同大学院経済学研究科博士後期課程修了。経済学博士（名古屋大学）。
2013年、鈴鹿工業高等専門学校教養教育科に着任。
2015年、同講師。
2018年、同准教授。
2020年より東海学園大学経営学部講師（現職）。

著書に『読んで旅するヨーロッパ　イタリア・フランス紀行』（三学出版）。

戦国大名と方言ツーリズム　下

2020年9月20日初版印刷
2020年9月30日初版発行

著　者　渡邉潤爾
発行者　中桐十糸子
発行所　三学出版有限会社

〒520-0835　滋賀県大津市別保3丁目3-57 別保ビル3階
TEL 077-536-5403 / FAX 077-536-5404
http://sangaku.or.tv

亜細亜印刷（株）印刷・製本